中国中小企业2012蓝皮书

——扶持中小企业发展财税金融政策的中外比较和借鉴

The Blue Book of Small and Medium Enterprises in China

Comparison and Lessons on Domestic and Foreign Policies of Finance and Tax for Supporting Small and Medium Enterprises Development

主　编　李子彬

副主编　白景明　李鲁阳

中国发展出版社
CHINA DEVELOPMENT PRESS

图书在版编目（CIP）数据

中国中小企业2012蓝皮书——扶持中小企业发展财税金融政策的中外比较和借鉴／李子彬主编．—北京：中国发展出版社，2012．11
ISBN 978-7-80234-862-2

Ⅰ．中…　Ⅱ．李…　Ⅲ．小企业—概况—中国—2012　Ⅳ．F279．243

中国版本图书馆CIP数据核字（2012）第264999号

书　　名： 中国中小企业2012蓝皮书——扶持中小企业发展财税金融政策的中外比较和借鉴
主　　编： 李子彬
出版发行： 中国发展出版社
（北京市西城区百万庄大街16号8层　100037）
标准书号： ISBN 978-7-80234-862-2
经 销 者： 各地新华书店
印 刷 者： 北京科信印刷有限公司
开　　本： 889mm×1194mm　1/16
印　　张： 17．75
字　　数： 368千字
版　　次： 2012年11月第1版
印　　次： 2012年11月第1次印刷
定　　价： 80．00元

联系电话：（010）68990630　68990692
购书热线：（010）68990682　68990686
网　　址： http：//www．develpress．com．cn
电子邮件： bianjibu16@vip．sohu．com

蓝皮书编委会

编 委 会 名 单

序　言

今年的一大半时间已经过去了。回顾今年以来的国内外经济形势，从总体上来说不容乐观。

当前，世界经济曲折、艰难的缓慢复苏态势仍在延续，欧洲主权债务危机继续恶化，新兴经济体和发展中国家经济增长也开始放缓。世界经济形势面临诸多变数，世界经济完全走出低谷可能需要相当长的一段时间。

在这样的国际经济形势下，我国国民经济总体上延续了增速进一步放缓的态势，经济下行的压力增大。进入二季度，开始呈现出缓中趋稳的迹象。虽然主要经济指标仍处于调控预期的增长区间，但主要指标一路下行。去年国内生产总值增长9.2%，今年一季度增长8.1%，二季度增长7.6%，上半年增长7.8%，增幅比上年同期回落1.8个百分点；今年1~6月，全社会用电量同比增长5.5%，增速同比下滑6.7个百分点；其中占全社会用电量73%的工业用电量同比增长3.7%，增速同比回落8个百分点；全国财政收入同比增长12.2%，增幅同比回落19个百分点；其中，税收同比增长9.2%，增幅同比回落19.8个百分点；交通运输量的三个主要指标（货运量、货运周转量和旅客周转量）增速也分别下降2.2、8.9和1.2个百分点；全国规模以上工业增加值增长10.5%，比一季度和上年同期分别回落1.1和3.8个百分点；社会消费品零售总额增长14.4%，剔除价格因素实际增长11.2%，分别回落2.4和0.4个百分点；进出口总额增长8%，其中出口增长9.2%，进口增长6.7%，比上年同期分别回落17.8、14.8和20.9个百分点。当前经济的下行，是国际经济形势恶化和我国经济长期积累的结构性矛盾相互交织作用的结果。

处于市场经济弱势地位的中小企业，总体状况与国民经济运行的态势基本一致，但下行压力更大一些。中国中小企业发展指数自2010年第二季度公开向社会发布以来，2010年第三季度指数曾升至108.9，自此开始持续下滑，2012年二季度中国中小企业发展指数为90.3，比一季度下降2.3点。中小企业生产经营遇到的困难和问题进一步加重。

①国际市场低迷。上半年，进出口增速继续回落，海关数据显示，非国有企业（不含外商投资企业）1~5月份进出口总值4463亿美元，占全国进出口总值29.5%，同比增长17.7%，增速比去年同期回落23.1个百分点。

②融资困难加大。据银监会测算，银行信贷的大企业贷款覆盖率为100%，中型企业为90%，小企业仅为20%，几乎没有微型企业。在当前经济下行的情况下，商业银行发放贷款更加谨慎，中小企业的实际贷款利率也在10%~15%。

③税费负担沉重，效益大幅下降。据工信部的报告，中小企业的税费负担已占企业生产总成本的30%以上。1~5月，规模以上中小工业企业实现利润总额10390亿元，占工业企业利润总额的56.4%，同比增长6.0%，增速较去年同期回落29.2个百分点。截至5月底，规模以上中小工业企业亏损面达16.9%，亏损总额1775亿元，同比增长50.7%，增速较去年同期提高20.3个百分点。

④三角债加剧。今年以来，大企业拖欠中小企业的应收账款持续增高。以机械工业为例，1~2月全行业应收账款总计2.2万亿元，1~6月已增至2.49万亿元，同比增长17.29%，远高于同期主营业务收入9.94%的增速。1~6月机械工业应收账款占主营业务收入的比重为29.62%，比去年同期提高了3.86个百分点。三角债的阴影笼罩着实体经济的中小企业。

⑤劳动力需求不旺，就业压力增大。截至5月底，规模以上工业企业从业人员8886万人，同比增长2.5%。其中，中小工业企业从业人员5810万人，占工业企业从业人员的65.4%，同比增长2.8%，增速较去年同期回落8.3个百分点，较4月底回落0.6个百分点。

中小企业在国民经济发展中具有举足轻重的作用。目前，企业负担重、生产经营困难的问题比较突出，如果不能得到遏制，国民经济“稳增长”和“调结构”的目标将难以实现。

国家对于中小企业问题予以高度重视，国务院及各部委密集出台了一系列政策措施。2012年4月19日国务院颁发了《关于进一步支持小型微型企业健康发展的意见》，进一步加大了对小型微型企业的支持力度。在财政方面，2012年中小企业专项资金总规模由去年的128.7亿元扩大至今年的141.7亿元，并强调资金使用向小型微型企业和中西部地区倾斜。同时，依法设立国家中小企业发展基金，中央财政安排资金150亿元，分5年到位，2012年安排30亿元。政府年度采购项目预算总额18%的份额，专门面向小型微型企业。继续减免清理取消各种不合规收费。在金融方面，银行业金融机构对小型微型企业贷款的增速不低于全部贷款平均增速，增量高于上年同期水平。对达到要求的小金融机构继续执行较低存款准备金率。通过加快发展小金融机构、加强对小型微型企业的信用担保服务、拓宽直接融资渠道，努力缓解小型微型企业融资困难。在税收方面，制定了多项支持小型微型企业税收优惠政策。例如，提高增值税和营业税起征点，将小型微利企业减半征收企业所得税政策延长到2015年底并扩大范围，将符合条件的国家中小企业公共服务示范平台中的技术类服务平台纳入现行科技开发用品进口税收优惠政策范围，加快推进营业税改征增值税试点。在公共服务平台建设方面，支持建立和完善4000个平台，重点培育认定500个国家级的服务示范平台，为小型微型企业创造良好的服务环境。通过这些非常具体并具有一定含金量的政策措施，帮助小型微型企业提振信心，稳健经营，提高盈利水平，增强发展后劲。

在鼓励和引导民间投资方面，今年2月，国务院明确要求各有关部委今年上半年制定出台民间投资实施细则。到6月25日，18部委共出台了42个相关细则。在国有企业改制重组方面，明确了引入民间投资四项原则，提出了产权市场、股票市场和股权投资基金等三种市场化方式，并规定“不得在意向受让人资质条件中单独对民间投资主体设置附加条件”。在银行业准入方面，将村镇银行主发起行的最低持股比例由20%降低到15%。在医疗卫生准入方面，卫生部等有关部门积极完善配套规则，相继发布6个文件，进一步健全了社会办医的政策法规体系。在能源准入方面，提出了煤炭资源勘探、开采、经营、加工转化，以及电网、炼油和新能源等领域鼓励民间投资发展的政策措施。此外，鼓励民间资本进入农田水利、水土保持工程建设，以及市政公用事业、科技创新、体育、旅游、文化等领域的实施细则，也具有很强的系统性和可操作性。这42项实施细则的制定出台，既是稳增长的需要，更是深化改革的需要。随着这些细则的切实贯彻落实，相信会进一步提振民间投资的发展信心，激发民间投资活力。

当前，中小企业遇到的很多困难，并不完全是由企业的外部环境造成的，与企业自身存在的问题也有很大关系。广大中小企业必须清醒地认识到，此次全球金融危机过后，无论是发达国家还是发展中国家，包括中国在内，呈现在企业面前的将是一个更为复杂的环境，对企业提出了更高的要求。企业特别是中小企业为了生存和发展，必须高度重视自身存在的问题，从自身实际出发，加大科技投入，加强自主创新。不断学习和采用国内外先进的管理理念、方法和手段，加快建立健全安全、劳动、质量，特别是财务方面的各项管理制度，夯实管理基础，推进管理创新和制度创新。只有不断提高企业素质，努力做到诚实守信，才能得到更多的社会支持和帮助。

中国中小企业协会作为广大中小企业的娘家，始终密切关注中小企业发展。

协会坚持按照“草根协会”的办会原则和全心全意为会员及广大中小企业服务的根本宗旨，不断提高为广大会员服务的能力和水平。继续发挥好政府与企业之间的桥梁纽带作用。为广大会员企业提供切实有效的服务，发行中小企业集合债、集合票据；开展合同能源管理活动，推广节能减排的技术和产品；加强电子商务第三方信用评价和管理，创造安全可信的电子商务环境。继续深入开展“五个一”活动，努力办成品牌活动，办出社会影响力。协会与中国建设银行总行签订了战略合作协议，两年内为协会会员及中小企业提供500亿元授信。协会与地方政府合作，准备两年内在全国20个城市建立20个中小企业融资服务中心。上半年协会与法国科麦思国际控股有限公司签署了《欧洲商贸会展中心（ITEC）与中国中小企业协会合作意向书》，为广大中小企业拓展欧洲市场搭建服务平台。下半年，将举全协会之力，办好第六届中国中小企业节。组织会员及广大中小企业参加南非“世界中小企业大会”、法国“国际环保工业展”及“国际工业配件展”、巴西“冶金铸造业展”、土耳其“钢铁铸造业展”。11月份在马鞍山市举办“第二届海峡两岸中小企业论坛”。

今年以来，经济增速进一步放缓，但上半年7.8%的增速在世界范围内仍是高速度。如果在这一增长水平上，经济质量和效益进一步提高，经济结构更趋合理，将有利于国民经济持续健康发展。要提高对经济增速放缓的容忍度，保持宏观经济政策的稳定性和连续性，增强宏观调控的针对性、灵活性和有效性，努力争取实现经济的平稳较快发展，迎接中国共产党“十八大”的胜利召开。

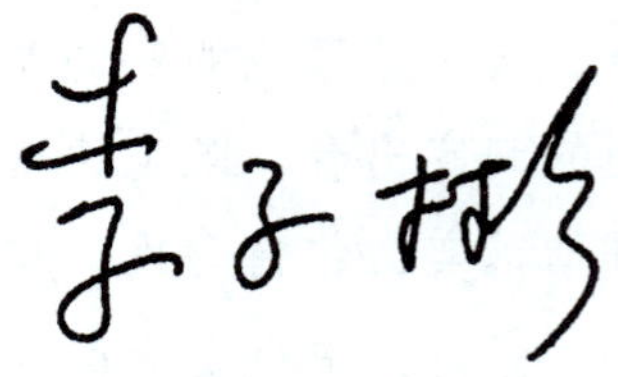

2012年9月11日

目　录

上篇　2011年中国中小企业发展

下篇 扶持中小企业发展的财税金融政策中外比较与借鉴

上篇

2011年中国中小企业发展

第 1 章

2011 年中小企业发展概况

- 中小企业实有户数情况
- 中小企业的行业分布情况
- 中小企业景气指数变化情况
- 中小企业债务融资情况

2011年是“十二五”规划开局之年，国民经济呈现增速逐步回落的走势，一季度GDP增长9.7%，二季度增长9.5%，三季度增长9.1%，四季度增长8.9%，初步测算全年经济增长9.2%，增速比上年回落1.2个百分点，仍处于较快增长区间。在宏观经济平稳较快运行的背景下，企业生产效益仍实现了较高速度增长。前11个月，全国规模以上工业企业利润增长24.4%，比上年同期回落25个百分点，增速逐季放缓。中、西部地区规模以上工业实现利润分别增长34.1%和33.3%，占全部工业利润的40.4%，同比提高2.8个百分点。全年规模以上工业企业实现利润增长25.4%。

总体上看，中小企业发展仍然是正常的、健康的，长期向好的趋势和基本面没有改变，中小企业仍处于发展的重要战略机遇期。但中小企业面临的问题和矛盾也很多，而且有的问题在前几年已经暴露的基础上，2011年继续有所发展。这些问题既有一些长期制约中小企业发展的老问题，如中小企业发展环境还有待改善，融资难问题突出，技术装备、科技水平不高等，又有经济运行中的新问题，如产业结构调整和升级给中小企业带来新挑战等。面对日益趋紧的环境，国家积极出台有针对性的措施，特别是针对小型微型企业出台了一些扶持政策，财政积极安排中小企业发展专项资金，对小型微利企业实行所得税减半征收的优惠政策，金融机构对中小企业的信贷支持力度继续加大，中小企业服务体系建设不断加强，积极开展了减轻企业负担专项治理，清理整顿涉及中小企业的不合理收费。在各项政策的扶持下，作为市场主体的各类企业特别是中小企业克服重重困难，积极应对市场因素变化，不断提高管理水平，努力增加经营效益，保持了平稳较快发展。

1.1　中小企业实有户数情况

我国中小企业实有户数①包括全国实有企业户数和全国实有个体工商户户数。

1.1.1　全国实有企业数量变化情况

截至2011年底，全国实有企业1253.12万户（含分支机构，下同），比上年底增长

① 目前尚不存在中小企业户数统计，由于99%数量的企业为中小企业，故这里用总企业户数加上个体工商户户数作为一个替代指标，通过该指标的变化趋势反映中小企业户数变动情况。

10.26%，实有注册资本（金）72.25万亿元，比上年底增长21.16%（见图1.1）。内资企业（不含私营）实有240.80万户，比上年底减少5.65万户，降低2.29%。私营企业967.68万户，增长14.45%，注册资本（金）25.79万亿元，增长34.27%。外商投资企业44.65万户，增长0.28%，注册资本（金）10.9万亿元，增长4.37%。

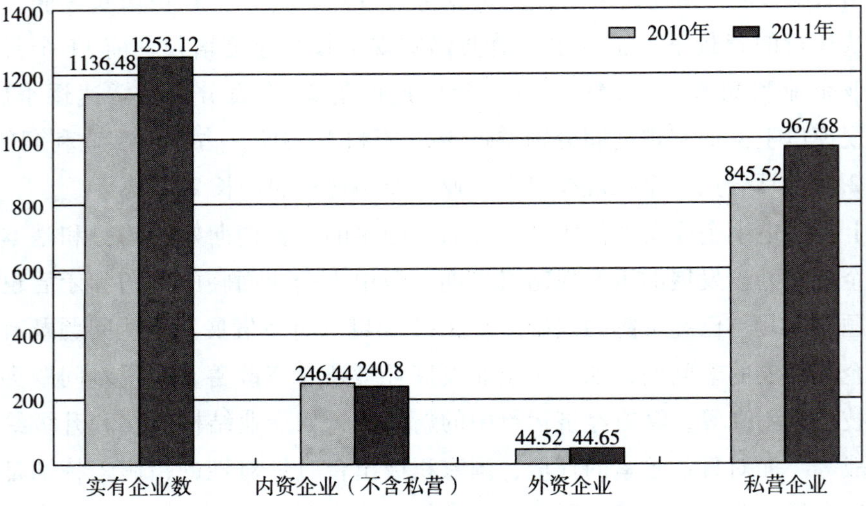

图1.1 2011年我国中小企业户数发展情况（万户）

资料来源：国家工商总局统计资料。

2011年，全国新登记注册企业200.19万户，比上年同期增长13.61%，注册资本（金）7.68万亿元，比上年同期增长23.95%。内资企业登记注册195.98万户，增长13.84%，注册资本（金）6.76万亿元，增长28.71%。其中私营企业登记注册182.07万户，增长15.48%，注册资本（金）4.8万亿元，增长31.19%。外商投资企业登记注册4.21万户，增长3.64%，注册资本（金）0.92万亿元，下降2.55%。

（1）内资企业

截至2011年底，全国内资企业实有240.80万户，比上年减少5.65万户，下降2.29%。其中国有企业实有42.21万户，比上年底减少3.57万户，下降7.8%；集体企业59.12万户，比上年底减少5.67万户，下降8.75%；股份合作企业14.12万户，比上年底减少1.02万户，下降6.74%；其他企业6.22万户，比上年底下降0.92%。各企业类型所占比重见图1.2。

（2）外资企业

我国在不断巩固应对国际金融危机成果过程中，进一步出台促进外商投资企业发展的政策措施，为外商投资企业的健康发展营造了良好的政策环境。2011年全国外商投资企业实有户数延续了2010年的增长态势，出现企业户数、总投资和注册资本同步增长的局面。截至2011年底，外商投资企业44.65万户，增长0.28%，注册资本（金）10.9万亿元，增长4.37%。其中分支机构15.76万户，增长0.3%；公司法人28.74万户，同比增长0.13%。本年新登记外商投资企业4.21万户。外商投资企业实有投资总

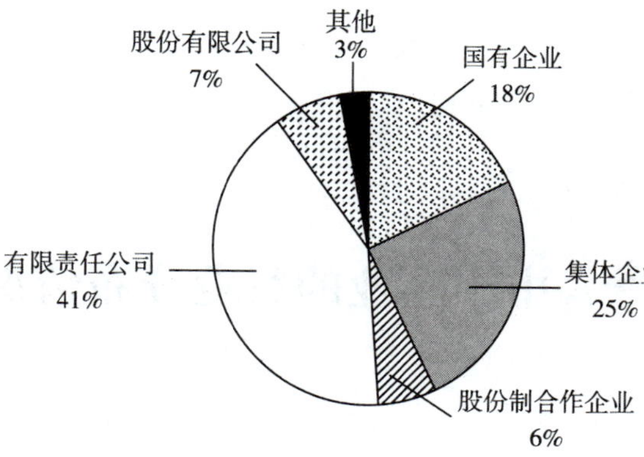

图 1.2　2011 年内资企业中各类型企业占比

资料来源：国家工商总局统计资料。

额 2.99 万亿美元，比上年底增长 10.61%；注册资本 1.73 万亿美元，增长 9.89%；其中外方认缴出资额 1.08 万亿美元，增长 11.75%，外方认缴出资额占注册资本的 80.25%。

1.1.2　全国实有个体工商户的发展情况

2010 年，我国继续实施清理不合理税费、鼓励创业就业等措施，不断深化个体工商户分层分类登记管理改革，利用信息化手段，促进登记和监管功能的整合，不断提高监管效能和服务水平，有效改善个体工商户发展环境。新登记个体工商户增长较快，实有户数、资金数额均保持快速增长趋势。全国个体工商户实有 3756.47 万户，比上年底增长 8.79%，资金数额 1.62 万亿元，增长 20.84%。个体工商户当年新注册 715.34 万户，比上年同期增长 3.46%，资金数额 0.47 万亿元，比上年同期增长 15.81%。

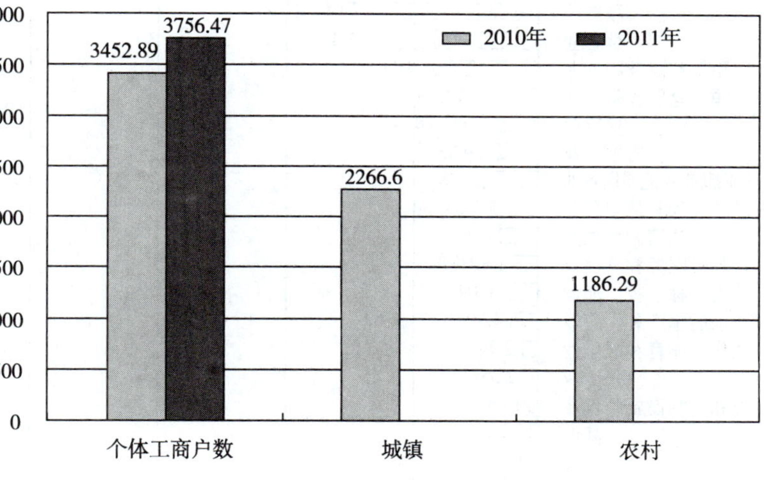

图 1.3　2011 年个体工商户数情况（万户）

资料来源：国家工商总局统计资料。

1.2　中小企业的行业分布情况

1.2.1　全国企业产业分布

从产业分布情况看，全国企业在第一产业实有 31.2 万户，比上年底增长 17.98%，占全国企业实有户数的 2.49%；第二产业实有 338.38 万户，比上年底增长 7.05%，占全国企业实有户数的 27.00%；第三产业实有 883.55 万户，比上年底增长 11.29%，占全国企业实有户数的 70.51%。

1.2.2　内资企业的行业分布

从内资企业行业实有户数看，批发和零售业依然位居首位，为 84.81 万户，其次是制造业 31.12 万户，再次为金融业 25.46 万户。内资企业行业中企业实有数量最少的三个行业分别是其他，教育业，卫生、社会保障和社会福利业，这三个行业的企业是有数量分别为 1.46 万户、0.52 万户和 0.46 万户。

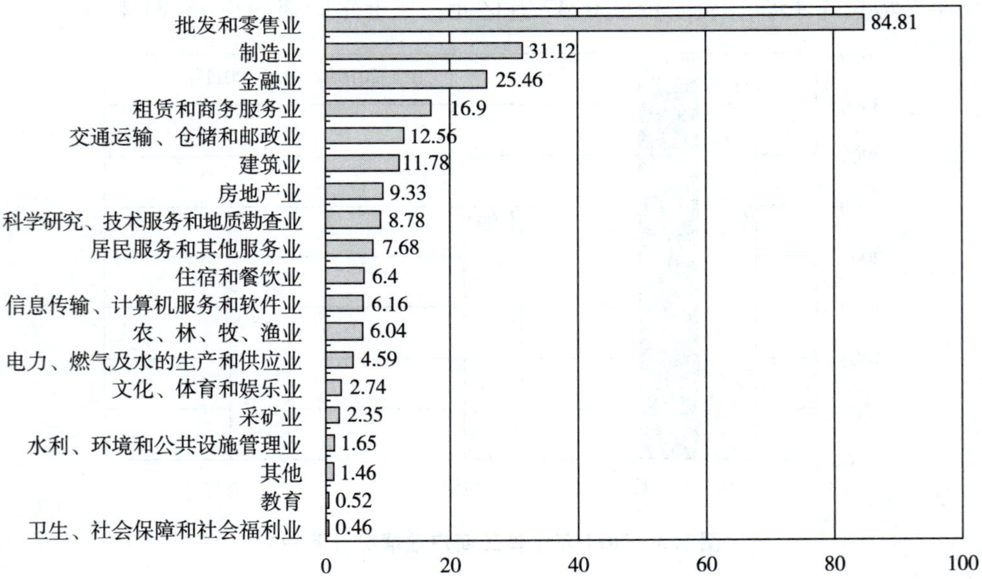

图 1.4　2011 年我国内资企业实有户数行业分布（万户）

资料来源：国家工商总局统计资料。

1.2.3　外资企业的行业分布

从外商投资企业的行业来看，以金融业为代表的现代服务业稳定快速增长。金融业实有户数达到6442户（含分支机构，下同），比上年底增长16.5%；批发和零售业7.32万户，增长13.8%。外商投资企业投资第三产业较多，租赁和商务服务业以及信息传输、计算机服务和软件业分别达到3.75万和5.78万户。企业数量最多的制造业有所下降，从2010年底的18.76万户下降到2011年底的18.1万户。计算机服务和软件业企业数量比2010年底减少6500户，下降10.1%。具体见图1.5。

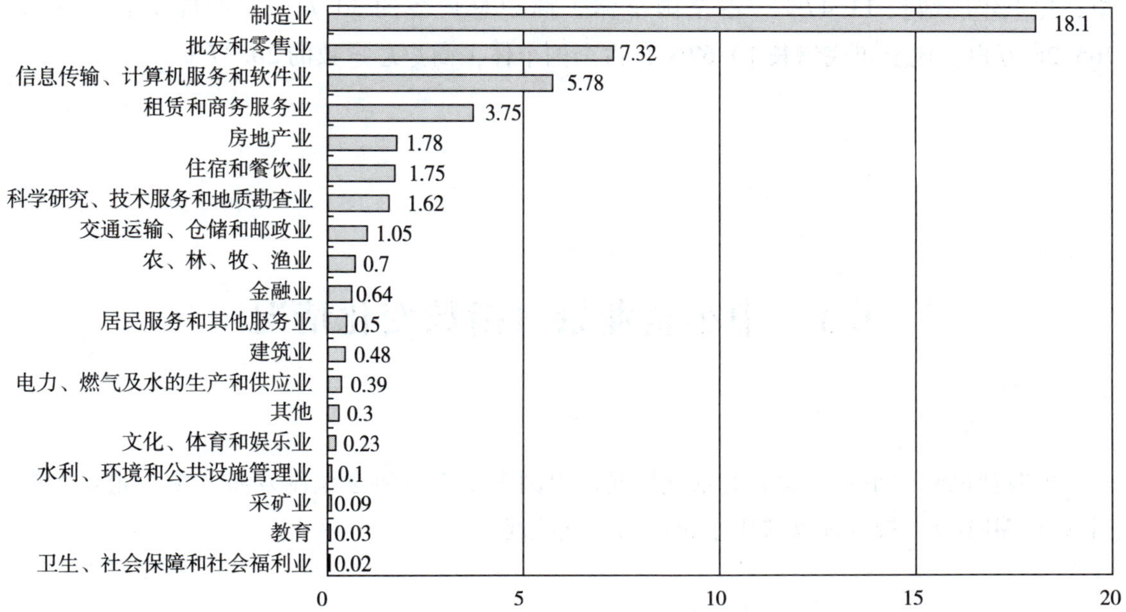

图1.5　2011年我国外资企业实有户数行业分布（万户）

资料来源：国家工商总局统计资料。

1.2.4　个体工商户行业分布

全国个体工商户在第一产业实有62.02万户，比上年底增长18.51%，占全国个体工商户实有总户数的1.65%；第二产业实有304.85万户，比上年底增长3.83%，占全国个体工商户实有总户数的8.12%；第三产业实有3389.6万户，比上年底增长9.10%，占全国个体工商户实有总户数的90.23%。个体工商业户数主要分布在批发和零售业、居民服务和其他服务业、住宿和餐饮业等行业，占全部个体工商户的比重超过60%。个体工商户分布在水利、环境和公共设施管理，金融业，电力、燃气及水的生产和供应业三个行业中的数量最少，由于这些行业主要是垄断性比较强的行业，个体工商户难于进入。

1.2.5 全国市场主体区域发展情况

从区域看，东、西部地区企业实有户数增长较快。东部十二省市实有企业户数为787.42万户，比上年底增长10.56%，占全国企业总户数的62.84%；中部九省实有企业275.14万户，比上年底增长8.72%，占全国企业总户数的21.96%；西部十省市实有企业190.56万户，比上年底增长11.31%，占全国企业实有总户数的15.21%。

中、西部地区个体工商户发展较快。东部十二省市实有个体工商户1837.58万户，比上年底增长6.43%，占全国个体工商户总户数的48.92%；中部九省实有1153.62万户，比上年底增长11.47%，占全国个体工商户总户数的30.71%；西部十省市实有765.26万户，比上年底增长10.67%，占全国个体工商户总户数的20.37%。

1.3 中小企业景气指数变化情况

为客观反映中小企业发展的景气情况，中国中小企业协会编制发布了中小企业发展指数（SMEDI），较好地反映中小企业的景气状况。

1.3.1 第一季度中国中小企业发展指数

2011年一季度中国中小企业发展指数为104.1，比2010年四季度下降2.2点。许多中小企业原材料、能源购进价格和劳动力成本上升，投资意愿下降，企业效益下滑。应当看到，为了将工作重点切实放到加快转变经济增长方式上，在2011年宏观经济调控目标中，经济增长速度预期目标比上年实际增长速度明显降低，同时防止经济出现大的波动。2011年一季度中国中小企业发展指数虽然有所下降，但仍处于景气临界值以上，显示中小企业继续了上个季度的平稳发展态势。

（1）多数行业指数比上季度有所下降，绝大多数行业指数处于景气临界值以上

从调查的8个分行业看，与上季度相比，6个行业指数下降，分别是工业、建筑业、房地产业、批发零售业、社会服务业、信息传输计算机服务和软件业，但是，除建筑业以外，均处于景气临界值以上。需要特别指出的是，交通运输邮政仓储业指数比上季度提高3.7个点，8个分项指数中有6个提高，其中资金和劳动力分项指数分别提高3.0和4.9点。交通运输邮政仓储业属于物流业，往往具有先行预示的作用，因此，在一定程度上预示中小企业景气度将有所上升。

①建筑业和房地产业指数降幅较大，尚属正常现象。一季度建筑业指数为90.4，比上季度减少13个百分点。在建筑业的8个分项指数中，综合经营指数、市场指数、投入指数和效益指数降幅最大，分别减少19.6、20.0、33.5、9.4点。一季度房地产业指数为112.3，下降14.3个百分点，虽然降幅较大，由于上个季度指数值较高，仍处景气临界值以上高位。在房地产业的8个分项指数中，宏观经济感受指数、市场指数、投入指数和效益指数的降幅最大，分别下降11.4、15.3、36.0和31.8点。这两个行业降幅较大，与一季度季节性、临时性因素及房地产市场调控有关。

②工业指数处于景气临界值以上，市场显示较为积极。一季度，工业指数为102.4，比上季度减少0.1个百分点。从工业的分项指数看，资金指数上升4.9点，而其他大部分行业的资金指数都是下降的，有的下降幅度还很大。说明虽然整体资金收紧，但有部分资金流入工业，对于实体经济发展是有利的。工业的市场指数还分为订单、生产总量、产品销售量、平均销售价格等细项。从调查细项看，43%的企业订单比上年同期增加，43%的企业生产总量比上年同期增加，43%的企业产品销售量增加，49%的企业产品的平均销售价格出现上涨。

(2) 半数分项指数比上季度下降，多数分项指数处于景气临界值以上

从8个分项指数看，与上季度相比，市场指数、成本指数、投入指数和效益指数下降。但是，除成本指数、资金指数和效益指数外，其他分项指数均处于景气临界值以上。

①原材料、能源购进价格的推高和劳动力成本上涨，使得企业成本压力增大。一季度，分项成本指数为72.2，处于景气临界值100以下。调查显示，88%的企业反馈原材料及能源购进价格比上年同期上涨，81%的企业反馈企业劳动力成本增加；对于工业来讲，92%的企业反馈原材料及能源购进价格比上年同期上涨，86%的企业反馈企业劳动力成本增加。说明原材料及能源购进价格上涨、劳动力成本增加是导致企业生产成本上升的主要原因。

②企业资金指数处于景气临界值以下，资金供应偏紧。一季度，分项资金指数为95.6，处于景气临界值100以下。分项资金指数还分为融资、流动资金等几个细项。从调查细项看，只有17%的企业反馈流动资金充足，7%的企业反馈融资容易。八大行业中，从融资指数看，只有信息传输计算机服务和软件业达到景气临界值100；从流动资金指数看，工业、建筑业和交通运输邮政仓储业流动资金指数在100以下，其他行业在100以上。对于当前企业资金偏紧现象，一方面应当对货币政策向常态回归过程中给一些企业造成的资金压力有正确的理解和认识，并提高承受能力。另一方面，对于中小企业的融资难问题，应制定并实施切实有效的政策予以缓解。

③劳动力需求较旺，供需存在缺口。一季度，劳动力需求指数131，比上季度上涨1.1点，劳动力市场供应指数为88.2，比上季度略有降低。调查显示，50%的企业反馈市场普通劳动力供应不足，47%的企业反馈技术工人供应不足；市场对大专及以上毕业

生供应情况较好，只有16%的企业反馈供应不足。可以看出，劳动力市场存在供需结构性矛盾，普通劳动力和技术工人的供需存在缺口。同时应当看到劳动力供需状况与季节性因素也有一定关系。劳动力需求旺盛，反映经济依然在较快发展。

④效益指数跌至景气临界值以下，盈利减少的行业和企业较多。一季度，效益指数为89.8，比上季度下降6.1点。调查显示，76%的企业与上年同期相比盈利减少。在调查的8个行业中，除房地产业、社会服务业外其他6个行业均位于景气临界值以下，其中建筑业效益指数最低。在调查过程中，企业反映强烈的是原材料、能源购进价格和劳动力成本上涨以及企业融资困难等问题，这些也正是企业效益指数降幅较大的主要原因。

1.3.2 第二季度中国中小企业发展指数

2011年二季度中国中小企业发展指数（SMEDI）为100.2，比一季度下降3.9点，跌至几近景气临界值100。从上年第三季度开始，中国中小企业发展指数从108.9逐季下跌。当前中国宏观经济继续保持平稳发展态势，但中小企业总体景气度稍差一些。

（1）大多数行业指数跌破景气临界值，行业发展不够景气

从调查的8个分行业看，本季度最明显的特点是大多数分行业指数都跌破景气临界值，只有房地产业、批发零售业和社会服务业在景气临界值以上，分别为108.2、101.5和105.8。虽然只有建筑业的指数是上升的，上升了0.8点，但由于上季度基数较低，本季度只有91.1点，处于8个分行业指数的最低点。

①工业指数跌破景气临界值，困难和问题增多。二季度，工业指数为99.2，比上季度减少3.2点。从工业的分项指数看，除了劳动力指数上升6.5点，成本指数下降0.2点，其他分项指数下降明显，宏观经济感受指数、综合经营指数、市场指数、资金指数、投入指数和效益指数分别下降5.7、2.5、6.6、4.0、5.1和3.9点。调查显示，被调查企业中，只有39%的企业订单、企业生产总量、企业销售量比上年同期增加，42%的企业反馈比上年同期增亏或减盈。

②住宿餐饮业位于景气临界值之下的较低水平，下降幅度最大。二季度住宿餐饮业指数为94.7，比上季度减少8.7点。从分项指数看，绝大部分下降明显，其中宏观经济感受指数、综合经营指数、资金指数和效益指数下降幅度达到两位数，分别为17.2、16.4、14.4和10.3点。调查显示，由于物价大幅上涨，餐饮行业利润被挤压，70%的餐饮企业反映比上年同期增亏或减盈。

③房地产业指数持续下降，但仍在景气临界值以上。二季度房地产业指数为108.2，比上季度减少4.2个百分点，是8个分行业指数中最高的。房地产业指数在上年四季度曾高达126.6点，从如此高位大幅下滑，在一定程度上显示了房地产调控的成果。

（2）大多数分项指数处于景气临界值以上，但总体水平不够理想

从8个分项指数看，与上季度相比，成本指数、资金指数、效益指数继续处于景气

临界值以下较低水平。劳动力指数是最高的，上升 4.4 点，达到 114.0。其他分项指数，虽然都是下降的，但也处于景气临界值以上。

①宏观经济感受指数下降幅度最大，企业对外部发展环境的期望尚待提高。二季度宏观经济感受指数 108.3，比上季度下降 9.2 点，为本季降幅最大的分项指数。调查显示，只有 30% 的企业对宏观经济感受为乐观。

②资金指数继续明显下滑，企业融资难度进一步加大。二季度，分项资金指数从上季度的 95.6 下降为 90.0，继续处于景气临界值以下。在分项资金指数项下，分设了流动资金、融资等几个细项。从调查细项看，流动资金指数为 88.5，比上季度下降 5 个点，只有 15% 的企业反馈流动资金充足。融资指数为 72.4，比上季度下降 9 个点，只有 4% 的企业反馈融资容易。关于融资方面的问题，调查企业反馈，一是银行贷款手续烦琐，门槛设置很高，企业即使抵押房产有时也难以贷到款，而且款额难以满足需求；二是银行对中小企业的利息大大高于基准利率，增大了企业的贷款风险；三是企业对于银行贷款以外的融资方式不甚了解。另外，调查显示，不同行业获得贷款的比例差异很大，在 8 个分行业中，最高的房地产业达到 89%，最低的社会服务业比例只有 46%。

③成本分项指数维持较低水平，效益分项指数继续明显下滑。二季度，成本指数为 71.7，比上季度下降 0.5 点。调查显示，89% 的企业反馈原材料及能源购进价格比上年同期上涨，81% 的企业反馈劳动力成本增加。二季度，效益指数为 83.8，比上季度下降 6 个点。只有 23% 的企业反馈比上年同期增盈或减亏。在调查的 8 个分行业中，只有房地产业位于景气临界值以上，其中工业、建筑业、交通运输邮政仓储业、住宿餐饮业分别为 82.0、77.6、76.0、75.4，大部分行业的企业效益较差。

根据调查预计，三季度中国中小企业发展指数将基本维持二季度的状况。当前，中小企业特别是小企业融资难，一些企业生产经营出现困难，已引起社会的广泛关注。国家在坚持宏观调控基本取向不变的同时，将根据形势的变化提高政策的针对性、灵活性、前瞻性，保持社会融资总量合理增长，提高金融服务水平，加大对小企业的信贷支持。中小企业的整体状况将随着国家有关政策的贯彻执行出现积极变化，遏制住中小企业发展指数一路下滑的趋势。

1.3.3　第三季度中国中小企业发展指数

2011 年三季度中国中小企业发展指数为 97.2，比二季度下降 3 个点，首次跌至景气临界值 100 以下。在经济增长平稳减速、通胀压力依然较大、国家货币政策从紧的宏观经济形势下，中小企业发展指数自上年第三季度开始的持续下滑局面尚未扭转。需要特别指出的是，依据新修订的中小企业划型标准，调查的样本企业 87% 属于小型和微型企业。

(1) 6 个分行业指数跌至景气临界值 100 以下

从调查的 8 个分行业看，只有房地产业和社会服务业指数在景气临界值以上。除信息传输计算机服务软件业外，其他行业指数下滑。批发零售业指数为98.6，减少2.9点。住宿餐饮业指数为92.8，减少1.9点。

①工业指数持续下滑，交通运输邮政仓储业指数下跌幅度较大。三季度，工业指数为96.6，比上季度减少2.6点。从工业的分项指数看，8个分项指数出现全面下滑。被调查企业中，69%的企业生产总量和销售量比上年同期减少或持平，71%的企业订单比上年同期减少或持平。在出口型外贸生产企业中，只有18%的企业国外订单比去年同期增加。出口型外贸生产企业反馈，一方面国外订单大量减少，另一方面国内原材料及各种成本上涨，致使企业几乎无利可图，很多企业选择了减产和停产。

交通运输邮政仓储业指数为94.4，比上季度下降4.2点。8个分项指数全面下滑，特别是宏观经济感受、成本、资金和效益指数分别为94.5、71.6、87.1和70.9。调查显示，83%的企业反馈生产成本比上年同期增加，51%的企业增亏或减盈。工业交通是重要的实体经济，其重要性是虚拟经济无法相比的，目前一些虚拟经济发达的国家都有回归实体经济的意向，我国工业交通指数逐季下滑的局面应引起高度关注。

②房地产业指数降幅最大，建筑业指数位于8个分行业指数的最低位。三季度房地产业指数为102.9，是8个分行业指数中最高的，比上季度下降5.3点，降幅最大。房地产业指数在上年四季度曾高达126.6点，尽管以后几个季度持续下降，幅度较大，但仍处于景气临界值以上。

建筑业指数86.4，比上季度下降4.7点，降幅仅次于房地产业。分项指数大部分都位于景气临界值以下，特别是市场、成本、资金、投入和效益指数，分别为82.6、78.1、77.0、86.0和74.5。

③社会服务业指数处于景气临界值以上，信息传输、计算机服务和软件业指数比上季度略升。三季度，社会服务业指数为102.8，但比上季度下降2.9点。宏观经济感受、综合经营、市场、劳动力和投入指数分别为115.5、115.0、110.0、116.0和111.2，位于分行业分项指数高位。调查显示，超过40%的企业综合经营状况良好，41%的企业生产量比上年同期增加，69%的企业增盈或减亏。

三季度信息传输计算机服务软件业指数为97.7，比上季度略增0.1点。该行业保持平稳，在指数上的反映是企业效益、投入及综合经营指数涨幅较大，分别为6.9、6.0和3.9点，抵消了其他分项指数的下降。

（2）分项指数全面下滑

成本指数、资金指数、效益指数处于景气临界值以下较低水平，这种状况已持续四个季度。其他分项指数虽然都是下降的，但处于景气临界值以上。劳动力指数是最高的，为111.6，比上季度下降2.3点。

①宏观经济感受指数降幅最大，企业信心不足。三季度宏观经济感受指数103.9，比上季度下降4.4点，在分项指数中降幅最大。值得关注的是，2011年一季度宏观经济感受指数曾达到117.5，此后连续下降，且降幅最大。调查显示，只有23%的企业对宏

观经济感受持乐观态度。

②原材料、能源购进价格和劳动力成本上涨，进一步推高企业成本。三季度，成本指数为69.3，比上季度减少2.4点。调查显示，73%的企业原材料及能源的购进价格比上年同期上涨，78%的企业劳动力成本增加。原材料、能源及人力成本进一步上涨，压缩了企业利润空间，45%的企业增亏或减盈。这种情况在工业中更为突出，90%的工业企业原材料及能源的购进价格比上年同期上涨，88%的工业企业劳动力成本增加。

③资金供应紧张，融资难度加大。资金指数为87.3，比上季度下降2.7点。从调查细项看，流动资金指数为85.2，比上季度下降3.3点，只有13%的被调查企业反馈流动资金充足。融资指数为69.8，比上季度下降2.6点，只有3%的被调查企业反馈融资容易。

④增亏减盈企业增多，企业效益持续下滑。效益指数为81.2，比上季度下降2.6点。与上季度相比，效益指数下降幅度最大的是房地产业、交通运输邮政仓储业、批发零售业，分别下降7.4、5.1和5.0点。特别是交通运输邮政仓储业效益指数只有76点，51%的被调查企业反馈增亏或减盈。

(3) 中部和西部中小企业发展指数高于东部

三季度，东中西部中小企业发展指数分别为95.1、99.4、104.3。从分行业指数看，东部地区只有房地产业和批发零售业指数是最高的，分别为112.4和101.0，比中部分别高4.6和12.8点，比西部分别高14.8和1.5点。东部地区工业、建筑业、交通运输邮政仓储业最低，分别为91.6、84.9和86.7，比中部分别低12.9、13.3和28.7点，比西部分别低14.1、7.9和8.0点。分项指数中，东部有的低于中部，有的低于西部。中部市场指数、成本指数最高，分别为109.5和75.7，比东部高8.6和5.3点，比西部高0.4和2.6点。西部的宏观经济感受、综合经营、资金、劳动力、投入、效益指数最高，分别为119.3、114.8、92.0、119.2、118.5和90.6，分别比东部高23.1、8.0、1.1、9.1、11.5和12.1点，分别比中部高2.9、4.6、6.5、8.4、10.7和10.6点。从区域的中小企业发展指数看，目前中西部要好于东部，这里面有宏观调控的滞后效应，为此中西部地区不可掉以轻心。

根据调查显示，四季度中小企业发展指数止跌回升尚有难度。当前中小企业面临着许多困难和问题。有关方面应予以关注并努力促进一些重点和难点问题的解决。一是切实减轻企业负担，加大对小型微型企业的财税扶持；二是在把住货币闸门的同时，搞活金融市场；三是进一步落实并不断完善民间投资市场准入政策。

1.3.4　第四季度中国中小企业发展指数

2011年四季度中国中小企业发展指数为93.5，比三季度下降3.7点。在我国经济增长速度逐步回落的宏观形势下，处于市场经济弱势地位的中小企业发展的景气状况，与上季度相比，没有根本性的变化。

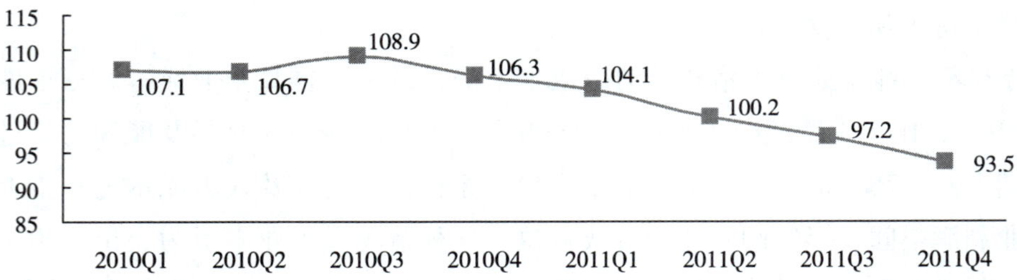

图1.6 中国中小企业发展指数运行图

资料来源：中国中小企业协会。

（1）全部分行业指数首次跌至景气临界值100以下

从调查的8个分行业看，首次全部跌至景气临界值100以下，其中批发零售业指数为95.2，下降3.3点；信息传输计算机服务软件业为95.0，下降2.7点；住宿餐饮业为91.0，下降1.8点；社会服务业为98.3，下降4.5点。

①工业指数降幅逐季增大。四季度工业指数为92.9，比上季度下降3.6点。自二季度工业指数跌破景气临界值100点后，降幅逐季增大。被调查的工业企业中，74.3%的企业订单、72.6%的企业生产总量、73.2%的企业销售量和70.7%的企业产品平均销售价格均比上年同期下降或持平。出口型外贸生产企业中，85%的企业国外订单比上年同期减少或持平。在工业的8个分项指数中，成本指数上升幅度较大，上升12.9点，表明工业企业成本压力有所缓解，但成本指数仍然很低，仅为75.4。工业企业成本压力有所缓解，主要是由生产成本、原材料购进价格及劳动力成本下降所致。调查显示，20%的企业反馈生产成本和劳动力成本、33%的企业反馈原材料购进价格均比上年同期下降或持平，这两项的比例虽然不高，但比上季度略有提高。

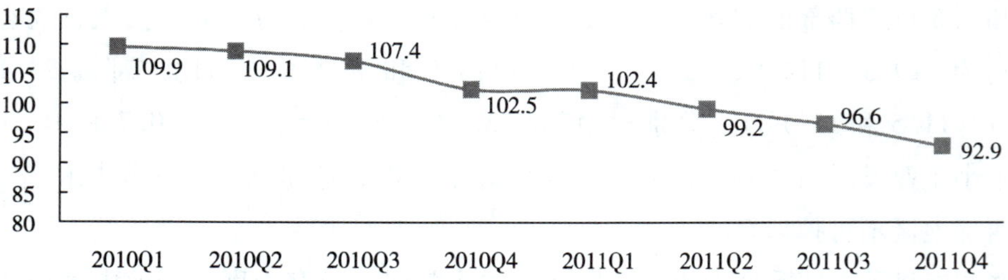

图1.7 工业中小企业发展指数运行图

资料来源：中国中小企业协会。

②交通运输邮政仓储业指数处于低位。四季度交通运输邮政仓储业指数为88.6，处于8个分行业中的低位，比上季度下降5.8点。调查显示，78.8%的企业业务预订量、76.5%的企业业务量比上年同期减少或持平，74%的企业业务收费价格比上年同期下降或持平。交通运输邮政仓储业属于物流业，往往具有先行预示的作用，其分行业指数持续下降值得关注。

③房地产业指数降幅最大。四季度房地产指数为94.5，首次跌至景气临界值100以

下，比上季度下降8.4点，降幅超过其他7个分行业。房地产业指数在2010年四季度曾高达126.6点，以后逐季下滑，降幅最大。从本季度看，主要是商品房销售面积、销售价格和新开工面积大幅下降所致。调查显示，80.8%的企业商品房预售面积、78.4%的企业新开工面积、87.2%的企业商品房销售面积、70.4%的企业商品房平均销售价格均比上年同期下降或持平。

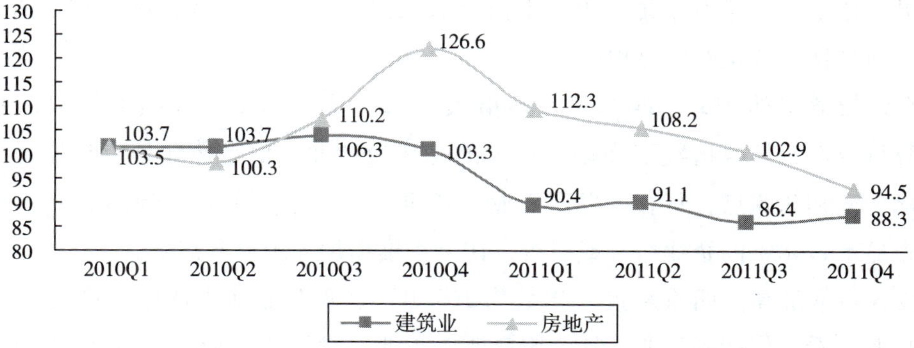

图1.8 房地产和建筑业指数运行图

资料来源：中国中小企业协会。

④建筑业指数最低。建筑业指数为88.3，虽然上升1.9点，但是在8个分行业指数中最低。从调查的细项看，企业新签订的工程合同数和企业工程结算收入情况较差。建筑企业总体效益不佳，只有18.3%的企业反馈比上年同期增盈或减亏。

（2）跌至景气临界值100以下的分项指数有所增加

8个分项指数中，除综合经营指数、劳动力指数、投入指数外，均处于景气临界值100以下。其中综合经营指数为103.0，下降5.7点。

①宏观经济感受指数和市场指数降幅最大。四季度宏观经济感受指数为96.7，在分项指数中降幅较大，下降7.2点。从调查的细项看，被调查企业对宏观经济预期不看好，尤其是对工业、交通运输邮政仓储业、房地产业以及信息传输计算机服务软件业；被调查企业对所在行业特别是交通运输邮政仓储业、房地产业以及信息传输计算机服务软件业信心不足，批发零售业和住宿餐饮业的企业对本行业运行较有信心。

四季度市场指数96.4，在分项指数中降幅最大，下降7.8点。通过对8个分行业的企业调查显示，74%的企业产品订货量、73%的企业生产总量、75%的企业产品销售量比上年同期减少或持平。在出口型企业中，71%的企业国外订货量比上年同期减少或持平。总体来看，需要提振企业对宏观经济和市场的预期。

②成本、资金指数持续下滑趋势有所减缓甚至有所好转。四季度成本指数为80.5，在8个分项指数中是唯一上升的，上升幅度高达11.3点。从分行业看，批发零售业、信息传输计算机服务软件业成本指数继续下降，显示企业成本压力还在加大，其他行业成本指数上升，上升幅度最大的为房地产业。从调查的细项看，63%的企业原材料及能源的购进价格比上年同期上涨，比上季度减少10个百分点；75%的企业劳动力成本增加，

比上季度减少3个百分点。总的看，国家调控物价的政策措施有利于企业成本的下降，成本压力在一定程度上得到缓解。

四季度资金指数为86.8，与上季度基本持平，仅下降0.5点。从调查的细项看，流动资金指数为80.4，比上季度下降4.8点，10%的被调查企业反馈流动资金充足，比上季度减少3个百分点。融资指数为72.5，比上季度上升2.6点，4%的被调查企业反馈融资容易，比上季度略有增加。国家对融资政策进行了微调，努力提高政策的灵活性、针对性、前瞻性，效果有所显现。

③企业效益仍然较差。四季度效益指数77.2，比上季度下降幅度较大，下降4.1点。从分行业看，效益指数下降幅度最大的是房地产业、信息传输计算机服务软件业，分别下降9.2和9.8点，只有批发零售业和建筑业效益指数上升，分别上升2.9和1.3点。调查显示，48%的企业增亏或减盈，比上季度增加3个百分点。

④投入指数最高。四季度投入指数为107.0，是8个分项指数中最高的，下降2.3点。从行业来看，住宿餐饮业、社会服务业、工业、批发零售业、交通运输邮政仓储业5个行业处于景气临界值以上，与上季度相比，建筑业、批发零售业和交通运输邮政仓储业投入指数有不同程度的上涨。在调查的细项中，工业企业科技创新投入有所增加，固定资产投入有所下降。企业增加更新改造和科技创新投入是着眼于未来的发展，显示对未来预期看好。

⑤劳动力指数较高但降幅较大。四季度劳动力指数为105.3，下降6.3点，下降幅度较大。从调查的细项看，劳动力需求较旺，除房地产业外，其他7个分行业指数均在100以上，其中工业、社会服务业、住宿餐饮业以及信息传输计算机服务软件业高达115以上；劳动力供应不足，除交通运输邮政仓储、房地产、批发零售业以外，其他几个分行业均在100以下，其中住宿餐饮业仅为71.7。劳动力供应不足尤以技术工人为甚，技术工人供应指数最高的没有超过90，交通运输邮政仓储业和住宿餐饮业仅为64.7和65.7。大专以上毕业生供应相当充裕，除住宿餐饮业为98.6外，其他均在113以上，房地产业和批发零售业高达137.6和133.3。

（3）中部和西部指数继续高于东部

四季度东中西部指数分别为90.3、97.2和103.5，比上季度分别下降4.8、2.3和0.8点。从区域的指数看，目前西部好于中部，中部好于东部，这里面有问题显现的时滞和宏观调控的滞后效应。企业对未来的预期非常重要，从分项指数中的宏观经济感受指数看，东中西部的下降幅度分别为5.1、11.5和12.8点，对未来经济发展的预期，东部企业的信心开始增强。工业是实体经济的重要组成部分，从分行业中的工业看，东中西部的下降幅度分别是1.7、7.6和1.6点，中部地区的企业对于未来工业景气度的预期明显低于东部，有可能还将进一步向西部传递。

根据调查预测，2012年一季度房地产业将继续下滑，下滑的幅度有所加大，并将进一步影响到建筑等行业，同时市场指数存在继续下行的压力，中小企业发展指数止跌回升的可能性不大。

在新的一年里，对于中小企业发展中出现的融资难加剧、生产成本快速上升、经营压力不断加大、税费负担较重、资源环境约束加大等问题，应以小型微型企业为重点，采取多方面的政策措施，大力提振企业信心，努力促进问题的解决。防止中小企业的局部性问题演变成全局性问题，苗头性问题演变成趋势性问题，影响我国社会稳定和经济发展大局。

1.4　中小企业债务融资情况

1.4.1　目前我国中小企业债务融资基本情况

（1）中小企业集合债券发行情况

中小企业集合债券由发改委审批，于 2007 年推出首批试点。自 2007 年首发至 2009 年底，共有 6 省市发行 7 只中小企业集合债券，共为 66 家企业募集资金 40.01 亿元，户均募资 6062 万元；2010 年至 2011 年 3 月，北京、河南、江苏 3 省市又发行 3 只中小企业集合债券，共为 31 家企业募集资金 13.81 亿元，户均募资 4455 万元，利率最低 5.03%，最高 7.80%。

（2）中小企业集合票据发行情况

中小企业集合票据由中国银行间市场交易商协会（简称交易商协会）注册管理，于 2009 年 11 月推出。2009 年 11 月至 2010 年底，全国共有 8 省市发行 18 只中小企业集合票据，共为 90 家企业募集资金 56.11 亿元，户均募资 6234 万元，利率最低 3.15%，最高 6%。

（3）中小企业集合信托发行情况

中小企业集合信托计划由银监会监管，于 2008 年 8 月由浙江省杭州市西湖区政府创新发起。2010 年，全国共有 4 省市发行 24 只中小企业集合信托，共为 94 家企业募集资金 9.215 亿元，户均募资 980 万元，利率最低 6%，最高 10.75%。

（4）中小企业短期融资券发行情况

中小企业短期融资券由交易商协会注册管理，于 2008 年 10 月首次发行。2010 年陕西、浙江两省发行中小企业短期融资券，分别发行 2000 万元和 5000 万元 1 年期融资券。

1.4.2 中小企业债务融资发行经验

（1）政府牵头，多方配合，共同推进

中小企业债务融资工具是近年来中小企业融资方式的重大创新，发展时间短，对于中小企业、政府部门等都需在实践中不断探索和多方积极努力。中小企业债务融资工具发行往往涉及承销商、担保及增信机构、再担保机构、评级机构、审计和法律咨询机构、业务监管机构等，关联方较多，程序复杂，周期较长。成功发行的中小企业债务融资工具的一条基本经验是政府部门发挥牵头协调作用，组织制订总体规划，优选企业，协调部门、中介和企业，加快工作进度；同时，加强宣传，提高产品认可度和信誉度，通过财政资金贴息等支持方式适当降低发行成本。

（2）通过财政资金扶持适度降低综合融资成本，调动中小企业积极性

中小企业发行债券费用主要由发行费和利率组成，其中发行费由承销商、担保机构、评级机构、审计机构、律师事务所等中介机构收费组成，加上发行利率，综合融资成本相对较高。为降低融资成本，鼓励更多中小企业进行债务融资，成功发行中小企业债务融资的省市多数给予财政资金支持。主要做法有：一是提供1～2个百分点贴息；二是对发行前期中介费用按一定比例给予补贴；三是积极支持发行债务融资的中小企业申报高新技术企业、中小企业发展专项资金、技改贴息等扶持资金。财政扶持政策激发了中小企业参与热情，提升了中小企业债务融资的效果和影响力。

（3）对备选中小企业优中选优，建立循环发行机制

优选合格的中小企业是成功发行中小企业债务融资的基础和前提条件。多数省市制定了严格的中小企业筛选条件。一是发债企业必须符合国家产业政策，有较强的盈利能力和较高的成长空间，募集资金有良好投向，支持地方经济支柱型企业、高新技术企业、高成长性企业、节能减排型企业、技术改造型企业和重点上市后备企业等。二是发债企业具有较好的担保资源，包括可用于抵押或质押担保的财产或相关权利，或者能够寻求到信用级别优于自身的第三方提供担保。三是发债企业具有较高的信用等级。四是行业选择上，有的省市要求入选企业所属行业分布均衡，行业关联度较低，以规避行业集中带来的风险；有的省市则要求入选企业所属行业关联度较高，既便于同业互保，也可降低协调成本。

（4）积极创新担保模式，有效降低风险

自《中国银行业监督管理委员会关于有效防范企业债担保风险的意见》（银监发〔2007〕75号）禁止商业银行为企业债提供担保以来，选择优强担保机构或有效担保模式提高债项信用评级，已成为中小企业债务融资发行成功的关键。为此，不少省市积极探索创新，创造出许多值得借鉴推广的好模式，有效实现债项增信，降低融资成本，提高了市场及投资者信心。地方采取的担保模式主要有以下几种。

一是以大连为代表的分层担保模式。即由一家大型国有企业（大连港集团有限公

司）提供一级担保，由大连市企业信用担保有限公司、联合创业集团有限公司提供二级担保，二级担保人为一级担保人提供反担保。

二是以河南为代表的集合担保模式。即由注册资本1亿元以上的4家担保机构组成统一担保人，对外以不可撤销的连带保证责任向投资人提供集合担保；对内责任界定清晰，各担保机构对各自推荐的发行人全额承担第一代偿次序和最终代偿责任。未得到全额偿付和及时代偿的债券部分，其他统一担保人按照约定的方式和权重比例分担偿付责任。在此基础上，再由河南省政府出资成立的河南省中小企业担保集团股份有限公司为统一担保人提供再担保。

三是部分省市引入专业债券信用增进机构（如2009年人民银行所属银行间市场交易商协会设立中债信用增进投资股份有限公司，资本金60亿元，资信等级3A级，为发债企业提供信用增级）与当地担保机构合作提供增信和担保。另外，为了增强债券信用级别，降低融资成本，有的省市还通过引入较高信用级别、规模较大的企业主体提升集合发行人的信用级别。

在控制债券风险方面，河南做了积极尝试。专门成立由统一担保人、再担保机构、主承销商、评级机构、律师事务所等多方组成的风险管理委员会（存续期为成立之日至当期债券本息全部清偿完毕之日），负责对集合债券实施全程监控。由统一担保人按发债总额10%设立风险准备金，委托专业机构管理，防止流动性风险。

1.4.3　中小企业债务融资发行面临的突出问题

（1）发行周期较长，环节较多，发行时间不可控

目前中小企业集合债券、集合票据等发行要经过征集筛选发行人、选择承销商、财务审计、信用评级、出具法律意见、落实担保及反担保、制作申报材料、主管部门审批等多个环节，其中企业投资项目还需获得相关部门的立项备案与环保批复等，程序繁多令企业望而生畏。从已发行情况看，中小企业债务融资发行周期一般为6个月至1年半。此过程中，申报企业资金需求状况、市场和投资环境等均可能发生改变，发行周期过长与中小企业融资需求特点不相适应。

（2）发行门槛较高，一般中小企业难以达标

有的省市为保证发行成功、起到良好示范作用，筛选发行人时除要求满足净资产、注册资本、连续盈利等条件外，还设定其他条件对企业优中选优，甚至以上市标准筛选，造成发行门槛较高，伤害了部分企业的积极性。

（3）担保问题突出

能否落实担保是制约中小企业债务融资顺利推进的关键。不少省市反映，集合债券、集合票据发行受制于担保问题而进展缓慢：本地担保机构规模小、实力弱，不能满足担保条件；规模较大的担保机构放大倍数已接近上限，难有开展业务的空间；为降低风险，担保机构往往要求发债企业提供反担保，但不少成长性高的科技型企业自身固定

资产较少，难以满足抵押条件。

（4）发行费用偏高

发行中小企业债务融资成本除票面利率外还要承担较高的中介费用。以2010年发行的部分集合票据为例，北京5只集合票据总发行成本年利率为7.2%；黑龙江集合票据总成本为8.46%（政府补贴一个百分点后降为7.46%）；内蒙古集合票据总成本为6.2%。这与银行贷款利率（目前为6.31%）相比优势不大。如果再考虑到时间成本及发行不确定性，综合成本很高。

（5）不少中小企业对债务融资缺乏了解，积极性不高

从第一只中小企业集合债发行至今4年，债务融资对大多数中小企业尤其是中西部地区仍属新生事物，政府与企业对相关政策、发行流程、专业知识等缺乏理解。部分省市反映，中小企业融资观念落后，依赖银行信贷，对信息披露和规范事项心存顾虑，对于债券发行的复杂程序和审批周期心存畏难。

（6）过度依赖政府，市场化程度不够

目前地方政府在中小企业债务融资发行中承担在筛选确定发行人、选择主承销商、担保机构等中介机构时发挥主导作用；担保机构又多以政策性、国有担保机构为主，有的甚至要求政府兜底风险。应当说，政府的主导在中小企业债务融资发行初期是必要的，但要促其可持续发展必须逐步建立“市场主导、政府引导”的机制。

1.4.4 有关政策建议

（1）加强部门协调，建立沟通机制，优化中小企业发债环境

中小企业集合债券、集合票据、集合信托等债务融资分别涉及国家发改委、人民银行、银监会和交易商协会等相关部门或机构的审批管理程序。为全面推进中小企业债务融资，应加强部门间的沟通协调，进一步简化审批程序，缩短审批时间，指导地方推进中小企业债务融资工作。鼓励地方中小企业主管部门加强与地方发改委、金融办、人民银行分支行、银行监管部门等部门和机构合作，根据不同融资产品市场的条件和要求，分层次对企业进行辅导，做好前期培育和协调等准备工作，建立循环发行机制。

（2）加大对债务融资的财政支持，适度降低成本

为鼓励和推动各地中小企业债务融资发行工作，降低企业融资综合成本，并鼓励地方政府财政给予配套资金，主要用于对成功发行集合债券、集合票据、集合信托、短期融资券的中小企业给予贴息补助；对参与集合发债的担保机构担保额给予适当风险补偿，支持担保增信机构为中小企业债务融资服务。

（3）加大宣传和培训力度，提升企业和社会认知度

鼓励地方开展债务融资培训，编制《中小企业债务融资指南》，提高中小企业对债务融资的认识。发挥地方中小企业主管部门的作用，积极开展中小企业债务融资推介活动，积极组织承销商等中介机构为基本符合发行条件且具有发行意向的中小企业开展培

育和辅导，调动企业参与积极性。

（4）鼓励担保机构为中小企业债务发行提供担保

进一步加大财政支持力度，综合运用资本注入、税收减免、风险补偿和奖励补助等多种方式，支持担保机构特别是再担保机构加大对中小企业债券融资服务能力。鼓励担保、再担保机构针对中小企业集合债券、集合票据特点，创新担保模式，探索互保、联保等多种有效担保方式。

第 2 章

2011 年促进中小企业发展政策体系

- 综合性政策
- 财税政策
- 金融政策
- 产业政策
- 其他政策

2011 年，我国相继出台了多项扶持中小企业发展的政策，内容涵盖了中小企业经营管理的各个方面，使得支持中小企业加快发展的政策体系更加完善，有效推动了我国中小企业的蓬勃发展，受到了中小企业的欢迎。

2.1　综合性政策

针对中小企业经营环境日益趋紧、亟待扶持的局面，各级政府及时制定出台了相关政策措施，注重提高政策的针对性和有效性。2011 年国务院出台了多项对中小企业发展至关重要的综合性政策。

2.1.1　修订了《中小企业划型标准规定》

为贯彻落实《中华人民共和国中小企业促进法》和《国务院关于进一步促进中小企业发展的若干意见》，国务院重新修订了《中小企业划型标准规定》。这次划型标准修订是按照国务院下发的《关于进一步促进中小企业发展的若干意见》和 2010 年温家宝总理政府工作报告关于修订中小企业划型标准的要求，由工业和信息化部会同国家统计局、发展改革委、财政部、银监会等部门开展的。中小企业划型标准是研究和实施中小企业政策的基础。这次标准修订的一个重要原因，是原来的标准已不适应经济和企业发展的需要，也不能准确反映中小企业真实状况和对经济的贡献。原来的中小企业划型标准是经国务院批准，由原国家经贸委、原国家计委、财政部和国家统计局于 2003 年 2 月发布实施的。标准在界定企业范围、明确统计分类、分析中小企业情况、制定中小企业政策措施等方面起到非常重要的作用，但也存在一些缺陷。一是对各类行业在指标上采取“一刀切”。原标准对各类行业同时采用职工人数、销售收入和资产三个指标进行划分，存在“一刀切”问题，不能真实反映不同行业的特点和状况。二是标准门槛有待调整。原标准实施至今已有八年，随着科技进步和劳动生产率的提高，部分标准门槛已与现实状况不符，如中型企业划型标准中，销售收入标准上限偏低，人数标准偏高。三是标准涵盖的行业不全。原标准对工业、建筑业、批发和零售业、交通运输和邮政业、住宿和餐饮业等行业进行了划分，未包括房地产业、租赁和商务服务业、信息传输业、软件和信息技术服务业等行业。四是缺乏微型企业标准。原标准只有中型和小型，没有微型企业。目前世界大多数国家划型标准中，都有微型企业标准。由于原标准存在上述问题，已越来越不适应经济发展和行业变化，特别是在国际金融危机中，中小企业尤其是小型、微型企业得不到应有的政策扶持，社会各方面反应强烈。

修订后的中小企业划型标准，不仅解决了原来标准存在的上述问题，而且对研究和实施中小企业政策，加强分类指导和推动中小企业发展具有重要意义。一是有利于中小企业分类管理、政策实施和宏观决策。新标准覆盖面广、划分细致，充分考虑了各个行业的特点，有利于建立中小企业分类统计制度和信息管理，真实反映中小企业经济运行状况。二是有利于加大对小型、微型企业扶持力度。小型和微型企业经济基础相对薄弱、科研能力总体偏低，但是企业中比例最大的群体，也是弱势群体。新标准划出了微型企业标准，有利于明确重点，出台更有针对性的优惠政策以增强政策的针对性和时效性。三是有利于处理好提供劳动生产率和解决就业的问题。大型、中型企业劳动生产率较高，小型和微型企业是劳动力就业的主体，通过修订划型标准，有利于现阶段在兼顾劳动生产率的同时更应注重解决劳动力就业问题。四是便于国际接轨。美国、日本和欧盟等国家和地区均有微型企业划分，新标准明确微型企业有利于与国际接轨。

新的划型标准囊括了国民经济各行业，并适用于各种所有制、各种组织形态的企业，有比较广泛的覆盖性。原中小企业划型标准包括工业、建筑业、交通运输和邮政业、批发和零售业、住宿和餐饮业等行业。新标准除《国民经济行业分类》中金融业、教育、卫生、公共管理和社会组织、国际组织等之外，其他行业均有涉及。新标准中的行业涉及84个行业大类，362个行业中类和859个行业小类，分别占大、中和小类的比重为88.42%、91.41%和94.09%，基本涵盖了国民经济的主要行业。同时，个体工商户和本标准以外的行业参照中小企业划型标准执行，扩大了标准的适用范围，具有很强的覆盖性。新标准指标简单、明了，具有灵活性和可操作性。原中小企业划型标准中，工业和建筑业都采用职工人数、销售额和资产总额三个指标；批发和零售业、交通运输和邮政业、住宿和餐饮业采用职工人数和销售额两个指标。新标准对指标进行了简化，如工业，交通运输、仓储和邮政业，批发和零售业，住宿和餐饮业，信息传输业，软件和信息技术服务业，物业管理采用了从业人员和营业收入两个指标。居民服务和其他服务业、文化体育和娱乐业采用从业人员单个指标。指标的简化以及兼顾各行业特点选择，便于在实际执行中操作，有利于标准的执行。

对于广大中小企业来说，新的划型标准更具针对性和操作性。

第一，增加了微型企业标准，使政策更有针对性。参照一些国家将中小企业划分为中型、小型和微型的通行做法，结合我国的实际，在中型和小型企业的基础上，增加了微型企业标准。如工业企业，微型企业为从业人员20人以下或年营业收入300万元以下，其他行业大多是10人以下为微型企业。标准的这一细分，不仅有利于对中小企业的分类统计管理，也有利于使我国标准的类型更加完善，与世界主要国家对微型企业标准界定大体一致。

第二，标准的行业覆盖面广，基本涵盖国民经济主要行业。新标准适用的行业包括农、林、牧、渔业，采矿业，制造业，电力、热力、燃气及水生产和供应业，建筑业，批发业，零售业，交通运输、仓储和邮政业（不含铁路运输业），住宿业，餐饮业，信息传输、软件和信息技术服务业，房地产开发经营，物业管理，租赁和商务服务业，科学研究和技术服务业，水利、环境和公共设施管理业，居民服务、修理和其他服务业，社会工作，文化、体育和娱乐业等。这些行业除金融业、教育、卫生、公共管理和社会组织、国际组织，基本涵盖了国民经济的主要行业，涉及84个行业大类，362个行业中类和859个行业小类。

第三，指标选取更加科学，操作性更强。《中小企业促进法》规定中小企业的划分标准根据企业从业人数、销售收入、资产总额等指标，结合行业特点制定。新的标准结合行业的具体情况，突出了以下几个特点。一是简化了指标。从原标准的3个简化为2个或1个。如工业，交通运输、仓储和邮政业，批发和零售业，住宿和餐饮业，信息传输业，软件和信息技术服务业，采用了从业人员、营业收入2个指标。建筑业采用营业收入、资产总额2个指标。农林牧渔业采用经营总收入，居民服务、文化、体育等服务行业采用从业人员单个指标。二是不同行业指标有所不同，注意结合行业特点，具有很强的灵活性。如建筑业职工人数受项目或季节影响，人员变动起伏较大，新标准取消了原标准采用的职工人数指标，采用能够反映行业实际的营业收入和资产总额指标。服务业从业人员能够较好反映其行业特点，因此绝大部分行业均采用从业人员的指标，如科学研究和技术服务，水利、环境和公共设施管理业，居民服务、修理和其他服务业，社会工作，文化、体育和娱乐业等行业门类采用从业人员单个指标，等等。三是与现有制度相衔接，便于实际操作。新标准指标由原标准的销售收入按现行财务要求统一为营业收入，同时由原来的3个指标减少到2个或1个指标，有利于标准出台后的实施，有利于对企业规模的认定，实际操作性更强。

第四，将个体工商户纳入参照执行范围。个体工商户具有特殊性，目前在法律上个体工商户适用《城乡个体工商户管理条例》，不是企业。但考虑到个体工商户按规模应为小型或微型企业范畴，且数量大、就业人数多。为促进个体工商户的发展，发挥其在解决社会就业中的重要作用，新标准将个体工商户纳入标准范围，参照新标准执行。

多年来，为促进中小企业发展，国家出台了一系列法律、政策措施。2003年国家出台实施了《中小企业促进法》，2005年国务院出台了《关于鼓励支持和引导个体私营等非公有制经济发展的若干意见》，为应对国际金融危机，2009年国务院出台了《关于进一步促进中小企业发展的若干意见》。随着一系列法律和政策措施的出台，中小企业发展法律、政策和市场环境在逐步改善。但由于原标准中小企业面过宽，致使企业群体中最弱势、最需要政府扶持的企业难以享受到优惠政策，社会各方面反应强烈。这次新标准细分了企业规模类型，将企业分为大、中、小、微型。小型和微型企业将成为今后政策扶持的重点。国家将对小型和微型企业着重从优化发展环境，进一步研究出台普惠性的政策措施，完善服务等方面加大扶持。

2.1.2 制定了“十二五”中小企业成长规划

为加强对中小企业发展的统筹规划，《中华人民共和国国民经济和社会发展第十二个五年规划纲要》首次安排专节论述促进中小企业发展，加快转变中小企业发展方式；与此相关，还再次强调支持和引导非公有制经济发展。工业和信息化部会同有关部门编制的《“十二五”工业转型升级规划》，也提出了提高中小企业发展质量和“专精特新”发展水平的任务和要求。与此同时，中小企业发展也面临国际国内经济巨大变革带来的历史机遇和严峻挑战。一方面，市场空间不断扩大、发展领域不断拓宽、政策措施不断完善、社会服务不断加强，另一方面，结构调整任务重压力大、生产经营成本上升、资源环境等制约增强、市场竞争更趋激烈、发展环境仍需进一步优化。中小企业转方式、调结构、上水平势在必行。编制成长规划既是贯彻落实“十二五”规划纲要和工业转型升级规划的要求，也是促进中小企业持续健康发展的需要。

“十一五”规划纲要提出实施中小企业成长工程。2006年，经国务院同意，召开全国中小企业工作座谈会进行了全面部署。五年来，实施中小企业成长工程逐步成为各地区、各部门推动中小企业发展的一面重要旗帜，在推动中小企业发展中发挥了重要作用。考虑到此前我国国家层面上没有实施过中小企业专项规划，成长规划从名称到内容上考虑“十一五”中小企业工作基础，提出继续深入实施中小企业成长工程，有利于保持政策的连续性。同时，也按照“十二五”经济发展新形势以及科学发展、转变发展方式的主题主线要求，深化了“成长”内涵。成长规划提出，“十二五”实施中小企业成长工程，要以科学发展观为主题，以加快转变经济发展方式为主线，重点在“优”字上下工夫，不断提高成长的质量和效益，实现做强做优、做久做多的成长目标。

“十二五”中小企业成长规划提出，“十二五”中小企业成长的总体目标是：中小企业发展环境持续改善，创业创新活力进一步增强，产业结构明显优化，经营管理水平不断提高，生存能力、竞争能力和可持续发展能力不断增强，整体发展质量全面提升，社会贡献更加突出。预期目标是：数量方面，工商登记中小企业户数年均增长8%，规模以上中小工业企业户数年均增长6%，中小工业企业实现增加值年均增长8%。技术创新方面，中小企业研究与试验发展经费支出占主营业务收入比重不断提高，形成一批具有创新能力、知识产权创造优势和知名品牌的创新型中小企业。产业结构方面，中小企业在现代服务业、现代农业和高新技术产业中的比重持续提高，发展一批特色鲜明、生态环保、具有竞争力的中小企业产业集群；单位增加值能耗、单位工业增加值耗水量达到全国工业平均水平，主要污染物减排达到国家约束性要求。信息化应用方面，应用信息技术开展研发、管理和生产控制的比例达到45%，电子商务应用比例达到40%；人员素质方面，培训各类中小企业经营管理人才250万人次。

规划强调，“十二五”时期促进中小企业发展，既要坚持科学发展和转变发展方式，提高中小企业发展的整体质量和水平，也要体现中小企业发展的自身特点，更加注重外部环境营造和服务体系建设，更加注重扶持小型微型企业发展。基于以上考虑，成长规划提出的指导思想是：深入贯彻落实科学发展观，紧紧围绕加快转变经济发展方式主线，不断完善政策法规体系，营造环境，改善服务，大力扶持小型微型企业发展，鼓励、支持和引导中小企业进一步优化结构和转型成长，提高技术创新能力和企业管理水平，推动中小企业走上内生增长、创新驱动的发展轨道。成长规划还有针对性地提出了促进中小企业发展的四个基本原则。一是坚持就业优先。大力扶持小型微型企业，发展劳动密集型企业，千方百计扩大就业规模。弘扬创业精神，培育创业主体，促进新企业的创办与发展。二是坚持内涵发展。以优化结构为主攻方向，重点推进分布结构、规模结构、组织结构、产品结构进一步优化。实现中小企业成长从要素驱动向创新驱动的转变，形成有利于创新的体制和机制，营造有利于创新的社会氛围和文化。三是坚持“专精特新”。将“专精特新”作为中小企业转型升级、转变发展方式的重要途径。四是坚持分类指导。对不同地区、不同行业、不同类型和不同规模的中小企业进行区别对待，实施分类指导，不搞“一刀切”。

规划提出了促进中小企业成长的主要任务。努力提高中小企业发展的质量和效益，是“十二五”时期中小企业成长的中心任务，具体表现在以下五个方面。一是进一步增强创业创新活力和吸纳就业能力。把发展市场主体作为促进就业、改善民生的重要举措，鼓励创办小企业，开发新岗位，提供更多的就业机会。落实并完善鼓励创业的扶持政策，加强创业服务，切实放宽市场准入。坚持提升中小企业技术创新能力，促进中小企业走创新发展道路。二是进一步优化产业结构。坚持把中小企业结构调整作为提高成长质量的主攻方向，力争到“十二五”末取得重大进展。对于优化产业分布结构、规模结构、产品结构以及加快淘汰落后小企业等提出了比较明确的领域和努力方向。三是进一步提高“专精特新”和产业集群发展水平。坚持把走“专精特新”之路作为促进中小企业成长的重要途径，把集聚发展作为促进中小企业成长的着力点，建立起企业间紧密的分工协作关系，努力形成中小企业“专精特新”竞相发展的新格局。四是进一步提升企业管理水平。坚持把完善治理结构、推进管理创新、提升企业整体素质作为促进中小企业成长的重要基础。除政策引导以外，更多的是对企业自身提出要求。五是进一步完善中小企业服务体系。坚持把完善服务体系作为促进中小企业成长的重要保障，力争到“十二五”末中小企业服务环境进一步优化。制定加快推进中小企业服务体系建设的指导意见，充分发挥政策引导和市场机制作用。

为实现成长规划目标和任务，提高中小企业成长质量和效益，成长规划提出实施两个关键工程和四个行动计划。一是中小企业公共服务平台网络建设工程。加快建立省级中小企业公共服务平台与所属重点城市、产业集群公共服务平台互联互通的公共服务平台网络。用五年时间，在 80% 以上的省（自治区、直辖市、计划单列市）基本形成信息畅通、功能完善、服务协同、资源共享、供需对接便捷的中小企业服务平台网络，培育国家中小企业公共服务平台，形成社会化服务体系。二是中小企业创新能力建设计划。支持中小企业加强技术改造和技术创新，参与国家科技计划项目、军民两用技术开发和产业化；实施中小企业知识产权推进工程，开展“专利服务中小企业”活动，促进知识产权开发运用；支持建立技术服务平台，为中小企业转型升级提供支撑服务；促进产学研合作；加强质量和标准工作，推动中小企业开展质量承诺活动，建立质量诚信体系；加强中小企业品牌建设指导，为中小企业提升品牌价值提供技术支撑；推动中小企业开展标准化良好行为企业创建活动，提高标准化管理水平。三是中小企业信息化推进工程。按照“政府倡导、企业主体、社会参与”原则，加快信息技术在中小企业核心业务环节的普及推广和深化应用。重点是：加强分类指导，提高中小企业生产装备、经营管理和决策环节的信息技术应用水平，加强信息安全防护；建立健全信息化服务平台，重点建设面向区域、行业中小企业的研发、管理、电子商务、电子签名与认证、信用融资等信息化应用服务平台；培育示范企业，宣传推广典型企业经验；以中小企业需求为导向，完善中国中小企业信息网，提高服务能力和质量，发挥桥梁纽带作用，整合和带动更多优质服务资源参与中小企业信息服务。四是创办小企业计划。明确“创办小企业，开发新岗位，以创业促就业”的工作方针，重点培育创业主体、强化创业培训、深化创业服务、支持建立小企业创业基地、建立和健全创业辅导服务队伍，以及加快形成政策扶持、创业培训、辅导服务的工作机制，营造良好的创业环境。五是中小企业管理提升计划。引导中小企业加强管理和管理创新，努力提高规范管理和科学管理水平。推广中小企业管理创新经验，通过标杆示范，推动中小企业提高管理水平。鼓励开展管理咨询服务，帮助中小企业改善管理。继续实施国家中小企业银河培训工程，启动实施企业经营管理人才素质提升专项，提高中小企业管理人员素质。六是中小企业市场拓展计划。发展专业市场，推广连锁经营、特许经营等现代经营方式。推广“万村千乡市场工程”。支持中小企业利用内贸信用险拓展内贸市场。鼓励大企业与中小企业协作参与政府采购活动。支持建立中小企业产品技术展示中心，鼓励中小企业利用电子商务拓展市场。继续办好中国国际中小企业博览会。进一步落实和完善出口退税等政策。加大出口信用保险以及各类出口信贷对中小企业的支持力度。扶持和鼓励中小企业到境外开展投资并购，收购技术和品牌，带动产品和服务出口。指导和帮助中小企业运用世界贸易组织规则维护企业合法权益。规范中小企业进出口经营秩序。务实推进中小企业国际经贸交流和合作。

规划提出强力保障实施好规划的五项措施。第一，加强组织领导。一是充分发挥国务院促进中小企业发展工作领导小组及其办公室作用，加强政策协调；二是各级地方政府及其中小企业管理部门要结合本地实际，统筹安排中小企业各项工作，推进规划任务的落实；三是调动行业协会、商会等社会服务组织的积极性。第二，完善政策措施。一是全面落实和完善现有政策措施的同时，根据新情况新问题研究制定新政策，进一步营造有利于中小企业发展的外部环境。二是工作重心将逐步向小型微型企业倾斜，更加注重公共服务体系建设，更加注重扶持小型微型企业，改善对小型微型企业的服务。此外，要进一步减轻企业税费负担，惠及更多小企业。第三，加强融资支持。一是全面落实支持中小企业发展的金融政策，重点加强和改善小企业金融服务。二是加快中小企业信用体系建设，推动信用信息共享。三是完善多层次中小企业信用担保体系，提高担保机构对中小企业的融资担保能力。四是进一步拓宽中小企业融资渠道。继续壮大中小企业板市场，积极发展创业板市场。探索发展符合中小企业需求特点的债券融资等创新产品。第四，强化公共服务。一是转变政府职能，增强服务意识，提高服务效率，进一步规范行政执法。二是加强信息服务，及时发布发展规划、产业政策、行业动态等信息，逐步建立中小企业市场监测、风险防范和预警机制。三是加大对中小企业公共服务体系建设的投资。第五，搞好统计监测。一是要按照新颁布的《中小企业划型标准规定》，建立和完善中小企业分类统计、监测、分析和发布制度，加强对规模以下企业的统计分析工作；二是要及时、准确地把握中小企业发展新情况新问题，切实提高中小企业经济运行形势分析水平。

2.1.3　国务院常务会议专门研究支持中小企业发展的综合配套政策

2011 年 10 月 12 日，国务院总理温家宝主持召开国务院常务会议，研究确定支持小型和微型企业发展的金融、财税政策措施。会议研究确定了金融支持小型微型企业发展的政策措施。

①加大对小型微型企业的信贷支持。银行业金融机构对小型微型企业贷款的增速不低于全部贷款平均增速，增量高于上年同期水平，对达到要求的小金融机构继续执行较低存款准备金率。商业银行重点加大对单户授信 500 万元以下小型微型企业的信贷支持。加强贷款监管和最终用户监测，确保用于小型微型企业正常的生产经营。

②清理纠正金融服务不合理收费，切实降低企业融资的实际成本。除银团贷款外，禁止商业银行对小型微型企业贷款收取承诺费、资金管理费。严格限制商业银行向小型微型企业收取财务顾问费、咨询费等费用。

③拓宽小型微型企业融资渠道。逐步扩大小型微型企业集合票据、集合债券、短期融资券发行规模，积极稳妥发展私募股权投资和创业投资等融资工具。进一步推动交易所市场和场外市场建设，改善小型微型企业股权质押融资环境。积极发展小型微型企业贷款保证保险和信用保险。

④细化对小型微型企业金融服务的差异化监管政策。对小型微型企业贷款余额和客户数量超过一定比例的商业银行放宽机构准入限制，允许其批量筹建同城支行和专营机构网点。对商业银行发行金融债所对应的单户 500 万元以下的小型微型企业贷款，在计算存贷比时可不纳入考核范围。允许商业银行将单户授信 500 万元以下的小型微型企业贷款视同零售贷款计算风险权重，降低资本占用。适当提高对小型微型企业贷款不良率的容忍度。

⑤促进小金融机构改革与发展。强化小金融机构重点服务小型微型企业、社区、居民和“三农”的市场定位。在审慎监管的基础上促进农村新型金融机构组建工作，引导小金融机构增加服务网点，向辖内县域和乡镇地区延伸机构。

⑥在规范管理、防范风险的基础上促进民间借贷健康发展。有效遏制民间借贷高利贷化倾向，依法打击非法集资、金融传销等违法活动。严格监管，禁止金融从业人员参与民间借贷。对小型微型企业的金融支持，要按照市场原则进行，减少行政干预，防范信用风险和道德风险。

会议研究确定了财税支持小型微型企业发展的政策措施。

①加大对小型微型企业税收扶持力度。提高小型微型企业增值税和营业税起征点。将小型微利企业减半征收企业所得税政策，延长至2015年底并扩大范围。将符合条件的国家中小企业公共技术服务示范平台纳入科技开发用品进口税收优惠政策范围。

②支持金融机构加强对小型微型企业的金融服务。对金融机构向小型微型企业贷款合同三年内免征印花税。将金融企业中小企业贷款损失准备金税前扣除政策延长至2013年底。将符合条件的农村金融机构金融保险收入减按3%征收营业税的政策，延长至2015年底。

③扩大中小企业专项资金规模，更多运用间接方式扶持小型微型企业。进一步清理取消和减免部分涉企收费。

2.2 财税政策

财政支持政策是国家利用财政资金，对促进中小企业发展的各方面和各环节进行无偿资助、贷款贴息和资本金注入等直接促使中小企业（或促使帮助中小企业的机构）发展的政策。2011年，国家进一步完善结构性减税政策，在减税、减费、政府采购、进出口等方面，新出台支持中小企业的具体财税政策主要包括以下几个方面。

2.2.1 降低所得税税率

2011年1月27日，财税部门发布《关于继续实施小型微利企业所得税优惠政策的通知》，通知提出，为巩固和扩大应对国际金融危机冲击的成果，发挥小企业在促进经济发展、增加就业等方面的积极作用，经国务院批准，2011年继续实施小型微利企业所得税优惠政策。自2011年1月1日至2011年12月31日，对年应纳税所得额低于3万元（含3万元）的小型微利企业，其所得减按50%计入应纳税所得额，按20%的税率缴纳企业所得税，并将小微企业减半征收企业所得税政策延长到2015年底并扩大范围。

2.2.2　调整个体工商户业主等三类个人所得税扣除标准

7月29日，财税部门根据新修订的个人所得税法及其实施条例和相关政策规定，对个体工商户业主、个人独资企业和合伙企业自然人投资者个人所得税费用扣除标准问题发出通知。一是对个体工商户业主、个人独资企业和合伙企业自然人投资者的生产经营所得依法计征个人所得税时，个体工商户业主、个人独资企业和合伙企业自然人投资者本人的费用扣除标准统一确定为42000元/年（3500元/月）。二是对《个体工商户个人所得税计税办法（试行）》第十三条第一款进行了修改，修改为“个体户业主的费用扣除标准为42000元/年（3500元/月）；个体户向其从业人员实际支付的合理的工资、薪金支出，允许在税前据实扣除。”三是《财政部 国家税务总局关于印发〈关于个人独资企业和合伙企业投资者征收个人所得税的规定〉的通知》（财税〔2000〕91号）附件1第六条（一）修改为：“投资者的费用扣除标准为42000元/年（3500元/月）。投资者的工资不得在税前扣除。”

2.2.3　规范会计师事务所服务收费

9月1日，为了规范会计师事务所收费行为、遏制低价恶性竞争、促进注册会计师行业健康发展，提高企业管理水平，减轻企业负担，财税部门发布了《落实会计师事务所服务收费管理办法》。办法规定，会计师事务所投标报价在招标项目评审中所占的权重最高不得超过20%，投标报价不得低于当地价格主管部门制定的收费标准下限。因委托方特殊原因确需会计师事务所给予一定价格减让的，在保证执业质量的前提下，会计师事务所可以适当降低投标报价，但投标报价不得低于当地价格主管部门制定的收费标准下限的75%，否则一律按废标处理，以及确保会计师事务所按照收费标准规范、合理收费，提升执业质量、维护社会公众利益和市场经济秩序等规定。

2.2.4　大幅提高增值税和营业税起征点

9月18日，为支持家政服务行业发展，增加就业，改善民生，国务院批准发布《关于员工制家政服务免征营业税的通知》通知规定，自2011年10月1日至2014年9月30日，对家政服务企业由员工制家政服务员提供的家政服务取得的收入免征营业税。

11月16日，为了建立健全有利于科学发展的税收制度，促进经济结构调整，支持现代服务业发展，国务院批准发布了《营业税改征增值税试点方案》。方案提出，要规范税制、合理负担。在保证增值税规范运行的前提下，根据财政承受能力和不同行业发展特点，合理设置税制要素，改革试点行业总体税负不增加或略有下降，基本消除重复征税。要全面协调、平稳过渡。妥善处理试点前后增值税与营业税政策的衔接、试点纳税人与非试点纳税人税制的协调，建立健全适应第三产业发展的增值税管理体系，确保改革试点有序运行。方案提出了改革试点的范围与时间。一是试点地区。综合考虑服务业发展状况、财政承受能力、征管基础条件等因素，先期选择经济辐射效应明显、改革示范作用较强的地区开展试点。二是试点行业。试点地区先在交通运输业、部分现代服务业等生产性服务业开展试点，逐步推广至其他行业。条件成熟时，可选择部分行业在全国范围内进行全行业试点。三是试点时间。2012年1月1日开始试点，并根据情况及时完善方案，择机扩大试点范围。

方案提出改革试点的主要税制安排。一是税率。在现行增值税17%标准税率和13%低税率基础上，新增11%和6%两档低税率。租赁有形动产等适用17%税率，交通运输业、建筑业等适用11%税率，部分现代服务业适用6%税率。二是计税方式。交通运输业、建筑业、邮电通信业、现代服务业、文化体育业、销售不动产和转让无形资产，原则上适用增值税一般计税方法。金融保险业和生活性服务业，原则上适用增值税简易计税方法。三是计税依据。纳税人计税依据原则上为发生应税交易取得的全部收入。对一些存在大量代收转付或代垫资金的行业，其代收代垫金额可予以合理扣除。四是服务贸易进出口。服务贸易进口在国内环节征收增值税，出口实行零税率或免税制度。

方案还提出了改革试点期间过渡性政策安排。一是税收收入归属。试点期间保持现行财政体制基本稳定，原归属试点地区的营业税收入，改征增值税后收入仍归属试点地区，税款分别入库。因试点产生的财政减收，按现行财政体制由中央和地方分别负担。二是税收优惠政策过渡。国家给予试点行业的原营业税优惠政策可以延续，但对于通过改革能够解决重复征税问题的，予以取消。试点期间针对具体情况采取适当的过渡政策。三是跨地区税种协调。试点纳税人以机构所在地作为增值税纳税地点，其在异地缴纳的营业税，允许在计算缴纳增值税时抵减。非试点纳税人在试点地区从事经营活动的，继续按照现行营业税有关规定申报缴纳营业税。四是增值税抵扣政策的衔接。现有增值税纳税人向试点纳税人购买服务取得的增值税专用发票，可按现行规定抵扣进项税额。此外，方案还规定了组织实施等内容。

2.2.5 对金融机构与小微企业签订的借款合同免征印花税

10月17日，财税部门发出《关于金融机构与小型微型企业签订借款合同免征印花税的通知》，为鼓励金融机构对小型、微型企业提供金融支持，促进小型、微型企业发展，国务院批准自2011年11月1日起至2014年10月31日止，对金融机构与小型、微型企业签订的借款合同免征印花税。

2.2.6　将金融企业涉农贷款和中小企业贷款损失准备金税前扣除政策延长至 2013 年底

10 月 19 日，财税部门发出《关于延长金融企业涉农贷款和中小企业贷款损失准备金税前扣除政策执行期限的通知》。经国务院批准，《财政部 国家税务总局关于金融企业涉农贷款和中小企业贷款损失准备金税前扣除政策的通知》（财税〔2009〕99 号）规定的金融企业涉农贷款和中小企业贷款损失准备金税前扣除的政策，继续执行至 2013 年 12 月 31 日。

2.2.7　免征小型微型企业部分行政事业性收费

11 月 14 日，财政部等部委联合发布《关于免征小型微型企业部分行政事业性收费的通知》。为切实减轻小型微型企业负担，促进小型微型企业健康发展，决定对小型微型企业暂免征收部分行政事业性收费。通知规定，对依照《关于印发中小企业划型标准规定的通知》认定的小型和微型企业，免征管理类、登记类和证照类等有关行政事业性收费。免征的行政事业性收费项目包括：

①工商行政管理部门收取的企业注册登记费。

②税务部门收取的税务发票工本费。

③海关部门收取的海关监管手续费。

④商务部门收取的装船证费、手工制品证书费、纺织品原产地证明书费。

⑤质检部门收取的签发一般原产地证书费、一般原产地证工本费和组织机构代码证书工本费。

⑥贸促会收取的货物原产地证明书费、ATA 单证册收费。

⑦国土资源部门收取的土地登记费。

⑧新闻出版部门收取的计算机软件著作权登记费。

⑨农业部门收取的农机监理费（含牌证工本费、安全技术检验费、驾驶许可考试费等）、新兽药审批费、《进口兽药许可证》审批费和已生产兽药品种注册登记费。

⑩林业部门收取的林权证工本费。

⑪旅游部门收取的星级标牌（含星级证书）工本费、A 级旅游景区标牌（含证书）工本费、工农业旅游示范点标牌（含证书）工本费。

⑫中国伊斯兰教协会收取的清真食品认证费。

⑬各省、自治区、直辖市人民政府及其财政、价格主管部门按照管理权限批准设立的管理类、登记类和证照类行政事业性收费。

免征上述费用的时间从 2012 年 1 月 1 日起执行，有效期至 2014 年 12 月 31 日。国务院有关部门要督促本系统内相关收费单位认真落实本通知的规定，加强对小型微型企业享受收费优惠政策的登记备案管理，确保符合条件的小型微型企业享受收费优惠政策。

2.2.8 对符合条件的国家中小企业公共服务示范平台中的技术类服务平台，纳入现行科技开发用品进口税收优惠政策范围

11月21日，有关部委发布《关于国家中小企业公共技术服务示范平台适用科技开发用品进口税收政策的通知》。为鼓励中小企业公共技术服务示范平台向中小企业提供科学研究和技术开发类的公共服务，促进中小企业技术进步、提高产品质量，经国务院批准，对符合条件的国家中小企业公共服务示范平台中的技术类服务平台纳入现行科技开发用品进口税收优惠政策范围，对其在2015年12月31日前，在合理数量范围内进口国内不能生产或者国内产品性能尚不能满足需要的科技开发用品，免征进口关税和进口环节增值税、消费税。

本规定所指的示范平台应同时满足以下条件：①属于工业和信息化部认定的国家中小企业公共服务示范平台范围，且平台类别为技术、检测和工业设计类；②资产总额不低于1000万元；③累计购置设备总额（国产和进口设备原值）不低于300万元；④具有良好的服务资质和业绩，年服务中小企业至少150家，用户满意度在90%以上。

经认定可享受科技开发用品进口税收优惠政策的示范平台，在2015年12月31日前，在合理数量范围内进口国内不能生产或者性能不能满足需要的科技开发用品，免征进口关税和进口环节增值税、消费税。免税进口科技开发用品的具体范围及相关规定，按照《科技开发用品免征进口税收暂行规定》（财政部、海关总署、国家税务总局令第63号）的“第三条、第四条、第五条、第六条、第七条”规定执行。免税资格每两年复审一次。享受免税政策的示范平台将复审申请报告和两年的工作总结报省级中小企业主管部门。省级中小企业主管部门对其服务中小企业的业绩进行测评，出具测评意见，报工业和信息化部。工业和信息化部会同财政部、海关总署、国家税务总局对示范平台的免税资格进行复审。复审不合格的，取消免税资格，并由工业和信息化部、财政部、海关总署、国家税务总局联合公布名单。获得免税资格的示范平台，如经查实，存在以虚报情况获得免税资格、偷税、骗税或者将享受税收优惠政策的进口物资擅自转让、移作他用或者进行其他处置的，按照有关规定予以处罚，自违法行为发现之日起1年内不得享受免税优惠政策；被依法追究刑事责任的，自违法行为发现之日起3年内不得享受免税优惠政策。

此外，财税政策还在减税、减费、投资引导、资金支持和政府采购等方面出台了众多政策。例如，将符合条件的农村金融机构保险收入减按3%税率征收营业税的优惠政策延长至2015年底；根据国务院意见，规范涉及行政许可和强制准入的经营服务性收费。继续做好收费公路专项清理工作，降低企业物流成本；设立国家中小企业发展基金，中央财政安排资金150亿元，分5年到位，2012年安排30亿元；抓紧研究制订国家中小企业发展基金设立方案及管理办法，并将及时做好政策落实工作；在2011年中央财政安排中小企业专项资金128.7亿元的基础上，2012年专项资金总规模扩大至141.7亿元，以后逐年增加；负有编制部门预算职责的各部门，应当安排不低于年度政府采购项目预算总额18%的份额

专门面向小型微型企业采购，在政府采购评审中，对小型微型企业产品可视不同行业情况给予 6% ~10% 的价格扣除；鼓励大中型企业与小微型企业组成联合体参加政府采购，小型微型企业占联合体份额达 30% 以上的，可给予联合体 2% ~3% 的价格扣除。

2.3　金融政策

2011 年，围绕缓解中小企业融资难的矛盾，有关部门出台了一系列配套政策，这些政策的效果将会逐步显现。

2.3.1　支持商业银行进一步改进小企业金融服务

5 月 25 日，为巩固小企业金融工作成果，促进小企业金融业务可持续发展，支持商业银行进一步改进小企业金融服务，中国银监会发布了《关于支持商业银行进一步改进小企业金融服务的通知》。通知要求，商业银行重点支持符合国家产业和环保政策、有利于扩大就业、有偿还意愿和偿还能力、具有商业可持续性的小企业的融资需求。

商业银行要继续深化六项机制（利率的风险定价机制、独立核算机制、高效的贷款审批机制、激励约束机制、专业化的人员培训机制、违约信息通报机制），按照四单原则（小企业专营机构单列信贷计划、单独配置人力和财务资源、单独客户认定与信贷评审、单独会计核算），进一步加大对小企业业务条线的管理建设及资源配置力度，满足符合条件的小企业的贷款需求，努力实现小企业信贷投放增速不低于全部贷款平均增速。鼓励商业银行先行先试，积极探索，进行小企业贷款模式、产品和服务创新，根据小企业融资需求特点，加强对新型融资模式、服务手段、信贷产品及抵（质）押方式的研发和推广。优先受理和审核小企业金融服务市场准入事项的有关申请，提高行政审批效率。对连续两年实现小企业贷款投放增速不低于全部贷款平均增速且风险管控良好的商业银行，在满足审慎监管要求的条件下，积极支持其增设分支机构。督促商业银行进一步加强小企业专营管理建设。对于设立“在行式”小企业专营机构的，其总行应相应设立单独的管理部门。同时鼓励小企业专营机构延伸服务网点，对于小企业贷款余额占企业贷款余额达到一定比例的商业银行，支持其在机构规划内筹建多家专营机构网点。鼓励商业银行新设或改造部分分支行为专门从事小企业金融服务的专业分支行或特色分支行。对于小企业贷款余额占企业贷款余额达到一定比例的商业银行，在满足审慎监管要求的条件下，优先支持其发行专项用于小企业贷款的金融债，同时严格监控所募集资金的流向。

尤其是，对于风险成本计量到位、资本与拨备充足、小企业金融服务良好的商业银行，经监管部门认定，相关监管指标可做差异化考核，具体包括：

①对于运用内部评级法计算资本充足率的商业银行，允许其将单户500万元（含）以下的小企业贷款视同零售贷款处理，对于未使用内部评级法计算资本充足率的商业银行，对于单户500万元（含）以下的小企业贷款，在满足一定标准的前提下，可视为零售贷款，具体的风险权重按照《商业银行资本充足率管理办法》执行。

②在计算存贷比时，对于商业银行发行金融债所对应的单户500万元（含）以下的小企业贷款，可不纳入存贷比考核范围。

根据商业银行小企业贷款的风险、成本和核销等具体情况，对小企业不良贷款比率实行差异化考核，适当提高小企业不良贷款比率容忍度。

积极推动多元化小企业融资服务体系建设，拓宽小企业融资渠道。同时协调各地方政府、各部门进一步落实和完善相关财税支持政策，完善社会信用体系，推动商业银行同融资性担保机构、产业基金的科学有序合作，创造良好的社会基础。

2.3.2 促进融资性担保行业规范发展

针对融资性担保行业基础薄弱，长期以来缺乏有效监管，存在机构规模小、资本不实、抵御风险能力不强等问题，多部委联合发布《关于促进融资性担保行业规范发展的意见》。意见规定，融资性担保行业规范发展的总体目标是，加快推进融资性担保机构体系、法规制度体系、监管体系、扶持政策体系和行业自律体系建设。构建适度审慎、联动协调、科学有效的监管机制。加快培育公司治理完善、内部控制严密、风险管理有效、具有较强承保能力的融资性担保机构，逐步形成布局合理、适度竞争、规范有序、运行高效的融资性担保体系。意见要求，融资性担保机构要按照安全性、流动性、收益性原则，坚持以融资性担保业务为核心主业，稳妥开展非融资性担保业务。建立完善符合自身特点、市场化运作的可持续审慎经营模式，不断提高承保能力。要加强公司治理、内部控制和风险管理等方面的制度建设，完善信息披露制度，依法合规经营，提升融资性担保机构可持续发展能力。在有效控制风险的前提下，鼓励融资性担保机构积极开发新业务、新产品，提高服务质量和效率。鼓励融资性担保机构从事行业性、专业性担保业务，提高风险识别和管理能力，形成自身专业优势和独特竞争力。鼓励规模较大、实力较强的融资性担保机构在县域和西部地区设立分支机构或开展业务；鼓励县域内融资性担保机构加强对中小企业和“三农”的融资担保服务。积极鼓励民间资本和外资依法进入融资性担保行业，增强行业资本实力，促进市场竞争，满足多层次、多领域、差别化的融资担保需求。加强融资性担保行业自律组织建设，充分发挥行业协会在规范经营行为、加强自律管理、开展教育培训、实现行业信息共享等方面的重要作用。制定科学合理的人才培养、储备和使用规划，逐步完善融资性担保行业董事、监事、高级管理人员任职资格管理制度和从业人员资格认证制度，提高从业人员的职业道德和专业素质。

意见提出，有关部门要统筹协调各项财税扶持政策，不断完善扶持措施，加大扶持力度。银行业监管部门要督促银行业金融机构加强与融资性担保机构合作，创新业务模式，优化审贷流程，在责任明晰的前提下，有选择地与融资性担保机构开展长期、稳定、深入的业务合作，构建平等、互利、共赢的合作模式。征信管理部门要不断完善融资性担保征信管理制度，促进信息交流共享。银行业金融机构要为融资性担保机构依法查询、确认有关信息提供便利。有关部门和地方各级人民政府要认真落实抵（质）押相关制度，研究建立融资担保抵（质）押登记公示和查询平台；为担保债权的保护和追偿提供必要支持，维护融资性担保机构合法权益。地方各级人民政府要加强对融资性担保机构监管工作的组织领导，从人员、经费等方面保障地方监管部门有效履行职责，指导督促相关部门研究解决融资性担保行业发展与监管中的重大问题。地方监管部门要建立完善审慎有效的监管体制机制，加快建设融资性担保机构监管信息系统，完善监管手段，寓监管于服务中，提高监管有效性，防范系统性和区域性风险，推进融资性担保行业规范发展。

2.3.3 加强中小企业信用担保体系建设

从 2010 年以来，为进一步缓解中小企业融资难，有关部门重点推动了中小企业信用担保机构发展。财政部和工信部先后制定了《中小企业信用担保资金管理暂行办法》和《关于加强中小企业信用担保体系建设工作的意见》，进一步要求各地要重点加强中小企业信用担保体系建设。两年以来，中小企业信用担保体系建设取得了实质性进展，为缓解中小企业融资难发挥了积极作用。据统计，截至 2010 年底[①]，全国中小企业信用担保机构共有 4817 家，筹集担保资金达 3915 亿元，当年为 35 万户企业提供贷款担保额 1.58 万亿元，其中，当年新增贷款担保额达 9794 亿元，新增担保企业 22 万户，在保责任余额 9678 亿元，在保企业 21 万户，实现收入 506 亿元，纳税 31 亿元，实现利润 106 亿元，保持了良好的运行状况。

当前中小企业信用担保机构发展主要呈现以下特点。

一是户数减少，实力增强，结构实现优化。2010 年，各地中小企业管理部门协同相关部门，按照银监会、工业和信息化部等七部委《融资性担保公司管理暂行办法》（七部委 3 号令）有关要求，加强了对融资性担保机构的规范整顿，中小企业信用担保机构数量明显减少，比上年共减少 730 家，减少 13.16%。机构数量减少的同时，资本实力显著增强，2010 年中小企业信用担保机构实收资本达 3915 亿元，比上年增长 18.53%。其中货币出资 3620 亿元，占实收资本的 92.46%。担保机构户均注册资本 8127 万元，平均每户比上年同期增加达 2165 万元。中小企业信用担保机构发展结构得到进一步优化。

二是信用放大功能和服务能力明显提高。2010 年中小企业信用担保机构共为 35 万户中小企业提供担保贷款额达 1.58 万亿元，担保贷款额比 2009 年增长 46.84%；本年新增担

---

① 目前仅有 2010 年数据。

保额9794亿元，比2009年增长35.35%，新增担保企业22万户，新增担保业务额达实收资本的2.50倍，比2009年提高0.31倍。担保机构信用放大能力进一步增强，服务能力明显提高，对缓解中小企业融资难担保难，促其加快发展发挥了重要作用。

三是过亿元担保机构增加明显，作用突出。2010年注册资本1亿元及以上担保机构1770户，占担保机构总户数的36.74%，比2009年提高14.92个百分点；其实收资本额达2882亿元，占中小企业信用担保机构实收资本总额的73.57%，比2009年提高11.48个百分点。过亿元担保机构当年新增担保企业户数达13万户，占新增担保企业总户数的59%，新增担保业务额达7453亿元，占当年新增担保总额的76.09%，比2009年提高3.14个百分点。过亿元及以上担保机构的实力和作用进一步增大。

四是地县级担保机构为主体，以小企业为主要服务对象。2010年全国地县级中小企业信用担保机构达4121家，占总户数的85.55%。在当年提供近58.5万笔担保业务中，单笔800万元以下（含800万元）的55.9万笔，占95.5%，比2009年提高2.2个百分点，其中单笔100万元以下的34.9万笔，占59.7%，比2009年提高7.5个百分点。以地县级担保机构为主体的中小企业信用担保机构主要为小企业或小额贷款项目提供担保服务。

五是风险控制能力较强，社会效益显著。2010年中小企业信用担保机构共提取各项风险准备金合计291亿元，代偿总额70亿元；当年开展业务新增代偿额10.09亿元，代偿率0.16%，已提取风险准备金对出现的风险实现完全覆盖，代偿率控制在较低水平。2010年受保企业新增就业209万人，新增销售收入2004亿元，新增利税541亿元，担保机构服务中小企业的社会及经济效益显著。

同时，各地在推进中小企业信用担保体系建设中也存在一些亟待解决的问题。一是区域发展不均衡，西部地区担保机构能力较弱，发展依然缓慢。担保机构发展不平衡现象仍很严重，经济发达地区特别是浙江、江苏、广东等东部沿海地区担保机构发展速度较快，机构规模相对较大，服务能力较强；部分中部地区和西南部分地区，如安徽、河南、湖北、重庆、四川等地担保机构发展速度加快，服务能力明显提高；但大部分西部（特别是西北）地区的担保机构发展缓慢，机构规模偏小，服务能力较弱。二是部分担保机构运营不够规范，对担保机构整体信用水平带来负面影响。部分中小企业信用担保机构货币资本占比小，以不能变现的土地、不动产、机器设备作为注册资本，有的非法抽逃资本，影响了担保机构的担保能力。另外，还有一些中小企业信用担保机构仍然热衷于从事拆借、搭桥贷款、搞高风险投资等活动，加大了机构自身的经营风险。有些中小企业信用担保机构高比例收取企业保证金，甚至涉嫌非法吸存、非法集资行为，干扰了中小企业信用担保机构的有序发展，对中小企业信用担保机构发挥信用功能放大作用带来较大的负面影响。三是担保机构有开展大业务项目的倾向，担保潜在风险增加。2010年担保机构平均单笔担保业务额为270万元，是2009平均单笔业务额的1.39倍，平均单笔业务额度明显增大。其中，单笔在800万元以上的担保总额达5867亿元，占担保总额的37.11%，比2009年的占比提高2.76个百分点，平均单笔达2292万元，是2009年的2.31倍，平均单笔业务额度较2009年成倍增加，担保业务潜在风险亦增加。四是担保机构与银行业金融机构合作不对等，再担保风险分担机制尚未建立和完善。担保机构普遍反映与银行难以建立地位平等、互利双赢、风险共担的合作关系。银行对担保机构合作门槛过高，制约担保机构发挥其担保能力。大部分地区尚未建立再担保机构，已建立的再担保机构经营机制和业务拓展能力尚待进一步提高，再担保风险分担机制仍需探索和形成。

要进一步推进中小企业担保体系建设。一是加大政策引导和扶持力度，支持西部地区中小企业信用担保机构的发展。继续对符合条件的中小企业信用担保机构给予营业税减免政策；落实好《中小企业信用担保资金管理暂行办法》（财企〔2010〕72号），完善财政风险补偿机制，对担保、再担保业务、资本金补充等给予支持；加大财税政策向西部地区倾斜，加强对西部中小企业信用担保机构的支持，加快西部地区中小企业信用担保机构的发展；引导和支持各类担保机构加大为小型企业和微型企业的服务力度。二是加强部门间协调配合，为中小企业信用担保机构发展营造良好环境贯彻落实国发36号文件和工业和信息化部《关于加强中小企业信用担保体系建设工作的意见》（工信部企业〔2010〕225号），推动地方进一步明确责任，细化配套政策。完善抵（质）押相关登记制度。制定合理中介收费标准，提供程序规范、简化、适时高效的中介服务，登记部门对符合规定要求的均应办理；对有资质的担保机构开放征信系统，完善信息查询制度，实现信用共享；研究制定深化银担利益共享、风险分担机制，统筹考虑银担合作中的信贷规模、放大倍数、风险分担和代偿追偿等制度设计；促进各地中小企业管理部门配合相关部门，依法合规加强监督管理，为中小企业信用担保机构向中小企业特别是小企业提供信用担保服务营造良好的政务环境。三是推进省级中小企业信用再担保机构的设立和发展，发挥其对担保机构分担风险提升信用的作用。对制度健全、信用较高、业绩突出的中小企业信用再担保机构已开展业务情况进行总结推广，研究制定扶持和规范再担保机构的相关政策和规章制度，指导地方政府为政策性再担保机构进行注册资本金相应补充和建立风险补偿机制，鼓励再担保机构为担保公司提供再担保服务，引导银行充分运用再担保机制，实现设立再担保公司扩大中小企业融资规模、规范担保机构经营行为、完善中小企业信用担保体系的政策目标，以确保担保机构可持续发展。四是加强对中小企业信用担保机构服务状况的运行监测。继续开展对全国中小企业信用担保机构的年度调查，开发与应用担保机构风险控制与业务信息报送管理系统，对中小企业信用担保服务运行情况进行监测，引导和促进中小企业信用担保机构健康、有序发展。

2.3.4 开展中小企业知识产权金融服务战略合作

6月30日，国家知识产权局与交通银行在北京签署中小企业知识产权金融服务战略合作协议，这是国家知识产权局首次与商业银行就知识产权金融服务展开全方位的战略合作。此次战略合作协议的签署，标志着知识产权质押贷款政银合作进入了一个全新的阶段。根据协议，国家知识产权局与交通银行将按照“协调对接、整合资源、搭建平台、互动交流、强化保护”的原则，建立全方位战略合作关系以及常态化对接机制，进一步发挥各自资源优势，推进知识产权商用化，促进知识产权与金融资源有效融合，以加快面向中小企业的知识产权金融服务体系建设。协议具体内容包含双方合作在全国范围广泛开展知识产权质押贷款服务，交行将对国家知识产权局推荐的具有知识产权融资需求的企业优先提供金融服务；共同研究建立风险监控和分担机制，强化风险应对能力，信息共享；合作开展重点知识产权项目质押后的保护工作；合作进行业务培训、政策研讨、课题研究、行业调研等多个方面。知识产权部门和商业银行加强战略合作，全面提升中小企业知识产权金融服务水平，对于加快推进产业转型升级、推动知识产权服务业大发展、改善中小企业发展环境具有十分重要的现实意义，能够充分发挥自身优势，有效整合各方资源，提升服务效率和质量，加强知识产权保护，积极营造良好的知识产权投融资环境。

2.4 产业政策

为贯彻落实《国务院关于鼓励和引导民间投资健康发展的若干意见》和《国务院关于加快培育和发展战略性新兴产业的决定》，鼓励和引导民营企业在节能环保、新一代信息技术、生物、高端装备制造、新能源、新材料、新能源汽车等战略性新兴产业领域形成一批具有国际竞争力的优势企业，国家发改委出台了《关于鼓励和引导民营企业发展战略性新兴产业的实施意见》。意见规定了十条具体措施。一是清理规范现有针对民营企业和民间资本的准入条件。要结合战略性新兴产业发展要求，加快清理战略性新兴产业相关领域的准入条件，制定和完善项目审批、核准、备案等相关管理办法。除必须达到节能环保要求和按法律法规取得相关资质外，不得针对民营企业和民间资本在注册资本、投资金额、投资强度、产能规模、土地供应、采购投标等方面设置门槛。二是战略性新兴产业扶持资金等公共资源对民营企业同等对待。各相关部门和各地发展改革委要规范公共资源安排相关办法，在安排战略性新兴产业项目财政预算内投资、专项建设资金、创业投资引导基金等资金以及协调调度其他公共资源时，要对民营企业与其他投资主体同等对待。三是保障民营企业参与战略性新兴产业相关政策制定。各相关部门和各地发展改革委在制定战略性新兴产业相关配套政策、发展规划时，应建立合理的工作机制，采取有效的方式，保障民营企业和相关协会代表参与，并要充分吸纳民营企业的意见和建议。四是支持民营企业提升创新能力。要采取有效措施，大力推动公共技术创新平台为民营企业提供服务，探索高等院校、科研院所人才向民营企业流动机制，扶持民营企业引进人才。鼓励、支持民营企业建立健全企业技术中心、研究开发中心等研究机构。支持具备条件的民营企业申报国家和省级企业技术中心，承担或参与国家工程研究中心、国家工程实验室等建设任务。五是扶持科技成果产业化和市场示范应用。支持民营企业和民间资本参与国家相关科研和产业化计划，开发重大技术和重要新产品。扶持相关企业协同推进产业链整体发展，促进新技术与新产品的工程化、产业化。鼓励有条件的民营企业发起或参与相关标准制定。支持民营企业开展具有重大社会效益新产品的市场示范应用。六是鼓励发展新型业态。鼓励民营企业与民间资本进行商业模式创新，发展合同能源管理、污染治理特许经营、电动汽车充电服务和车辆租赁等相关专业服务和增值服务，发展信息技术服务、生物技术服务、电子商务、数字内容、研发设计服务、检验检测、知识产权和科技成果转化等高技术服务业。七是引导民间资本设立创业投资和产业投资基金。各地发展改革委在创立新兴产业创业投资引导基金时，要积极鼓励民间资本参与创业投资。规范引导合格合规的民间资本参与设立战略性新兴产业的产业（股权）投资基金。八是支持民营企业充分利用新型金融工具融资。要积极支持和帮助产权制度明晰、财会制度规范、信用基础良好的符合条件的民营企业发行债券、上市融资、开展新型贷款抵押和担保方式试点等，改进对民营企业投资战略性新兴产业相关项目的融资服务。九是鼓励开展国际合作。鼓励符合条件的民营企业开拓国际业务、参与国际竞争。支持民营企业通过投资、并购、联合研发等方式，在境内外设立国际化的研发机构。鼓励民营企业在境外申请专利，参与国际标准制定。支持有条件的民营企业开展境外投资，建立国际化的资源配置体系。十是加强服务和引导。各有关部门和各地发展改革委应加强协调，及时发布战略性新兴产业发展规划、产业政策、项目扶持计划、招商引资、市场需求等信息，引导各类投资主体的投资行为，避免一哄而上、盲目投资和低水平重复建设。积极发挥工商联等相关行业组织作用，帮助民营企业解决在发展战略性新兴产业中遇到的实际问题。各级公益类信息服务、技术研发、投资咨询、人才培训等服务机构，要积极为民营企业与民间资本发展战略性新兴产业提供相关服务。鼓励和支持物流、会展、法律、广告等行业为民营企业发展战略性新兴产业提供商务服务。

此外，有关部门还出台了“围绕产业集群和龙头企业，实施中小企业专业化发展工程，重点支持成长性中小企业做精做优，支持特色优势产业中小企业做强做大，提高中小企业整体素质”、“对2011至2020年期间进口天然气及2010年底前‘中亚气’项目进口天然气按比例返还进口环节增值税”以及“鼓励软件产业和集成电路产业加快发展”等产业政策，受到广大中小企业的关注和欢迎。

2.5 其他政策

2.5.1 加快中小企业服务体系建设

工信部、科技部、财政部、人社部和国税地税部门联合发布《关于加快推进中小企业服务体系建设的指导意见》，提出进一步加快推进中小企业服务体系建设的意见。意见提出，坚持政府引导与市场化运作相结合，发挥市场配置资源的基础性作用；坚持统筹规划与分步实施相结合，统筹当前和长远，统筹区域和行业，总体规划、分步推进；坚持重点培育与规范提升相结合，增强内生动力，实现可持续发展。意见提出目标，到"十二五"末，在各省（自治区、直辖市、计划单列市，以下简称"省"）基本建立中小企业公共服务平台网络，树立百家国家中小企业公共服务示范平台，培育千家中小企业公共服务平台和小企业创业基地，带动万家以上专业服务机构，形成服务功能完善、特色鲜明、运营规范、方便快捷、社会影响力大和品牌知名度高的服务体系。意见提出一些具体措施。

第一，培育服务队伍。一是加快中小企业服务机构能力建设。采取设立、重组、择优认定等多种方式，充实完善各层级中小企业服务机构。通过制定建设规范和服务能力标准，加强业务指导、专业培训、业绩考评，提高从业人员的专业资质水平，增强服务能力、资源带动能力和创新发展能力，在服务体系中发挥核心作用。二是集聚服务资源。发挥生产力促进、劳动就业等服务机构以及大专院校、科研院所的公共资源优势，以及行业协会（商会）等社团组织熟悉行业、贴近企业的优势，共同服务中小企业。引导各类专业服务机构面向中小企业提供优质服务。推动形成专业化、社会化的中小企业服务队伍。三是提高协作水平。鼓励服务机构通过股权联合、连锁经营等方式，建立协作关系，增强服务能力。鼓励建立中小企业服务联盟或服务协会，形成定期磋商、协同议事机制，加强服务机构间的合作与交流，提高分工协作水平。

第二，加快服务平台建设。一是建立健全服务平台。根据《关于促进中小企业公共服务平台建设的指导意见》，在中小企业集聚的区域和行业重点建设、充实和完善一批服务平台，面向产业，贴近企业，集聚资源，集成服务，促进中小企业的创新发展。二是推动平台网络建设。以省为单位，统筹建设由省服务平台与所辖主要城市和重点产业集群各服务平台间互联互通、资源共享的平台网络。鼓励国家示范平台率先联通，在平台网络中发挥示范带动作用。在省平台网络建设基础上，逐步实现跨区域和全国范围的统筹与协同服务，建立全国性的公共服务平台网络，在更大范围和更高层次上整合资源，提高服务水平和效率。三是树立示范平台。鼓励服务平台加强服务能力建设，健全服务规范，不断开发特色服务产品，为小型微型企业提供质优价惠服务。通过认定一批业绩突出、信誉良好、公信度高的国家示范平台，发挥示范带动作用。各地也可以通过认定省级示范平台，形成本地区的样板，促进服务平台发展。

第三，加强专业化服务。一是信息服务。加强政策、商务和服务供需信息的采集分析，完善行业信息服务，提高信息的准确性、及时性和有效性。不断拓展信息服务领域和方式，根据差异化需求提供定向信息服务。开展中小企业生产运营信息的采集分析和监测。二是投融资服务。推动开展多种形式的银企对接活动，畅通中小企业融资信息渠道。积极开展投融资咨询、贷款指导、上市辅导、财务管理、信用征集与评价等服务，推广新型融资产品，拓宽创业投资、小额贷款、集合债券、集合票据等多种融资渠道。进一步完善多层次中小企业信用担保体系，提升担保机构服务水平。三是创业服务。以创业辅导师、创业培训师师资队伍建设和小企业创业基地建设为重点，开展创业培训、创业辅导、政务代理、投资融资、管理咨询、市场营销等服务。建立初创企业与同行业企业间的交流、互助机制，提高创业成功率。四是人才与培训服务。以深入实施中小企业银河培训工程为重点，引导和促进优质培训机构加快发展。积极推广成熟的创业培训模式，不断开发中小企业适用的培训产品，发展远程网络培训，扩大培训范围、培训品种，创新培训方式，提高培训质量。促进人才交流、测评与推荐，为中小企业提供人才保障。五是技术创新和质量服务。以提升中小企业技术创新能力和信息化应用水平为重点，引导创新资源向中小企业集聚，促进产学研合作，破解共性关键技术难题，大力开展工业设计、技术检测、技术咨询等技术服务，加快新技术、新工艺、新材料以及先进质量管理方法的推广应用，为中小企业提高产品质量、节能减排、创新发展提供技术支撑。六是管理咨询服务。以实施中小企业管理提升计划为重点，组织专业服务机构和专家志愿服务人员，为中小企业送管理、送服务，提供管理诊断和咨询服务，指导企业运用现代管理理念、知识和技能，提升管理水平，推动管理创新。七是市场开拓服务。充分发挥中国国际中小企业博览会、亚太经合组织（APEC）中小企业技术交流暨展览会等各类展会作用，为中小企业提供形式多样的产品展示交流和技术交流。积极开拓国内外市场，大力发展电子商务，建立商贸信息发布和预警预测机制，提供国际交流与合作服务，支持中小企业“走出去”、“引进来”。八是法律服务。组织专业法律机构，为中小企业提供法律顾问服务，开展法律知识宣传、法律咨询、法律维权与援助等服务。

第四，创新服务机制。一是健全服务规范。引导中小企业服务机构加强内部管理，提高质量意识，建立服务质量保证制度，鼓励开展 ISO9001 等质量管理体系认证。推动平台网络服务的规范化，服务平台场地内、外有醒目的服务标识；有公开的服务指南，包括：平台简介、重点服务产品、服务流程、办理时限、服务标准、服务价格、监督电话等；有公开的服务承诺和健全的服务客户登记及办理记录等。二是建立服务监督评价机制。要逐步建立客户回访制度，主动听取被服务企业的意见，不断改进和提高服务水平。完善平台网络服务监督机制，设立监督电话和网络投诉通道，接受企业和社会公开监督。建立激励机制，完善服务标准和评价指标，依据服务绩效，择优给予服务奖励、示范认定或政策扶持，促进优质服务机构加快发展，引导更多机构为中小企业服务。三是创新运营模式。鼓励服务平台通过组织带动优质专业服务资源，创新特色服务，拓展服务领域，扩大服务规模，降低服务成本，实现可持续发展。鼓励专业化服务机构通过提供合理价格的优质服务，开拓中小企业服务市场。

第五，加强措施保障。一是加强组织领导。各级政府有关部门要把服务体系建设作为促进中小企业发展的重要措施，结合本地区中小企业和产业发展实际，统筹规划，合理布局，明确建设目标和重点建设任务，加强工作的协调和督导。充分发挥中小企业工作协调机制作用，形成推动服务体系建设的工作合力。二是加大政策扶持。充分发挥各类中小企业专项资金的引导作用，带动社会投资，加快服务体系及服务平台网络建设。根据财政部、国家税务总局等部门的有关税收规定，对符合条件的中小企业服务机构，特别是国家级示范平台，可申请享受相关税收优惠政策。通过服务奖励和服务补贴等方式，鼓励专业服务机构为中小企业提供优质服务。加大对小型微型企业和经济欠发达地区中小企业公共服务的支持。鼓励地方加大对服务体系建设的政策支持力度，推动服务体系建设投入的逐年增长。三是加强工作交流和宣传。通过现场会、培训班等多种形式，及时总结推广各地服务体系建设的成功做法和经验，加强工作交流。学习借鉴国外成功经验，开拓思路，创新工作方法，探索具有中国特色的服务体系发展模式。充分发挥舆论导向作用，加大对服务体系建设、国家示范平台、优质服务机构的宣传，形成有利于服务体系加快发展的舆论氛围。

2.5.2 鼓励中小型家庭服务企业发展

9月16日，为了加快发展服务业，进一步促进经济结构调整，国务院办公厅发布《关于发展家庭服务业的指导意见》。该意见明确提出要积极发展中小型家庭服务企业。充分发挥中小型家庭服务企业在行业发展中的骨干作用。地方各级人民政府和有关部门要将国家关于促进中小企业发展的政策措施落实到家庭服务企业，为企业设立、经营等提供便捷服务，将符合条件的企业纳入中小企业发展专项资金、小企业创业基地和中小企业信息服务网络给予积极扶持。加大对中小型家庭服务企业的多元化融资支持，拓宽融资渠道，扩大信贷抵押担保物范围，建立健全信用风险分散转移机制，推进金融产品和服务方式创新。鼓励兴办从事家庭服务的个体经济组织，为家庭提供灵活多样的服务，在行业发展中起到重要补充作用。切实减轻企业负担，严肃查处乱收费、乱罚款及各种摊派行为。

2.5.3 开展政府采购信用担保试点

9月份，为支持和促进中小企业发展，进一步发挥政府采购政策功能作用，推进政府采购制度创新与诚信体系建设，财政部决定在中央本级和北京、黑龙江、广东、江苏、湖南、河南、山东、陕西等省（市）开展政府采购信用担保试点工作。

政府采购信用担保试点工作的试点时间暂定 2 年，从 2012 年 1 月 1 日始至 2013 年 12 月 31 日止。政府采购信用担保，是将信用担保作为政策工具引入政府采购领域，由专业担保机构为供应商向采购人、代理机构、金融机构提供的保证，主要包括投标担保、履约担保、融资担保三种形式。作为一种有效风险分散、信用增级的市场化运作手段，政府采购信用担保有利于降低中小企业参与政府采购的成本，增加参与政府采购的机会和扩大融资渠道，优化中小企业发展环境。通过引入信用担保手段，能够在政府采购活动中形成一种市场化的利益、责任和制约机制，有助于完善政府采购的程序控制，丰富监管手段，防范政府采购风险、提高政府采购质量，同时也有助于帮助中小企业开拓市场。

中篇

世界主要经济体扶持中小企业发展的财税金融政策

第3章

美国支持小企业发展的财税金融政策

- 美国支持小企业发展的概况
- 美国支持小企业发展的财政支出政策
- 美国支持小企业发展的税收政策
- 美国支持小企业发展的金融政策：债务类融资
- 美国支持小企业发展的金融政策：权益类融资

中小企业在美国被称为small business，通常译作“小企业”（本章均以“小企业”指代美国的中小企业）。美国对小企业没有统一的定义，对其界定主要有定性和定量两种标准。美国经济发展委员会在20世纪80年代初从定性角度给小企业下定义，认为一个小企业必须符合以下四个特点中的至少两个：①独立经营管理，通常由企业主兼任经理；②个人或小集团提供资本并具有所有权；③主要在当地经营业务；④企业规模在本行业中相对较小。

美国小企业管理局（SBA）则采用定量标准，从雇员人数、年营业额、资产额、净产值、市场份额以及同竞争对手的关系等角度对小企业加以界定，主要使用两个一般性的指标：一是企业的雇员人数，二是企业的年营业额。如果不做详细的行业区分，则凡是雇员规模在500人以下或者年营业额在500万美元以下的企业均属于小企业。小企业又可进一步区分为有雇员企业（employee firms）和无雇员企业（non-employee firms，self-employment）两种。其中，无雇员企业相当于我国的个体工商户，占整个小企业数量的一半以上。这一定义被广泛地使用，但是不同行业小企业的界定标准存在一定的差异。如表3.1所示。

表3.1　小企业管理局（SBA）对部分行业“小企业”的界定标准

行业	标准	备注
制造业	雇员规模在500人以下	水泥、塑料、家电、医药制剂等行业，750人以下；烟草、汽车、电脑、无机化工等行业，1000人以下
建筑业	销售额1700万美元以下	
批发业	雇员规模在100人以下	
零售业	销售额在500万美元以下	百货商店，销售额在2000万美元以下；家用电器店，销售额在6500万美元以下
金融业	销售额在500万美元以下	
服务业	销售额在500万美元以下	

资料来源：美国小企业管理局（SBA）。

3.1　美国支持小企业发展的概况

美国是当今世界最发达的资本主义国家，既有大型跨国垄断企业，也存在着大批小企业。小企业被认为是“自由企业制度的基石”、“竞争制度的心脏”、“代表着机会、独立和一代又一代美国人梦想的实现”①，是“美国创业精神和企业家精神的发源地”和“美国经济的一个重要支柱”②，也是最有活力和创新精神的企业。小企业在美国经济中发挥着重要作用，在很大程度上决定了美国经济的整体发展状况。

3.1.1 小企业在美国经济中的重要地位

小企业在美国经济中的重要地位和作用，主要体现在如下几个方面。

一是小企业数量多、增长速度快，对GDP的贡献大。2007年，美国共有小企业2774万家，占企业总数的99.9%，比2006年增长3.58%。如图3.1所示。1997年、2002年、2007年统计显示，小企业的年营业额基本稳定为大企业的70%左右。如表2所示。1998~2004年，小企业创造了非农私营行业GDP的50%，近些年也一直维持在这一水平③。

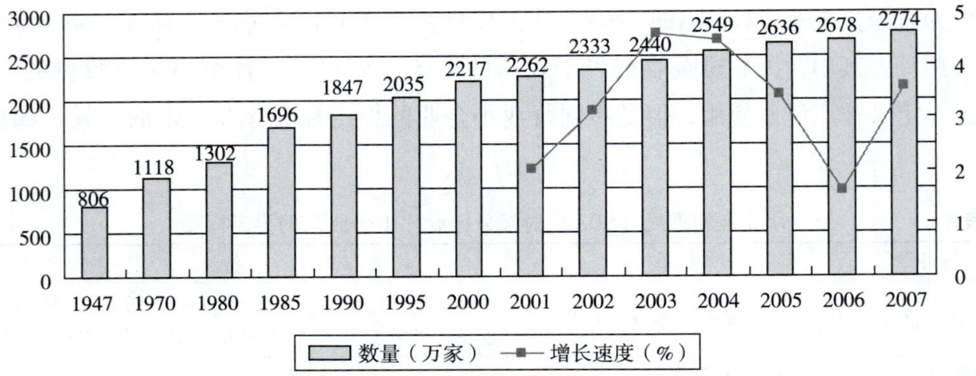

图3.1 小企业数量与增长速度

数据来源：美国统计局the U.S. Census Bureau。

表3.2　不同规模企业年营业额状况　单位：百万美元

年份（1）	小企业（2）	大企业（3）	（2）/（3）
1997	8054528	10774421	74.8%
2002	9328763	13503797	69.1%
2007	12371873	18366661	67.4%

数据来源：美国统计局the U.S. Census Bureau。

二是创造了大量的就业机会，且为超过2/3的初次就业者提供了工作机会。2003年，美国小企业的就业人数占私人部门全部就业人数的56.5%；且在小企业占优势的部门（如

① 美国总统里根1982年4月5日在美国“小企业活动周”上的讲话。

② 美国前副总统戈尔。

③ Advocacy: the voice of small business in government. The Small Business Share of GDP, 1998 - 2004. www.sba.gov/advo.

农业、建筑业、商业、服务业和高技术行业等），小企业的就业贡献更为突出。更为重要的是，不为大企业所欢迎的弱势群体，如缺少工作经验的年轻人、妇女、退伍军人、少数族裔成员和老年人等，能够相对容易地在小企业就业。但同时，在经济下滑时期，小企业的失业情况也更为严重：如在国际金融危机持续加深的2009年，小企业的失业人数占到总失业人数的60%以上①。

三是促进技术创新，推动产业结构升级。小企业由于机制灵活和高效率，在技术创新方面比大企业更具有优势。据小企业管理局的研究，20世纪对美国和世界有过重大影响的65项发明和创新，都是由小企业创造的。美国自然科学基金会研究表明，用于研究开发的每1美元所产生的创新成果数，小企业是大企业的24倍；小企业平均每百名职工所提供的技术创新数则是大企业的2.5倍；从确定新产品性能标准到将其投入市场的间隔时间，小企业平均为2.22年，大企业则为3.05年。可以说，小企业在创新方面的巨大贡献是推动美国产业结构迅速调整、进入以高科技产业为主导的产业结构的重要力量。

四是增加出口，缩减贸易逆差。随着经济全球化的发展，美国经济对世界市场的依赖度不断提高，出口额占国民生产总值的比重也不断提高。据美国商务部估计，80年代中期，小企业创造的出口额仅占全部出口额的5%～10%；进入90年代以后，随着现代通讯科技的发展，小企业对美国出口的贡献迅速加大。2007财年②，美国对外出口增长了7.9%。共有259400家小企业从事出口贸易，占出口企业总数的97.3%；小企业出口金额高达9150亿元，占出口总额的28.9%。2008年国际金融危机爆发后，美国总统奥巴马于2009年提出“5年出口倍增计划”，其中对小企业的倚重是该计划的重要方面。

3.1.2 小企业支持政策的历史演进

小企业在美国经济中地位重要，在创造就业、技术创新和增加出口等多方面发挥着不可替代的作用，但同时也存在着规模不大、融资困难、抗风险能力弱等问题。2008财年，美国共倒闭企业641400家，其中613794家是雇员规模在20人以下的小企业（占95.70%），641158家是雇员规模在500人以下的小企业（占99.96%）。与大企业相比，小企业在市场竞争中处于弱势地位，整体的重要性与个体的弱势并存。因此，美国政府在不同的历史时期和经济发展的不同阶段，都会在政策上对小企业发展予以倾斜和支持。

历史地看，美国对小企业的支持政策经历了四个阶段。

第一阶段大约从20世纪30年代～50年代末。这一阶段是美国小企业政策的形成时期，主要目标是反垄断、维持自由竞争的市场秩序，支持小企业在与大企业的竞争中生存下去。

---

① 美国小企业管理局，《小企业经济报告2010》。

② 美国的财政年度（财年）不等同于自然年度，2007财年即为从2006年10月1日至2007年9月30日。下同。

第二阶段从20世纪50年代末～80年代。这一阶段美国政府对小企业的重要性有了更深刻的认识，主要政策目标是维护小企业的竞争地位，扶持小企业逐渐发展壮大。

第三阶段从20世纪80年代末～2007年。这一阶段美国面临经济结构调整的巨大压力，政策目标是鼓励和发展小企业技术创新。在20世纪70年代石油危机以后，面对来自日本和欧洲的强大竞争，美国的传统产业日薄西山。美国政府不得不调整产业结构，力图通过技术领先维持产业国际竞争力。在此背景下，美国制订了一系列的财政和金融政策，鼓励小企业创新和加快技术向小企业的转移。

第四阶段从2008年国际金融危机至今。政策目标是鼓励小企业维持和扩大就业、增加出口。2008年国际金融危机爆发以来，美国经济增速下滑、信贷市场冻结、资本市场萎靡不振、失业率维持在10%的高位。为摆脱困境，美国政府加大了对小企业的支持力度。连续出台《经济刺激法案》（小布什总统，2008年）、《经济复兴和再投资法案》（奥巴马总统，2009年）、"小企业救助计划"（财政部，2009年）、量化宽松货币政策（美联储，2009年）、"有毒资产救助计划"（财政部，2009年）、"五年出口倍增计划"（奥巴马总统，2009年）以及医疗保险改革（奥巴马总统，2010年）等，从税收优惠、信贷市场、政府采购、医疗保险等多个方面支持小企业发展。

美国对小企业的扶持经历了近一个世纪的发展和演变，已经基本形成了覆盖完整的法律法规体系、政府部门与社会组织相结合的管理体系以及财政、税收、金融相结合的政策体系，在专业化、市场化和社会化等方面都达到了较高的水平，对支持小企业发展发挥了重要作用。

3.1.3 支持小企业发展的法律法规体系

美国已经建立了较为完备的小企业法律法规体系，为支持和促进小企业发展奠定了最重要的基础。

早在1890年，美国就制定《谢尔曼反托拉斯法》，对垄断组织和大企业实行一定程度的限制，保护小企业免受大企业的不公正挤压。

1953年，美国《小企业法》正式出台，确定了小企业的法律地位和国家对小企业的基本政策和管理措施，成为支持小企业的基本法。根据此法设立的美国小企业管理局（SBA）成为支持小企业发展的主要联邦政府机构。

在《小企业法》的基础上，美国于1958年制定了《小企业投资法》，鼓励风险资本投资于小企业，在财政、金融、经营管理、技术创新、信息咨询和市场开拓等方面给予小企业更大扶持；1964年制定了《机会均等法》，为小企业参与政府采购创造优厚条件；1980年，美国国会通过《灵活管制法》、《小企业经济政策法》和其他相关法律措施，目的在于使小企业免受联邦政府对企业的许多管制措施的束缚，为小企业发展创造更为宽松的外部环境；此外，美国1981年修订《经济复兴税法》，1982年通过《小企业技术创新开发法》，1992年通过《加强小企业研究发展法》，1997年通过《纳税人免税法》，以及1998年开始实施《国内收入局重组与改革法》等，减轻小企业税收负担和鼓励小企业进行技术创新。

国际金融危机爆发后，美国国会于2010年9月通过了《小企业就业法案》，对小企业实施减税、信贷支持和其他刺激措施，以促进经济增长和增加就业。

从立法的历史过程可以看出，美国支持小企业的法律法规体系并不是一蹴而就、一成不变的，而是一个不断调整、充实完善的动态过程。

3.1.4 支持小企业发展的管理体系

为支持小企业发展，美国逐渐形成了政府部门与民间社会组织相结合、政府引导与市场机制相结合的管理体系。

（1）政府管理体系

美国的小企业政府管理体系比较系统和健全，由三个部分构成。一是隶属于国会的小企业委员会。美国国会的参、众两院都设有小企业委员会，主要是听取小企业管理局和白宫小企业会议对有关小企业发展政策的建议和意见，负责小企业相关法律的建立和完善。二是隶属于白宫的全国小企业会议（National Small Business Conference）。全国小企业会议由总统亲自主持、小企业主广泛参加，是最集中反映一定时期政府及各界对于小企业发展关注程度和关注问题的大会。三是隶属于联邦政府的小企业管理局（U. S. Small Business Administration，简称SBA）。该机构1953年由《小企业法》授权成立，1958年被国会确定为"永久性联邦机构"，局长由总统任免，1998年由副部级升为正部级。

小企业管理局（SBA）是美国政府制定和执行小企业政策、支持小企业发展的主要政府部门，其他组织和机构很多都是通过与小企业管理局的合作来共同为小企业提供服务。小企业管理局（SBA）的组织机构由三层架构组成。第一层次为华盛顿总部，负责制定方针、政策，指导下属机构开展工作；第二层次为设在十大城市的10个区域办公室，负责指导各地方机构开展工作，并负责与总部进行沟通；第三层次为遍及全美的各地方机构，负责向小企业提供直接的支持。目前，小企业管理局（SBA）有52个地方办公室，超过2000名全职员工。而且，小企业管理局（SBA）还在全国各地设立小企业发展中心（Small Business Development Centers，简称SBDCs）、商业信息中心（Business Information Centers，简称BICs）和妇女商业中心（Women's Business Centers，简称WBCs），并组建退休管理人员服务团（Service Corps of Retired Executives，简称SCREs），为小企业提供一对一咨询、商务研讨和课堂指导等服务。

小企业管理局（SBA）的主要职能是：制定小企业发展的政策和措施；帮助小企业提高获得资金的机会，即提供贷款担保、风险投资项目等；帮助小企业参与政府采购，获得产品或劳务方面的合同；提供技术援助，即向小企业提供信息、教育与培训等方面的帮助；代表小企业在联邦政府内游说，影响政府的决策，保护小企业的权益等。小企业管理局提供的服务几乎涉及大多数小企业所需要的全部方面。

其他政府部门，如社区发展金融支持机构（CDIF）等，也担负有支持小企业发展的职责。此外，根据国会通过的有关促进小企业发展的法律法规，美国政府各个部门都有责任支持小企业的发展，特别是劳工部、商务部、农业部、财政部、证券监督管理委员会等有关部门更是负有主要的责任。

（2）民间社会组织

在政府引导下，民间社会组织也参与到对小企业发展的支持工作之中。总体上可分为两大类。

一类是创业服务机构。这既包括由政府部门参与和协助建立的小企业社会化服务机构，也包括由社会各方面根据小企业的需求自主建立的社会化服务机构，还包括企业间、行业间自发组织的协会、商会等。这些机构以信息、咨询服务为专长，以灵活性和适用性为特点，克服了行政机构服务中固有的体制僵化等弱点。比如纽约州小企业发展中心是纽约州24个小企业发展中心之一，从联邦、州的小企业管理局和大学三方获得运营资金，为当地乃至全国的小企业提供免费的咨询服务，平均每年帮助小企业获得约500万美元的融资。

另一类是技术服务机构。主要是为小企业提供一系列的技术服务支持，以推动创新技术的开发利用、转让以及成果化。联邦政府根据《技术创新法》，在商务部设置了联邦技术利用中心，并在国家各个实验室设立了研究与技术应用办公室，向产业界尤其是小企业提供技术支持和服务。此外，美国各州政府还建立了科技工业园和企业孵化器，由政府及中介机构为创业阶段的小企业和持有科研成果的科技人员提供场所、资金及服务，以推动科技成果转化。

3.2 美国支持小企业发展的财政支出政策

美国联邦财政向小企业管理局（SBA）拨付全额预算，并通过小企业管理局（SBA）实施相关计划项目支持小企业发展。

正常情况下，小企业管理局（SBA）的预算支出占联邦政府预算支出总额的0.1%以下。2006年，小企业管理局（SBA）预算支出为9.05亿美元，占联邦政府预算支出总额的0.03%。2008年国际金融危机爆发以来，美国加大了对小企业的支持力度，预算支出也相应上升。2010年，小企业管理局（SBA）预算支出增加到61.28亿美元，占联邦政府预算支出总额的比例上升到0.18%。如表3.3所示。

表3.3 小企业管理局（SBA）预算支出 单位：百万美元，%

财政年度	联邦政府预算支出	小企业管理局预算支出	
		数额	占比
2002	2010894	493	0.02
2003	2159899	1558	0.07
2004	2292841	4075	0.18
2005	2471957	2502	0.10
2006	2655050	905	0.03
2007	2728686	1175	0.04
2008	2982544	528	0.02
2009	3517677	2246	0.06
2010	3456213	6128	0.18

数据来源：Office of Management and Budget（OMB）。

小企业管理局（SBA）除将少部分预算资金用于维持机构正常运转和支付工作人员工资外，大部分用于支持小企业发展。概括起来，有以下几个方面。一是帮助小企业获得融资支持，如7（a）和504贷款担保计划、小企业投资公司（SBICs）等。二是支持小企业创新，特别是“小企业技术创新研究计划”和“小企业技术转移研究计划”。三是向小企业提供更为完善的服务，支持小企业获得政府采购合同。四是支持小企业就业，向小企业提供就业培训项目支持。

3.2.1 支持小企业开展技术创新

美国非常重视小企业的创业和技术创新，鼓励小企业创业和技术创新也是其财政支持政策的重点。政策措施主要有：为小企业筹措技术开发资金，向小企业发放、资助研究开发资金，政府采购向小企业产品倾斜，向小企业开放政府的实验研究机构，推行个别小企业特殊培育制度等。

同时，美国制定了许多有针对性的科技计划，如小企业管理局（SBA）于1983年开始实施的“小企业技术创新研究计划”（Small Business Innovation Research，简称SBIR），主要是鼓励小企业参与联邦政府研究与开发工作，促进新的技术产品和技术服务的形成，推动全社会的技术进步；小企业管理局于1992年设立的“小企业技术转移研究计划”（Small Business Technology Transfer Research，简称STTR），主要是鼓励高新技术小企业与非营利性研究单位开展合作研发，促进技术成果的转化和推进小企业技术创新能力的提高。

（1）“小企业创新研究计划”（SBIR）

1983年，美国小企业管理局（SBA）依据《小企业创新研究法》，实施了“小企业创新研究计划”（SBIR）。SBIR由美国小企业管理局（SBA）执行和监督，主要内容是在美国境内研究与开发经费（Research and Development，简称R&D经费）超过1亿美元的联邦机构，必须按照 R&D 经费的一个确定比例，用于支持小企业所申请开展的研发项目。开始的比例确定为 0.2%，现在已经逐渐提高至 2.5%。

SBIR 项目投资分为三个阶段：第一期投资是进行可行性研究，以评估一个创新项目在科学和技术上的优势，获得这一期资助的小企业可以在随后的 6 个月内获得最多 10 万美元的资金支持；第二期投资主要是扩展第一期投资的成果，是在第一期可行性研究基础上的进一步研发活动，获得这一期资助的小企业最多可以在两年内获得 75 万美元的资金支持；第三期投资是将研发的成果由实验室推向市场的过程，是一个商业实现的过程，SBIR 对此不再提供直接资助，但协助小企业获得私人风险投资或非 SBA 的官方资助。

SBIR 项目极大地促进了小企业创业和技术创新的发展，仅在 2009 年，SBIR 项目就在第一期资助项目 4008 份、在第二期资助项目 1801 份，共向成长期的技术密集型小企业提供了大约 19.4 亿美元的资金支持。

在 1983 ~ 2009 年的 27 年间，农业部、商务部、国防部、教育部、能源部、卫生部、交通部、环保部、NASA 和美国自然基金会等数十家联邦机构参与了 SBIR 计划，第一期资助项目累计 80467 份，第二期资助项目累计 32036 份，投入资助资金累计达 269 亿美元。如表 3.4 所示。

表 3.4　小企业创新研究计划（SBIR）：1983 ~ 2009 年　单位：份，百万美元

年份	第一期		第二期		资助金额
	申请数	核准数	申请数	核准数	
1983	8814	686	127	74	44.5
1984	7955	999	559	338	108.4
1985	9086	1397	765	407	199.1
1986	12449	1945	1112	564	297.9
1987	14723	2189	2390	768	350.5
1988	17039	2013	1899	711	389.1
1989	17233	2137	1776	749	431.9
1990	20957	2346	2019	837	460.7
1991	20920	2553	1734	788	483.1
1992	19579	2559	2311	916	508.4
1993	23640	2898	2532	1141	698.0
1994	25588	3102	2244	928	717.6
1995	20185	3085	2856	1263	981.7
1996	18378	2841	2678	1191	916.3
1997	19585	3371	2420	1404	1066.7
1998	18775	3022	2480	1320	1100.0
1999	19016	3334	2476	1256	1096.5

续表

年份	第一期		第二期		资助金额
	申请数	核准数	申请数	核准数	
2000	17641	3172	2533	1335	1190.2
2001	16666	3215	2566	1533	1294.4
2002	22340	4243	2914	1577	1434.8
2003	27992	4465	3267	1759	1670.1
2004	30766	4638	3604	2013	1867.4
2005	26003	4300	4180	1871	2029.8
2006	24305	3836	3267	2026	2113.9
2007	22278	3909	2912	1615	1777.6
2008	22081	3832	3227	1851	1785.7
2009	22444	4008	3352	1801	1937.7
总计	526440	80467	64210	32036	26942.8

数据来源：根据美国小企业管理局历年年度报告整理。

(2)“小企业技术转移研究计划”(STTR)

“小企业技术转移研究计划”(STTR)于1994年开始实施，旨在推动联邦研究机构、非赢利性研究机构等与小企业合作，加快科研成果向小企业的转移和实现产业化。STTR计划要求研发经费（R&D经费）超过10亿美元的开放性研究和研究开发基金，必须划出其R&D经费的0.15%（目前已经提高到0.3%），用于支持小企业的技术转移。STTR支持的小企业必须是美国公民所有（占50%以上的股份），独立经营、以营利为目的，企业规模在500名雇员以下。STTR的目的是促进小企业和非赢利性研究机构之间的合作，开展技术转移和推广工作。参与STTR计划的对象主要是国防部、能源部、卫生部、NASA以及国家科学基金会等5个部门，以及非赢利性的研究机构，包括大学、民间研究机构以及联邦政府资助的研究开发中心等。

与SBIR计划类似，STTR计划的实施也分为三个阶段，主要区别在于：STTR计划项目的可行性研究阶段资助金额为10万美元，时间延长为一年，主要是为了保证充分论证科技成果转化的现实可能性；STTR计划项目的研究开发阶段资助金额为50万美元。从1995年至今，STTR计划每年资助金额都在1亿美元以上，其中40%以上的项目实现了商品化。

3.2.2　支持小企业参与政府采购

美国小企业除了通过在市场中推广自己的产品和服务获得发展外，还能够通过与政府合作，签订供应合约，参与政府采购，与政府建立合作关系？在政府采购方面，美国也从法律和具体政策上对小企业给予倾斜和支持，以扶持小企业更好的发展。

美国小企业管理局（SBA）规定：“……与联邦政府采购机构签订采购合同，然后转包给小企业……鼓励联邦政府主要承包商分包给小企业……”1993年出台的《购买美国产品法》规定：10万美元以下的政府采购合同必须优先考虑小企业，并提供12%的报价优惠。1996年，美国国会通过法案，规定每年联邦政府采购总包合同（primary contracts）金额的23%必须授予小企业。此外，美国还对妇女创办的小企业（Women－owned Small Businesses，简称WOSBs）、退伍军人创办的小企业和贫困地区（Historically Underutilized Business Zone，简称HUBZone）小企业获得政府采购合同给予更多支持。

2008年国际金融危机爆发后，“美国复兴与再投资法案”（ARRA）加大了政府公共支出的力度，小企业也因此获得了更多的政府采购支持。2009财年，小企业获得联邦政府采购一级合同968亿美元，占比为21.89%，如表3.5所示；小企业获得政府采购分包合同（subcontracts）的占比为31.82%。在联邦政府采购一级合同中，残疾人创办的小企业获得335亿美元，妇女创办的小企业获得163亿美元，退伍军人创办的小企业获得88亿美元，贫困地区小企业获得124亿美元。

表3.5 美国联邦政府采购总包合同（primary contracts）及小企业占比

年份	总计（亿美元）	小企业金额（亿美元）	小企业份额（%）
2004	2998.9	692.3	23.09
2005	3203.1	750.0	23.41
2006	3402.1	776.7	22.83
2007	3785.1	832.7	22.00
2008	4340.1	933.1	21.50
2009	4422.7	968.3	21.89

数据来源：美国政府采购办公室、联邦政府采购数据系统。

小企业参与政府采购合约竞标，首先需要向政府采购数据库提交本企业的基本情况资料，政府机构根据自身的需要，挑选出合适的小企业最终参与政府采购合同竞标？小企业管理局（SBA）在支持小企业参与政府采购方面发挥了重要作用。

第一，小企业管理局帮助小企业在联邦政府采购中获得“公平份额”。联邦政府是美国最大的“单个”消费者，每年要向私营企业购买上千亿美元的商品和劳务。按照相关立法规定，联邦政府采购一级合同金额的23%要授予小企业。小企业管理局代表小企业的利益，与各个政府机构保持经常性磋商和交涉，以确保小企业获得足够份额的政府采购合同。

第二，小企业管理局帮助小企业与政府订立产品或服务采购合约。小企业管理局参与合同招标，并且将适合于小企业的一些合同项目留给小企业；而且，小企业管理局还有权将一个大合同分割成若干个小合同，帮助小企业争取大型联邦采购合同中的分包合同。

第三，小企业管理局向小企业提供“能力认证证书”。如果采购合同招标方对投标的小企业履行合同的能力或资质有所怀疑，小企业管理局可以就小企业履行具体政府采购合同的“能力、信用、诚实、毅力和坚强意志”出具“能力认证证书”，帮助小企业获得政府采购合同。同时，为了防止小企业滥用“能力认证证书”，小企业管理局规定“能力认证证书”是针对具体采购合同签发的，因此仅对该合同有效。

第四，小企业管理局向小企业提供保证债券担保。保证债券（surety bond）是合同承包方缴纳一定的费用、从保险公司购买的一种债券，是向合同发包方提供的一种保险，确保其能完成承包合同。一旦合同承包方违约、不能完成承包合同，保险公司要承担合同发包方的损失或者另找其他承包方完成合同。根据相关规定，价值10万美元以上的联邦政府建造合同以及很多服务合同和供货合同等，均要求合同承包方提供保证债券，大多数的州和市政府采购合同也有此要求。小企业管理局可以向符合条件但无法直接从保险公司获得保证债券的小企业提供最高达200万美元的担保，帮助小企业提供保证债券并从而获得政府采购合同。1997年，小企业管理局共提供了4021起保证债券担保，涉及合同金额达8.07亿美元。2009年《美国复苏和再投资法案》（ARRA）将小企业管理局对小企业保证债券的担保金额，由200万美元提高到500万美元，为小企业竞标政府工程和服务合约提供大力支持。

第五，小企业管理局通过信息技术帮助小企业参与政府采购。小企业管理局建立采购自动搜索系统（Procurement Automated Source System），覆盖了全国范围内渴望参与政府采购合同的小企业，300余家政府和行业机构的采购官员都能使用该系统，查阅并联系合适的小企业。

20世纪末21世纪初的十多年中，在多数西方国家经济增长乏力的大背景下，美国经济能够实现奇迹般的持续增长，并保持低通胀和低失业，其原因是多方面的，但有一点不容忽视，那就是美国的政府采购，尤其是对小企业的政府采购。在实践中，联邦政府实施政府采购的主要目标是：最高的质量，最低的成本，最短的时间，最广泛的竞争，实现社会经济政策，降低采购风险，维护政府信誉等。已经实现的目标中最突出的就是扶持小企业发展和提供就业机会。

3.2.3 支持小企业扩大就业

小企业是美国经济中最大的雇主，在1994～2004年间创造了60%～80%的新增就业机会；仅在2004年，雇员规模在500人以下的小企业就创造了186万个新增就业机会①。更为重要的是，小企业为将近2/3的雇员提供了第一份工作，这意味着小企业承担了大量的新雇员培训工作。调查显示：很多年来，小企业主最为关心的事项即是医疗保险和退休保障的成本和覆盖面，因为这两项福利对于小企业吸引和留住高素质雇员、保持对于大企业的竞争力十分重要。

针对上述状况，美国政府主要从向小企业提供培训支持、为小企业建立医疗保险和退休保障计划提供支持等两个方面，支持小企业扩大就业，帮助小企业留住高素质雇员。

（1）联邦政府和州政府支持小企业就业培训

与大企业相比，小企业对雇员的培训灵活多样，既有一般培训，也有专业技能培训；

① 美国小企业管理局 http：//app1. sba. gov/faqs/faqindex. cfm？areaID＝24。

既有正式培训（通过正规培训项目所做的培训），也有非正式培训。正式培训项目包括军事训练，合作技能课程，商业院校、职业技术学校、社区大学等提供的专业培训，政府资助的培训课程等。

美国联邦政府和州政府通过参与和资助小企业的正式培训项目，扶持小企业就业，支持小企业发展。

联邦政府支持小企业培训的方式灵活多样，从注册学徒项目到为培训项目提供资助和税收优惠等，不一而足。同时，在不同的历史时期和经济发展阶段，联邦政府对培训项目的支持侧重点也有所不同。1930年代，联邦政府主要支持注册学徒项目，侧重于在校职业技能教育与培训。1960年代，《人力发展与培训法案》（Manpower Development and Training Act，简称MDTA）加强了对低收入人群的工作技能培训。1970年代，联邦政府转向支持对残疾人的工作技能培训项目，以期降低贫困率和失业率。也是在这一时期，联邦政府将对小企业培训项目的支持责任逐渐部分下移至州政府和地方政府，《综合就业和培训法案》（Comprehensive Employment and Training Act，简称CETA）则以立法的形式对此予以确认。1983年，《工作培训合作法案》（Job Training Partnership Act，简称JTPA）取代了《综合就业和培训法案》（CETA），规定联邦政府的资助主要用于支持提供工作培训的企业主，并进一步地将联邦政府的支出责任更多地下移给州政府和地方政府，同时在制定就业培训支持政策时更多地听取小企业的意见。根据JTPA的规定，美国各地成立了众多的私营企业联合会（Private Industry Councils，简称PICs），PICs的成员中将近3/4是雇员人数在500人以下的小企业，将近一半是雇员人数在100人以下的小企业。PICs在州和地方（而不是联邦）层面对于制定培训支持政策发挥重要作用。1990年代中期，在各州纷纷资助建立一站式职业中心（one - stop career center，简称OSCC）的背景下，培训支持政策的重点转向对求职者的就业服务。1998出台的《劳动力投资法案》（Workforce Investment Act，简称WIA）以立法的形式确认了这种转变。

大部分公开资助的培训项目是由联邦政府提供的，以至于美国劳工部的赵小兰部长在2008年认为劳工部应被称为工作培训部，因为该部门90%的预算用于培训项目。不过，在美国经济由制造业向服务业转型，不可避免地在部分州造成制造业工人大批失业的大背景下，最近一些州也开始对培训项目提供资助，以支持小企业发展、提高竞争力。据估计，2006年美国各州用于小企业就业培训项目的支持经费高达7.2亿美元。

培训项目不仅针对小企业雇员，有些也针对小企业主。据2004年收入和培训项目参与的调查，将近1/3的小企业主在过去的十年中接受过培训，将近15%的小企业主在过去的一年中接受过工作技能培训。

（2）支持小企业建立医疗保险和退休保障计划

研究表明，医疗保险与企业规模密切相关。在拥有200名以上雇员的企业中，99%的企业向其雇员提供医疗保险；在拥有25～49名雇员的企业中，这一比例下降到85%；在拥有10～24名雇员的企业中，这一比例下降到71%；在拥有3～9名雇员的企业中，这一比例下降到50%。

没有医疗保险的雇员大部分在小企业。2009年，在没有医疗保险的507万美国人中，很多在小企业工作。2010年，小企业雇员没有医疗保险的比例是26.3%，而大企业雇员的比例则为14.2%。在雇员人数少于10人的小企业中，超过36%的雇员没有医疗保险；在雇员人数为100~499人的小企业中，大约16%的雇员没有医疗保险。

向雇员提供医疗保险和退休保障计划，对于小企业主而言是最为昂贵的两项支出。很多年来，小企业主最为关心的事项即是医疗保险和退休保障的成本和覆盖面，因为这两项福利对于小企业吸引和留住高素质雇员、保持对于大企业的竞争力十分重要。一般而言，为解决医疗保险问题，小企业会选择从私营保险公司为雇员购买医疗保险，或者雇员自己选择医疗保险项目而由企业负责支付。此外，小企业还可以决定是否为雇员建立退休保障计划。

为解决小企业在向其雇员提供医疗和退休保障计划方面的困难，美国政府向小企业提供了多方面的优惠，以维持小企业就业和支持小企业发展。

政府通过降低储蓄账户缴费额度、提供税收优惠等方式支持小企业建立医疗保险计划。美国政府允许小企业结成健康保险联盟，使得小企业能够和大企业一样向雇员提供医疗保障，并大幅降低医疗储蓄账户的缴费额度，把个人参与的缴费额度从1650美元下降到1000美元，把家庭参与的缴费额度从3300美元降低到2000美元。2010年3月23日，奥巴马总统签署了历史性的《医疗保险法案》(the Patient Protection and Affordable Care Act)。该法案将明显提高医疗保险的覆盖面并显著降低其成本，并对小企业实行了特别照顾。如，从2010年开始，将对部分购买医疗保险的小企业实行税收减免（tax credit）。

政府通过提供税收优惠等方式支持小企业建立退休保障计划。401（K）是美国传统的基于就业的退休保障计划，对于企业主为自己及其雇员建立的退休保障计划实行税收优惠。此外，企业主和雇员还可以通过Keogh计划建立私人退休账户IRAs（Individual Retirement Accounts)。美国政府积极推动小企业退休金计划的实施。由于小企业退休金计划建立门槛低、成本低、操作和管理简便，加上政府的政策性减免税，近年来参与的雇主越来越多。到2003年，已有93%的雇主为其雇员建立了退休金计划。

3.3　美国支持小企业发展的税收政策

税收政策是美国支持小企业发展的重要方面，一般而言，税收优惠政策主要是为达到如下目的中的一个或多个。一是减轻小企业税收负担、降低其税负水平，为小企业发展创造更为宽松的外部环境，维持小企业的活力和竞争力。二是引导更多私人资本、风险资本等投资于小企业，方便小企业获得融资支持。三是鼓励小企业开展研发创新活动，加快新技术创造和新产品形成。四是鼓励小企业进行固定资产投资和更新技术设备，提高小企业的现代化水平。而且，税收优惠政策更多地与财政支持政策、金融支持政策等相结合，发挥政策合力，更好地支持小企业发展。

历史地看，美国历届政府都很重视向小企业提供税收优惠政策。1993年，克林顿政府通过《综合预算调整法案》，对90%的小企业给予减税；2001年，小布什政府通过《经济增长和减税法案》，允许小企业将更大数额的新增投资列入费用，计划10年内为小企业减税70亿美元；2008年国际金融危机爆发后，美国总统奥巴马签署生效了17项针对小企业减税的法案，包括对一些关键的小企业投资实施资本利得税减免，对新增加工资支出的小企业提供10%的所得税税收抵免，对向雇员提供医疗保险的小企业进一步扩大税收减免额度等。

在对小企业实行税收优惠政策方面，美国的做法相对比较灵活，制订了很多减、免、抵、加速折旧、亏损弥补等优惠政策，几乎涵盖了所有的小企业及生产经营活动的全部方面。

3.3.1 所得税优惠政策

一是小企业可以选择适合自己的所得税纳税方式。美国税法规定，如果企业符合所得税法中有关中小企业的规定，即可从两种纳税方法中任选一种：一是选择一般的公司所得税纳税方式，适用15%～39%的超额累进税率；二是选择合伙企业纳税方式，即根据股东应得的份额并入股东的个人所得之中，按个人所得税计算缴纳，适用10%～35%的超额累进税率。小企业可从中选择于己有利的纳税方法。此外，美国《经济复兴法》还规定，雇员在25人以下的小企业，企业所得税按个人所得税税率缴纳。这些政策体现了政府对中小企业的照顾，赋予中小企业投资者一定的纳税选择权，使他们能选择对自己有利的纳税方式，以降低税收负担，增加税后利润，增强竞争实力。

二是不断降低小企业的所得税税率。1981年的《经济复兴法》将涉及小企业的个人所得税税率下调了25%；对创新性小型企业还将其资本收益税率减半按14%征收；年应税收入在5万美元以下的小企业，可享受15%的低税率。据估计，美国小企业在1987～1991年间共获得了总计达1167亿美元的所得税税收优惠，这大大增加了小企业发展的实力。到2006年年底，小企业的最低所得税率又从15%进一步降低到10%。低税率充分体现了政府对小企业的扶持，也促进了小企业的蓬勃发展。

另外，针对风险投资的税收优惠政策是美国支持小企业科技创新的一大战略决策，美国税法规定风险投资总额的60%可免交所得税，并将风险投资的税率从1970年的49%下降到目前的20%。

3.3.2　资本利得税优惠政策

一是对私人资本投资小企业实行资本利得税收优惠政策。数据显示，小企业投资的2/3以上来自私人投资者。政府为鼓励私人资本向小企业投资，降低投资所得税率，对投入符合一定条件的小企业的股本所获得资本收益实行为期至少5年的5%税收豁免。对营业收入不足500万美元的小企业实行长期投资税减免。对向总资产500万美元以下的小企业的投资永久性减免投资税。

二是对风险资本投资小企业实行资本利得税收优惠政策。美国政府从20世纪70年代起，对风险投资给予大力支持。1978年收入法案将资本增值税率从49.5%下调至28%；1981年发布了《经济减税法案》，规定个人缴纳的风险收益税再度从28%下降为20%；1986年美国国会颁布了《税收改革法》，规定投资额的60%可以免税，其余40%减半征收所得税；1997年制定的《投资收益税降低法案》，则进一步降低了投资收益税率。

3.3.3　研发费用扣除政策

实施研发费用扣除政策，是主要的鼓励小企业开展科技创新和研发活动的税收优惠政策。

一是美国税法把各类科研机构都定为“非营利机构”，免除其纳税义务。同时，为鼓励小企业增加科技开发投入，规定凡用于科学研究和实验设计的费用，在财务账目上可以作为日常生产费用，或者从应税所得中一次性扣除，或者在若干年内从全部所得中扣除。

二是根据《经济再生法》，对下列部分研发费用可以免税：①小企业的研发费用，如果在课税年度超过过去3年平均研发费用，其超过部分25%给以减免；②小企业从事基础研究，基础研究费用的65%作为非课税对象；③对小企业的研发费用扣除优惠，可以向前结转3年、向后结转15年。

3.3.4　加速折旧优惠政策

20世纪80年代以来，美国相继出台政策缩短了原折旧法规定的固定资产折旧年限，实行“特别折旧”制度，允许企业在投资后的1~2年里对新购置使用的固定资产提取高比例折旧，对某些设备在其使用年限初期实行一次性折旧。将科研设备的法定使用年限缩短为三年，使每年的折旧金额超过企业所增资本额，对于企业更新设备和采用新技术发挥了巨大的促进作用。2008年国际金融危机以来，美国政府制订了关于小企业减税的特别规定。“经济刺激法案”规定为美国企业提供50%的特别资产折旧，以降低企业税负。该法案允许企业将购置机器设备等资本支出的50%从营业收入中一次性减除。“经济复兴和再投资计划”延长了该计划的实行时间，并对折旧资产进行了详细规定，如符合修订的加速资产折旧制度（MACRS）的新置资产、折旧超过 3 年的电脑软件以及租赁改善资产和使用率超过 50% 的客车等资产。

3.3.5 完全亏损弥补政策

美国还实施完全亏损弥补政策，降低小企业的投资风险。由于小企业经营项目单一，投资风险相对集中，且生命周期相对较短，当税收政策不对亏损实行完全弥补时，旨在刺激投资的一些税收政策，如低税率、投资抵免、加速折旧等就不能真正给小企业带来实惠。对小企业来说，亏损是否得到全面的税前弥补是其他一系列税收政策能否发挥作用的关键和重要配套。全面弥补亏损的税收政策可降低小企业收入的波动幅度，分担小企业的投资风险，鼓励企业扩大投资规模。美国税法规定小企业股东遭受的损失可以用来抵减其他来源的收入，如从别的公司得到的工资收入抵减小企业股东分摊的损失，扣除数额不能超过股东的基值，超过部分要结转到以后年份，结转的期限没有限制。对损失数额超过股东基值的部分，按比例从股东其他收入项目中进行损失扣除。

2008 年以来，为应对国际金融危机的冲击，美国还专门制定了针对小企业亏损弥补的税收政策，以帮助中小企业渡过难关。美国 2009 年出台的“小企业救助计划”规定，在 2009 年和 2010 年，允许年营业收入低于 1500 万美元的小企业发生的经营亏损向前结转 5 年。

3.4 美国支持小企业发展的金融政策：债务类融资

一般而言，小企业融资出于如下四个原因：开办企业、购买存货、拓展业务和充实企业资本，不同行业的小企业、在不同的发展阶段，有着不同的融资需求。根据不同的目的，小企业采取不同的融资方式。美国小企业的融资方式可以分为三大类：一是债务类融资（debt），其中包括小企业管理局（SBA）等机构提供的担保贷款；二是权益类融资（equity），包括资本市场直接融资和风险资本投资等；三是政府补助（government grants），包括政府直接贷款和各种补贴等，这一部分数量极少。具体的融资方式和融资来源见表 3.6 所示，其中有些融资方式并不常用。此外，政府采购合同有时也具有类似于融资的功能。

表 3.6　小企业融资方式与融资来源

融资类别	融资来源	融资方式
债务类融资	小企业主	自有资金
	金融机构（包括存款类金融机构、非存款类金融机构、共同基金、养老基金、保险公司、投资银行等）	贷款、信贷额度（lines of credit）、金融租赁、信用卡融资（credit cards）等
	其他企业	贷款、信用证
	供应商	贸易信贷（Trade credit）
	亲朋好友	贷款
	租赁公司	贷款、资本租赁、设备租赁
	经纪公司	贷款、信贷额度
	私人债务投资公司	债券
权益类融资	资本市场	股票
	私人权益投资公司（包括天使资本、风险资本等）	股票、本票
	小企业投资公司（SBICs）	股票
政府补助	小企业管理局等政府部门	直接贷款
	小企业创新研究计划（SBIR）	补贴
	小企业技术转移计划（STTR）	补贴

资料来源：U. S. Small Business Administration，Office of Advocacy。

债务类融资对于小企业而言非常重要，特别是小企业主的自有资金投入和金融机构的信贷支持（包括小企业管理局提供的担保贷款）。2010 年，小企业融资总额为 1.1 万亿美元，其中，金融机构的信贷支持规模为 1 万亿美元，包括小企业自有资金投入在内的其他融资规模为 1000 亿美元。

美国对小企业债务类融资的支持，是通过政策性金融体系和商业性金融体系配合实现的。其中，政策性金融体系很少进行直接支持，而更多的是通过向小企业贷款提供信用担保等间接方式发挥引导作用，鼓励、吸引商业性金融机构向小企业提供贷款。

3.4.1　政策性金融体系提供直接贷款和担保贷款

为支持小企业融资，在联邦政府层面，美国构建了以小企业管理局（SBA）为核心、以美国进出口银行和农民家计局为两翼的政策性金融体系。此外，美国还通过社区金融发展基金、农业部商品信贷公司等支持社区银行和社区发展金融机构等小型信贷机构的发展，增强它们向小企业提供信贷服务的能力。

除极少部分的直接贷款外，小企业管理局（SBA）支持小企业融资的主要方式是为小企业贷款提供部分担保，引导和鼓励商业性金融机构向小企业提供贷款。

（1）小企业管理局直接贷款

目前，小企业管理局（SBA）向小企业提供的直接贷款主要有两种。

一是微贷款项目（MicroLoan Program）。微贷款是小企业管理局（SBA）向小企业和非营利性儿童看护中心提供的直接贷款，最高限额为5万美元。用于充实运营资金、购买存货或原材料、购买家具、购买机器设备等用途。

二是灾害贷款（Disaster Loans）。小企业管理局（SBA）通过遍布全国的灾害救助办公室，向受灾的小企业提供长期低息贷款，帮助其更新工作场所、维修机器设备、购买存货等。包括企业自然灾害贷款、经济损失灾害贷款、军事预备役经济损失贷款等。

（2）小企业管理局担保贷款

小企业管理局担保贷款（SBA Loans）是小企业管理局根据有关规定提供部分担保（partial guarantee）、由商业贷款机构放贷给缺乏抵押物或信用记录的小企业的贷款。一般而言，小企业贷款总额的75%～85%由小企业管理局负责提供担保，其余15%～25%的部分由放贷的商业银行等金融机构承担风险。小企业管理局向商业贷款机构和小企业收取部分费用，一旦发生小企业无法偿还贷款的违约情况，小企业管理局的损失为担保部分的贷款损失减去收费，而非全部的担保贷款。如果担保贷款的年度风险损失达到3%以上，则由联邦政府预算支付损失。小企业管理局提供的部分担保降低了商业贷款机构的风险，促进了小企业贷款的发展。

担保贷款是支持小企业融资的主要方式，小企业管理局（SBA）对金融机构进行分类授权管理，并在其帮助下完成庞大的担保业务量。小企业担保贷款每年新增金额高达数百亿美元，业务笔数更是高达数十万件，如此大规模的担保业务量，仅靠小企业管理局自身难以完成。小企业管理局注重利用银行、非银行金融机构等各种社会资源，与全美数千家商业信贷机构建立了极为广泛的合作关系，并对参与担保项目的金融机构进行分类授权管理。第一类是首选贷款机构。他们是从全国最好的金融机构中挑选出来的，拥有最雄厚的资本实力和最发达的计算机网络，如美洲银行、富国银行等。它们可以代表小企业管理局自行决定是否提供担保贷款，但只从小企业管理局（SBA）得到一个较低的担保比例。第二类是注册贷款机构。小企业管理局对注册贷款机构进行部分授权，并保证在3天内对其担保申请做出快速答复。第三类是普通贷款机构。那些没有得到小企业管理局授权的金融机构，其贷款担保申请需要经过较为严格的审批程序。

目前，小企业管理局担保贷款主要有以下几种。

一是7（a）贷款项目（7（a）loan program）。《小企业法》第7（a）部分授权小企业管理局向无法通过正常渠道获得商业贷款的小企业提供贷款，称为7（a）贷款。7（a）贷款项目是小企业管理局支持小企业融资的首要项目，7（a）贷款也是小企业最常使用的贷款类型，可用于充实运营资本、购买固定设备、债务再融资等多种用途。运营资本的贷款年限最高可达10年，固定设备的贷款年限最高可达25年。根据贷款类别、期限和用途的不同，7（a）贷款的最高限额、小企业管理局提供的担保比例也不相同——目前而言，小企业管理局可以为最高500万美元的7（a）贷款提供最高比例为90%的担保。主要的7（a）贷款项目有如下几种。①快速贷款（SBA Express Loan），是最为快速的低利率贷款，小企业管理局在36小时内做出回应。②爱国者快速贷款（Patriot Express Loan），是向退伍军人创办的小企业提供的最低利率的贷款，贷款利率比联邦基准利率仅高出2.25～4.75个百分点。③支持小企业出口的担保贷款项目。包括三种：一是出口快速贷款（Export Express），可为最高额度为50万美元的贷款提供担保；二是出口运营资本项目（Export Working Capital Program），可为最高额度为500万美元的贷款提供最高达90%的担保；三是国际贸易贷款项目（International Trade Loan Program），可为最高额度为500万美元的贷款提高最高达90%的担保。④小型社区/农村地区金融机构优先贷款项目（Small/Rural Lender Advantage）。小企业管理局为支持遭受人口损失、经济外移和高失业率困扰的小型社区/农村地区发展，向这些地区的金融机构提供给小企业的最高限额为35万美元的贷款提供担保。⑤特定目的贷款项目（Special Purpose Loans Program）。一是合同贷款、季节性贷款、建造工程贷款等，用以满足小企业履行合同、季节性运营资金调剂和建造工程项目的融资需求，最高可提供85%的担保；二是社区调整和投资项目（Community Adjustment and Investment Program，简称CAIP），向受到《北美自由贸易协定》（North American Free Trade Agreement）冲击的小企业提供贷款担保；三是员工信托计划（Employee Trusts Program），向建立员工持股计划的小企业提供贷款担保，最高贷款额度为200万美元、最高担保比例为85%。

二是CDC/504贷款项目（Certified Development Company /504 Loan Program），是向符合条件的小企业提供的长期固定利率贷款，用于购买固定设备以扩张业务和提升企业现代化水平，从而推动社区经济发展、创造就业机会。CDC/504贷款项目的投资由三方完成，其中：商业性金融机构提供50%、小企业管理局资助的认证发展公司①（Certified Development Company，简称CDC）提供40%、小企业自身提供10%，用于小企业购买不动产、建造基础设施和更新机器设备等。CDC/504贷款的利率与5年期或10年期国债利率挂钩，期限为10～20年。截至2012年2月15日，CDC/504贷款项目共向小企业提供了500多亿美元的贷款，创造了超过200万个就业机会。

三是妇女前期论证贷款项目和少数民族前期论证贷款项目。妇女前期论证贷款项目是小企业管理局向那些现在经营状况良好和未来有发展的女性小企业主提供的特别贷款资助，贷款金额一般低于25万美元。女性借款人可以通过小企业管理局建立的非营利中介机构来提交事业发展计划、贷款申请表等文件至代理机构，由代理机构完成借款资格和信用状况评估，之后由中介机构协助取得相关贷款。少数民族前期论证贷款项目与之类似，只是借款人为少数民族小企业主。

在小企业管理局提供的担保贷款项目中，7（a）贷款项目和CDC/504贷款项目是最主要的两种。2008～2009年各季度7（a）和CDC/504贷款项目的笔数和金额如表3.7所示。

① CDC是小企业管理局认证和管理的非盈利机构，目的在于通过与小企业管理局和商业贷款机构的合作，利用504贷款项目推动本社区经济发展。

表3.7　7（a）与CDC/504贷款项目笔数和金额　单位：百万美元

时　间		笔数	金额
2009年	总计	15366	57020
	一季度	2201	9238
	二季度	3425	13289
	三季度	4710	17856
	四季度	5030	16637
2008年	总计	16065	65519
	一季度	4281	21274
	二季度	4725	18791
	三季度	4271	15000
	四季度	2788	10454

数据来源：SBA，Office of Financial Assistance，2010。

（3）其他政策性支持

除小企业管理局外，美国进出口银行和农民家计局也向小企业提供部分政策性金融支持。

美国进出口银行成立于1934年，其宗旨是“通过支持出口支持就业”。随着小企业对经济增长和就业日益具有关键性作用，且在出口方面所占比重较大，美国进出口银行已经把“便利小企业出口”作为两大战略目标之一，主要向小企业提供直接贷款、担保贷款和出口保险等金融服务。按照相关法律法规的规定，每个财政年度，美国进出口银行为从事出口的小企业提供的融资服务规模在全部业务量中所占的比例不能低于20%。2007和2008财年，该行为小企业提供融资业务的规模分别为33.5亿美元和32亿美元，分别占当年全部业务量的26.7%和22%。此外，该行长期融资业务（融资规模在1000万美元以上或者融资期限在7年以上的项目）用于支持小企业的资金规模也高达11亿美元，占其长期融资业务总规模的11%①。

农民家计局成立于1935年，其宗旨是“改进农业生产、改善农民生活”，对小企业的信贷支持主要集中于小农场贷款，包括直接贷款和担保贷款两种。目前提供的直接贷款项目主要有农场主贷款计划、农村住房贷款计划和农村社区贷款计划等，每年提供的新贷款总额高达几十亿美元。此外，1972年生效的《农村开发法案》还允许其对商业银行及其他贷款机构的小农场贷款提供担保，并向小农场主提供财务帮助等。

2008年下半年，美国经济受金融危机冲击陷入极度低迷的困境，人们对经济前景普遍持悲观态度。在这种环境下，小企业经营状况深受影响，对贷款的需求也普遍减少；同时，金融机构收紧贷款条件、扩大利率上浮幅度。这样，信贷需求和供给的双重下降导致小企业信贷市场急剧萎缩。2008财年，美国小企业管理局批准的信贷规模比上一年度下降

① 数据来源：美国进出口银行2008年年报。

了29%，7（a）贷款项目下降了40%。2008年第四季度，小企业信贷规模锐减至2001年经济衰退时的低点。

为摆脱危机困扰，美国政府采取了一系列救市措施和经济刺激计划。在打破小企业信贷市场僵局方面，比较直接的一项措施是2009年在《美国复苏和再投资法案》（ARRA）中为小企业管理局安排了73亿美元拨款，以帮助活跃小企业信贷市场，推动资金重新流向小企业。在此基础上，小企业管理局采取了四大措施，向小企业提供信贷支持，帮助小企业渡过难关。第一，减少或免除7（a）贷款项目和CDC/504贷款项目中小企业的费用。第二，将7（a）贷款项目的担保比例从之前的75%～85%临时提高到90%。第三，资助处于困境中的小企业，帮助其获得无息、可延期偿付的优惠贷款。第四，为小企业创造就业岗位创造再融资机会。2010年第四季度，小企业贷款总量同比增长52%，达到681笔，贷款总额同比猛增142.6%，达到5.33亿美元。

3.4.2 商业性金融体系提供信贷支持

（1）金融机构小企业贷款概况

在美国，小企业的外部融资来源主要是信贷资金，获取信贷资金支持是小企业生存和发展的关键因素。其中，存款类金融机构是最重要的小企业信贷服务提供者，包括商业银行、储蓄银行、储蓄贷款协会、信用合作社等，共有大约7000家。此外，非存款类金融机构，包括金融公司、经纪商、金融租赁公司等，也向小企业提供一定的信贷支持。2010年，各类金融机构共向小企业提供贷款（包括小企业管理局提供的担保贷款）一万亿美元，其中存款类金融机构提供6520亿，占比为65.2%，非存款类金融机构提供3480亿美元，占比为34.8%。

小企业贷款被细分为小型企业贷款和微型企业贷款两类：100万美元以下的贷款被定义为小企业贷款；其中100万美元以下10万美元以上的企业贷款被定义为小型企业贷款，10万美元以下的企业贷款被定义为微型企业贷款。根据CALL报告提供的数据，2005～2011年各年度小企业贷款的情况如表3.8所示。可以看出：2011年，商业性金融机构共向小企业发放贷款2133万笔（其中：小型企业贷款190万笔，微型企业贷款1940万笔），合计贷款规模为6069.5亿美元（其中：小型企业贷款4674亿美元，微型企业贷款1395亿美元）。

表3.8　小企业贷款的笔数与规模　单位：百万笔，10亿美元

年份	微型企业贷款		小型企业贷款		小企业贷款合计	
	笔数	金额	笔数	金额	笔数	金额
2005	19.0	138.1	2.0	463.3	21.03	601.48
2006	19.0	145.7	2.2	488.5	21.26	634.19
2007	21.6	159.6	2.9	527.1	24.53	686.76
2008	25.0	170.2	2.2	541.3	27.22	711.45

续表

年份	微型企业贷款		小型企业贷款		小企业贷款合计	
	笔数	金额	笔数	金额	笔数	金额
2009	21.0	160.9	2.2	534.3	23.18	695.21
2010	20.3	159.3	2.1	492.9	22.39	652.21
2011	19.4	139.5	1.9	467.4	21.33	606.95

数据来源：根据联邦存款保险公司 FDIC CALL 报告整理。

大型、中型、小型金融机构均向小企业提供贷款支持。按照资产规模划分，10亿美元以下的被称为小型金融机构，10亿~100亿美元的被称为中型金融机构，100亿美元以上的被称为大型金融机构。根据CALL报告提供的数据，2005~2011年各年度各类金融机构小企业贷款的情况如表3.9所示。可以看出：2011年，大型金融机构共发放1693万笔小企业贷款（占比为79.37%），合计规模为2881亿美元（占比为47.47%）；中型金融机构共发放134万笔小企业贷款（占比为6.28%），合计规模为1249亿美元（占比为20.58%）；小型金融机构共发放306万笔小企业贷款（占比为14.35%），合计规模为1940亿美元（占比为31.96%）。中小型金融机构发放的小企业贷款总额占一半以上（52.53%）。

表3.9　　按资产规模分各金融机构小企业贷款情况　　单位：百万笔，10亿美元

年份	小型		中型		大型		合计	
	笔数	金额	笔数	金额	笔数	金额	笔数	金额
2005	3.81	215.5	3.05	120.6	14.18	265.3	21.03	601.48
2006	4.12	220.3	2.81	129.1	14.34	284.8	21.26	634.19
2007	4.31	218.4	4.91	137.8	15.31	330.6	24.53	686.76
2008	3.65	222.5	5.17	145.6	18.41	343.4	27.22	711.45
2009	3.64	218.5	1.22	137.0	18.32	339.7	23.18	695.21
2010	3.48	209.5	1.14	127.7	17.76	315.0	22.39	652.21
2011	3.06	194.0	1.34	124.9	16.93	288.1	21.33	606.95

数据来源：根据联邦存款保险公司 FDIC CALL 报告整理。

相比较于大企业贷款（100万美元以上的贷款），小企业贷款（不同期限固定利率和浮动利率贷款）的利率水平均要稍高一些；而且贷款规模愈小，利率愈高。如表3.10所示。

表3.10　　各类贷款利率（2009年12月）　　单位：美元，%

贷款金额	固定利率长期贷款	浮动利率短期贷款①	浮动利率短期贷款②
<1万	8.14	3.72	6.14
1~10万	6.53	4.37	5.88
10~50万	5.96	4.04	4.45
50~100万	4.68	3.64	4.29
>100万	6.22	1.31	3.68

数据来源：美国联邦储备委员会 the Fed。

注：①的期限为2~30天，②的期限为31~365天。

（2）商业银行是小企业贷款的主要提供者

存款类金融机构中的商业银行是小企业贷款的主要提供者，通过参与小企业管理局（SBA）担保贷款项目和直接向小企业发放商业贷款，为小企业提供流动资金贷款、融资租赁以及应收账款、应付账款贷款等金融服务。

商业银行在向小企业提供信贷支持方面，主要有以下特点。

一是普遍采用信用评分技术。美国是信用评分技术运用最广泛的国家。世界第一个小企业评分系统SBSS就是美国信用评分巨头Fair Isaac公司于1995年3月推出的。SBSS的主要目标是针对中小企业25万美元以下的小额贷款，10万美元以下的设备租赁和5万美元以下的信用卡业务的信用评分。亚特兰大联邦储备银行在2000年进行了一次电话调查。针对1997年的业务情况，访问了美国资产规模前200的所有银行，有99家银行作了回应，其中就有61家报告对于绝大多数低于10万美元的贷款，都使用了小企业评分系统。

二是存在近8000家社区银行，专注做小企业贷款。社区银行资产规模较小（10亿美元以下），没有分支机构或分支机构较少，主要在某一社区内经营或与某一社区相联系，为经营区域内中小企业和居民家庭提供个性化服务，并保持长期业务联系。它们利用其在定位、地区、信息、速度上的优势，通过广泛收集“软信息”，为小企业提供关系类贷款，这类贷款占到其贷款总量的56.35%。此外，美国还成立了社区银行协会（Independent Community Bankers of America，ICBA），影响着美国相关小企业服务法律法案的起草和通过。

三是大银行也提供小企业贷款。美国的大型商业银行主要凭借零售银行的定位和丰富的网点，利用强大的信息系统和全面的信用评分体系对分散在全国各地的小企业提供贷款及交叉销售服务，典型的代表是富国银行。

（3）支持金融机构提供小企业贷款的激励约束机制

小企业的规模较小、经营风险较大、资信较低，与大企业相比，在获取信贷支持方面相对困难。为此，美国设计了一整套的激励约束机制，保证小企业从金融机构获得信贷支持的权利。

一是制定强制性法律保证小企业信贷服务的供给。1977年，美国制定并通过《社区再投资法案》（Commercial Reinvestment Act，简称CRA），要求存款机构满足其所在社区的信贷需求，从而在一定程度上避免了大型金融机构对地方资金的虹吸作用，保证一定比例的地方资金服务于地方企业（特别是地方小企业）和当地居民的信贷需求。具体执行方式主要是通过监管者对金融机构的信贷政策及实施情况进行检查评估。1995年，美国重新修订了CRA，使对CRA执行情况的评估更为基础和客观。目前，对贷款测试的衡量包括小企业贷款和小农场贷款的行为评估标准，各家金融机构要按照CRA标准向监管机构汇报本机构为小企业提供信贷供给等金融服务的情况。除了CRA，美国还于1964年通过《机会均等法》，于1980年通过《小企业经济政策法》，要求政府部门加强对金融机构提供小企业信贷服务的支持与监测，并加大对提供小企业信贷服务不力的金融机构的惩罚力度。

2010 年，为鼓励中小银行向小企业提供信贷支持，美国政府用来自于大金融机构归还的政府金融救援款设立总额达 300 亿美元的小企业信贷基金。资产规模低于 100 亿美元的美国中小银行均可申请，预计有 8000 余家美国中小银行符合资格。

二是运用独特而全面的排名制度比较各家金融机构的小企业信贷服务水平。从 1994 年开始，美国小企业管理局开始公布《小企业和微型企业信贷状况年报》，对各家金融机构的小企业信贷服务水平进行统一打分和排名，排名分为全国排名和州排名两种。全国排名公布前 100 家顶级小企业信贷服务机构的名单，形式上类似于英国《银行家》杂志（《The Banker》）对世界前 1000 家大银行的排名；不过，此处排名先后顺序的标准取决于各家金融机构为小企业提供信贷服务的规模和水平。具体衡量指标包括：小企业贷款与总资产的比例、小企业贷款与所有企业贷款的比例、小企业贷款规模、小企业贷款数目等。2008 年排名前五位的金融机构分别是：美国邮政银行之联邦储蓄银行、Capital One 金融公司、地区金融公司、Synovus 金融公司、First Citizen Bancshares 等。与全国排名主要针对大型金融机构相比，各州排名统计每个州向小企业提供信贷服务的顶级金融机构顺序，几乎涵盖了本州内所有为小企业提供信贷的金融机构。

排名依据的数据来源有两类：一类是状况和收入总报表（consolidated reports of conditions and income，简称 CALL 报表），另一类是 CRA 报表信息。其中，CALL 报表是美联储等监管机构要求国内和国外金融机构必须每个季度如实申报的一种汇总报表，主要反映金融机构的经营状况和收入状况，是监管机构最重要的非现场监测工具；CRA 报表从 1998 年开始使用，是为了鼓励存款类金融机构优先满足存款来源社区本地信贷需求而设计的一种报表，对于掌握金融机构的小企业信贷业务情况非常重要。

量化打分和排名制度对于促进美国小企业信贷体系正常运转和发展壮大至少发挥了三个方面的积极作用。第一，为小企业获取信贷支持提供信息便利。这类评价信息是寻求信贷服务的小企业所必需的，小企业根据各家金融机构排名情况和信贷服务水平，选择最适合自己的本地信贷服务机构，降低了获取信贷服务的信息搜寻成本。第二，有利于激励各家金融机构提升小企业信贷服务的规模和水平。无论是从履行法律义务角度，还是从承担社会责任的角度考虑，各家金融机构均需要为小企业提供一定规模的信贷服务。《小企业和微型企业信贷状况年报》按年度提供各家金融机构小企业信贷服务数据，而且进行全国和各州排名，各家金融机构小企业信贷服务情况一目了然，便于比较和评价，也有利于金融机构了解竞争对手的小企业信贷服务信息。同时，这种排名提供了广泛的社会监督支持，促进各家金融机构在小企业信贷服务市场上展开竞争，扩大小企业信贷服务的供给规模。第三，有利于分析和预测小企业信贷市场运行状况，为相关政府机构提供信息参考，便于决策部门掌握小企业经营环境和经营业绩的变化，及时调整相关政策。

2008 年国际金融危机爆发以来，美国小企业获取信贷支持的难度加大。特别是 2009

年底美国商业投资信托集团（Commercial Investment Trust，简称 CIT）① 申请破产保护，更是令小企业信贷情况雪上加霜。对此，美国政府迅速采取行动，向 CIT 注资 25 亿美元，使其避免破产；同时，国会授权财政部购买 150 亿美元贷款以支持金融机构向中小企业放贷。这些措施，在一定程度上缓解了小企业的信贷困难局面。

3.5 美国支持小企业发展的金融政策：权益类融资

美国政府主要从小企业投资公司（SBICs）、风险资本和多层次资本市场等三个方面，向小企业提供权益类融资的政策支持。实际上，这三者是相互联系、相互促进的关系，共同构成了支持小企业权益类融资的良性循环：小企业投资公司（SBICs）、风险资本为小企业创建和成长壮大提供资金支持，造就大批的优质小企业；符合条件的优质小企业在多层次资本市场上市融资，促进了资本市场的进一步发展；而且，小企业上市为小企业投资公司（SBICs）和风险资本提供了便捷廉价的退出渠道，吸引更多的小企业投资公司（SBICs）和风险资本投资于小企业。

3.5.1 小企业投资公司（SBICs）

根据 1958 年《小企业投资法案》（Small Business Investment Act，简称 SBIA），美国推出了小企业投资公司（Small Business Investment Corporations，简称 SBICs）项目，向符合条件的小企业提供融资支持。小企业投资公司（SBICs）是私人拥有和管理的投资基金，在 SBA 注册并接受其管理，使用自有资金和通过 SBA 担保筹集的资金，向符合条件的小企业提供权益类和债务类投资、长期贷款以及管理经验支持等。

小企业投资公司（SBICs）的设立与资金来源。经过小企业管理局认证的创业投资经理人创立小企业投资公司（SBICs），必须募集至少 500 万～1000 万美元私人资本作为公司自有资本。在此基础上，小企业投资公司（SBICs）可以从小企业管理局获得贷款支持，一般能得到不超过 9000 万美元或四倍于其自有资本的低息优惠贷款。此外，小企业投资公司（SBICs）还可以通过公开发行股票和债券等方式进行融资，小企业管理局向其发行的债券提供信用担保。

小企业投资公司（SBICs）对小企业的融资支持。小企业投资公司（SBICs）受小企业

① CIT 具有上百年的历史，是美国第 26 大金融机构，为 100 多万家小企业提供金融服务，是美国最大的小企业信贷提供公司之一，也是小企业管理局的信贷合作伙伴。

管理局的支持和监管，可以承受更大的风险，为更多小企业，特别是刚起步的小企业提供资金支持。一般而言，小企业投资公司（SBICs）被要求投资于净资产在1800万美元以下、最近两年的平均税后净利润不超过600万美元的小企业。小企业投资公司（SBICs）可以通过购买小企业债券或股票的形式，向小企业提供融资，投资金额介于10万~500万美元之间，投资期限通常持续5~10年，投资方向主要是支持小企业发展和技术改造。小企业创业成功后，小企业投资公司（SBICs）通过小企业IPO或股权收购等方式从小企业退出、获得收益，向小企业管理局归还贷款并支付适当投资收益。

同时，小企业管理局对小企业投资公司（SBICs）也有一定的限制。如只允许其投资于合格的小企业，不能直接或间接地控制任何小企业，对单一小企业的投资不能超过其自有资本的30%等；同时禁止其投资于如下企业：其他的小企业投资公司（SBICs），金融和投资公司，金融租赁公司，房地产公司，在美国的资产或雇员不超过51%的公司，主营业务与公共利益相悖的公司等。

目前，美国已有超过300家的小企业投资公司（SBICs），在投资基金中占有相当部分的比例。从1959年至今，小企业投资公司已向10万多家小企业提供了超过130亿美元的投资。

3.5.2 风险资本

风险投资（Venture Capital，简称VC）是指投资人将风险资本投资于新近成立或快速成长的新兴公司（主要是高科技公司），在承担很大风险的基础上，为融资人提供长期股权投资和增值服务，培育企业快速成长，数年后再通过上市、兼并或其他股权转让方式退出投资，获得高额投资回报的一种投资方式。在美国，小企业可获得的风险投资数额介于10万~500万美元之间，投资年限在5~7年。

在投资对象的选择上，风险资本通常投资于拥有自主技术或未开拓的细分市场的高成长性公司，通常考虑以下四个因素：①高增长速度。预计销售收入将在未来5~7年内翻四番。②高投资回报率。预计年投资回报率达到30%。③拥有自主技术和核心竞争优势。④拥有强大的管理团队。管理团队中最好有一人是某一领域中公认的专家。

风险资本在美国发展很快，1982~2010年美国风险资本投资和资本余额情况，如表3.11所示。可以看出，在1999~2000年网络泡沫破灭后，美国风险资本市场进入了长达十年的沉寂期；而且，2008年国际金融危机爆发后，风险资本的投资额度更是降到危机前的2/3左右。

表3.11 **美国风险资本情况** 单位：10亿美元

年份	当年投资			余额
	总计	初投	续投	
2010	21.98	4.35	17.63	176.7
2009	17.69	3.32	14.37	179.4

续表

年份	当年投资			余额
	总计	初投	续投	
2008	27.95	6.06	21.89	203.7
2007	30.48	7.45	23.03	254.9
2006	26.34	6.16	20.18	276.7
2005	22.94	5.72	17.22	269.5
2004	21.95	4.73	17.22	262.2
2003	19.14	3.85	15.29	253.5
2002	21.10	4.13	16.97	252.5
2001	38.53	7.10	31.43	252.6
2000	100.52	27.32	73.20	224.8
1999	51.55	15.51	36.04	145.6
1998	21.08	7.17	13.91	91.4
1997	14.87	4.87	10.00	63.2
1996	11.28	4.33	6.95	49.3
1995	8.02	4.04	3.98	40.7
1994	4.13	1.71	2.42	36.1
1993	3.69	1.41	2.28	32.2
1992	3.57	1.32	2.25	30.2
1991	2.25	0.57	1.68	29.3
1990	2.77	0.85	1.92	31.4
1989	3.29	0.95	2.34	30.4
1988	3.31	1.09	2.22	27
1987	3.27	1.00	2.27	24.6
1986	3.02	0.91	2.11	20.3
1985	2.77	0.73	2.04	17.2
1984	3.01	0.87	2.14	13.9
1983	2.87	0.90	1.97	10.6
1982	1.59	0.59	1.00	6.7

数据来源：Venture Capital Journal（various Issues）and National Venture Capital Association Yearbook 2010，Prepare by Venture Economics。

3.5.3　多层次资本市场

在一个经济体系中，不同融资方式在企业中所占比重的不同会形成不同的融资结构，也称为金融结构。现在流行的对于金融结构的划分是所谓的“两分法”，即以金融市场为主和以金融中介（如银行）为主两种，美国是以金融市场为主的金融结构的典型代表。美国多层次、无缝隙的资本市场体系为小企业融资提供了广阔的舞台和坚强的支持。传统行业的小企业由于成长性、信息约束等诸多问题决定了其主要参与一般意义的私人股份融资市场，而科技型的小企业则主要参与风险资本市场，纳斯达克市场在其中起到了核心作用。

美国的证券市场体系包括五大部分。一是全国性集中市场，有纽约证券交易所（NYSE）、美国证券交易所（AMEX）和纳斯达克市场（NASDAQ）等。这三家全国性的交易所对上市公司的上市条件要求依次递减，优质小企业一般选择在纳斯达克市场上市，待到发展壮大、条件具备后可以转板到美国交易所或纽约交易所上市。二是全国性的小型资本市场，通常被称为纳斯达克小盘股市场，专门针对富有经验的机构投资人设立，为高成长的小企业上市融资提供服务。三是区域性市场，有太平洋交易所、中西交易所、波士顿交易所、费城交易所等地方性市场，主要交易区域性企业的证券，同时也可交易本区域在全国性集中市场上市的公司证券。四是“未经注册的交易所”，是指由美国证券监督管理委员会（SEC）依法豁免办理注册的小型地方性证券交易所，主要交易地方性的小企业证券。五是全国性的场外交易市场（未上市证券市场），包括电子告示板市场（OTCBB）和全美报价局店头证券市场（即NQB，也称粉红单市场），专门为未能上市的公司证券提供交易场所。

纳斯达克市场、纳斯达克小盘股市场、电子告示板市场和全美报价局店头证券市场是与美国小企业融资关系最为密切的四家证券交易市场。四家证券交易所对于上市企业的发行要求不同，小企业可以选择在适合的证券交易市场上市。纳斯达克市场要求公司净资产达到1000万美元以上；纳斯达克小盘股市场要求公司净资产达到400万美元、年税后利润超过75万美元，或市值达到5000万美元、股东人数在300人以上且股价达到4美元/股；电子告示板市场则基本对公司的净资产、利润等没有什么要求，只需定期向美国证券交易委员会和其他监管机构报送相关资料信息即可；而全美报价局店头证券市场甚至不要求向证券监管机构披露财务信息和相关报告。而且，四家证券交易市场之间具有升降的互动关系：在纳斯达克市场摘牌的企业证券，可以退至电子告示板市场交易；在电子告示板市场摘牌的企业证券，可以退至全美报价局店头证券市场交易；在电子告示板市场上市的公司，只要股东权益达到500万美元或年净收入超过75万美元或股票市值达到5000万美元的，且持100股以上的股东人数在300人以上、公众流通股达到100万股、股价达到4美元/股、做市商在3名以上，便可申请进入纳斯达克小盘股市场。这样，四家证券交易市场就为小企业融资构建了一个梯级明显、功能完备、层次多样的庞大平台，小企业可以根据自身的资产规模、盈利情况、信息约束条件等，有针对性地选择在合适的证券市场上市融资。

2012年，为解决《萨班斯法案》监管过度导致上市小企业数量锐减和上市小企业平均合规成本剧增等问题，美国总统奥巴马签署生效《初创期企业推动法案》（Jumpstart Our Business Startups Act，JOBS），意在为资本市场松绑，向更多的符合“成长期公司”标准的小企业提供融资和交易的便利通道并豁免更多的信息披露义务。

多层次资本市场在支持小企业发展方面发挥了很大作用。在互联网泡沫破灭前的1999年，小企业IPO家数为207家，占当年IPO总数的40.43%；小企业IPO募资规模为105.31亿美元，占当年IPO募资总额的16.71%。但2008年国际金融危机爆发后，经济的持续低迷和金融市场的混乱导致IPO数量和募资金额锐减，小企业更是首当其冲。在危机持续加深的2009年，仅有1家小企业IPO上市融资，占当年IPO总数的比例下降到最低的2.04%，占当年IPO募资总额的比例下降到最低的0.38%。1997～2010年美国资本市场IPO家数与募资总额如表3.12所示。

表3.12 美国资本市场IPO家数与募资总额　　单位：百万美元,%

年份	总计		小企业		小企业占比	
	家数	金额	家数	金额	家数	金额
2010	110	36260.5	9	435.4	8.18	1.20
2009	49	18047.9	1	68.2	2.04	0.38
2008	26	6768.6	4	391.1	15.38	5.78
2007	168	37218.9	13	993.9	7.74	2.67
2006	173	34543.3	12	678.4	6.94	1.96
2005	178	32555.0	19	585.9	10.67	1.80
2004	213	41693.6	23	1147.6	10.80	2.75
2003	132	45189.2	8	532.3	6.06	1.18
2002	86	25716.3	11	420.4	12.79	1.63
2001	99	37526.0	14	477.2	14.14	1.27
2000	387	60871.0	56	3323.9	14.47	5.46
1999	512	63017.4	207	10531.0	40.43	16.71
1998	366	38075.3	128	4513.7	34.97	11.85
1997	623	45785.0	241	5746.1	38.68	12.55

数据来源：SBA，Office of Advocacy。

第4章

德国扶持中小企业发展的财税金融政策

- 德国经济以及中小企业发展概况简介
- 联邦财政对中小企业财政援助支出预算
- 德国支持中小企业的财税政策
- 支持扶助中小企业发展的税收优惠政策
- 德国支持中小企业发展的金融政策
- 本章小结

4.1　德国经济以及中小企业发展概况简介

4.1.1　德国的市场经济体制

比起其他经济发达国家的市场经济制度，德国的市场经济有其独到之处。第二次世界大战结束之后，德国政府倾尽全力恢复在战争中被破坏的经济秩序，经济学家阿尔佛雷德·米勒·阿尔马克经过深入研究探讨，力图在苏联的计划经济体制与资本主义国家的自由市场经济体制之间寻求“第三种政治经济体制”，即用广义的市场构建成经济体系的基本框架，但不能任其自由发展，而是要用社会平等的原则与制度作为制衡调节器，以保证市场经济体系能够持久稳定地发展。米勒·阿尔马克的主导理念深刻而清晰：竞争与市场是经济发展的重要基础，但必须用社会平等的原则联系起来。因此德国的市场经济被称为“社会市场经济”。多年来各届联邦政府始终遵循社会市场经济的原则，在宏观调控政策的选择与实施中，再分配政策、社会福利政策、反垄断竞争机制以及保障币值稳定机制等一直占据极其重要的地位。

4.1.2　德国的财政体制

德国是联邦制国家，实行联邦政府、联邦州政府、地方政府三级管理，联邦政府与各联邦州之间相对独立，财政体制也分三级预算，各级政府有自己的管辖范围，有较明晰的事权划分，对应事权也具有明确的财权，每年各级政府根据自己的事权对所承担的公共事务做出财政支出预算。德国的财政收入主要由税收收入、非税收入、净债务所得组成，其中净债务所得是政府为弥补收支差额进行举债，减除应还旧债及利息后的实际额度，在德国财政体系中净债务所得被作为虚式收入计入收入总额。税收收入分为共享税、联邦税、州税、地方税四大类，其中共享税属联邦、州、地方共有，按比例在各级之间进行分配。德国有较为完善的财政转移支付制度，它在明确划分各级政府事权与财权的基础上，通过纵向和横向的转移支付制度，来达到各州以及州内各区域之间的财力平衡，以保证在全国范围内提供大致均衡的公共产品，实现基本公共服务的均等化。

第二次世界大战后，德国实行独具特色的社会市场经济，通过宏观调控极力促进各产业各区域之间的协调发展，特别是近二十年来社会经济发展所取得的举世瞩目的成就，充分体现了政府财政体制与财政政策的基础性保障作用。

4.1.3 德国的中小企业发展状况

德国的中间阶层被认为是保障社会市场经济体制正常运转的“心脏”，“心脏”跳动得是否有力，直接决定着整体经济能否健康发展。而中间阶层的最主要组成部分即是各个产业行业的中小型企业。从最近的统计数据中可以看到，德国的中小企业总数约为370万家，占企业总数的99%，中小企业缴纳的流转税额占全国应收流转税总额的39%，中小企业的年净产值占全国年净产值的51%，德国全部就业岗位的60%也是由中小企业提供的。因此，在德国中小企业也被称为促进经济增长、达到充分就业的“发动机”。

（1）中小企业的界定

德国的企业规模分级以销售收入和企业人员总数为依据进行界定。销售收入在5000万欧元以下100万欧元以上、职工在499人以下10人以上划为中型企业，销售收入在100万欧元以下、职工在9人（含9人）以下划为小型企业。

表4.1　　德国中小企业划分标准

小型企业	中型企业
年销售收入在100万欧元以下	年销售收入在100万~5000万欧元之间
职工人数在9人以下	职工人数在10~499人

资料来源：IfM Bonn。

（2）中小企业的行业分布

德国中小企业占企业总数的99%，为数众多，分布广泛：第一产业的农林牧渔、农产品加工，第二产业的手工业和制造业、加工业、交通运输、商业贸易、建筑业、信息技术、高科技领域，第三产业的各类服务业、信息咨询、各类中介等等都由中小企业占据主要地位。其中，第一产业中以小型企业居多，大多是私营的家族式小型企业或个体经营者，占第一产业企业的90%以上。第二产业中小型企业个数也高于中型企业，多为股份制企业，中型企业约占40%左右。第三产业中传统服务业小型企业占50%以上，但在新兴服务业（信息、中介等等）中型企业要高于小型企业。

（3）德国政府现阶段针对中小企业的经济政策重点

联邦经济与技术部是德国经济政策研究和制定的中枢，每年都会依据国内外经济形势和景气变化状况向联邦政府提出调整经济政策方向及目标的建议，在大政方针确定的前提下，再具体制定局部的调整规划方案。联邦政府对调整方案的审查通过后交由实际工作部门操作实施。联邦经济与技术部在2011年末公布的对促进中小企业发展的现阶段政策重点包括以下几个方面。

①加强对中小企业在产品、技术、管理等方面进行自主创新的引导与支持，加大资金投入力度。在德国，很多中小企业均具有积极的创新意识和迫切的实际需求，但由于资金

的缺乏和环境条件的限制，使这些企业在自主创新方面始终处于劣势地位。为增强企业自主创新能力，消除环境条件的不利因素，联邦经济与技术部将采取一系列措施，如提高对中小企业自主创新的物质奖励、加大对新产品、新技术科研开发的资金投入，拓宽创新信贷渠道等等，对中小企业自主创新的积极性以及科学研究、技术革新等实践活动予以支持援助。

②加强中小企业专业人才培养，促进企业专业技术队伍建设。目前德国许多企业都面临一个严重问题，即高级专业人才的紧缺，特别是中小企业，由于各方面条件的限制，在人才竞争上与大企业相比也是处于下风。专业人才的缺乏导致企业利益的损失。对此德国政府制定相关政策，采取有力措施引进专业技术人才，联邦经济与技术部运用相关政策发挥引导作用，在国内更好地发掘现有科技人员的潜能，加强专业知识更新的培训，充分发挥他们的创新才智。在国外要利用各方面优越条件吸引德国或其他国家具有卓越科研开发和管理领导能力的高级专门人才，在中小企业中逐渐形成具有国际竞争力的高级专业人才队伍。

③鼓励企业扩大规模，在力所能及的情况下创立分公司，并在一定范围内给予企业替代继承方面的政策优惠，通过条件优惠使企业能够保障生产经营的延续，并使其能够焕发出新的活力和创造力，为德国经济的振兴作出贡献。

④加强对中小企业提高国际竞争力的引导，积极为中小企业创造走向国际市场的机会。德国的中小企业有许多是出口商品和工艺技术的生产创造者，首先是加工行业的生产厂家，他们的商品出口或工艺技术的输出，成为面向全球的“德国制造”最具效果的广告牌。但是尽管如此，国内企业的产品出口以及境外投资还存在许多体制上和经济上的障碍，德国政府正在为减少外贸和境外投资方面的障碍进行制度上的改革，联邦经济与技术部也在为鼓励中小企业扩大商品出口和资本输出制定优惠政策，力图减少不利因素，消除贸易障碍，在出口信贷、投资担保、国际合作等方面创造良好的条件，建设适应国际经济发展的联络沟通信息平台，为更多的德国中小企业增强国际竞争力、走向世界奠定坚实的基础。

⑤拓宽中小企业融资渠道，积极探寻企业发展筹资的新模式。中小企业融资难是一个长期困扰企业发展的问题，在当前也是世界各国经济发展中的通病。资金问题是发展过程中的“瓶颈”，企业进行生产经营、进行基本建设都需要有充足的自有资金和信贷资金，否则就不能达到充分就业和经济增长的目标。德国政府长期以来运用多种政策工具，试图缓解企业资金紧张的压力，有一定的成效，但并没有达到彻底解决问题的目的。因此联邦经济与技术部当前正致力于拓宽资金来源、打开新的渠道的开创性工作。除原有的欧洲复兴计划基金和德国复兴银行信贷基金继续为中小企业提供无息、低息、贴息等形式的贷款外，还将依据中小企业实际需求和经营特点推出新的融资优惠项目及新的筹资方式，贷款抵押方式也将更加简化易行，为解决中小企业融资难题做进一步的努力。

⑥加强对中小企业在节能环保方面的政策引导，使企业在提高原材料和基础能源的使

用效益上不断改革创新，降低生产成本，保护生态环境，以提高效益来达到增强国际竞争力的目的，同时在节能环保方面也可获得具有可持续发展重要意义的整体社会效益。联邦经济与技术部将向各行业的中小企业提供基础原材料、能源和生产用原料耗材方面改革规划的咨询培训，提倡使用新能源，推行企业节能规划改造，资助企业实施提高使用原材料和能源效益的技术革新改造，加大对这一改革的财政补贴力度。

⑦消除管理部门的官僚主义，确保企业的自主经营权，减轻企业负担，为企业做好服务工作。该项政策的重点是清理乱收费、多收费和重复收费等行政管理行为。如果行政管理部门能够调整降低各类行政管理收费标准，众多中小企业将会从中受益。行政管理费用支出和分摊（摊派）费用是企业总成本的组成部分，企业总成本过高必然会影响到其产品在市场上的竞争力，尤其是国际市场的竞争力。联邦经济与技术部将展开对企业行政管理收费和摊派费用的清理整顿，严格依据法定规章制度及收费标准进行逐项审查，撤销不合理的收费项目，降低过高的收费标准，清理重复收费，从根源上为中小企业减轻经济负担。

4.2 联邦财政对中小企业财政援助支出预算

对企业和其他经济实体的补贴补助支出以及各级政府财政针对企业、经济实体的税式支出预算，是德国财政预算体系的组成部分，属于经济运行类支出。与其他项目预算不同的是，补贴补助支出只做本年度预算，不做中长期滚动预算方案。原因在于补贴和税收优惠政策将随着经济景气形势的变化而变化，存在着随时调整的可能性，做滚动预算没有实际意义。因此各级财政只做本财政年度的补贴补助和税收优惠的预算。在联邦政府这一级，联邦财政部每年都将依据财政补贴法律条款和政策规定对本财政年度的补贴补助以及税收优惠支出做出详细的预算，按要求一般情况下每两年公布一次财政补贴和税收优惠的发展报告（又称财政援助项目报告，特殊情况下可经议会讨论批准提早或推迟发布），详细披露财政资助的具体状况，阐述补贴政策的法律依据与实施方案，特别是对政策的变动情况要做出明确的解释，对下一年度的政策重点做简明扼要的论证。

在最近一次发布的财政援助发展报告（第23次财政援助项目报告）中，对财政补贴政策中最主要的项目类别做了界定，对2009～2012年的财政援助的变化情况进行了比较分析，对补贴和税收优惠政策的发展趋势以及新政策的目的、方向、措施做了详细阐述。

4.2.1 三种主要补贴类别的界定

维持性援助补贴政策。对企业及其他经济实体的维持性补贴优惠政策并不是与经济结构或区域经济平衡的调整紧密相连，而是以分配政策和保障供给为基本原则制定的财政援助政策，主要应用于农业林业经济、矿山采掘建设、造船航海运输等领域，用补贴优惠等政策保证这些行业生产的正常运营，有的是由于各种原因限制其扩张发展而给予的必要补偿，还有的是为保护生态环境而进行税制改革，从而对企业或行业发展产生一定的负面影响，政府据此制定专门的补偿性补贴政策。但是不能将维持性补贴政策理解成为无限期无界限的长久性援助政策，相关企业或经济实体应更多地考虑尽快克服生产经营中的困难与障碍，力争在过渡期内调整企业的发展方向，或开辟新的经营领域，重新进入到市场经济体制的现实中来。

调整适应性补贴优惠政策。调整适应性补贴优惠政策主要为引导企业及其他经济实体在经济结构调整或区域经济平衡过程中进行资源整合、改革创新、适应经济形势变化而制定的财政补贴优惠政策。政策引导的最终目的是让企业及其他经济实体尽快实现生产经营方向、目标及方式上的转变，体现出企业自身调整与结构调整主题思想的一致性，完成经济结构调整和区域经济平衡的整体部署，使社会经济顺利进入良性发展的轨道。

生产资助性补贴优惠政策。生产资助性补贴主要是为鼓励企业发展生产、促进经济增长而制定的优惠政策，特别是通过政府财政的资助，使企业能够在生产技术、工艺流程、产品、质量等方面有所突破创新，在企业管理上能够改革完善，从而对社会化大生产在变革生产方式上产生显著的推动作用。在特殊情况下（如遇严重经济危机、经济景气状况不佳、战争、自然灾害等等），政府可运用这一政策工具对企业进行生产救助。

4.2.2　2009～2012 年联邦政府财政补贴与税收优惠支出概况

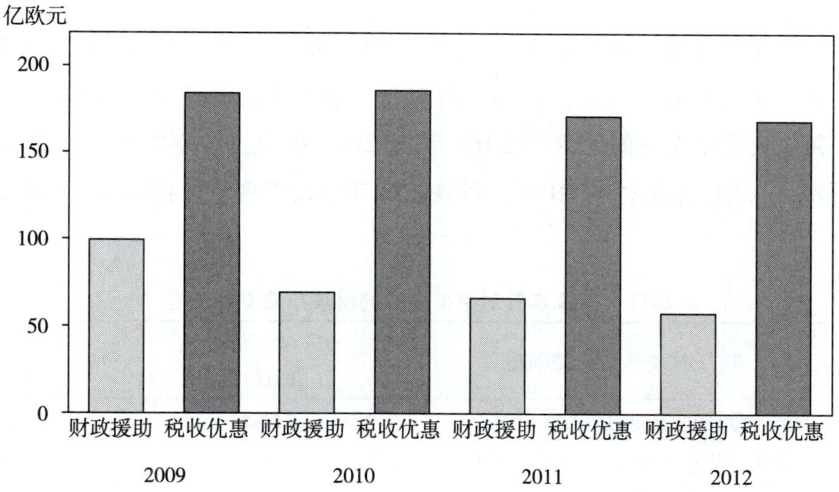

图 4.1　2009～2012 年德国联邦政府财政援助和税收优惠发展趋势

资料来源：德国联邦财政部信息中心。

图 4.1 中 2009～2011 年为实际支出数，2012 年为计划支出数。从图中可以看出，联

邦财政每年对企业和其他经济实体的财政补贴支出要大大少于税收优惠支出（税式支出），2009～2011年财政补贴实际支出与2012年财政补贴计划支出呈逐年下降趋势，2012年计划比2009年实际支出减少42亿欧元，减少了42%。税收优惠的税式支出也有所下降，但幅度不大，2012年比2009年减少了16亿欧元，减少了约0.9%。减少的原因一是当前经济景气状况有所好转，针对2008年爆发的全球性经济危机的应急措施开始解除实施，二是2010年显现的欧债危机对德国政府产生巨大经济压力，为减少财政赤字和降低债务总额，德国政府采取措施压缩财政支出，因此对企业和其他经济实体的资助性补贴支出也受到一定影响。

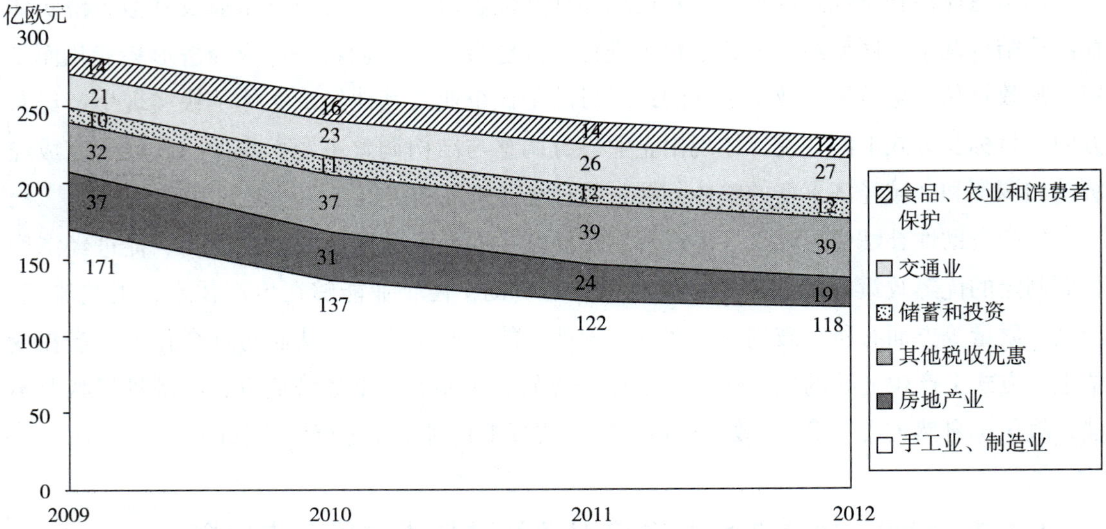

图4.2　2009～2012年德国联邦政府对各行业财政援助和税收优惠发展趋势

资料来源：德国联邦财政部信息中心。

这是联邦财政对各类行业补贴的示意图，其中2009～2011年为实际支出数额，2012年为计划数额，从图中可以看出，联邦政府对手工业和工商制造业行业的补贴额度最大，约占总补贴和税收优惠支出的52%（2012年），2009年约占总额的62%，2012年计划比2009年实际所占总额比例减少了10%，反映出联邦财政于现阶段在财政补贴政策上下降的变化趋势。

表4.2　2011～2012年针对中小企业的财政补贴资助一览

序号	联邦财政补贴补助项目	2011年实际支出（百万欧元）	2012年计划支出（百万欧元）
1	对中小企业重要创新项目补贴支出	656	374
2	对中小企业使用新能源鼓励性补贴支出	380	348
3	对促进中小企业技术改革的培训补贴支出	114	119
4	对欧洲复兴计划信贷项目的利息补贴支出	56	60
5	对中小企业自有资金援助项目的利息补贴支出	76	51

续表

序号	联邦财政补贴补助项目	2011年实际支出（百万欧元）	2012年计划支出（百万欧元）
6	对企业实行环境保护改造，减少环境污染投资项目的鼓励性资助补贴支出	40	40
7	高科技投资项目创新基金补贴支出	38	35
8	促进企业节能改造建筑物改建等措施（复兴银行资助项目）财政补贴支出	653	838
9	改善农业结构（包括农产品加工）及沿海海岸线保护补贴支出	400	415

资料来源：德国联邦财政部信息中心，原文为德文。

表4.3　　2009～2012年德国税收优惠税式支出一览　　单位：百万欧元

项目行业分类	税收优惠（税式支出）							
	2009		2010		2011		2012（计划）	
	总计	其中联邦财政	总计	其中联邦财政	总计	其中联邦财政	总计	其中联邦财政
1. 农业、食品、消费者权益保护保护	471	393	544	497	543	496	544	497
2. 工商行业企业	12086	9552	12152	9613	10942	8607	10591	8753
其中：对区域经济结构调整措施优惠	1488	715	1106	530	1140	540	890	425
对制造业企业优惠	10598	8837	11046	9083	9802	8067	9701	8328
3. 交通运输	2523	1871	2640	2041	2839	2100	2989	2150
其中：航空用油优惠	660	660	680	680	680	680	680	680
其他交通优惠	1863	1211	1960	1361	2159	1420	2309	1470
4. 住宅建筑和城市建设	6766	2876	4954	2105	3300	1403	1771	753
其中：城市建设优惠	136	58	136	58	136	58	136	58
私人住宅优惠	6630	2818	4818	2047	3164	1345	1635	695
5. 促进储蓄和资金积累税收优惠措施	1233	524	1354	576	1543	657	1645	699
6. 其他税收优惠项目	6456	3216	7451	3728	7701	3861	7806	3918
7. 1～6项总计	29535	18432	29095	18560	26868	17124	25346	16770

资料来源：德国联邦财政部信息中心，原文为德文。

表4.4　2009～2012年联邦财政对企业和其他经济实体实行补贴补助及税收优惠发展状况一览

项目分类（按用途划分）	2009		2010		2011		2012	
	百万欧元	占总额%	百万欧元	占总额%	百万欧元	占总额%	百万欧元	占总额%
财政补贴援助政策支出	8875	88.5	5538	79.7	5206	78.5	4271.6	73.0
1. 对企业及其他经济实体								
其中：维持性补贴补助	101	1.0	103	1.5	85	1.3	85	1.4
调整适应性补贴补助	2718	27.1	2658	38.2	2873	43.3	2767	47.3
促进生产增长补助	4998	49.9	1764	25.4	1339	20.2	848	14.5
其他补助补贴	1058	10.6	1014	14.6	908	13.7	572	9.8
2. 对私营经济、个体补助	1148	11.5	1412	20.3	1427	21.5	1576	27.0
补助补贴援助政策总计	10022	100	6951	100	6633	100	5848	100

续表

项目分类（按用途划分）	2009		2010		2011		2012	
	百万欧元	占总额%	百万欧元	占总额%	百万欧元	占总额%	百万欧元	占总额%
税收优惠政策税式支出	14693	79.7	15386	82.9	14469	84.5	14723	87.8
1. 对企业及其他经济实体								
其中：维持性税收优惠	7873	42.7	8217	44.3	7270	42.5	7680	45.8
调整适应性税收优惠	1181	6.4	1061	5.7	941	5.5	718	4.3
促生产增长税收优惠	2787	15.1	2806	15.1	2823	16.5	2843	17.0
其他税收优惠	2852	15，5	3302	17.8	3435	20.1	3482	20.8
2. 对私营经济、个体税收优惠税式支出	3739	20.3	3174	17.1	2655	15.5	2047	12.2
税收优惠税式支出总计	18432	100	18560	100	17124	100	16770	100
联邦财政补贴援助支出与税收优惠税式支出	23568	82.8	20924	82.0	19675	82.8	18995	84.0
1. 对企业及其他经济实体								
其中：维持性补贴与税收优惠	7974	28.0	8320	32.6	7355	31.0	7765	34.3
调整适应性补贴与税收优惠	3899	13.7	3719	14.6	3814	16.1	3485	15.4
促进生产增长补助税收优惠	7785	27.4	4570	17.9	4162	17.5	3691	16.3
其他补助补贴税收优惠	3910	13.7	4316	16.9	4343	18.3	4054	17.9
2. 对私营经济、个体补助与税收优惠税式支出	4887	17.2	4586	18.0	4082	17.2	3623	16.0
财政补贴补助支出与税式支出总计	28454	100	25511	100	23757	100	22618	100

资料来源：德国联邦财政部信息中心，原文为德文。

4.3 德国支持中小企业的财税政策

德国联邦政府利用财税政策工具对企业的生存与发展进行资助扶持已有多年历史，只是随着经济形势的发展变化，其运用政策工具的方法、范围和力度也在不断做出相应调整。2001～2011年的十年间，联邦政府六次发布对企业与行业的财政援助政策法规，即2001年8月的发布的第18次财政援助政策项目条款、2003年10月发布的第19次财政援助政策项目规定2006年3月发布的第20次财政援助政策项目规定、2007年发布的第21次财政援助政策项目规定、2010年1月经济危机爆发后发布的第22次财政援助政策项目规定以及2011年8月欧债危机爆发后发布的第23次财政援助政策项目规定。在这一系列的财政援助政策项目规定中，有些是长期有效的针对企业发展的扶助项目，有的则是针对经济景气形势变化而制定的临时性或专项性支持政策，因此六次发布的政策法规有一定的完善连续性，同时也有其时间局限性，体现出它的临时特征。由于德国各产业行业的企业中99.7%为中小企业，因此这些财政援助的政策法规主要也是针对中小企业的。在此基础之上，联邦政府还制定了一些专门针对中小企业提高自主创新能力、增强企业自身竞争力的扶助政策，这些政策长期发挥着支持中小企业发展的重要作用。

德国对企业的资助扶援政策大体可分为三大分支，一是来自财政资金的直接补贴、补助，二是各类税收的优惠税率及减免措施，三是由财政系统提供担保的低息或无息贷款。每一分支的政策条款分别针对不同产业行业分类，主要可分为农业、林业、渔业、食品加工、交通运输、工商生产型企业、金融机构、服务性行业等，由于资助扶援的种类繁多，本文主要介绍针对工商生产型企业和手工业行业的支持发展政策。

4.3.1　通用型财政补贴政策

来自于财政资金的对企业的补贴与补助费，由于受到WTO和欧盟相关协议条款规定的限制，一般情况下不会用于对企业的破产救助或规模扩大的直接投资，特殊情况下（如已经爆发的严重经济危机、经济结构或区域经济调整中的薄弱环节、市场紧缺而产能有限的短线产品等）可直接用于对企业生产环节的救助补贴和补助，但也需符合适时的国际协议相关条款，主要用于对企业生产能力提升的资助。因此，在德国联邦财政对企业的补贴补助政策中，更多的是为了促进企业技术更新、设备更新、工艺更新，从而促进企业提高生产能力，提高产品质量，增强其市场竞争力。

通用型补贴政策适用于所有符合条件的企业，并不专门针对中小型企业。但由于在德国中小企业占企业总数的99%以上，所以它所覆盖的范围主要还是中小企业。这类政策主要有：使用新能源补贴；利用光伏发电替代传统发电，减少环境污染补贴；运用信息技术与数字模拟一体化等科技成果改善生产工艺和管理水平，提升产品质量的财政资助；高科技发展基础基金；以欧洲复兴计划（马歇尔计划）促进纲领为依据的对企业贷款的利息补助等补贴项目。

（1）使用新能源补贴

传统能源供应不足、能源资源走向枯竭是当前国际社会面临的共同难题。为缓解供应不足的巨大压力，缓解能源资源枯竭的紧张趋势，德国政府在提倡经济发展不能忽视节能的同时，决定加大对可再生能源的投入，加强对新能源产品的研发与应用，并采取措施提高新能源产品在能源总量供应中的份额，在2020年，新能源产品要占到能源供应总量的14%以上。使用新能源必须经过设备的改造或更新，这给企业特别是中小企业带来经济上的负担，加大了生产成本。为减轻企业特别是中小企业负担，联邦政府出台了使用新能源的特别援助政策，采取专项投资补贴或低息贷款的方式对企业进行资金上的资助。企业可以通过当地财政部门申请补贴或低息贷款进行设配设施的改造与更新，除此之外，如果使用能够减少碳排放的清洁能源，（如清洁沼气、生物热能等）还可获得设备投入资金15%～20%的气候环境保护的追加（附加）补贴。

从联邦财政部的财政援助项目预算上可以看出这一补贴费用支出呈递减的趋势：2009年该项支出为50480万欧元，2010年减少到40600万欧元，2011年为38000万欧元，2012年计划为34780万欧元。授权贷款的额度则是上升的趋势，2009～2012年分别为35420万欧元、25000万欧元、45000万欧元和42200万欧元。联邦财政部认为这种变化趋势尚不能成定论，究竟是低息贷款还是投资补贴更利于企业使用新能源的设备更新改造，更利于企业生产能力的提高，还要看两种措施的效果比较，同时还要考虑到其他因素，如市场的发展、经济形势的景气状况、技术水平的需求等等。

（2）光伏发电生产设备补贴

光伏发电主要是指太阳能发电和太阳能利用。这是一项生产能力补贴政策，始于2003年的“10万屋顶太阳能发电项目计划”。鉴于可利用的传统能源资源出现萎缩枯竭的趋势，社会经济的发展迫切需要开发采用新的可持续的能源资源。21世纪初太阳能利用技术的研究已达到较高水平，科研成果向实际运用的转化也已经成熟，但当时尚未被生产领域重视和接受，生产能力也达不到需求水平。德国政府在2003年制订了促进太阳能利用技术研发和应用项目的补贴政策，目的在于鼓励刺激太阳能应用技术的发展，对企业特别是中小企业起到投资导向的作用，同时利用“10万屋顶太阳能发电”，每年能够弥补300兆瓦电力不足的缺口，企业用电的成本也有所降低。从宏观经济的角度来看，不仅开发和利用新的可持续发展的能源资源具有长远的战略意义，而且对于减少污染、保护环境，促进经济社会良性循环也起到重要的作用。

光伏发电生产设备补贴实施的具体措施是给予参加该项计划的生产企业提供低息贷款，联邦财政提供贷款担保并补贴利息差额。联邦财政近几年该项补贴的预算在逐年减少，2009年以前补贴数额较高，2009年为2720万欧元，2010年为690万欧元，2011年略有上升，达到760万欧元，2012年计划为510万欧元。由于低息贷款的还款年度已近末期，该项补贴总额明显下降。

（3）信息技术与数字模拟一体化技术推广应用资助

电子信息系统高科技的推广应用对于国民经济基础的整体提升有着至关重要的意义。对企业而言，电子信息系统与数字模拟高科技技术的使用从设计、生产、质量、管理、销售以及融入全球经济等各方面都将突破传统模式的束缚，促其产生质的飞跃。德国政府认为，在企业中普遍引进信息系统与数字模拟等高精尖的技术成果，不仅可以促进生产的发展，在降低成本、提高质量、提升管理水平、适应市场需要、增强企业自身竞争能力等方面都将是一次深入的改革创新。而在生产领域推广应用高科技成果，需要企业进行必要的前期投入。为促进信息技术与数字模拟技术的普及应用，联邦政府出台信息技术与数字模拟技术推广应用资助政策，旨在引导企业特别是中小企业积极参与这场信息化技术革命，加速实现生产领域的基础系统设施的现代化。

信息技术与数字模拟技术资助项目属于对企业生产能力提升的资助，具体资助措施是由联邦财政提供一定比例的投资资助额度（一般在企业投资总额的10%左右），用于企业在高新技术设施的建设，实施方案包括企业间或与市场间的网上交易平台建设；在科学管理、国际化贸易、可用性方面网络设置的标准化一体化建设；信息化数字化技术的安全保障建设等内容。该项财政资金资助项目特别重视中小企业以及手工业等微小企业或个体的参与与支持，德国政府认为不论企业大小，只要有广大企业的积极参与，在网络经济的建设中步调协调一致，才能真正实现这场具有深远意义的技术革命。该项资助政策的下一步重点目标是数字模拟一体化建设的协调发展与普及推进。

联邦财政每年对该项资助政策预算额度不大，在200万欧元左右。2009年实际资助总计为190万欧元，2010年为174万欧元，2011年为185万欧元，2012年计划为190万欧元。除联邦财政资助外，各州财政也有对高科技投入的资助或补贴政策措施，但由于德国的联邦制体制决定了各联邦州的相对独立性，没有统一的强制性补贴政策，所以各州的资助方式和资助力度存在差异。

（4）高新技术企业创业基金

高新技术企业创业面临的主要困难是资金的匮乏。高新技术企业创业基金的筹建，是为了弥补联邦财政支持高新技术企业创业资金不足的缺口，援助新建企业克服资金困难，起到新企业孵化器的作用。同时推动高新技术产业在德国健康良性成长，促进高新技术领域的快速发展。

该项基金针对新创业的高新技术企业，申请基金资助的企业必须符合新创业、高科技两个基本条件，对高科技的定位联邦政府有较严格的界定范围，企业申请时需准备好相关材料，包括自有资金、与自有资金配套的具有优先解除权的贷款证明等，经联邦经济与技术部、基金投资人、复兴信贷银行、工业投资者等专业人士进行审核，联邦经济与技术部作为基金投资监管的总代表行使审批监管权。申请资助的企业通过审批后即可获得高新技术企业创立基金一定比例的创业投资。

该项基金对企业的资助属于国家补贴性质，联邦财政部是这一基金的筹建者，每年向该基金注资，2009年该基金的对企业补贴支出总额为2500万欧元，2010年为2350万欧元，2011年为3800万欧元，2012年计划为3500万欧元。从2011年开始基金支出增加幅度较大，原因是该项基金与另一产业投资基金经联邦议会同意合并，并在相关投资领域继续履行职能。2011年8月以后增速减缓，因此2012年计划比2011年减少了300万欧元。

（5）欧洲复兴计划利息补助（低息贷款）政策

欧洲复兴计划又称为“马歇尔计划”，第二次世界大战结束后由当时的美国国务卿马歇尔提出并组织专家制定的旨在对遭受战争严重破坏的西欧进行经济援助，协助西欧各国恢复市场经济体系，重建家园，从而达到与东方社会主义阵营相抗衡的政治目的。原西德政府也在被援助国之内。西德政府战后几年间共获得马歇尔计划约15亿美元的援助，这15亿美元没有被直接用于购买战后极度缺乏的各类紧俏物资，而是决定将这笔援助资金以低息贷款的形式对民营企业进行生产救助，这样既保证该项援助资金不缩水，又能够在战后恢复重建的过程中尽可能地发挥最大作用。由于美国在援助初期就已规定德国政府必须在以后数年中分期归还这笔款项，因此西德政府在战后的二十几年中一直在联邦财政预算中拨专项归还该债务，最终在1971年6月还完了应还的援助债务（经美国核准削减后总计为10亿美元）。此后马歇尔计划的援助资金已成为欧洲复兴计划基金，转由德国经济部管理。1995年德国的欧洲复兴计划基金已达1400亿马克，约为900亿美元。

欧洲复兴计划基金对企业的资助几十年来一直是低息贷款的方式，属于债务偿还资助，企业将低息贷款按期归还后很快又进入基金循环往复运行。最初主要是针对中小企业（绝大部分为私营企业）的生产恢复救助，并且60%的资金要用于对制造业企业的投资，这对推动战后重建以及稍后的“再工业化”过程起到了十分关键的作用。2009年以后，该项基金资助的对象仍然是以中小企业为主，并且拓宽了资助项目内容：一是欧洲复兴计划基金的支持革新创新项目，二是欧洲复兴计划基金的环保节能项目，三是欧洲复兴计划基金的创业投资项目，这三项均是当前德国经济在经历危机以后复苏的重要支点，主力军也还是中小企业。申请这三类项目低息贷款的中小企业还可获得联邦财政的利息补贴。

2009年联邦财政对欧洲复兴计划基金的补贴支出为4070万欧元，2010年为5590万欧元，2011年为5630万欧元，2012年计划为6010万欧元，呈逐年上升趋势。

4.3.2 针对中小企业的专项补助补贴政策

（1）提高能源使用效益补贴与低息贷款政策

这是一项专门针对中小企业，促进中小企业适应国际经济发展趋势的优惠政策。节约能源与环境保护紧密相连，因此“节能环保”一直是德国政府遵循的经济社会全面发展的基本原则。要使中小企业和私人个体经济在生产过程中减少能源消耗，提高能源使用效益是一条有效途径。德国政府为此制定了提高能源使用效益的鼓励补贴政策，对在生产中采取措施节约能源、使用再生能源、在生产工艺流程上进行改革创新提高生产率从而节约能源、在不同的消费能源领域如供暖、供热水、建筑物保温、交通运输工具耗油等方面采取节能措施或是使能源增效的中小企业及私人个体经济实行鼓励补贴政策，由德国复兴银行提供低息投资贷款，由联邦财政提供利息补贴。制定这一资助政策的目的，一是引导中小企业和私营个体经济在生产过程中节约能耗，降低生产成本，适应国际经济的发展趋势，跟上世界先进节能技术的前进步伐。二是鼓励中小企业进行节能投资和生产技术革新，提高其创新能力，从而增强自身的市场竞争力。从宏观层面看，面对日益突出的能源供应危机，倡导节能低耗，既可缓解能源供应的紧张局势，为整体经济发展所需能源进入良性循环奠定一个好的基础，又可以在环境保护方面取得明显效果。由于能源消耗与环境保护有着密不可分的关联，减少能源消耗可以降低相应的碳排放，减少二氧化碳对大气流层和整体环境的污染，为达到社会经济、人文环境与自然环境和谐发展创造有利条件。

这一资助政策包括两方面内容：低息贷款和利息补贴。低息贷款由德国复兴信贷银行（欧洲复兴计划基金）向申请的中小企业发放，利息补贴由联邦财政按具体规定从预算资金拨付。每年联邦政府根据需要制定该项补贴预算，并根据经济景气状况的发展编制滚动预算计划。近几年来联邦财政对该项利息补贴支出情况如下：2009 年支出总额为 2570 万欧元，2010 年为 1960 万欧元，2011 年为 3050 万欧元，2012 年计划为 3050 万欧元，与 2011 年持平。

具体措施：由于工商行业企业领域普遍存在的巨额亏损赤字以及资金支付障碍，德国联邦经济与技术部和国家复兴信贷银行“提高能源效益特别基金”发行专项债券，为中小企业募集资金，向申请专项资助的中小企业发放低息贷款。一般程序是先由专家和技术人员经调查研究和技术筛选确定出节能系列的基本标准及最佳方案，挖掘潜能，确定在生产过程中和设备更新改造（包括企业厂房及其他建筑、灯光照明、办公系统、电气电源技术等）中的节能模式，然后向企业提出改造的实施方案。企业根据实施方案进行提高能源效益的改造投资，向国家复兴银行特别基金提出低息贷款，同时可获得联邦财政的利息补贴。目前为止为数众多的中小企业申请了该项资助政策补贴，为中小企业节能增效的更新改造起到了较好的促进作用。

（2）对中小企业自主创新改革项目鼓励补贴政策

这是一项旨在提高企业生产能力的资助性质的激励政策。德国政府近十几年来十分重视对中小企业创新能力提高的鼓励与支持，在制定财税优惠资助补贴的大政方针时，企业生产技术、材料、工艺、管理等方面的自主改革创新是鼓励政策惠及的重要部分。鼓励支持中小企业创新的目的在于增强其自主创新能力，拓展企业自身的市场竞争力，提升企业产品的国际竞争力。通过改革创新的生产实践，可同时加强科学研究与技术应用之间的联网合作，促进科研成果向生产应用的快速转化，实现科研成果的社会经济价值。中小企业竞争力的增强还可带来持续的经济增长并带动就业岗位增加的积极效果，因此德国政府认为，对中小企业自主创新改革项目的资助，具有前瞻性投资的意义，促进创新改革资金的投入即是对未来的投资。

鼓励支持自主创新改革的政策主要是联邦财政对中小企业的直接补贴，补贴资金的75%来自联邦财政的预算资金，另有少部分来自于欧盟的专项资金及其他来源的资助。2009 年联邦财政对自主创新改革的补贴支出为 27960 万欧元，2010 年为 46690 万欧元，2011 年为 65610 万欧元，2012 年计划为 37430 万欧元。从数额上看，前两年该项支出增长较快，这与全球性经济危机爆发后德国政府采取相应的应对措施有关。除补贴支出之外，2009～2011 年联邦财政还为同项目的资助提供了授权担保贷款，2009 年其总额为 20630 万欧元，2010 年为 22730 万欧元，2011 年为 45000 万欧元。从总计上看，联邦政府对鼓励支持自主创新改革的资助力度是最大的，补贴支出的数额也是最多的。

具体措施：目前该项补贴政策的实施范围包括三个基本模块，一是合作协作模块，政策鼓励中小企业与各类科学研究机构进行技术创新、工艺创新、产品创新的联合实践活动，这样可以促使科研成果尽快转化为应用性成果，并可在联合科研实践过程中直接转让最新水平的技术成果。同时鼓励中小企业之间的联合科研与技术交流活动，风险共担，成果共享，以科技成果的普惠促社会经济的发展。二是网络建设模块，这也是德国政府在制定优惠补贴政策时考虑扶持的重点之一。构建网络管理的基本框架，汇集先进的网络高新技术，使其在企业各类管理系统中创新管理模式，细化管理程序，提升管理水平，从整体上加强企业现代化建设，目的是支持中小企业以高超的管理水平在激烈的市场竞争中加重自身的砝码。三是2011年以前对原东德地区实行的对个体经营的小微企业创新改革优惠政策模块。由于东西两德合并后区域间经济发展差异很大，东德地区面临着重建市场经济体系的重大变革，原计划经济体系完全解体，私营企业成为发展社会经济的主体，但因其处于成长初期，困难重重，迫切需要政府政策的资助扶持，联邦政府出台专门为支持原东德区域中小企业及个体经济的优惠倾斜政策方案，以解决这些企业初期阶段的创业困难，对企业自主创新的资助补贴，是倾斜政策方案的组成部分。两德合并后的二十多年来，这些政策对原东德区域的中小企业发展起到了重要的促进作用。2011年以后这些资助补贴政策也开始对西德地区的中小企业实施，德国政府力图在已取得较好效果的基础上，运用同样的政策工具，继续在西部区域发挥作用。

符合上述经济活动的中小企业，可向联邦经济技术部与联邦财政部申请专项补贴，获得审查批准后，可获得投资总额的一定比例的补贴，因该项补贴以项目为标准，在企业与科研机构联合的项目中，企业获得的补贴额度大约占资助总额的75%，属于联邦财政的预算补贴支出，科研机构获得总额的25%，由于资金来源不同，这25%不属于财政预算的补贴。

(3) 对技术企业的创新风险投资补贴

这是专门针对中小型技术企业进行风险投资的资助支持政策。在创新投资存在风险的情况下，中小型技术企业面临的首要难题即是资金问题，而投资风险的存在又成为信贷机构惜贷的重要因素。为支持中小型技术企业的创新科研与实践，德国政府制定财政补贴政策，对中小型技术企业的创新风险投资给予一定比例的补贴，旨在增强中小型技术企业进行自主创新科研与实践活动的资本金基础，提高其抗风险的能力，保障企业创新科研能力的正常发挥，促进科研成果的顺利产出。

联邦财政对该项补贴的预算近年来呈连续下降趋势；2009年该项补贴支出是2100万欧元，2010年为1440万欧元，2011年为850万欧元，2012年计划为570万欧元。2009年与2010年补贴额度较大源于为应对经济危机而采取的一系列挽救实体经济的措施，政府加大了对中小企业风险投资的支持力度。2010年欧债危机爆发后，政府开始实行紧缩政策，压缩年度财政赤字，调整原扩大支出的政策，因此该项补贴也受到了一定影响。但对中小技术型企业的风险投资支持是近期内发展规划中的重要内容之一，这项补贴政策将会持续下去。

具体措施：符合中小技术型企业进行风险投资的条件或中小企业进行符合技术类创新项目的风险投资的要求，可向联邦财政部的具体工作部门提出补贴申请，补贴方式分两种，一是申请国家复兴信贷银行贷款，其中部分（一般约为贷款总额的10%）免除本息还款责任，二是国家复兴信贷银行以发行债券的形式筹集专项资金，联邦财政补贴债券变价

（变量）和相关费用。该项政策补贴数额不大，但对支持中小技术型企业创业发展起到较好的作用。除联邦财政外，各州和地方财政对中小企业的风险投资也有不同的支持措施。

（4）对中小企业改善原材料使用效益的资助补贴政策

改善原材料的使用效益不仅对优化企业生产经营有直接的影响，对降低社会物质生产的原材料消耗也有积极的作用。联邦政府出台改善原材料使用效益补贴的政策，目的在于对中小企业在生产过程中研究节约产品材耗、减少原材料的投入、重视边角废料的开发利用、降低生产成本等经济活动进行引导，通过提高原材料的使用效益，降低成本，形成产品的价格优势，从而促使企业自身的市场竞争能力有显著的增强。在一定情况下，企业竞争能力的增强更可带来一系列的连带效果，如扩大企业生产规模，增加设备投入，创造新的就业岗位等等。

对于中小企业来说，改善原材料使用效益的财政补贴仅是基础性的提高生产能力的资助，起到对生产经营方式的引导作用，因此企业需加强在生产经营活动中的自我完善，始终坚持不懈地追求最优生产方式，努力提高原材料的使用效益，达到企业内部生产的良性循环。

具体措施：德国联邦经济与技术部通过制定原材料使用效益改革方案对中小企业在生产过程中进行技术引导与培训，由联邦财政作出专项补贴预算，用于原材料使用改良技术的传播普及和专业培训。联邦财政2009年该项补贴为360万欧元，2010年为540万欧元，2011年为650万欧元，2012年计划为110万欧元。除补贴外，联邦财政每年还有一定数额的授权低息贷款，专用于提高原材料使用效益的实验与推广。

（5）对中小企业发明专利、创名牌商标、使用专利进行生产的支持补贴政策

鼓励中小企业积极开展研究开发新产品、新工艺、新设备、新工具、新方法（生产与管理）等工作，对企业的研究成果进行专利保护和支持，对成果的转化应用给予资金补贴鼓励，是德国政府扶持中小企业发展的又一有效途径。由于中小企业特别是小微企业在创新发展方面普遍存在专业人才缺乏、技术力量薄弱、资金投入不足等困难，严重阻碍了创新品牌和专利成果的产生，有的企业在取得科研成果后，由于申请专利的后续投入受资金所限，难以获得发明成果的专利权，自创的品牌商标得不到保护，造成难以估量的经济损失，甚至直接影响到小微企业的生存。德国政府依据相关法律规定制定了对中小企业申请发明专利、品牌商标的支持补贴政策，目的在于鼓励中小企业勇于发明创新，帮助中小企业保护已取得的发明权不受侵犯，维护中小企业的各项经济利益，给企业发展创造良好的生存环境。该项政策还包括了对中小企业使用发明专利成果的鼓励性补贴，这一补贴数额虽然不大，但对中小企业积极运用专利产品开拓新的生产经营领域或进行生产工艺技术革新起到了引导作用。这项补贴政策也有效地促进了专利成果向实际应用的转化，由于受到企业资金困难和市场认知度难以估量等因素的影响，使得一些专利成果久被束之高阁，无人问津，有的甚至在取得专利后十年都难以转化为应用型产品（或工艺技术）。对中小企业使用专利产品，特别是首次使用专利产品给予补贴，加速了专利成果向应用型产品的转

化，促使其尽快获得应有的社会经济效益。

联邦财政预算对该项政策补贴的资金每年不超过300万欧元，2009年总计为210万欧元，2010年为250万欧元，2011年为260万欧元，2012年计划为140万欧元。面对当前紧缩的财政政策，联邦财政的补贴额度会随之调整，但德国政府不会改变支持保护专利成果与鼓励使用专利成果的基本方向。

具体措施：符合该项补贴政策规定的中小企业，在申请科研成果专利登记时，经调研审核鉴定获得专利时，可获得申请资费的一定比例的财政资金补贴，一般在10%～20%之间（不同行业不同成果有不同比例）。资助补贴的50%可用于外请专家或同行业专业人员进行评价鉴定，最高不超过8000欧元。申请使用发明专利成果的中小企业，最高可得到使用（购买）专利成果费用支出的30%的补贴额度。

4.4　支持扶助中小企业发展的税收优惠政策

与财政补贴政策一样，税收优惠政策也分为一般性企业税收优惠和专门针对中小企业的税收优惠，由于德国的中小企业在数量上占绝对的多数（在99%以上），所以所有对工商行业企业适用的税收优惠政策对生产型的中小企业都有效，在生产经营过程中，中小企业可以从多方面多渠道享受到税收政策的优惠，较为有效地减轻企业的经济负担，为企业的快速发展创造了良好的条件。税收优惠的明目种类繁多，在此仅介绍比较常见、典型的让中小微型企业（制造业和手工业行业）明显受益的税收优惠政策。

4.4.1　对中小微型企业实行的营业税、所得税、公司税税收优惠政策

（1）在区域经济整合、企业技术改造、经济结构调整过程中对不动产转让出售的税收优惠政策

这是专对中小企业在调整适应期的资助政策。为使企业在社会、区域、企业自身的经济调整改革的过程中减轻税收负担，尽可能平稳地达到经济调整的目的，德国政府制定税收减免规定，一是对中小企业转让出售土地、地产、建筑物、土地上生长的植物、农作物以及内陆航运设施等固定资产时，或对股份公司的股票做转让出售时，二是对土地、地产、建筑物、土地上的植物、农作物以及内陆航运设施等固定资产做新的投资、对股份进行新的注资时，其销售收益在50万欧元以下、新投资额度在50万欧元以下的免征营业税、所得税和公司税（法人所得税）。对采取混合税税率（营业税、所得税、公司税三税合一）

征税的小微企业，50 万欧元以下的转让销售收益、新投资额度免征混合税。该项政策实行已有十多年历史，其中具体规定条款随经济发展状况变化而调整，申请优惠的审查标准也有较严格的程序，对中小企业来说，实施这样的税收优惠有助于降低企业在调整改革中的成本，减轻企业的经济负担。

（2）在城市改建扩建及实施发展规划措施过程中对中小企业的税收优惠政策

在城市改造建设过程中，对直接受到影响的中小企业（如被征地、迁移、限制生产、收益损失等等），除得到应有的补偿、赔偿外，企业在出售转让土地、地产、建筑物以及土地地产上的正值收益或准备获得收益的植物、农作物时，对获得的转让出售收益减收或缓收营业税、所得税和公司税。采取三税合一的小微企业按混合税率予以减收或缓收。德国政府制定这一缓收政策的目的在于解决好城市建设规划等公共事业与私营企业发展之间的利益矛盾，利用税收作为调节手段，尽可能地消除行政不公，减少因利益而引发的城市规划实施障碍，以保证城市建设及发展规划的顺利进行。由于城市建设属地方政府管理，各个城市实行该政策的具体措施也有所不同，标准各异，因此没有统一的减收比例和缓收期限。

（3）预提特别折旧优惠政策

预提特别折旧政策是德国政府制定、由联邦财政直接承担的专对中小企业实行的税收优惠政策，其目的在于以减收税款的形式给予中小企业流动资金上的资助，促进中小企业自有资金的积累，充实企业投资基础，增强企业的自主创新能力，最终达到促使企业不断提升市场竞争能力的目的。预提特别折旧是指企业在购置可移动的机器设备等资产后，每年可以按投资总额 20% 的比例，以预提折旧的形式计入生产成本，从购置年度开始分五年折旧完投资总额。计入成本的特别折旧即可冲减企业盈利，企业可据此减少应上缴的营业税、所得税、公司税或三税合一的混合税。

预提特别折旧实际上是加速设备资产折旧的方式，在德国一直作为对企业鼓励优惠的重要形式。但特别折旧的优惠力度较大，对企业积累流动资金所起的作用也较为明显。2007 年以前，实行预提特别折旧仅限于购置新机器设备等生产经营性资产，并且有一些很具体明确的限制。2008 年以后，特别是经济危机爆发以后，德国政府对这一企业扶助政策进行了调整，取消了此前的一些具体限制条件，规定当年投资即可按具体机器设备进行折旧，又可不依赖于某一具体机器设备，而是按当年投资设备资产的总额度进行特别折旧，这样调整的意义在于不仅新购置的设备资产可以享受特别折旧政策的优惠，而且用于维修改造机器设备的投资额度也可以享受此项优惠，政策支持的范围更加宽泛，中小企业受益也更加显著。

（4）对中小企业的投资抵扣税收优惠政策

针对中小企业普遍面临的资金缺乏、融资难的问题，德国政府用政策引导中小企业注重自有资金的积累，努力拓宽投资渠道，鼓励企业用盈利所得进行再投资。联邦财政部 2011 年 8 月在欧债危机爆发后发布的第 23 次财政援助政策项目条款中，关于税收优惠的第26项对投资抵扣做了明确的规定：中小企业获得的新投资总额可按一定比例最高至投资总额的40%计入购置准备金或生产成本，以此来冲抵企业利润总额，降低应纳税基数，减少纳税金额。涉及的税种包括营业税、所得税和公司税，或是三税合一的混合税。

这一政策在实行过程中随经济形势的变化而进行调整。2001年以前政策规定的抵扣投资总额比例达到50%，2001年以后降低为40%，2008年以后又具体规定抵扣的购置准备金最高限为15.4万欧元，其他用途准备金最高限为30.7万欧元。而新颁布的规定对抵扣额度总计最高限定为20万欧元，投资年限为3年。同时规定，抵扣的投资额度在限定的投资年度里如果没有发生购置或用于扩大生产，税务部门将追溯以往，收回优惠，企业必须补缴相应的税款。

投资抵扣税收优惠政策由联邦财政承担其全部税式支出。近几年这一支出的变化也比较大，2009年达到了7.98亿欧元，2012年为6.52亿欧元，2011年为2.9亿欧元，2012年计划为1.02亿欧元。逐年减少的税式支出数额反映了从经济危机到欧债危机德国政府宏观政策变动的轨迹，利用政策工具支持中小企业发展的力度会随着经济景气状况的好坏及时进行调整，并非政策出台后就一成不变。这也是德国政府灵活运用政策工具的一大特点。

4.4.2 对中小微企业实行的其他税收优惠政策

（1）对小微企业整体出售转让的税收优惠政策

小微企业的转让出售每年会发生上万件，是最常见的企业经营者变更形式。由于企业规模小，经营利润较低，在转让出售时如按正常规则纳税会给出售人增加较重的经济负担，德国政府据此制定了小微企业的转让出售收益的部分免税政策，目的在于减轻企业变更经营权时造成的经济负担，以保证小微企业经营者在处置生产经营资产中能够获益。2004年以前该项政策规定，转让出售小企业的纳税人年龄超过55周岁或者已经丧失劳动能力（就业能力）者，在取得转让出售企业收益后，将获得45000~136000欧元的免税额度，超过136000欧元以上的收益将按章纳税。2004年以后具体规定数额又有所调整，免税额的最低限从45000欧元调高至51200欧元，最高限由136000欧元调高至154000欧元，优惠的幅度进一步扩大，不仅如此该项政策还根据相关的法律条款制定了小企业转让出售在一定情况下全额免收税金的具体条件，符合条件者，可享受收益全额免税的优惠政策。

该项税收优惠政策由联邦财政部制定具体实施方案，由联邦财政、州财政、地方财政共同承担减税的责任。其中联邦财政和州财政各承担其中的42.5%，地方财政承担15%。联邦财政每年承担的减税额在1.05亿欧元左右。

（2）对中小企业（股份制公司）转让出售公司股票股权的优惠政策

中小股份制企业出售股票、转让股权是一种寻求融资的方式，对转让出售股票股权的收益实行税收优惠是政府为使中小企业减轻融资的成本负担而采取的扶助措施。联邦财政部制定的具体方案规定，企业通过出售股票转让股权，如符合持股5年以上、出售的股票最少占公司股份的1%以上的条件，所得的交易收益可享受部分免税的优惠。优惠幅度最低限为9600欧元，最高限为36100欧元，尽管数额不大，但对小微企业来说也是一种资金上的支持。

该项政策同第5项优惠政策一样属于由联邦财政部制定政策执行方案，由联邦财政、州财政以及地方财政三级共同承担减税责任，联邦和州财政各承担42.5%，地方政府承担15%。联邦财政每年承担的减税份额在500万欧元左右。

(3) 对中小企业在本国内上市交易企业土地、地产、建筑物的税收优惠政策

自2008年全球性经济危机爆发后，德国政府采取一系列的政策措施力图抑制经济的滑坡，试图尽快促成经济的复苏，走出发展的低谷。在众多应对危机的措施中，对中小企业在本土进行土地、地产、建筑物的交易所得减半征税的优惠方式是其中一个重要组成部分。德国政府认为，鼓励中小企业将闲置的固定资产和生产设备在国内企业间或与其他机构通过市场方式进行交易，让不动资产变为流动资产，使土地地皮、地产、建筑物等不动产的上市交易成为资金市场上一种新的衍生工具，对于企业盘活资产，从市场渠道获得流动资金，或利用资金进行再投资，会起到激发企业活力、促进企业发展的积极作用。因此德国政府在几年前出台了鼓励性税收优惠政策，对中小企业将自有的土地地皮、地产、建筑物等在国内市场进行交易的收益减半征收营业税、所得税和公司税的税款，为中小企业通过自有固定资产交易融资减轻税负。

该项政策由联邦财政部制定实施措施，由联邦财政预算承担全部减税责任。此外，该项优惠作为短期效应政策手段，具体实施有一定期限，不会长期使用，适用于短期内对企业的应急救助措施。2009年联邦财政对该项的税式支出为3.05亿欧元，2010年为2.1亿欧元，2011年为0.5亿欧元，2012年的计划仅为0.15亿欧元。从递减的数额可以看出，本次实施这项税收优惠政策已近尾声。

(4) 针对中小企业引进投资利息支出受限规定的免税额度优惠政策

这是一项专门针对中小企业的税收优惠。一般情况下企业引进投资的渠道不同，资金利息的高低也存在差异，在企业盈利中扣除利息支出时，税务部门仅以一个完整财政年度的基准利率为标准，超出基准利率的利息支出，不得计入成本。这必然加重企业上缴税金的负担，尤其对中小企业而言，引进高于基准利率的投资资金已背负了较重的利息支出，再加之超出基准利率部分不得计入成本的纳税规定，使得企业叠加负重，导致资金困难的状态周而复始，最终难以走出困境。针对这一状况，德国政府制定了相关政策，旨在减轻中小企业引进超基准利率利息投资的纳税负担。政策规定，对于引进投资的中小企业，给予300万欧元额度以内的超基准利率利息的免税优惠，即在一个完整的财政年度内，在300万欧元额度以内的投资贷款，利息超出基准利率的部分，可以计入成本，冲减利润，免缴税金。300万欧元以上的投资，其超基准利率的利息支出，还需照章纳税。这一优惠政策的实施，使为数众多的中小企业减轻了因引进投资而承担的税负，并为资金的合理运用创造了条件。

(5) 对小微企业免收社团费和分摊费用的优惠政策

小微企业生产规模很小，盈利极其有限，但这样的小企业却占有相当的比例，在相关

企业社团和专业行业协会均有一席之地。如按一般企业缴纳会费和缴纳其他分摊费用，将会直接影响到企业与个人的收入。为了减轻小微企业的经济负担，简化管理程序，德国政府在2003年颁布的“德国中小企业发展战略”中规定，年利润低于25000欧元的企业，从2004年开始连续两年免交工商业协会会费，免缴与工商协会相关的分摊费用。从第三年开始连续两年免缴依据企业利润进行分摊的相关费用，第三年开始免缴会费和相关分摊费用的50%，第四年开始缴纳基本会费。每年新创建的企业按此类推。

4.5 德国支持中小企业发展的金融政策

4.5.1 建立中小企业的融资多渠道体系

资金短缺而又面对融资难的困境是德国中小企业普遍遇到的问题，是制约企业发展的关键“瓶颈”。为解决这个难题，德国政府和相关职能部门在加强政策管理的同时，运用调节方式进行引导，不断拓宽中小企业的融资渠道，从联邦政府到州政府、地方政府利用政策工具鼓励各类银行和金融机构积极向中小企业提供贷款，建立融资平台，帮助中小企业克服资金困难，促进中小企业的健康发展。德国政府清楚地认识到，解决中小企业的资金难题，就是在引导德国经济走出发展的困境，因为自二战结束以后六十多年来，德国的中小企业早已成为德国经济发展的中坚力量，成为提供社会就业岗位的中流砥柱。

德国中小企业的融资渠道包括几个方面：商业银行、政策性银行、信贷担保机构、各类发展基金、企业之间拆借、投资银行（投资公司）、私人投资等等。

（1）商业银行

商业银行主要包括储蓄银行、合作银行、大众银行等，是中小企业生产经营中进行贷款的最通常渠道，在经济景气状态不佳的情况下，中小企业由于规模小，自有资金基础薄弱，往往在商业银行贷款会受到商业银行为避免还贷风险而“惜贷”的阻碍。在经济发展的不同阶段，特别是在经济危机爆发的局势下，联邦政府会针对具体情况出具调节方案，运用经济、财税、金融与货币等几方面的政策工具，给予商业银行一定的经营优惠，或给予企业担保，引导商业银行对中小企业提供贷款支持。

（2）政策性银行

政策性银行包括德国复兴贷款银行、欧洲共同体投资银行、担保银行等。除此之外，欧洲复兴计划基金、中小企业创新基金等专项基金也是肩负向中小企业做政策性贷款投资的重要金融机构，这些政策性银行和金融机构向中小企业的提供的资金支持要多于商业银行，尤其是在2008 年全球性金融危机引发了全球性的经济危机后，德国政府首先利用的就是政策性银行和专项基金对濒临破产的中小企业施予援助。政策性银行贷款既有一般性扶持贷款，可用于企业基础性建设，如建厂房、购买机器设备、弥补流动资金不足等等的企业经营活动，也有专项目标的援助贷款和鼓励投资的低息贷款，如开发新产品、新工艺、生产环境改造、区域经济结构调整等。一般情况下，企业申报目标专项贷款额度最高可达到总投资的 60%，偿还期限最长为 10 年。对通过新建投资能够增加就业岗位的中小企业，可从政策性银行和专项基金会获得投资总额 75% 的低息贷款，同时还可获得 10% 的一般性贷款，偿还期为 8 年。如果企业进行的创新改革项目具有示范效应，或对环境保护有突出的贡献，有良好的社会推广效应，可得到总投资的 70% 额度的政策性银行贷款，还款期限可长达 30 年，30 年之后还有 5 年的宽限期。针对中小企业的申报项目，联邦经济与技术部、联邦财政部与政策性银行和信贷机构制定了较严格的审批制度，设有联合审核批准机构，建立了系列法规及实施细则，审批程序严格，审计监督系统也相对完善。

4.5.2　德国的信贷担保机构

针对中小企业的信贷担保机构由手工业和工业行会、储蓄银行、合作银行和大众银行联合成立，政府提供必要的基金并设立担保银行。目前在联邦和州两级政府中都设立有针对中小企业的担保机构，旨在从不同的方面或根据具体需要对企业提供贷款担保。在通常情况下，中小企业申请担保可获得投资总额的 60% 的贷款，特殊情况下最高可获得投资总额的 80%，贷款可直接从担保机构取得，对于有风险的项目政府也可参与担保，尤其对于经济欠发达地区的中小型新建项目，联邦政府和州政府均可提供担保，以达到促进地区经济发展和区域经济平衡的目的。值得一提的是，获得担保的中小企业在实质上是获得了一种信用资格，对于商业银行来说，信贷银行机构的担保具有扩延效应，为企业获得普通商业银行贷款疏通了渠道。也就是说，企业在获得担保贷款的同时还申请获得普通的商业银行贷款，从多渠道保障资金来源，以便投资项目的顺利实施。

4.5.3　给予银行、担保、信贷等金融机构税收优惠

德国注重给予银行、担保、信贷等金融机构税收方面的优惠，以政策工具引导金融机构对中小企业在资金上进行支持援助。除国家复兴银行信贷机构的低息贴息贷款外，德国各类银行、保险、信用合作社、信贷机构等是广大手工业和制造业行业中小企业获得信贷资金来源的重要渠道，特别是中小型银行信贷机构的生存与发展可能直接影响到其他行业中小型企业的生存和发展。德国政府一向重视对中等以下金融保险机构的扶助与支持，制定专项资助政策，实行特殊优惠，给中等以下金融保险机构的发展壮大创造良好的条件，以期这些金融机构在促进其他行业中小企业的发展中更好地发挥作用。

（1）对担保银行（机构）的税收优惠政策

担保银行是德国专为中小企业提供贷款的信贷保证联合机构，对担保银行在经济上给予优惠的政策，即可促进其自身发展，又有助于担保银行承担起为其他行业中小企业及个体自由职业者自助自救进行“输血”的任务。德国政府认为，对担保银行的资助是一项特殊政策援助，其面对的不仅仅是金融行业的机构发展，更重要的是要面对这些金融机构用资金救助的众多中小企业的生存，面对德国的经济增长和就业率的上升。

担保银行承担的贷款业务具有政策性援助的性质，涉及公共福利和公益性的领域，当其代表国家实行促进经济繁荣发展的具体措施时，特别是当担保银行代表国家承担反担保责任时，如为中小型信贷机构（包括建房互助储金合作社）、保险公司、股份公司、参股公司等进行反担保，以及在与支付能力有限的财政部门、经济联合体、手工业同会、小型信贷机构与保险机构签署担保协议时，均显示出公益性的特质，因此德国政府制定了对担保银行免征公司税的优惠政策。前提条件是，担保银行的经营利润必须用于上述的公益目的，否则不能享受长期免征公司税的政策优惠。

对担保银行的减税优惠由联邦政府、州政府和地方政府三级财政共同承担，2010年三级政府分担的比例为：联邦财政承担3.75%，州财政承担13.71%，地方政府承担82.54%。各级政府承担的比例与公司税作为共享税的分成相关。

（2）对中等规模资本参与公司向中小企业投资的税收优惠政策

中等资本参与公司是专为中型企业扩大资金规模的投资公司，目前投资的对象也包括一些条件较好有专业发展前途的小型企业。资本参与公司通过向中小型企业投资参股，为实施联邦以及各联邦州制定的中小企业促进方案创造条件。德国政府认为中小企业的自有资金匮乏难题需要通过多种渠道分工协作才能得到有效缓解。中型投资公司向中小企业提供资金的支持，其自身财力的积累和规模的稳固是重要的基础。因此在1992年进行的税制改革中，德国政府就制定了对中等资本参与公司的税收优惠政策，政策规定，资本参与公司在联邦政府以及各州政府的促进经济发展方案的实施过程中，对中小企业提供资金援助，承担振兴中小企业的重任，或是受联邦政府及联邦州政府的委托对国家筹集的资金进行运作，用以支持中小企业的发展，即可享受免税的优惠。但同时也提出了资金运作的免税前提条件，一是资本参与公司的资金必须投资于中小企业，二是其经营活动所获得的盈利必须按照法律规定的目的和范围来使用。

由于中等规模的资本参与公司主要服务于所在联邦州的当地中小企业，各联邦州的税收法规和优惠方案又有所不同，所以没有统一的减免标准。减免税的责任由联邦政府、联邦州政府、地方政府共同承担，联邦财政承担3.75%，州财政承担13.71%，地方财政承担82.54%，这一比例与对担保银行实行税收优惠的三级财政分担相同。

（3）对信贷担保联合会中的保险机构的税收优惠政策

对保险机构的系列税收优惠政策是在1977年开始的税收税制改革中正式提出的，其中对存款担保减轻税收的规定，旨在促进保险公司中存款担保体系的发展。由于存款是保险机构服务于企业的重要资金来源，被认为是信贷经济联合会为企业设立的特别资产（专为投资和红利设立的资产专用基金），因此促进其快速发展壮大，对为中小企业做经济担保来说也是一种制度上的保障。享受减税优惠的前提条件是，保险公司在经营运作中所获得盈利款项的使用必须符合相关法律条款的规定，必须依照章程将利润投入到促进中小企业发展和限定的支出范围中去。

对保险公司的减免税优惠仅限于其特别资产（分列的资产专用基金）的管理运作，其他经营业务不包括在内。本项税收优惠政策同样由联邦政府、州政府以及地方政府共同承担，减免税在三级财政之间的承担比例与前两项优惠政策相同。

4.5.4　建立调查研究与咨询服务系统

德国政府十分重视对经济景气状况的监控分析，其中不仅包括对宏观经济发展形势的监控分析，也包括对市场及企业变化状况等微观方面的调查研究。联邦、州与地方三级政府经常委托各级统计部门通过信息资料对中小企业的现状进行监测分析，或利用各种形式做深入的实地调查，如对企业融资需求和融资方式需求进行的问卷咨询，即是其中的一个重要内容。通过对企业资金需求的实地调查分析，可以及时地掌握企业的变化动向，了解企业各方面的实际意愿，以便根据实际情况调整对中小企业的支持扶助政策，使政府与企业在社会经济发展的过程中目标一致，达成共识。

2010年联邦统计局对中小企业的融资需求及融资方式选择做了问卷调查，并将调查的结果与2007年的问卷调查结果进行了比较分析。在融资方式选择上，两年的调查结果显示出需求的变化。

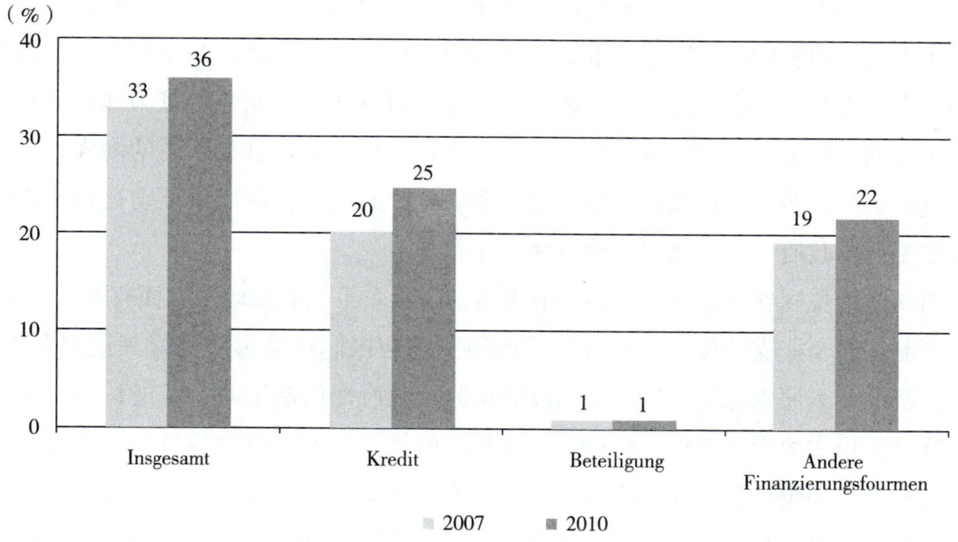

图4.3　中小企业融资需求与融资方式问卷调查

说明：图中左起第一列为2007年（左）和2010年（右）接受问卷调查企业占企业总数百分比，第二列为2007年（左）和2010年（右）需求贷款企业占企业总数百分比，第三列为2007年（左）和2010年（右）需求参股融资企业占企业总数百分比，第四列为2007年（左）和2010年（右）寻求其他融资方式企业占企业总数的百分比。

资料来源：德国联邦统计局信息中心，原文为德文。

2007年接受问卷调查的企业达到中小企业总数的33%，2010年接受调查的企业占总数的36%，问询面稍有放宽，但基本变化不大。2007年选择贷款为融资方式的企业达到20%，而2010年选择贷款为融资方式的企业达到25%，也就是说，2007年仅有1/5的企业选择贷款融资，2010年则有1/4的企业在寻求贷款融资。除贷款融资外，通过其他方式包括租赁、保付代理、信贷担保、融资拆借等是第二大融资渠道，2007年选择此种融资形式的企业占企业总数的19%，2010年达到了22%，有一定的增长。与前两种形式变化不同的是参股融资形式，2007年和2010年的比例相同，选择参股融资的企业仅占企业总数的1%，没有变化，说明参股融资在解决中小企业融资难的问题上只扮演了次要角色，即使在遇到严重经济危机的情况下，参股融资的形式也没有作为援助中小企业资金来源的重要渠道来充分发挥作用。政府可根据调查结果考虑倾斜政策的调整，开拓更为切合企业需求的融资形式，或者考虑出台优惠政策，引导参股投资的融资形式适应中小企业的需求，充分发挥其在解决企业资金困难方面的作用。

4.6 本章小结

德国为支持中小企业的发展所实行的财政补贴与税收优惠政策，是保障其社会市场经济体系正常运转的整体政策措施的重要组成部分，对德国社会经济的发展起到了重要的推动作用。在处理政府与企业的关系方面，也形成了相互支持与配合的较为理想模式。政府对中小企业的支持援助优惠政策给企业带来了蓬勃生机，企业自身活力的增强，又可加速经济景气形势的好转，促进国内市场回暖，带动就业的增长，最终是推动社会经济的健康发展。这是德国政府一直追随的行政目标。

总前所述，德国在制定支持中小企业发展的财税政策、金融政策方面有如下几个特点。

一是制定对企业支持援助和税收优惠政策力求与国际经济形势的发展趋势紧密相连，与市场经济的基本原则保持一致。德国政府认为，政府部门制定对企业的优惠政策必须要应对国际经济形式的发展变化，要符合市场经济的规律，不能仅为维持企业的生存而进行经济上的援助，如果企业自身不能提高生存能力，或者缺乏市场竞争力，那么维持其生存只是暂时的，最终还是会走向毁灭。因此在制定政策时，相关政府部门更加注重对企业，特别是中小企业自主创新能力的支持扶助，鼓励小型企业激发自身活力，支持中型企业提升产品的国际竞争力，运用优惠政策对企业进行资助的同时加强发展方向上的引导，如支持自主创新、鼓励节能环保，节约原材料、推广新技术、新材料的应用等等，对中小企业发展壮大、走向世界起到显著的推动作用。

二是制定对中小企业的支持援助和税收优惠政策必须符合中小企业的特点，让中小企业确实能够受益，享受到政策优惠。中小企业各有不同的特点，对中型企业重在帮助其扩大生产规模，提高产品质量，提升国际竞争力，需要在一定条件下增加政策支持力度。而小微型企业规模小，行业分布广泛，经营灵活但市场占有率低，需要扶持政策的多样化，才能让大多数小微型企业都能享受到政策优惠。如果政策措施制定的要求高，涉及面窄，将会把许多小微企业排除在外。因此德国政府比较注重具体政策措施制定时要低门槛，广覆盖，使绝大多数中小企业都能受益。有些政策措施的优惠幅度并不大，对小微企业来说也不过几千欧元的优惠，但政府设立的政策优惠项目名类繁多，各种优惠数额累加起来即是一笔不小的数目，直接补贴增加了企业的收入，税收优惠减轻了企业负担，体现了政府对企业经济上的支持。

三是制定对中小企业的支持援助和税收优惠政策必须以法律法规为依据，制定具体的实施措施也要以相关规章条款为基本原则。德国政府认为，没有法律依据的政策措施不能出台，确有必要的政策也需先经过议会讨论通过，形成新的法律法规后方可制定相关政策措施。现今的德国被认为是一个法制最为健全的国家，任何个人、部门、机构都不能逾越法律的范围，政府部门必须依法行政。这样可以避免不负责任的政府行为发生，规避使用财政资金方面的风险，也可减少官僚主义对社会经济发展带来的危害。

四是各级政府之间分工协作，相互配合，共同支持中小企业的发展。从一些财政补贴和税收优惠政策的实施方案中可以看出，德国三级政府在落实企业优惠政策方面各尽职能，按事权财权划分及其按比例承担资助中小企业发展的经济责任。德国是联邦制国家，联邦政府与各州政府之间是平行关系，不是从属关系。各州政府在遵守德国基本法的前提下自主行使自治权。地方政府与州政府之间是从属关系，但地方政府有自己一级的事权与财权。三级政府事权划分明确，财权分配清晰，在责任区间上没有空白，因此德国的三级政府能够较好地分工配合，共同承担扶持中小企业发展的经济责任。这与德国较为完善的财政体制、事权明晰的政府间分配制度也是密不可分的。

五是注重对中小企业优惠政策实施过程中及实施效果的审计监督，保障优惠政策的正确执行。政府部门在制定优惠政策和具体实施措施时必须同时制定审计监督措施，规定审计检查重点，在实施过程中正确把握政策要点，加强事前、事中、事后的审查监督，这样可以避免在政策措施执行过程中出现差错，尽可能地杜绝违法行为的产生。

第5章

日本扶持中小企业发展的财税金融政策

- 日本中小企业发展概况
- 日本扶持中小企业发展的财政支出政策
- 日本扶持中小企业发展的税收政策
- 日本扶持中小企业发展的间接金融政策
- 日本扶持中小企业发展的直接金融政策
- 2008年以后的中小企业扶持政策

5.1　日本中小企业发展概况

5.1.1　日本中小企业政策形成背景

日本被称为“中小企业之国”，据 2009 年日本总务省统计，日本有企业 421.3 万户，从业人员 4297 万人，其中大企业约 1.2 万户，中小企业 420.1 万户，占 99.7%，从业人员 2834 万人，占 66%。日本的高就业率与中小企业数量众多且健康发展息息相关，而这与政府主导支持密不可分。有日本学者认为“没有中小企业的发展就没有日本的繁荣”。日本的中小企业不但构成了大公司、商社的生产基础，甚至构成了日本国民经济的基础。中小企业对日本能在较短期间内成为世界经济强国发挥了巨大的作用，为日本经济的发展和地方财政的稳定作出了重要贡献。日本的中小企业具有较强的制造能力，生产出的产品始终保持世界较高水准。世界著名的松下、东芝、丰田等日本企业都是从中小企业成长起来的。

按照日本《中小企业基本法》（1963 年），中小企业的含义是指资本金在 3 亿日元以下或者员工人数在 300 人以下的法人企业或从业人员在 300 人以下的个人企业。另外，资本金在 2 亿日元以下或从业人员在 100 人以下的批发企业、资本金在 5000 万日元以下或从业人员在 100 人以下的零售企业也叫中小企业。

日本中小企业政策的实施主体是经济产业省的中小企业厅及地方政府。日本政府注重加强对本国中小企业的组织领导，设置了众多管理和促进中小企业发展的官方及民间机构，形成了以经产省中小企业厅为主导，以地方政府为基础，以民间团体为补充的官民结合的扶持机构体系。中小企业厅设立在经济产业省，是日本政府管理小企业的最高行政机关，其主要任务是反映中小企业的要求和希望、调解大企业和中小企业之间的矛盾、帮助解决中小企业的资金困难等。中小企业厅并不直接对中小企业进行领导和管理，只是根据政策和法律，对中小企业融资、技术开发等方面进行指导和扶持。此外，依据《中小企业基本法》，政府还从财政预算中拿出大量资金设立了各种职能审议会，包括中小企业政策审议会（日本中小企业的政策咨询机构）、中小企业经营领域调整审议会、中小企业现代化审议会、中小企业稳定审议会、中小企业事业团、商工会、中小企业协会、信用协同组合、商店街振兴组合等。各个团体的职责不同，但在维护中小企业的合法权益、调动中小企业的生产积极性、保障中小企业的健康发展等方面都起着十分重要的作用。这些机构是总理大臣或省、厅首长的咨询机构，负责研究审议有关中小企业的政策和法律。同时还建立了遍及全国的中小企业信息网络，收集国内外与中小企业有关的各种经济、技术资讯，并通过中小企业地区信息中心和各地的中小企业局，将资讯提供给中小企业。最后，经产省给日本地方政府（相当于我国区级政府的地方政府）外派专门的常驻官员，一般工作三到五年时间，专门为中小企业提供服务。经产省出资，在每一个区级政府聘请专业的企业咨询师，特别是财务方面和管理、工程技术方面的咨询师，组成中小企业诊断师，帮助当地中小企业提高财务管理水平、企业管理水平以及工艺水平。

日本的地方政府指的是都道府县、市町村及特别区。都道府县一般是接受中央的政策，市町村、特别区则各自出台具有自身特色的政策。中央政府和地方政府之间曾经是上下级关系，中小企业政策由中小企业厅制定，地方政府负责贯彻执行。1963年日本经济处于战后复兴时期，出现了“高速增长的大企业与落后的小企业的经济二重结构”矛盾，在此背景下，日本国会颁布了《中小企业基本法》，从装备水平的提高和交易条件的改善两方面促进中小企业的发展。但从1999年实行《地方分权一括法》后，中央和地方变成对等合作关系，同年修订了《中小企业基本法》（新基本法），修正《中小企业基本法》的目的就是为了缩小大企业与中小企业的差距，减小行业差距，推进规模优势和业务转变，纠正不公平交易，改善业务环境以纠正中小企业市场活动中的违规行为，同时推进政府采购的公平交易和机会。新基本法规定：“地方公共团体有义务遵循基本理念，和中央适当分担责任，根据地方公共团体的区域自然社会诸条件制定及实施中小企业政策。”该法将中小企业重新定位为国家活力的源泉，希望其能带动国家经济发展。政府对于中小企业的立场，也由指导改为支援，通过融资、信用保证及资本形成等方式，扶持中小企业成长。自此以后，地方政府开始有责任和义务制定并执行中小企业政策。

日本政府一直以来都支持中小企业多样、自主、有力的发展，因为日本政府认识到中小企业是国民经济的基础，是社会活力的源泉，所以一直致力于创新管理与促进创业，为初创的中小企业提供多种支持工具；同时，加强管理基础，提高设施、技术、人力资源、信息等的支持力度。在中小企业集中的地区，日本政府还出资建立专门的产品技术升级研发中心和产品检验中心。中心具备先进设备，供自身经济条件不够又需要做模具的中小企业利用。因为有政府补贴，这种研发机构收费相对较低，可以提供低价格、高品质的服务，帮助中小企业起步和发展。

为确保中小企业发展所需资金，日本政府十分重视政府金融机构为中小企业服务的职能，同时针对中小企业起步初期风险较大，以及在经济低迷时期一般商业银行“嫌贫爱富”的实际情况，成立了专门以中小企业为服务对象的中小企业国民金融公库及中小公库等政策性金融机构。在融资方面，针对中小企业发展不稳定，尤其是在经济不景气时期，经营困难等情况，设立了8种紧急融资对策。在信贷方面，政策性金融机构的借贷条件比民间金融机构宽松，且利率相应也较低，贷款周期也较长。为新设立企业、经营困难的企业、金融机构不愿放贷的企业以及20人以下的小规模企业提供无抵押、无担保的小额贷款；通过发行贴现、带息和利息一次付清的金融债券，为中小企业团体提供便利的融资和稳定的资金支持。日本政府在强化政策性金融机构为中小企业发展服务的同时，还通过必要的指导，鼓励和支持民间金融机构拿出适当的资金帮助中小企业发展。另外，政府还给予中小企业所得税、增值税、折旧等方面的税收优惠。例如，日本政府规定，吸收残疾人就业的企业，其折旧如果能在5~6年内完成，可以不缴税。中小企业的折旧可以在3年以内折完的，可以不缴税。中小企业对地方经济的发展有巨大的作用，地方政府为中小企业的地方导入设置了诸多优惠政策，如把地方政府的设备无偿地借给中小企业，如果得到地方政府资助的中小企业能够在规定的折旧期限内完成折旧，设备就归企业所有。再有，中小企业出现年度亏损，当年的税收可以转入下一年补缴。此外，对于中小企业中微型企业，日本政府在税收、信贷方面还制定有一套相应的扶持政策。正是日本政府的这些政策，才成就了日本中小企业今天的发展。

日本经济产业省从2001年开始实施“产业集群计划”，但同时以“防止过度竞争”为指导思想，在充分发挥和运用市场机制的前提下，防止企业垄断和过度竞争，充分发挥企业的活力。而在推行大企业战略的同时，日本政府也对中小企业实行了诸多保护措施，从财政、金融和政府采购等方面提供优惠政策，促进中小企业增强竞争力。

5.1.2　日本中小企业的政策演变历程

第二次世界大战后，日本的中小企业振兴政策主要经历了三个阶段，即战后经济复兴期、高度经济成长期及安定成长期的振兴政策。不同阶段出台了不同的政策，并先后制定和完善了《中小企业基本法》、《国民金融公库法》、《中小企业金融公库法》等法律法规，使日本政府能够通过财政、金融辅助手段对中小企业进行适当的支持和帮助。同时，这些日臻完善的法律规范使支持中小企业的行为成为长期的法律行为，这对于促进日本中小企业的发展具有重要的意义。

第一阶段是战后经济复兴期。二战后期，日本的国民经济遭到了巨大损失。但战后日本从战争的废墟中迅速崛起，国民经济快速恢复和发展，实现了经济大腾飞。这一成就的取得，除了归功于日本世界超一流规模水平的国际大企业，更重要的是有众多具备独特技术的中小企业。在国民经济恢复过程中，日本经济政策的重心是把资金、材料等有限资源向大企业倾斜，重点投入到某些基础产业部门。大企业在此产业扶植政策支持下，积极进行合理化投资，扩大企业。而中小企业因资金和生产资料供应不足，无法进行必要的投资，机器设备老化等情况随着日本经济发展逐渐恶化，逐渐陷入困境。其结果是中小企业和大企业的差距越来越大，形成日本经济的“双重结构”。为此，日本所采取的中小企业振兴政策主要对中小零星企业给予保护，政策比较消极，自由放任，缺乏对中小企业的培养。日本政府早在1940年就对中小企业从业人员进行了明确界定。1950年又从资本金和从业人员两方面界定中小企业，规定资本金在1000万日元以下，或从业人员在300人以下的企业为中小企业。1947年11月内阁在“中小企业振兴政策纲要”中提出要建立技术指导。经营诊断制度的同时，设立专门的中小企业指导机构。

第二阶段在高度经济成长期。该阶段日本对中小企业分布较多且发展较快的机械零配件行业、纺织行业及电子行业，制定了专门的行业振兴政策，并于1956年制定《中小企业振兴资金助成法》，向为中小企业提供贷款的各个都道府县公布政府方面的补助金额。1953年日本政府经济白皮书指出：“由于企业大小规模的差距扩大，在日本的现代化大企业与建立在非现代化的中小企业之间出现了两极对立，因而消除大企业和中小企业之间的‘双重结构’便成为当务之急。”同时，由于对外贸易的扩大和现代科技的发展，大企业有向中小企业领域扩张的需求。于是，日本政府开始认真对待中小企业问题，致力于纠正消除大企业和中小企业之间的“双重结构”，先后制定了一系列中小企业政策。日本政府从20世纪40年代开始相继颁布了30多种关于中小企业政策的主要法律，形成了相对独立、较完整的中小企业法律体系。1948年出台了《中小企业厅成立法》，1963年出台了《中小企业基本法》，该法成为日本中小企业政策的纲领性法规。《中小企业基本法》从产业结构的高度化，国际竞争力的提高及国民均衡发展层面，系统化了以往出台的各项中小企业政策，并确立了中小企业政策的基本思路与理念。其政策目标被定为：在改善中小企业发展环境的同时支持中小企业的自主努力，缩小企业间的各种差距，改善中小企业的生产效率和交易条件，提高中小企业经营者的社会经济地位。

第三阶段以1999年12月完成《中小企业基本法》修正案公布实施为标志。新的《中小企业基本法》体现出日本的中小企业政策在理念、政策目标及政策手段上发生的根本转变。日本政府尝试了用“产业集约模型”取代作为旧基本法前提的“双重结构模型”，对中小企业的现状进行了重新的评估。政策目标上，从过去的缩小中小企业与大企业在生产率上的差距，进行产业结构的高度化合增强产业的国际竞争力，转变到现在的形成新产业和通过产业革新来维持和强化经济活力，把“富有活力的独立的多样化中小企业的成长和发展”作为具体目标。

5.1.3 2008年国际金融危机对日本中小企业发展的影响

2008年，随着美国次贷危机的加深，全球经济危机爆发，日本实体经济也普遍遭受重创。中小企业本身就具有经营条件脆弱、信息披露不足等特性，很难从市场上进行直接融资，中小企业对银行依赖程度较高。但是国际金融危机发生之后，中小企业经营业绩恶化以及信用能力下降，加上银行本身放贷能力减弱，使得银行不得不减少对中小企业的融资，加强以大企业为中心的借贷业务。中小企业经营状况恶化，出口锐减，加上银行信用收缩的影响，导致中小企业融资变得更加困难。

在次贷危机发生后，虚拟经济逐渐波及实体经济，日本国内相继出现了破产、失业、物价上涨、股价重挫、内需低迷、出口锐减等一系列问题。从2008年开始，日本经济的外需、设备投资和个人消费都急速减少。尤其是中小企业设备投资减少明显，出口持续下降，产品库存大增，企业盈利减少，日本政府不得不实施重建计划和减薪对策，这又导致失业率增加和收入减少，进而影响消费，使实体经济陷于恶性循环之中，中小企业经营困境难以在短期内改善。2007～2009年，企业倒闭数量明显增加，2010年，倒闭事件有所下降。这与日本政府实施的“景气对应紧急保证制度”和“中小企业金融协调法”（实施期限：2009年12月4日～2012年3月）等支持措施有关。

2011年初，日本中小企业发展呈复苏趋势，但是，日本大地震导致以东北沿岸为中心的地区不仅遭受了地震带来的重大灾害，还出现了核泄漏事故、电力供给不足等种种负面因素，中小企业经营情况出现大幅恶化。随后的日元升值、原油价格飙升等不利因素，日本中小企业发展的风险加大。为此，日本政府制定一系列相关支援政策以鼓励、帮助中小企业走出困境。第一，从中小企业的立场出发，为了营造便于创业、拓展新业务的发展环境，政府制定一系列计划：以提升中小企业经营能力为目标的强化经营支援体制计划，提升中小企业技术能力的研究开发计划以及促进中小企业开展新业务、帮助中小企业开辟销路的计划。第二，为了协助中小企业的人才培养、确保中小企业拥有足够的人才，制定中小企业人才培养计划。第三，为了补充中小企业海外发展支援体制，制定支援中小企业海外发展等计划。第四，为了让中小企业对当地和社会作出更多贡献，政府将尽力为其营造公平公正的市场环境，促进中小企业贸易公平化、积极开发当地社区商业街。此外，为了让中小企业更好地适应经济和社会环境的变化，日本政府把重组支援计划等作为重要政策课题，同时，大力推动本国经济社会从日本大地震中迅速恢复，确保中小企业稳健发展。

5.2　日本扶持中小企业发展的财政支出政策

中小企业作为不可或缺的经济细胞，在世界各国的国民经济中都扮演着重要角色。中小企业融资难问题也是一个世界性的课题。无论发达国家、新兴工业国家，还是发展中国家，都存在大量中小企业。中小企业的大量存在是一个不分地区与发展阶段的普遍现象，是经济发展的内在要求和必然结果。在一般信贷市场上，中小企业由于自有资本金少、信用度不高、经营风险较大，很难获得贷款，即使有些中小企业能够获得贷款，也要比大企业支付更多利息。日本政府注意培养中小企业成长，在金融和税收上对中小企业实行有别于大企业的政策。

2010年10月26日，日本政府通过了总规模达5.09万亿日元（约合630亿美元）的2010财年补充预算案。补充预算案中，财政支出规模比此前确定的经济刺激计划增加了

400亿日元。2010年10月8日，日本政府已出台财政支出规模约5.05万亿日元的经济刺激计划，希望以此促进就业、扩大内需、推进经济增长并应对日元升值，阻止日本经济下滑。但日本经济的问题不是经济刺激计划能够挽救的。在历时十几年的经济低迷后，又遭受全球金融危机的冲击，居高不下的失业率加之日元的长期走高使日本经济雪上加霜。日本的中小企业占企业总数的99.7%，中小企业的就业人数高达日本就业总人数的80%以上。为此，日本政府曾寄希望于通过促进中小企业而增加就业，但现实收效颇微。在政府积极鼓励的政策之下，日本的中小企业仍然无法摆脱金融危机的影响，经营不佳和企业破产已经司空见惯。

5.2.1 预算支持

表5.1 日本政府总体对中小企业预算投入及变化 单位：亿日元，%

年份	政府总体	增长	预算	占预算比	实际GDP	占GDP比
2006	1616	—	796860	0.203	5124519	0.03
2007	1625	0.56	829090	0.196	5236858	0.03
2008	1761	8.37	830610	0.212	5182309	0.03
2009	1890	7.33	885480	0.213	4895885	0.04
2010	1911	1.11	922990	0.207	5113016	0.04
2011	1969	3.04	924120	0.213	5074787	0.04
2012	3356	70.44	903339	0.372	5178263.9	0.06

注：2012年GDP为估算值。预算指一般账户当初预算。

资料来源：根据日本中小企业厅历年《和中小企业有关的预算概要》整理而成。

日本政府在财政预算中设立了中小企业科目，主要用于中小企业支援中心建设、技术开发、中小企业金融支持和信用担保等。近年来，为了促进中小企业的发展，日本政府在预算上的投入逐年增加。2006年，预算投入为1616亿日元，2012年为3356亿日元，短短几年，翻了一倍之多（见表5.1）。2008年世界经济危机的爆发致使日本中小企业及小规模企业利润下降。日本政府于2008年10月制定出“生活对策”，投入30万亿日元规模的资金帮助中小企业在世界形势激变过程中克服困难。2009年，伴随世界经济的减速，日本出口继续减少，经济陷入不景气，中小企业及小规模企业的境况变得更加严峻。在2009年的中小企业对策中，根据“生活对策”，结合2008年度的补充预算，不间断地实行紧急对策，帮助中小企业适应经济剧烈变化的背景，实现结构转型及强化体质。2012年预算中中小企业相关支出剧增，较2011年增长70.44%。这是由于2011年3月发生的东日本大地震发生后的灾后恢复重建费所占比重较大。除去灾后复兴重建费，政府2012年总体对中小企业投入预算资金为1802亿日元。

为帮助日本走出低迷的经济，日本政府2009年12月宣布了总额为24.4万亿日元的经济刺激计划。日本政府2010年9月10日公布了总规模为9150亿日元（约110亿美元）的新经济刺激计划，是2009年经济刺激计划的延续。新经济刺激计划旨在促进就业、拉动内需，以应对日元汇率近期走高对日本经济造成的下行风险。新经济刺激计划的主要内容还包括：政府开支约1750亿日元，鼓励企业雇佣毕业3年内没有就业的高中和大学毕业生，并通过减轻中小企业资金负担以稳定就业市场；开支1200亿日元，以促进企业在日本国内投资，并大力支持中小企业开拓海外市场；开支约4500亿日元，以刺激消费并延长家电、住房等消费优惠政策的时限；开支1650亿日元，以加强学校、医院等的防灾能力等。

2011年，日本政府为了应对日元升值、泰国洪水及欧债危机等影响，于2012年2月追加了2011年度第四次补正预算，金额为25000亿日元，追加的预算主要用于中小企业金融对策、技术创新点支持等。追加的预算中，用于信用保证协会对中小企业从金融机构贷款进行担保及日本政策金融公库向中小企业进行的低息贷款的预算为7413亿日元，目的是给日元升值压力下苦于经营环境恶化的中小企业以融资便利。

5.2.2　中小企业就业扶持支出

日本政府层面对中小企业的就业扶持措施主要包括三个方面：一是调整产业结构，创造新的就业需求，大力发展低碳技术和健康产业。二是加大就业财政投入，“实现稳定的就业”。三是鼓励中小企业发展，创造更多的就业机会，日本政府制定了诸多优惠政策，如简化注册手续、提供贴息贷款和廉租商业用房、组织培训、减免税收及提供免费法律咨询与市场分析等。在中小企业自身层面上，积极推行“工作分享制”①，日本政府、日本经济团体联合会、日本劳动组合总联合会三方就推动实施“工作分享制”达成一致，以稳定和促进就业。法律层面上，立法强制保护，日本颁布了《零短工劳动法》、《劳动者派遣法》，为通过职业介绍的失业者提供了更多择业机会，并要求企业放宽限制，提高就业的灵活性。工会层面上，工会组织权利较大，能够直接与企业开展谈判，这为保证平等就业，保障劳工合法权益提供了基础。

自从2008年的国际金融危机爆发之后，日本国内大学生就业形势日益严峻。为解决大学生的就业问题，日本政府从政策入手，多管齐下，帮助大学毕业生实现就业。日本政府着眼于引导更多的大学毕业生到地方企业及小企业工作，日本经济产业省和日本工商会搭建了专用的网络平台，免费为有用人需求的小企业和就业困难的大学生之间搭建沟通的桥梁，登录该平台的大学生有的最短在2个星期内便能拿到企业的录用通知。另外，为了让大学毕业生积攒更多的实践经验，日本政府鼓励企业接受大学生实习。2010年，日本中小企业厅推出了应届大学毕业生就业支援项目，政府拿出108亿日元专项资金给予符合条件的实习生每天7000日元的技能学习补贴，同时企业每接受一名实习生将得到每天3500日元的教育训练补贴和1300日元的实习学生宿舍补贴。

---

① 工作分享制：通过缩短和调整工作时间来增加工作岗位的就业制度。

Recruit Works 研究所[①]曾针对2012年3月毕业的大学生进行过一项调查，调查结果显示，希望在员工人数达到1000人以上的大企业就职的学生人数为21.28万人，而希望在中小企业（员工不足1000人）工作的学生则共有22.17万人。这是自1999年日本金融危机导致就业形势恶化后，首次出现希望到中小企业工作学生人数超过大企业的情形。尤其是希望到5000人以上的大企业就业的学生人数较2011年度同期大幅减少，幅度达到15.2%。而希望到300~999人的企业工作的人数却出现了同比增长2.9%的态势。

目前，日本政府方面也正在积极采取措施，继续拉近毕业生和中小企业之间的距离。2012年6月12日，日本政府又出台了“青年雇佣战略”，其中就明确要求地方政府除了要做出当地优良中小企业的基础数据，还要强化中小企业招聘信息与职业中介机构和大学之间的联系和合作。在2012年春季毕业的大学生中，仅1~3月期间就有15543人通过职业中介机构找到了工作，对象基本都是中小企业。

5.2.3 中小企业产品政府采购支持

日本政府支持采购中小企业产品的措施的主要着重点在于，通过实施交易公平化，为中小企业提供一个公平的交易条件。为此，日本政府制定了《政府公共团体需求法》、《确保官方需求从中小企业订货法》。这两个法律保证了中小企业能获得平等的官方订货机会。在转包制中，为防止大企业利用不正当手段，挤压中小企业，日本政府还制定了《转包代金延迟支付等防止法》。为了确保中小企业接受官方公共需求的订单，每年内阁会议制定《关于中小企业者的国家合同方针》，国家对公共事业的支出，必须从中小企业采购。

2011年，为了确保在官方公共需求中中小企业有平等的订货机会，2011年6月内阁会议通过了2011年“和中小企业有关的国家合同方针”，规定了增大中小企业获得政府订单的机会，同时设定面向中小企业的合同目标比例设为56.2%。中央要求各个地方采取措施贯彻该政策，并在全部的都道府县召开说明会。

5.2.4 中小企业创业支出

日本《中小企业基本法》规定，国家采取提供信息、培训、资金支持及其他必要措施，促进中小企业创业。日本中小企业创业在融资支援方面，以政府金融机构为主，如中小企业金融公库、商工组合中央金库、国民金融公库、中小企业投资育成公司等政府金融机构；在信用补充方面，以信用保证协会的信用保证为主，辅以中小企业综合事业团的融资信用保险；资本形成方面，以中小企业投资育成公司对中小企业投资，以鼓励中小企业投资、创新企业。在地方层级，对中小企业资本形成主要是通过创新财团对中小企业进行投资。

---

① 日本的民间调查机构。

5.2.5　建立中小企业诊断制度

为中小企业发展提供服务。建立中小企业综合指导所，对中小企业进行诊断、指导。诊断制度是日本中小企业的支柱，在世界上也是首创。中小企业诊断协会是民间团体，但政府赋予其一些政府职能，代替政府行使一部分权力。其诊断内容主要是低息融资、新兴企业的补助金、企业的组织化、技术指导等。日本政府充分利用这一优势，并借助于民间团体组织，为中小企业提供信息和服务。

5.3　日本扶持中小企业发展的税收政策

日本政府通过立法规范税收优惠政策，并注重政策的连续性、稳定性及协调性。为实现政府政策目标，日本政府通过立法当局针对不同类型、不同行业、不同性质的中小企业制定并实施不同的优惠政策，以期从法律上保障中小企业的税收扶持政策的有效实施，从而保障中小企业的权益。

日本政府注重培育具有高度活力的中小企业成长机制，重视中小企业与大企业的分工协作，设立了以中小企业为对象的税收优惠制度。该制度主要在税收方面制定了各种中小企业税收减免政策，给予中小企业一定的税收优惠。优惠措施包括一般措施及根据个别法律的特别措施。一般措施包括个人事业者、法人、消费税及地方消费税的中小企业措施、促进设备投资的特别措施、促进试验研究的特别措施、人才培养的特别措施、促进就业的特别措施、节能及引入新能源的特别措施、预防公害、回收利用的特别措施、天使税制①等。特别措施包括设备投资减税、土地转让所得的特别扣除等。2008 年国际金融危机发生后，日本政府出台了一揽子针对中小企业的扶持计划，包括中小企业减税方案在内，投入总计 5 万亿日元。

5.3.1　法人税优惠政策

对个人事业者，除了扣除所得税中的基础扣除、配偶扣除、配偶特别扣除、扶养扣除以外，根据事业专从者收入扣除制度进一步减轻税收负担。地方税中的居民税等以个人事业者为对象采用特别制度。

① 日本通过“天使税制”对投资于风险企业（类似于我国的科技型中小企业）的天使投资人给予税收优惠。

对中小企业法人，实行法人税（相当于我国的企业所得税）优惠。法人税税率如下：资本金1亿日元以上的法人税税率为30%。资本金1亿日元以下的法人，对年度所得不超过800万日元的部分，法人税税率为18%。2008年金融危机之前，注册资金1亿日元以下的中小企业所得税税率为：800万日元以上部分30%，800万日元以下部分22%。为了应对金融危机的冲击，日本自2009年4月1日开始将中小企业法人税率进一步降低，对年度所得不超过800万日元的中小企业所得税税率由22%降至现在的18%。对具有公益法人性质的中小企业，年所得超过800万日元的部分实行22%的法人税税率，800万日元以下部分按18%的税率征收。

2008年经济危机发生后，日本政府进一步对中小企业实行政策倾斜，对于注册资金1亿日元以下的亏损企业，实施退还其上一年度的法人税的优惠制度，优惠政策实施时间为一年。按照目前法律，该制度只适用于1992年以后成立，且成立时间不超过5年的中小企业。

2011年日本税制修订法案及复兴财源确保法案中提到降低法人税税率，这两个法案于2011年11月成立。根据该两个法案，从2012年4月开始，法人税税率从30%降到25%。如果包括地方税，法人实效税率，如东京，从40.69%降到35.64%，降低5.05%。中小减免税率也由18%降到15%。但是，复兴特别法人税（法人税额的10%）从2012年4月开始将征收3年，这期间实际法人税率为28.05%，中小减免税率为16.5%。

5.3.2 消费税优惠政策

日本对中小企业消费税（日本的消费税相当于我国的增值税），也实施特别优惠措施。包括事业者免征点制度、简易课税制度及进项税扣除等。事业者免征点制度指的是对于上上年度或上上营业年度的应税营业额在1000万日元以下的企业无需缴纳消费税。但该制度不适用于从上上年度开始连续六个月纳税营业额超过1000万日元的企业。另外，为了减轻中小企业的负担，还设置了简易课税制度。适用这种制度时，无需计算进货价格中所包含的实际税额，而是以营业额为基础计算出相应税额，再乘以一定的设定进货率，将其所得金额视为进货价格中所含的税额。但是该纳税期间的上上年度或上上营业年度的应税营业额在5000万日元以下、且事先提出申报表示同意适用简易课税制度的经营者，可以适用简易课税制度。此种情形，不再计算应扣除的实际的进货税额，而是设定一定的进货率作为应税营业额税额的折扣率。

5.3.3 特别折旧及固定资产税优惠

为了促进中小企业进行设备现代化改造，提高中小企业的生产力，日本政府采用财政补贴给予支持。包括中小企业投资促进税制、中小企业基础强化税制、中小企业信息基础强化税制及小额折旧资产的购入价损失算入的特例制度。为促使中小企业的设备现代化，日本政府提高中小企业固定资产折旧率，在一般折旧之上又增加了特别折旧（如超过过去

5年设备投资的平均值时，第一年可折旧30%）。日本自20世纪70年代推行加速折旧方式以来，对新兴产业的设备使用年限缩短至4～5年，对于新开业企业所购入或租借的设备的机器设备（须经认定）和现有企业为提高技术能力而购入或租借的机器设备，在第一个年度内或是作30%的特别折旧，或是免交7%的税金。对固定资产的特别处理，如对企业协会、医院或诊疗所等所拥有的固定资产以及环保设施中的特定固定资产，免征固定资产税。为了有效使用机械设备，对中小企业共同使用的机械设备3年内减半征收固定资产税。日本注重培育具有高度活力的中小企业成长机制和重视中小企业与大企业的分工协作。中小企业进行联合实现集团化，将降低联合体的税率。目前，日本有60%的中小企业加入了大企业与中小企业分工协作体系。其他国家都远远低于这一水平（一般西方国家为大企业配套的中小企业数仅占中小企业总数的30%左右）。中小企业组成各种合作组织，则按27%的优惠税率纳税。1985年，日本还出台了中小企业技术基础强化税制，规定中小企业在税制适用年度投入试验研究费总额的6%可从法人税或所得税中扣除，但扣除额不能超过税制适用年度法人税或所得税的15%。

5.3.4　鼓励技术创新的财政补贴

日本中央政府每年制定向中小企业经营者支付研究开发委托费和补助金的预算，鼓励中小企业技术开发和创新，并对研究开发成果的产业化给予特定财政补贴。中小企业开发新产品、新技术，生产高附加值产品等，经都道府县知事批准，可获得低息贷款和领取补贴。

日本政府建立了各种咨询机构，帮助中小企业提高技术和管理水平，在都道府县均设立了中小企业综合指导所、工业技术中心或工业试验场，负责对中小企业进行技术指导、分析和试验，培训人才。同时，减免税赋，提供低息贷款，支持中小企业从事技术开发。政府系统的金融机构向中小企业提供低息优惠贷款，或采用低价租赁设备的方法，鼓励企业进行必要的设备投资。此外，政府拨出资金，鼓励中小企业与政府系统的研究机构、大学等进行联合研究，日本政府还设立知识产权中心，促进专利技术的流通和中小企业引进专利技术。日本政府技术创新政策主要包括财政补贴、税收优惠和贷款优惠等三大政策。日本是世界上向中小企业提供财政补贴最多的国家，每年都要实施200多项财政政策。财政补贴政策是政府直接对企业技术创新项目进行补贴，项目经费50%左右由政府补助金提供。税收优惠政策是政府对有关产业技术研究与开发活动减免税收，如在《关于加强中小企业技术基础的税制》中规定对中小企业研究开发和试验经费免税6%。另外，对试验研究费用超出销售额3%的中小企业和创业未满5年的中小企业，实施设备投资减税。贷款优惠政策是政府通过政策性银行，以低于商业银行的利率向企业研究开发活动提供贷款。

5.3.5　区域性税收优惠

出于发展地区经济的需要，日本注重实行区域性税收优惠以吸引投资，尤其是对经济落后地区的中小企业发展。日本1950年日本通过了《北海道开发法》，并在中央政府内设置了北海道开发厅，由北海道开发厅制定了一系列的特殊政策，鼓励北海道地区中小企业的开发和发展。日本政府所制定的减免税政策主要包括：减轻中小法人的法人税率、中小法人债务准备金的特别处理以及固定资产税的特别处理等等。

5.3.6 遗产税优惠

另外，还降低遗产税税率水平，以帮助中小企业克服在公司重组等情况下产生的涉及继承的问题。此外，日本还在消费税纳税、取得不动产、继承事业、促进研究开发环保、节约能源、废物利用等方面给予中小企业以税收优惠。

5.3.7 中小企业法人债务准备金的特别处理

日本的法人税法规定：按债务比例每年积累的债务准备金所得作当年的坏账；中小企业法人债务在次年不必全部清账，还可提取16%作为积累，用于企业的投资扩张。

5.4 日本扶持中小企业发展的间接金融政策

日本政府重视中小企业的作用，实施了大量的政策来扶植中小企业，金融方面的措施是其中的重要组成部分，在长期的发展中也形成了一套较为完善的中小企业间接融资体系。日本中小企业外部融资的主要渠道是间接融资，直接融资的比重较小，因而间接融资体系的完善是日本政府支持中小企业发展的重要金融措施。日本中小企业间接融资体系的运行可以概括为在国有金融机构的引导下，在信用担保和保险组织支持下，大量民间金融机构积极参与。日本中小企业的间接融资体系发展至今已经比较完善，政府通过国有金融机构以及信用补充系统作为调控、扶植的手段，利用竞争，引导以赢利为目的的民间金融机构成对中小企业贷款的主体，保证中小企业需要的资金。

日本间接融资体系主要有两个特点：一是有比较健全的中小企业贷款机构。其中包括大量的都市银行、地方银行、互助银行、信用组合及信用金库等民间金融机构，这些民间金融机构是中小企业融资的主体，贷款对象主要为会员中小企业和所在地的中小企业。此外，一般在市一级行政级别，政府都设有小规模事业金融公社，目的是为中小企业融资。更重要的是，日本政府设立了专门为中小企业服务的国有政策性金融机构，政府通过政策性金融机构来引导民间金融机构向中小企业融资，但政策性金融机构一般不直接或单独对中小企业投资。政策性金融机构在中小企业间接融资额中所占比重约为10%左右。国有政策性金融机构包括中小企业金融公库、国民生活金融公库、商工组合中央金库等。这些机构是民间金融机构的补充和完善，为中小企业提供具有国家政策导向的不同期限的、低利率的贷款。二是有比较完善的中小企业信用补充体系。该体系包括两个组织机构：一个是中小企业信用担保系统，组织机构是中小企业信用担保协会；另外一个是中小企业信用保险系统，组织机构是在中小企业综合事业团里的中小企业信用保险公库。中小企业向金融机构申请的贷款可以通过信用担保协会进行担保，然后由信用保险公库对该笔贷款进行保险。这样通过对贷款的担保以及再保险，降低了贷款给中小企业的风险，增加了中小企业获得贷款的几率。

5.4.1　政策性金融机构

在对中小企业的金融支持方面，日本是世界上做得最好的国家之一，为了促使中小企业的发展符合政府产业政策的需要，在政策金融领域，政府通过设立不同种类的国有政策性金融机构为中小企业的发展提供资金支持。日本战后成立的政策性金融机构有效缓解了中小企对资金的需求，政策性金融机构对中小企业的先行融资引导了民间金融机构对中小企业的融资。

由于中小企业在金融领域市场配置资源力量不足才建立了政策性金融机构，因此其经营被限定在中小企业无法从民间金融机构获得资金时才会提供资金方面的援助。日本政府设立专门的政策性金融机构，提供多种融资服务，帮助中小企业解决资金困难。主要包括中小企业金融公库、国民金融金库、商工组合金融公库、环境卫生金融公库、冲绳振兴开发金融公库等对中小企业提供优惠贷款的金融机构等。这些金融机构向中小企业提供的贷款利率较市场其他金融机构的短期贷款利率低2%～3%，并且时间变为长期贷款。其中，专门服务于中小企业的政府金融机构，主要有国民金融公库、中小企业金融公库和商工组合中央金库3家。国民金融公库（总行及各分行，全国152家）是1949年根据《国民金融公库法》由政府出资设立的金融机构，它主要向中小企业发放维护生产用的小额贷款、事业资金贷款及升学资金贷款。中小企业金融公库（设置在各都、道、府、县，共59家）是1950年根据《中小企业金融公库法》由政府出资设立的全国性政策性金融机构，它主要是对所需长期资金有困难的中小企业提供长期固定利息贷款及政策性特别贷款，重点支持新发明，建立新企业，改善经营，开发新技术等活动。商工组合中央金融金库（设置在各都、道、府、县，国内100家，国外2家）是由中小工商业者共同出资组成的公私合作性质的金融机构，主要服务对象是中小企业协同组合及其他中小企业，类似于信用合作社。其存、贷款对象限于出资团体和金库成员，是一种部门性金融机构，受到政府的特别关照。中小企业金融公库、国民金融公库及商工组合中央金融金库这3家机构的资金来源主要是政府的财政投资或者发行债券，它们在市场中不是竞争关系，而是相互补充的关系。这3家机构对中小企业发放的贷款金额占日本金融整体的10%左右。其余4家金融公库都是由政府全额出资组建的政策性金融机构，主要是针对中小企业设备资金和长期周转资金不足的问题而提供中长期政策性信贷支持，其服务对象针对不同行业、不同地区的中小企业各有侧重点。

中小企业金融公库只发放贷款，不吸收存款。资金来源的80%由政府财政预算拨付，20%由政府担保发行债券解决，资金增量纳入财政预算逐年安排，中小企业公库为法律确定的特殊事业法人，免交一切税费，贷款损失由财政补贴。公库对中小企业的贷款可以主要通过两种形式：一是通过遍布日本的中小企业金融公库及其部门，分支机构进行直接贷款；二是通过几乎全部的民间金融机构来代理贷款，贷款的年息约2.5%左右。中小企业金融公库对中小企业的贷款有一套完整的审批程序。中小企业金融公库主要支持较大规模的中小企业，资金运用包括两大类：一类是向中小企业提供购买设备，包括土地、厂房、机械等进行长期周转的一般贷款；另一类是向中小企业发放特别贷款，帮助其采用新技术以振兴出口。

商工组合中央金库主要是为商工组合的会员企业发放资金。同时，对不同贷款数额、审查条件和贷款利息，优惠上也有所不同。一般情况下，初创时期的企业可先到商工组合中央金库申请1000万日元无需担保的贷款，取得后仍不够的情况下，可到中小企业金融公库再申请。各金融机构的贷款对象不同，贷款利率也有所不同，但共同特点是贷款利率较低、期限较长、经营非赢利性、经营出现亏损时可向政府申请补贴。这种设立专门政策性金融的做法有效地隔离了政策性银行与商业银行业务，既保证了商业银行的自主经营，又可以体现对中小企业的扶持政策，在中小企业融资过程中发挥了重要作用。

政策性金融机构里还有区域性政策金融机构，如冲绳振兴开发金融公库。冲绳振兴开发金融公库成立于1972年5月15日，是根据《冲绳振兴开发金融公库法》成立的区域性政策金融机构，由政府全额出资。其目的是为促进冲绳产业开发提供长期资金，作为一般金融机构融资和民间投资的补充或是奖励，对冲绳地区的中小企业等提供难以从一般金融机构融到的资金，以此达到振兴冲绳经济及社会开发的目的。同时向冲绳的普通百姓、住宅需求者、农林渔业者、中小企业者、医院及其他开设医疗设施者、生活卫生方面的经营者等提供一般金融机构难以提供的资金，以有助于振兴冲绳经济及社会开发（公库法第1条）。它接收了琉球开发金融公社（由美国政府设立）、大众金融公库（由琉球政府设立）以及琉球政府的5项特别会计业务、资产和职员等。机构设置有总部、东京总部和4家分店（冲绳岛内2家）。

1999年，日本还成立了“国民生活金融公库”，专门为20人以下的小企业和公民个人提供小额资金支持。2008年10月1日，国民生活金融公库、农林渔业金融公库、中小企业金融公库及国际协力银行的国际金融部门这4家政策性金融机构，合并成为一家名为“日本政策金融公库”的机构，简称为“日本公库”，由政府全额出资。这是金融危机以来，日本最重要的一次金融机构的改革。“日本政策金融公库”撤出与民营机构重复的贷款业务，主要根据政策取向，向公共性强的行业提供贷款。其主要业务对象为中小企业，专门为中小企业提供长期而低息的贷款。在2008年经济危机爆发以后，为了保证企业资金周转顺畅，该机构做出巨大努力。为了改善中小企业融资状况，政府扩充了信用保证制度，由政策金融公库对中小企业贷款提供担保，以促进民间金融机构放贷。当中小企业无力偿还贷款时，信用保证协会将代其偿还欠款，而政策金融公库则负责对这种代替偿还行为等进行支援。日本政策金融公库不仅对中小企业进行小额事业资金融资，还向中小企业进行教育资金融资、担保退休金融资等和国民生活密切相关的广泛融资。贷款分为普通贷款、生活卫生资金贷款、教育资金贷款等。贷款方法分为直接贷款和代理贷款两种。“日本政策金融公库”撤出与民营机构重复的贷款业务，主要根据政策取向，向公共性强的行业提供贷款。

2011年3月，日本发生大地震，日本政策金融公库迅速做出反应，于2011年5月10日宣布，以东日本大地震的受灾中小企业等为对象，从5月23日开始实施利息优惠的新贷款制度。在海啸中设备等被冲走的直接受灾企业、交易对象受灾的间接受灾企业都可申请最高额度为3亿日元的利息优惠贷款。在福岛第一核电站警戒区内设有事务所的企业也是优惠对象。受灾企业将在基准利率的基础上享受0.5%的优惠利息。贷款后3年内，以1亿日元为上限，受灾企业可以在基准利率的基础上享受1.4%的利息优惠待遇。贷款年限最长可达20年。针对因核事故而形象受损等受影响的其他中小企业，日本政策金融公库还将提供上限为7.2亿日元的贷款，在满足一定条件的基础上，向企业提供最大0.5%的利息优惠。同时，金融公库还将向农林渔业从业人员提供一定期间内的无息免担保贷款等优惠。

为了应对日元升值以及获得成长市场，越来越多的日本企业开始进军亚洲等新兴国家市场，在此背景下，各种金融公库对中小企业的融资额也有所增加。为了支援中小企业进军海外市场，日本政策金融公库和商工组合中央金库等公共金融机构均向中小企业提供资金支持。日本政策金融公库用于贷给中小企业进军海外市场的必要设备资金以及长期流动资金的“海外拓展资金”的使用额急剧增长。2011财年（2011年4月1日~2012年3月31日）日本政策金融公库的融资额为395亿日元，是2010财年（2010年4月1日~2011年3月31日）的3.3倍，商工组合中央金库的融资额为894亿日元，较2010财年增长约40%，达到历史最高水准。使用项目件数增加至675件，约为2010财年的2.7倍。为了应对旺盛的资金需求，日本政策金融公库还从2012年4月份起，在中小企业事业部门新设“国际业务部”，强化体制，支援进军海外市场的企业，并将通过在中国和东南亚的主要城市举办贸易洽谈会和研讨会等措施，用来支援海外生产、销售网的构筑。

日本政策金融公库支持中小企业融资的主要做法包括三个方面：为中小企业发展提供稳定的中长期信贷支持、支持中小企业贷款证券化以及提供信用保险体系。

一是为中小企业发展提供稳定的中长期信贷支持。首先，在日本，中小企业获得民间金融机构提供的一年以内的短期贷款相对较容易，但想获得充足的长期资金比较困难。日本政策金融公库专门向中小企业提供民间金融机构难以提供的长期资金。该机构的统计数字显示：他们所提供的贷款中，约60%的中小企业贷款借贷期限超过5年，且利率固定。通过补充民间金融机构难于覆盖的领域，日本政策金融公库基本满足了作为日本经济重要组成部分的中小企业的资金需求。其次，日本政策金融公库充当贷款需求缓冲器。日本政策金融公库的贷款投放总量在信贷紧缩及金融机构信贷行为转向的时候上升，在信贷宽松时呈现下降趋势。日本政策金融公库提供稳定的商业贷款，避免了民间金融机构由于受到经济环境变化而给中小企业贷款带来不利影响。

二是支持中小企业贷款证券化。日本政策金融公库通过采用与民间金融机构合作的方式实施中小企业贷款证券化。其参与的证券化项目主要有三种类型：购买型、担保型和综合担保债务凭证（CDO）。以2007年该机构实施的一个项目为例，该项目被称为“区域性金融机构综合贷款抵押证券”，共由22家金融机构参加，总计29个县的1182家公司获得总计295亿日元的无担保资金。

三是提供信用保险体系。日本政策金融公库在1950年《小企业贷款保险法》原则的指导下，开始发展“小企业信用保险系统”。小企业在抵押品不足或不能达到信用贷款要求时，通过各地“信用保证协会”对银行等民间金融机构面向中小企业融资提供全额担保，再由金融公库对协会担保金额的70%～80%实施再保险，从而有效解决中小企业融资难题，也降低了银行、企业、协会的风险。

5.4.2　信用担保体系

建立中小企业信用担保体系是世界各国扶持中小企业发展的通行作法，是重塑银企关系、强化信用观念、化解金融风险，改善中小企业融资环境的重要手段。在世界各国中，日本也是最早建立中小企业信用担保体系的国家之一。日本的信用担保体系由信用担保系统与信用保险系统两个系统一起构成。信用担保体系已经成为日本政府经济政策的重要工具。全日本的担保公司设计并提供了不同的信用担保方案来满足中小企业的需要。另一方面，这个系统也积极推动担保公司进行一些尝试，使系统不断扩张及创新，并使信贷活动不过多地依赖房地产抵押和个人担保，提高当地中小企业的活力。

日本政府十分重视中小企业信用担保体系建设，为了解决金融机构对中小企业提供金融服务面临的困难，直接出资在国家和地方建立了两级信用担保体制。第一，各都、道、府、县等地方政府均成立了信用担保协会，不以盈利为目的，专职为中小企业从民间金融机构借款的债务进行担保，担保金额一般占贷款金额的70%～80%。同时委托商业性金融机构或社会中介组织对申请担保的企业实行严格审查，并按照贷款额收取0.4%～1%的担保费。第二，根据《中小企业信用保险公库法》，1958年在中央成立了中小企业信用保险公库（现为中小企业综合事业团）。中小企业信用保险公库，以中央政府的财政拨款为资本金。一方面，它对信用保险协会发放的贷款给予保险，即若中小企业无力偿还信用保证协会的债务，该协会可从保险金库获得偿还额70%～80%的保险金；另一方面，保险金库对信用保证协会提供必要的短期和长期资本贷款，充任最后贷款人，保证该协会的平稳运转。第三，商工会和商工会议所承担了为小规模企业融资提供信用评价的职能。它们对申请贷款的中小企业进行审查并将符合信用条件的企业推荐给国民金融公库和商工组合中央金库，因此日本的众多中小企业对中小企业信贷担保体制依赖性较强。

日本政府的两级信用担保体系，极大地增强了中小企业从银行获得贷款的能力，同时也对资金的运作和中小企业的信用起到了监督作用。

（1）信用保证系统

日本的信用保证系统是1937年模仿德国建立的，现在遍布全日本的中小企业信用保证协会共有52家，保证协会的主要作用是通过对符合条件的中小企业的贷款进行担保，增加中小企业的信用价值。协会的基本资产由两个部分组成：基金和准备金，基金的主要来源是地方政府、金融机构及产业组织等。除了基本资产，协会还能得到中小企业信用保险公库以及地方政府的贷款。保险公库给协会的贷款是长期且低息的，分为普通贷款和特殊贷款。普通贷款用来增强协会提供担保的能力；特殊贷款用来促进有特定政策目标的特殊担保，例如，无抵押物担保，新事业发展担保等。协会的资产存在金融机构中，增加了金融机构的存款，直接导致金融机构对中小企业的有担保贷款增加，同时协会也利用这些存款要求金融机构降低有担保贷款利率，1998年利用担保的中小企业占中小企业总数的33.81%。一方面，中央政府也对地方政府提供补助，用来增强保证协会的基础；另一方面，地方政府对协会提供的资金至少等于中央政府提供给他们的补助。

中小企业信用保证协会担保贷款的原理是，中小企业可以向保证协会申请担保，然后由协会安排金融机构对企业贷款，或者向金融机构申请贷款，再通过金融机构向协会申请担保，当中小企业不能偿付全部或者部分的贷款时，由中小企业信用保证协会负责代偿，对中小企业的债权也就转移到保证协会，企业对协会负有偿债义务。一般情况下信用保证协会的担保额度在2亿日元以下。其中，无担保物品（有担保人）担保额度在8000万日元以下，无担保物品无保证人可以担保1250万日元以下。

1937年，成立了东京中小企业信用保证协会，1953年制定了《信用保证协会法》，建立了中小企业“信用保证制度”。1958年成立了全国性的日本中小企业信用保证公库及中小企业信用保证协会，形成了中央与地方共担风险、担保与再担保有机结合的较为完善的中小企业融资担保模式。日本也是世界上最早建立中小企业信用担保体系的国家之一，拥有完善的法律环境和健全的风险控制机制。对于因往来企业、金融机构经营困难、停产或自然灾害等原因，资金周转陷入困境的中小企业，信用保证协会在原有债务担保规模基础上将担保额度提高1倍；扩大担保商品范围，建立应收账款担保融资保证制度，以改变实物担保要求对中小企业融资的过度束缚；放宽担保要求，对缺乏担保条件但有发展潜力的中小企业也提供必要的担保等。担保协会和保险金库订立一揽子保险合同，只要在一定限额内，协会对某一企业的担保便自动生效。目前信用保证协会提供的担保额为：普通担保（有抵押或有保证人）为4亿日元，无抵押（有保证人）担保为1.6亿日元，无抵押无保证人担保为2500万日元，即中小企业最大可获得5.85亿日元的贷款担保。

在日本，中小企业可以用持有的赊销债权（包括应收的货款、运输费、诊疗费、工程费等）作为抵押向银行申请贷款，信用保证协会对其进行债务担保。此外，日本各地的信用保证协会还可以对净资产3亿日元以上的中小企业发行的企业债券进行信用担保，这一制度为中小企业实现直接融资开辟了道路。担保费用为年利率0.75%（有抵押）和0.85%（无抵押）。担保额度为4.5亿日元，如果加上一般担保和无抵押担保，最高担保额度为5亿日元。

日本的信用保证协会是日本中小企业信用担保体系的重要组成部分。中小企业加入该协会后，由协会向保险公库缴纳相当于保证费收入40%的保险费，从而自动取得中小企业信用保险公库的信用保证保险。如果保证债务实际代偿，则由保险公库向保证协会支付代偿额度70%的保险金。当代偿债权实际收回后，信用保证协会将其中的70%归还保险公库。如果信用保证协会代偿取得求偿权以后，仍然无法收回相关损失，将由政府预算拨款进行最终补偿，补偿额为预期不能收回的求偿权益的30%，保险公库赔付其余的70%。除了基本财产之外，信用保证协会的经营资金还有从地方政府和中央（通过中小企业信用保险公库）筹措的借款。信用保证协会把此项借款存入金融机构，通常执行高于协会筹措资金时执行的政策性利率一倍的商业性利率。与此同时，在向中小企业提供贷款时，由于金融机构具有派生存款的放大功能，通常会具有7倍的乘数效应。

（2）信用保险系统

当信用保证协会批准了担保，且金融机构已经发放贷款时，中小企业信用保险公库自动对该笔贷款进行保险（只要担保协会的担保满足保险要求），信用保证协会向保险公库支付保费（一般年保费率0.5%左右，该保费率不高也是为了减少企业的担保手续费）。信用保险公库和信用保证协会每半个财年对每种保险签订一次合同，保证协会的担保额是以保险公库每个财年的预算为基础。当保证协会为中小企业代偿时，可以向保险公库索要代偿额的70%～80%，而当其从企业收回该笔贷款时，要向公库支付收回金额的70%～80%。保险公库掌握中央政府提供的信用保险准备金。另外，创设了支持风险企业发展的特别融资制度。对发展前景看好的风险企业，由中小企业综合事业团单独或与政府金融机构联合进行融资。

信用保险系统补充和完善了中小企业的信用担保体系，即在中小企业向金融机构融资时，由信用保证协会对其债务进行担保，信用保证协会承保的债务再由中小企业信用保险公库进行保险，以顺畅中小企业的融资渠道。中小企业综合事业团的主要职能就是对中小企业的债务保证进行保险，并向信用保证协会融通其所需资本。其资金来源主要有资本金、政府投资的保险准备金、保费收入、信用保证协会回收债务时缴纳的款项。资金主要用于保险业务，即向担保中小企业债务的信用保证协会提供担保债务保险。信用保证协会由各地方政府出资，并接受中小企业综合事业团的贷款援助，主要负责对中小企业债务进行担保。

从2008年10月末开始，日本实施总额达6万亿日元的“紧急担保制度”，“紧急担保制度”是紧急应对对策。当时日本中小企业处于还债停滞的状态，所以信用担保协会以28000万日元为最大限额对其进行计划担保，为金融机构向中小企业融资提供100%的担保。紧急担保制度是专门面向满足一定条件的中小企业提供紧急资金的制度，条件包括营业额同比减少3%以上等。截至2009年3月底，紧急担保制度实现贷款大约44万件，共9万亿日元（日本中小企业厅，2009）。与此同时，从2008年10月31日开始，扩充原有的安全保障网，将金额增加到20万亿日元，对象行业扩大到760个。这一制度一直执行到了2011年3月。对于那些无法适用信用保证协会的100%保证的企业，可以利用一般保证8000万日元，此外还可附加8000万日元（如果有担保，除一般保证的2亿日元外，还可附加2亿日元）。截至2009年2月底，安全保障网贷款共实施了41万件，贷出818万亿日元。

当2007年发生金融危机等特殊情况时，符合条件的企业可以进一步获得同等额度的追加紧急担保，而担保费仅占贷款金额的1%以下，现在，日本全国已经成立了52个信用保证协会。只要属于国家指定的不景气行业，并且符合以下条件中的任意一项的企业均可享受紧急担保：一是最近3个月的平均销售额比上年同期下降3%以上；二是原料成本上升20%以上，但是无法将成本转嫁到制成品价格上；三是最近3个月的平均销售利润率比上年同期下降3%以上。在2008年10月29日，指定的行业有545个；此后接连追加了6次，截至2009年6月，指定的行业达到781个。

5.4.3 中小企业的利率政策

日本中小企业可以按照最低利率在国家专业银行或金融公司获得贷款，且还款期限可以延长。而小型企业还可以无抵押贷款。而提供无抵押贷款的一般是民间社团，民间机构向小型企业发放无抵押贷款时，国家预算为其提供放款基金。同时，各县政府设立利息补助制度由中小企业金融公库对创新领域的事业、新技术以及地方中小企业活性化融资，实行利息补助。

2011年，对日本来说，外有美国债务问题、欧洲主权债务危机、新兴经济体经济减速等风险，内有“3·11”地震影响引起的日本企业生产下降等下行压力，2011年6月日本中央银行——日本银行决定继续维持零利率政策，同时支持金融机构对具备技术优势的中小企业提供优惠融资。为巩固日本经济增长基础、激发中小企业经济活力，2011年日本银行推出总额5000亿日元（约合62亿美元）的融资支持计划，以鼓励金融机构向拥有技术力量的日本中小企业提供无需不动产抵押或他人担保的贷款。

5.5 日本扶持中小企业发展的直接金融政策

5.5.1 设立中小企业直接融资机构

由日本政府、公共团体和企业共同出资建立中小企业投资育成公司，帮助成长性较好的中小企业培育上市融资。中小企业投资育成公司是专门为扩大中小企业资本实力，促使某些小企业发展成为中型企业的金融机构。1963 年，日本经济产业省（当时叫“通产省”）主导制定了《中小企业投资育成公司法》，在东京、大阪、名古屋等地成立了由中央政府、地方公共团体及民间企业共同出资的中小企业投资育成公司。中小企业投资育成公司对中小企业进行股份投资，使其充实自有资本，并积极给予经营和技术指导。如，东京中小企业投资育成公司自成立之日起到 2011 年 3 月 31 日，累计为 852 家中小企业投入约 293 亿日元资金。即便在中小企业上市后，该机构仍然保持该企业的长期投资股东的地位，并非是为了追求投资的资本收益。

5.5.2 中小企业股权债券融资政策

日本政府在对中小企业的直接融资支持方面，一是建立直接融资市场。日本政府于 1963 年建立了柜台交易市场，鼓励中小企业面向社会筹集资金，公开发行股票和债券。而后又在此基础上在主板市场之外建立了上市条件宽松的“第二柜台交易市场”，即二板市场。日本的二板市场有柜台交易和交易所二部，为中小企业提供转让和融资服务。二板市场的上市条件相对比较宽松，这样就使那些暂时亏损但有发展潜力的企业也可以争取上市的机会。另外，还创设由信用保证协会为中小企业发行公司债（私募债）提供信用担保的制度，为中小企业开辟直接融资的渠道，推动筹资多样化。

5.5.3 允许鼓励中小企业公开发行股票和债券

为扶持高新技术型中小企业发展，20 世纪 90 年代又效仿美国建立了“日本创业板市场”，1996 年建立风险基金，对发行债券的风险企业融资，并鼓励政府向新兴的高新科技中小企业提供风险投资，支持中小企业进入资本市场获取资金，甚至以政府的名义直接认购中小企业的债券。政府直接认购中小企业债券的情况也不少。根据日本风险投资协会的统计，日本 42 家风险投资企业在 2010 年的总投资金额为 242 亿日元，仅为风险投资鼎盛时期的约 1/4。主要原因是雷曼危机以后，由于业绩停滞而不能上市的风险企业增多，投资方不能收回成本，因而无法进行新一轮投资。

5.5.4 设立民间创业基金

由政府、银行和企业共同出资设立创业基金，为中小企业提供融资保障。政府认购中小企业发行的股票和公司债券。日本政府还设立了租赁融资机构，作为解决中小企业资金困难的有益补充，主要是为缺少购买机器设备资金的中小企业提供设备租赁服务。目前，日本全国已有 500 多家设备租赁公司，政府从财政、税收以及信用保险等方面对设备租赁公司进行支持。日本政府还设立了为租赁公司承担部分风险的信用保险制度。当租赁了机械设备的中小企业因破产而无法偿还租赁金时，租赁公司可获得相当于收回租金 50% 的保险金。

5.6 2008 年以后的中小企业扶持政策

2008 年金融危机发生后，为应对金融危机，稳定金融市场，减缓金融危机对实体经济的影响，日本政府采取了多种金融救援措施，出台了一揽子针对中小企业的扶持计划，包括中小企业减税方案在内，投入总计 5 万亿日元。这当中还包含了降低住房贷款利率，加强失业人口生活保障等措施。

5.6.1 信用保证支持的加强

金融危机时期，金融机构放贷能力下降，对信用风险高的中小企业的融资更加慎重。本次金融危机中出现了大企业回归银行借贷这种特有的现象，而对财务经营状况以及信用能力较差的中小企业的融资则在缩减。由于金融危机的影响使金融机构更加注意信用风险的防范，同时，金融机构为补充信用能力，往往要求被担保的融资项目会相应增加。对此，日本政府于 2008 年 8 月，在原来的信用补充制度基础上实施了“紧急保证制度”。信用补充制度由信用担保制度和信用保险制度两部分构成。前者由信用担保协会金融机构以及中小企业构成；后者则由日本政策金融公库、信用担保协会两家机构构成，这两项制度共同构成信用补充制度。目前，日本全国有 52 家信用担保协会，协会的资金来源于地方公共团体出资和捐赠等，而日本政策金融公库的信用保险运作资金则来源于政府出资。

金融危机后，日本政府实施的“紧急保证制度”的核心内容是：①扩大实施对象的范围。起初，实施的担保对象以受到原油、原材料价格和购入价格的高涨而受到严重影响的545业种的中小企业；后来，在危机发生后担保对象增加了73个业种，到2008年12月又增加了80个业种，使日本全国有698个业种享受“紧急保证制度”，到2009年6月实施紧急担保制度的被担保对象再次扩大到781个业种。在被担保对象业种逐渐扩大以后，2010年2月15日开始，除一部分特殊业种外全部业种均包含在担保对象内。②下调担保费率与增加担保额度。在信用担保方面，在得到市、区等官方认定的属于指定业种并在营业额上减少的中小企业，可以享受下调至0.8的担保费率。担保额由当初设定的6万亿日元扩大到30万亿日元，使用规模已累计扩大至36万亿日元。到2010年5月政府实施的金融支持已达到20万亿日元的紧急担保额度贷款。③新设100%担保比率。这一新制度表明：信用担保协会对融资企业债务不履行的风险提供100%的担保。综上所述，金融危机爆发后，在民间金融机构更侧重于对大企业融资的同时，另一方面对中小企业的授信则越发慎重，政府实施紧急救援后，通过实施紧急担保的再保险制度，使金融机构积极地为中小企业融资，可以说提高了中小企业在危机中的生存与发展能力。

5.6.2　扩大中小企业融资对策

扩大中小企业融资对策是指随着经济环境的变化，对一时经营状况和资金筹集恶化的中小企业，通过政府金融机构设立的“安全网”实施政策性贷款。这一政策实施的主要内容为：①调低利率。从2009年1月开始对业绩急速下降的中小企业采取下调0.3%利率的措施，当年6月又以应对就业维持、振兴企业为目的，进一步采取了下调0.1%利率的措施。②融资限额的扩大。在通常情况下设有针对中小、分散企业以低利率的流动性资金贷款制度。在金融危机发生后，该融资制度设置了从危机发生前的3万亿日元增加到10万亿日元，且适用于日本全部业种。在对民生事业方面相关的中小企业的融资额度由4.8亿增加到7.2亿。③融资安排期限的长期化。在2009年末实施的金融危机紧急对策措施进一步延长到2010年度，安全网贷款事业规模仅国民生活事业和中小企业事业就扩大了13.4万亿日元。到2009年8月，安全网贷款已实施的放贷额达到4.2645万亿日元。

5.6.3　启动“危机对应业务”对策

日本政策金融公库和商工组合中央金库两家政策性金融机构在灾害等情况发生时具有在“危机”时刻实行“危机应对”的义务，通常开展对普通企业调低贷款利息等金融业务支援。次贷危机发生后，国际金融秩序混乱，在政府的认定下，2008年12月“危机应对”业务机制启动。并且这次也要求民间金融机构与之合作开展融资服务。危机对应业务范围涵盖了对大、中、小企业等各类企业在危机时享有的特殊援助性融资，但却主要是以对大企业的支援为主，而对于中小企业来说，政府则希望通过向大企业融资后，能带动与之相关联的中小企业的银行资金供给和担保的双重效果。

5.6.4　复兴紧急担保

在2011年3月份发生东日本大地震后，针对受灾的中小企业从民间金融机构贷款时，新设“东日本大地震复兴紧急担保”这一担保制度。此制度对象涉及82个行业。这让金融机构发放贷款变得容易，为陷入资金筹措困难的受灾企业的复兴重振提供了必要的资金支持。包含这项担保制度的中小企业资金筹措支援政策总额达到了5000亿日元，并被列入日本2011财年第一次补充预算案中。

无抵押贷款的上限是8000万日元，抵押贷款的上限是2亿日元。当企业无力偿还贷款时，政府通过各地的信用担保协会提供债务担保，且2008年10月开始实施的“紧急担保制度”可以并用。当两个制度并用时，被担保的贷款即为原来的2倍。

除了信用担保协会提供债务担保，日本政策金融公库和商工中金也新设立“东日本大地震复兴特别贷款”，为从灾害中复兴所需的必要的设备资金和运转资金提供长期的、低息的融资。特别贷款与面向受灾企业的“灾害复兴贷款”这一贷款制度相比，贷款条件更加宽松。贷款利息与灾害贷款（0.85%～1.35%）的利息相比有所下降，贷款限度范围（1.5亿日元）及无需偿还本金的期间（2年以内）也有所扩大。

第 6 章

韩国扶持中小企业发展的财税金融政策

- 韩国中小企业发展概况
- 韩国扶持中小企业发展的财政支出政策
- 韩国政府扶持中小企业发展的税收政策
- 政策性金融支持
- 直接金融

6.1　韩国中小企业发展概况

6.1.1　韩国中小企业政策形成背景

在韩国，中小企业是指制造业及建筑业中雇佣员工数量少于300人，并且产值分别少于80亿及30亿韩元的企业。在商业及其他服务业中的中小企业是指员工人数少于200人的企业，见表6.1。韩国的中小企业主要以制造业为主，其主要经营模式是向大企业供应半成品及零部件。如汽车制造业的龙头现代汽车公司，并没有自己全套的制造体系，而是依靠中小企业供应零部件等产品，最终完成整车生产。韩国的中小企业在对大企业的“依托关系”中建立了比较成熟的接轨体系。同样，在韩国三星集团的产业链上，也有数百家中小企业各有分工、为其服务。韩国中小企业就是以此实现了生产性服务业与制造业互动的关系，因此，韩国中小企业很少会出现销路难的问题，保证了较稳定的生存发展空间。

表6.1　韩国中小企业的定义

工业	中小企业	
	雇员	资本公积/收入
制造业	少于300人	80亿韩元（资本公积）
交通、采矿业和建筑业	少于300人	30亿韩元或更少（资本公积）
零售、酒店等	少于300人	300亿韩元或更少（收入）
渔业、电影、医院等	少于200人	200亿韩元或更少（收入）
零售、服务等	少于100人	100亿韩元或更少（收入）
其他	各不相同	各不相同（收入）

资料来源：韩国《中小企业框架法》。

韩国中小企业数量大，分布广，不但是韩国的产业基础，更是社会稳定的基本因素。根据韩国企业等级划分标准，目前在韩国300多万家企业中，中小企业所占比重超过99%，员工人数占就业人口总数的88%。产值在国内生产总值中所占比重超过50%，韩国中央及地方近60%的财政收入均来自中小企业。韩国在全球经济一体化分工中独树一帜，经济总量不断攀升，汽车、电讯等新兴工业发展迅猛，成为亚洲“四小龙”之一，并成功应对了20世纪90年代末发生的亚洲金融危机，又经历了2008年发生的国际金融危机，并且成为经合组织国家中经济恢复最快的国家之一，中小企业的贡献不同凡响。

韩国中小企业政策的推进机构主要有三个。

一是中小企业厅，设在韩国知识经济部，专门负责制定和实施中小企业发展计划和政策，为中小企业在创业、资金、人力、进出口等方面提供有效支持。中小企业厅是韩国最高的中小企业行政管理机关，内设中小企业政策课、振兴课、指导课、创业支援课、地方中小企业课等。中小企业厅虽然不直接参与或领导中小企业的具体事务，但根据法律规定，对中小企业的经营管理、资金、技术、发展方向给予指导和扶持。同时，中小企业厅对国会和政府有关部门制定的中小企业方针政策提出意见，反映中小企业的要求和愿望，保证中小企业得到政府订货的机会，调解大企业和中小企业之间的矛盾以及中小企业之间的矛盾，在一定程度上对中小企业的发展方向发挥干预和调节作用。

二是大韩贸易投资振兴公社，在70多个国家和地区设立近百个贸易馆，为中小企业提供从产品出口手续到客户资源拓展等全方位支持，具体包括搜集海外市场信息、海外人才招募、解读当地法律法规与政策环境、支援中小企业海外投资与市场开拓等，成为韩国中小企业走向全球的“桥梁”。

三是韩国中小企业振兴公团（非营利性政府机构），通过金融支持、技术咨询、培训及国际产业合作等方式，促进中小企业的海外发展，成为韩国中小企业国际化的重要帮手。

韩国十分注重维护中小企业的合法权益，积极为中小企业营造公平的竞争环境，政策立法比较健全。韩国目前颁布的相关法律包括《中小企业基本法》、《中小企业创业补助法》、《中小企业振兴法》、《中小企业技术革新促进法》、《中小企业系列化促进法》、《中小企业事业调整法》、《中小企业制品购买促进法》等。在取消对中小企业歧视性限制的同时，给予各种优惠政策，并规定一些禁止大企业涉足的行业，为中小企业发展留出充足的空间。

为了保护中小企业的利益，1966年韩国政府颁布了《中小企业基本法》。为了改变长期以来大企业发展战略带来的明显消极作用，改变零部件严重依赖国外进口的状况，增强国民经济的发展活力，韩国政府积极采取整顿措施，扶植中小企业，从而促进中小企业的专业化生产及其与大企业的分工协作，提高国民经济的整体素质和产业竞争力。在《中小企业基本法》促进“专业化、系列化”、《中小企业振兴法》促进（加工组装工业中）企业间的分工与专业化协作的基础上，韩国从20世纪80年代开始逐步取消对大企业优惠，转而大力扶持中小企业的发展，如制定了《中小企业创立补助法》、《中小企业产品购买促进法》，实施挖掘和支持外销中小企业制度，提供特别信用保证和税收减免等，以促进中小企业的发展，实现大中小企业的协同发展。

韩国中小企业在国民经济中的作用极为重要，是韩国经济高速增长的动力，无论是在经济发展初期，还是在经济腾飞时期，甚至经济危机复苏期，中小企业都对国民经济的发展起到了不可替代的作用，它们已经成为韩国经济持续增长的动力及源泉。韩国政府充分认识到中小企业对于保持本国经济活力的重要性，在与大企业“共生发展”目标的指导下，发挥政府政策导向作用，不遗余力地促进中小企业发展。

6.1.2　韩国中小企业的政策演变历程

据韩国央行公布数据显示，韩国中小企业营业利润率从 2008 年以来持续上升，2011 年平均营业利润率达到了 5.44%，超过了大企业（5.38%），大企业和中小企业之间的利润率差距从 2008 年以来逐步减小。但是韩国中小企业的发展历程并不是一帆风顺的，它们真正步入发展轨道却是在 20 世纪 70 年代。韩国政府当时将政策重点放在大企业和重工业上，积极促进产业与出口结构的优化升级，而中小企业的总量逐年减少。但在产业体系升级的过程中，韩国中小企业获得了发展机会，它们不断扩大设备投资，提高生产效率，当时其设备投资的水平几乎接近大企业水平。

韩国自 20 世纪 60 年代初开始推行“出口主导型”的“不均衡发展战略”。该战略强调大企业的优越性，以出口为导向，优先扶持大型企业集团，政策重点导向造船、化工及机械等重工业。自从实施该战略后，诞生了“三星”、“现代”、“大宇”、LG、SK、“乐天”等数十家土生土长、规模庞大的跨国企业集团，形成了一批如汽车、造船、半导体、电脑、通信设备等具有核心技术、竞争能力达到世界先进水平的高附加值产业，迅速完成从落后农业国向先进工业化国家的巨大转变，创造了举世瞩目的“汉江奇迹”，逐步形成了大企业主导国民经济的格局。从过去几十年韩国工业化历程来看，韩国以出口导向的外向型增长方式为依托取得经济的高速增长，大企业是其产业发展的主导，而中小企业“先天不足”并备受挤压，发展十分缓慢，结构失衡造成的弊端日益突出。

进入 20 世纪 70 年代以后，几次石油危机的爆发更暴露出大企业在制造生产方面的弱点，韩国政府开始清晰地认识到，是银行资金片面供应大企业的信贷结构和金融风险导致了大企业的迅速崩溃。中小企业直到 1977 年后才真正在韩国经济发展政策中占有重要地位。此后，韩国政府开始注重给中小企业创造同大企业进行公平竞争的机会。

20 世纪 80 年代初期，由于全球经济增长放缓以及韩国国内政治不稳定，韩国经济出现了负增长。为实现经济复苏，韩国政府强调经济协调增长。这一时期韩国中小企业创造的就业岗位超过了大企业，由此中小企业成为支撑韩国经济增长的主要动力。20 世纪 80 年代中后期，韩国出现了低汇率、低油价、低利率的“三低现象”，中小企业纷纷进军海外市场，出口比重大幅增加。到了 20 世纪 80 年代末期，韩国中小企业开始面临各种经贸压力。当时它们并没有满足于在纺织、服装、日常用品等劳动密集型轻工业领域所具有的比较优势，而是在资本密集型、技术密集型的金属和机械领域开始发力，它们对技术创新的热情高涨，这也使其进入在创新中成长、在成长中创新的良性循环。1997 年亚洲金融危机爆发，进一步破坏了韩国大企业所依赖的债务资金链，韩国大企业接连倒闭、破产或陷入经营危机，起亚、大宇等“非死即伤”，现代、三星、LG、SK 等损失惨重，韩国经济受到重创，以重工业为支撑的产业结构面临调整与升级。经历 1997 年亚洲金融危机后，大企业模式受到不同程度的冲击，由此，韩国“财阀经济”开始受到质疑，开始转变发展战略，推动大小企业协同发展。

6.1.3　2008年国际金融危机后的韩国中小企业

1997年亚洲金融危机的爆发使缺乏中小企业的韩国经济几乎陷入绝境，破坏了韩国大企业所依赖的债务资金链，使一批被视作经济支柱的大企业集团纷纷倒闭、破产或陷入经营危机，韩国经济受到重创，以重工业为支撑的产业结构面临调整与升级。

韩国近几年中小企业扶持政策重点是增强企业竞争力，尤其是制造业企业的竞争力。六个主要政策目标是：推动新兴企业发展和加强企业家能力；提供有效金融服务；为中小企业提供稳定的人力资源；加强中小企业市场进入能力；培养中小企业创新能力；促进风险企业的发展。

2008年，雷曼兄弟和美林证券等美国大型投资银行陆续遭遇挫折后，导致国际金融市场资金短缺，韩国中小企业面临资金困境，加上受到美国金融危机的直接打击，景气十分低迷，因此银行很难获得海外贷款。由于银行很难从海外贷款，对所有经济领域的担忧又不断增长，银行就开始保守运营资金，最先受到影响的就是对景气敏感的私营业者和中小企业。鉴于对景气低迷的担忧，银行担心资金收不回来，所以对贷款的审查程序变得更加严格，很多中小企业面临着濒临倒闭的困境。

另外，2008年的国际金融危机还引发了全球市场的调整，使严重依赖外部市场需求的韩国面临经济增长方式从依赖外需向借重内需转型的压力，使韩国大部分产业的增长势头大幅放缓，特别是中小企业受到严峻考验。在2008年全球金融危机中，韩国制造业和服务业增长势头大幅放缓，特别是韩国中小企业面临资金紧张和消费萎缩的严峻考验，破产企业数量达到2005年3月以来的最高纪录。同时，2008年的国际金融危机也引发了全球市场的调整，使严重依赖外部市场需求的韩国面临经济增长方式从依赖外需向借重内需转型的压力。

2008年国际金融危机发生后，韩国政府把“振兴中小企业”提到更加突出的地位，提出逐步克服大企业和中小企业“两极分化”的政策目标。韩国政府认识到，大企业和中小企业的“两极分化”可能成为韩国经济社会发展的瓶颈。为此韩国政府采取了一系列“振兴中小企业对策”，将韩国的大型企业与中小企业间形成共生机制，提高中小企业的地位，改善其经营环境和增强竞争力。

近两年，随着欧洲债务危机的不断升级，韩国经济也面临被卷入经济危机的可能。欧洲债务危机导致韩国中小企业的经营环境逐渐恶化，出口市场萎缩和原材料价格上涨，贷款门槛提高，致使中小企业面临多重危机。2010年以后大企业的贷款余额增加了48.6万亿韩元，而中小企业只增加了13.4万亿韩元①。随着金融危机后市场不安加剧，中小企业

---

①　韩国LG经济研究院2012年4月12日公布资料。

的融资窗口明显减少。由于投资者的躲避危险的倾向明显，2010年以后，虽然中小企业的资金需求增加，但由于银行对信用危险较低的企业进行差别化的资金支援，实际融资规模反而减少。另一方面，大企业和中小企业间的贷款利率差距增大，又给中小企业带来了利息负担。据韩国银行（即韩国央行）数据显示，2010年银行给大企业和中小企业的贷款利率分别是5.25%和5.68%，差距为0.43%。到2011年分别为5.5%和6.0%，差距扩大到0.5%。截至2012年2月，利率分别为5.36%和5.94%，差距扩大至0.58%。企业间融资差别化对待现象严重的原因，主要是金融市场不安和因经济增长缓慢造成的躲避信用危险。

预计韩国大企业和中小企业间的融资差距短期内还将持续。据韩国央行实施的“2012年第二季度银行贷款态度”调查结果显示，银行对于中小企业的贷款态度为9，而在前一季度还为13。对于大企业的贷款态度则从前一季度的3上涨3个指数，达到6，银行“嫌贫爱富”的现象依然存在。贷款态度指数越低，说明银行越不愿积极提供贷款，反之则说明银行态度积极。而中小企业的融资大部分还依靠银行贷款来完成，因此，要解决危机下韩国中小企业的融资难问题，从短期来看，需要改善银行的贷款条件。从长期来看，需要改善结构，努力让中小企业尽可能多地参与债券和股票等金融市场。

从目前来看，大企业不仅不能提供更多的就业岗位，而且其自身严重依赖外部市场，无法达到增长方式转型的要求。因此，发展企业数量占韩国企业总数95%以上、提供80%以上就业岗位的中小企业，自然成为增加就业和提高普通民众收入以扩大内需的重要手段。不过，长期以来，中小企业一直被视为大企业的外围，其生产经营方向是面向大企业而不是直接面向市场。在弱化大企业主导增长的政策调整中，中小企业要学会直面市场，而不再依附于大企业，这就要求中小企业必须具有较强的竞争力。

为了提升中小企业的市场竞争力，韩国政府在政策上给予了两方面的引导和支持。一是提供较完善的基础政策环境。2011年3月，韩国政府再次出台一整套扶持中小企业的措施，在创业、技术开发、“走出去”、市场销售、人才培训、信息化等各个方面，为中小企业提供便利与政策优惠。二是大力鼓励中小企业创新。政府除了在扶持政策中贯穿对企业创新的多渠道援助与支持，还建立了官民共同投融资体制，通过与民间金融机构合作，对中小企业，尤其是对技术能力强的中小企业加大融资力度，帮助其解决融资难问题。同时，为了充分发挥民间机构的作用，政府不采取直接干涉的方式，而是以支持者及合作者的角色参与其中。例如，当韩国中小企业振兴公团以信用方式向中小企业提供政策性资金贷款时，民间银行也要以对等的资金配套。

另外，为了解决中小企业融资难问题及交货单价合理化，韩国政府正在准备采取增加财政储备、扩大宏观政策空间等措施，创造就业岗位和稳定物价，防止国际经济金融危机波及韩国的实体经济。韩国以保就业、扩内需作为应对欧洲债务危机等外部冲击的重要途径，这一政策倾向可能引起韩国经济增长方式的进一步调整。目前来看，大企业不仅不能提供更多的就业岗位，而且其自身严重依赖外部市场，无法达到增长方式转型的要求。因此，发展企业数量占韩国企业总数95%以上、提供80%以上就业岗位的中小企业，自然成为增加就业和提高普通民众收入以扩大内需的重要手段。但长期以来，中小企业一直被视为大企业的外围，其生产经营方向是面向大企业而不是直接面向市场。在弱化大企业主导增长的政策调整中，中小企业要学会直面市场，而不再依附于大企业，这就要求中小企业必须具有较强的竞争力。

韩国近年来实施的一系列经济调整已经产生了一定成效，2008年的国际金融危机对其经济的影响明显小于之前的亚洲金融危机。韩国此次为应对欧洲债务危机采取的对策针对性也较强，有可能进一步缓解预期的外部冲击。

6.2 韩国扶持中小企业发展的财政支出政策

6.2.1 预算支持

20世纪50年代以来，韩国中小企业发展极为迅速，在韩国经济中的地位不断提升。这主要得益于半个世纪以来韩国政府对中小企业的重要性认识日益充分并深化。韩国中小企业在创业初期、成长阶段、发展过程中经历过资金严重供给不足、举步维艰的阶段。为突破融资渠道不畅的瓶颈，韩国政府通过立法制定了一系列旨在促进中小企业发展的方针政策，尤其是其建立健全了颇具特色的中小企业政策财政支持体系，成为韩国中小企业发展的动力。

韩国在财政预算中设置中小企业振兴基金、中小企业结构调整基金和中小企业创业支援基金，三项基金的资金来源主要是中央和地方财政，重点用于扶持中小企业发展、促进产业和产品结构调整和鼓励创业。韩国《中小企业创业支援法》规定，政府可以为创业者提供投资、融资或其他形式的支持。商工部应为创业者提供专业性辅导，为创业者使用或购买贵重设备提供支持。

韩国政府设置中小企业周转金，每年向中小企业专职金融机构提供资金，增加财政及金融资金供给，以改善中小企业的贷款条件，解决融资难问题。由于韩国大企业资金实力雄厚、一般不需要政府资金支持，韩国政府对中小企业的财政资金支持甚至大于对产业政策的支持。

2008年韩国政府对中小企业财政支持预算额达3.2万亿韩元，2009年韩国政府对中小企业财政支持预算额达5.8万亿韩元，较2008年大幅增长81.3%。韩国政府制定支持中小企业的预算，韩国中央银行通过优待措施鼓励商业银行在贷款方面支持中小企业。对创业

7年以内的企业提供建立设施和保持企业运转的定额低息贷款，并允许在3~5年内分期偿还。在为风险创业而设立培训机构时，政府提供低息并允许分期偿还的贷款，提供作业场地、技术指导和必要的设施。在正式开工筹建工厂时，政府协助解决占地和资金问题，并简化各种批准手续。

2012年韩国政府用于扶持中小企业研发的专项预算已确定为7150亿韩元，同比增加13.7%。预算将优先用于扶持创业时间在5年以下的新企业。

6.2.2 政府采购支持

在韩国，采购厅（“Public Procurement Service”，简称：PPS）是韩国政府采购的主管部门，成立于1949年，设有一个厅长、一个次长、5个本部、中央采购事务团、14个地方厅及事务所、5个驻外采购馆，主管全国的政府采购工作。采购厅是企划财政部下设的一个副部级机构。韩国没有政府采购中介机构，采购厅身兼监管及代理两种身份。各采购单位将需要采购的项目以一定的方式交给采购厅，由采购厅出面按法定方式采购，采购资金由采购厅直接支付给供应商，再由采购单位将价款和一定比例的手续费支付给采购厅。该厅不仅负责招标采购的组织过程，同时承担签订合同前后的质检、运输、仓储、供货的监督和追查等各项工作。此外，采购厅还负责采购物资的价格以及确定规格及标准。另外，韩国政府认为，合同中规格和标准的制定，不但涉及采购品的质量和技术性能，同时也关系国内标准化的准行问题。因此，该机构下设直接由厅长管辖的“规格制定委员”，聘请专家、顾问组织、进行招标文件和合同文本中规格的设计和监督。

在采购厅内，没有专司中小企业的下属部门，但其下设的企划管理办公室、监察室、物资储备局、购买局、施设局，依照拟采购品目的不同，分别负责该领域的扶持中小企业工作。就中小企业的本身特性来看，货物领域采购涉及中小企业扶持内容的比重最大。最新的统计数据显示，韩国在规模为5人以下的小微企业就业的人数已超过1000万名，而规模超过300人的私营企业的就业人数只有200万名，在整体就业人数中所占比例还不到8%。

韩国政府采购扶持中小企业的立法较为完备，经过多年实践，形成了以《中小企业法》为基本法，以《中央政府合同法》、《中小企业采购促进法》、《地方政府合同法》、《政府合同法实施细则》、《关于特定采购的〈政府合同法〉的特殊实施规则》为配套规则的完备法规群，并随中小企业发展的形势和新的政策需求进行动态调整。

韩国《中小企业产品采购促进法》规定，政府采购中，政府机关、地方自治团体以及按照特别法设立的特别法人，要优先采购中小企业物品，保证政府采购中产自中小企业产品的比重不得低于50%。这项规定是义务性和强制性的。实际上，韩国政府采购中小企业产品的比例远高于50%。据统计，2011年韩国中央政府采购中小企业产品的比例达到77.6%，地方政府采购中小企业产品的比例达到65.6%，都远远高于50%的标准。该法案颁布后，韩国政府扶持中小企业的政策理念从缩小与大企业之间的差距转向激发小企业活力，即促进中小企业创业、经营革新、开发新产品和服务、引进新的生存方式和经营方式、为退出市场的企业建立生活稳定易于再创业的外部环境。总而言之，政府为中小企业提供创业扶持—税收优惠—技术研发—流通销售的“一站式服务”体验。

由于中小企业势单力薄，韩国政府为了防止大企业垄断经营，为中小企业营造公平竞争的环境，在资源配置上给予中小企业优先权，包括征用土地，只要项目符合产业导向，就可以获得用地指标。例如，韩国政府明令禁止大企业从事玉米油加工、生石灰开采等行业的生产。为了扶持中小企业在政府采购市场的销路，韩国采购厅采取三类采购制度。其中具代表性的有，把部分政府采购市场分配给中小企业，同时扩大社会上弱势企业承包的机会（例如：优待残疾人企业等）和扩大采购技术优秀的中小企业产品等制度。该制度不仅从量上扶持中小企业，还培养能与大企业竞争的中小企业竞争力。

第一类是定向采购（Competition between SMEs）。即设定一个明确的门槛价，凡是低于2.5亿韩元的采购部分，均是专门预留给中小企业进行投标竞争的，其中涵盖了货物、工程、服务在内的230个采购品目。在该领域，大企业被排除在外，中小企业在与大企业进行投标竞争时，给予中小企业一定的加分等政策优惠。

第二类是优秀产品选定制度（Best product system），该项制度始于1996年，是采购厅为提高采购产品质量并支持优秀的中小企业、风险企业而制定的一种制度。该制度以“质量、技术为主的采购政策”为核心，是根据《采购事业法》和《优秀采购货物指定管理规定》（采购厅公告）指定并管理的。其目的是通过政府优先采购中小企业、风险企业开发的技术、性能、质量等优秀的产品，提高采购物资的质量，培养有发展前景的中小企业、风险企业，并持续促进技术的开发等。优秀产品包括7大类，分别是电子电气类、信息通信类、机械设备类、建筑环境类、化学纤维类、医疗市场设备类、办公家具类。

优秀产品指定程序如下：①指定对象。采购厅的优秀产品指定对象是中小企业生产的技术质量优秀的产品或软件（software），大企业产品不属于指定对象。指定对象产品：国产新技术产品（NEP：New Excellent Product）、国产新技术（NET：New Excellent Technology）、建设新技术、保健新技术、环境新技术、降低自然灾害新技术、绿色认证标识、GR、高效能器材认证、专利、实用新案等产品。②申请指定。申请优秀产品指定（每年6次）的企业要在申请期限内向社团法人——政府采购优秀产品协会申请。③指定审核。由外部专家审核委员组成的“优秀产品指定审核团”进行第一次审核，通过第一次审核的产品由采购厅合同审核协议会进行第二次审核。优秀产品指定审核团由大学教授、专利审核官、专利申请代理人、公共机关研究人员等组成，各领域的专家审核人员按照客观透明的审核标准公平地进行审核。指定审核之前，应公开优秀产品指定申请的现状，提供利害关系人提出意见的机会，并综合审核技术及质量的优秀性等。④优秀产品的指定期。优秀产品的指定期是从指定日起3年，企业申请延长时考虑产品的质量及技术认证、交货业绩、单一来源合同可能性等最长能延长2年。⑤扶持优秀产品销路。根据国家合同法令等相关法令，指定为优秀产品的产品能签单一来源合同，通过签约第三方单价合同或总额合同供货给采购人。在宣传方面，利用召开展览会、刊发商品目录、登载到采购厅网站等手段进行扶持。

2009年采购厅开始加大对中小企业优秀产品的推广力度：一是在优秀产品的选定上，由多名专家、采购官员组成的优秀产品委员会通过严格的技术、业绩等测评程序对优秀产品或具有新技术的产品进行甄选，由采购厅厅长公布评估结果，采购厅每年编制最新的中小企业优秀产品名录，2011年共有195种货物入选中小企业优秀产品名录。2011年，韩国货物采购总额是17.9万亿韩元，而其中采购的中小企业优秀产品达到6万亿韩元左右。此外，中小企业不需要对该项资质进行单独认定，韩国技术标准局和知识经济部共同签发中小企业优秀证书，为其参与政府采购提供资格准入方面的便利。二是采购厅通过各种媒介推广销售中小企业优秀产品。比如，凭借每年举办的展览会与互联网展示的机会，发行并传播产品目录与手册、在报纸上定期刊登优秀产品的具体介绍。在竞标方面，采购厅根据投标人提交的中小企业优秀产品证书给予加分等政策倾斜。这些数以万计的中小企业供应商与采购人通过单一来源、框架协议（Framework Agreement）等采购方式建立了稳定的供货关系。其中，通过框架协议采购中小企业优秀产品目录上产品的采购额由最初的1万亿韩元飙升到2011年的11万亿韩元。截至2012年2月，入选的采购品种还在不断丰富，采购额亦是逐年递增。

第三类是工程招标划分等级制度（Project rating）。类似于中国的工程资质认证，依据企业的施工能力、注册金额、以往业绩等指标分别承担三个等级的工程，一级工程由大型企业承担，而中小企业往往承担第三级工程。但这并不是说，中小企业就参与不到国家一级工程。因为对于工程建材实行的是直接采购模式，2011年采购厅指定了120种必须的建筑工程用材应由中小企业提供。2007年韩国政府机关直接采购指定由中小企业生产的建材的比例从2007年的9.7%上升到2010年的15.7%，四年间翻了近一倍。并且大企业在进入地方工程投标中必须与当地的中小企业联合投标才能获得竞标资格，这样就间接扶持了当地的中小企业，避免地方各自为政、地区封锁。工程招投标是违规风险较高的领域，韩国政府采购厅一向高度重视中小企业和大企业之间的竞争关系问题，《中小企业基本法》对大企业冒用中小企业资质进行投标行为作了细化规定，依据公司股份比例、员工人数、注册资金、销售额综合评价企业，理清不同企业之间的利害关系。新调整的分类标准，使符合条件的中小企业由原来的18%下降到2%，确保了扶持政策的针对性。

韩国政府采购扶持中小企业政策的经验是统筹、整合思路。第一步，通过细化中小企业划型标准，明确扶持对象，减少大企业规避法律的行为，牢牢守好政府采购准入的第一道关卡。第二步，充分论证调研，根据中小企业的特殊属性，分别在货物、工程、服务的不同采购领域，给予针对性扶持。各部门协调配合，又各司其职。第三步，依据政府采购品目的特殊性，进行分类，指定品目、规定份额、设置门槛、额外点单，弹性指标与硬性规定相得益彰。三步后，加上严格的监管机制和完善的评估程序，政策效果逐渐凸显。2007年韩国政府采购中小企业产品的比例是66.5%，2011年这个比例达到了77.6%，上涨了11.1个百分点，远远高于50%的法定比例。同年，地方政府采购地方中小企业产品的比例是59.6%，2011年这个比例上升到65.6%。韩国女性的地位一直不高，女性创办的企业也作为韩国社会的弱势企业进行政策性扶持。2007年韩国政府采购女性企业生产的产品比例是4.8%，2011年上升到6.8%。即便是中小企业参与的技术难度较高的IT服务业，政府采购中小企业服务的比例也由2007年的51%上升到60%。

韩国不仅在国内推行扶持中小企业的政府采购政策，在国外，韩国政府采购市场开放的程度也较小。韩国政府为了避免中小企业受到加入《政府采购协议》后国际市场的巨大冲击，也采取措施，有效地保护了韩国中小企业。由于韩国对外经济政策一贯采取奖出限入的方针，在政府采购上坚持以国内采购为主，只要国内有同类产品生产或建设，且符合用户的要求时，一般不可以进口。所以，通过国际招标程序完成的采购仅占全部政府采购的一少部分。1997年，韩国加入了世贸组织的《政府采购协议》，按照透明、公开的原则，它修改本国有关政府采购的法令规定，逐步开放政府采购市场，对于金额超过1亿韩元（约13万特别提款权）的物资采购、50亿韩元（约500万特别提款权）以上的工程采购，向国际公开招标。2007年国外供应商在韩国政府采购市场中标额占采购总额的2.5%，而2009年、2010年该比例却保持在1.1%，2011年则更低。韩国贸易政策的效果明显，成功应对了国际公共采购竞争的政策挑战。

6.2.3 中小企业就业支持

加大对创建中小企业的资金支持。一是实行创业税收优惠政策。韩国政府规定，创业未满6年的风险企业，减免所得税和法人税50%，同时免交地方税和印花税。二是扩大创业资金的供给。要求创业投资公司必须把40%以上的自有资金投入新创办企业，没有规定比例的金融机构也必须将一部分资金投入风险企业；鼓励银行扩大对中小企业的贷款数量，放宽大企业在风险企业中的持股限制，2003年中小企业的融资额达2700亿韩元。三是政府增加对创业的直接资金支持。2002～2003财政年度，政府提供了4500亿韩元用于支持风险企业。政府投资主要是扩大创业基础设施建设，为提高创业成功率创造条件。四是注重中小企业的人力开发与技术更新。国家制定了中小企业人力支援法。加强就业引导，转换年轻人对中小企业的认识；支持大学生和社团创业，鼓励青年人创办中小企业，将大学生到中小企业进行为期1～2个月的实习制度化；举办创业竞演大会，对优秀创业构想者予以支持等。与此同时，建立外国人产业研修制度，制定了外国人劳力雇佣法，对外国人进入中小企业从事研发等活动予以支持。目前有14个国家的13万人在韩国工作。完善促进高技术开发方面的法律制度。对研发、技术转移、产品化、产学研结合等予以扶持。比如，由15个政府部门分别承担一定费用，共同开展技术研发；在大学设立技术转移中心，培训专门人才、进行销售支援、政府采购高新企业优先、促进高新技术产业化、设立高技术开发支援资金（高技术企业最高可争取到1亿韩元的资金）等，为此政府支付了43亿韩元。值得注意的是，在中小企业创建和发展环境得到有效改善的基础上，韩政府目前已将政策的着力点放在为中小企业发展创造公平、公正的市场环境上，逐步将中小企业的支持政策市场化，分阶段废除过去实施的保护性政策与法规。据介绍，韩正在研究废除已实施多年的《中小企业促进法》，以培育中小企业在国内外竞争中的自我发展、自我成长能力。

为中小企业保证稳定的人力资源。在韩国，由于中小企业相比大公司工作环境不佳而且福利待遇较差，因此对年轻人缺乏吸引力。这就导致了韩国劳动力市场的一个奇怪现象。一方面，中小企业劳动力不足；另一方面，受到良好教育的年轻人大量闲置在家。据统计，2012 年 5 月韩国 15 ~ 29 岁年轻人的失业率为 8%。为改变这种局面，韩国政府于近期颁布了《中小企业就业青年所得税减免制度》，规定从 2012 年 1 月 1 日至 2013 年 12 月 31 日，在中小企业就业的 15 ~ 29 岁的年轻人，从签约之日起 3 年内，免征个人所得税。韩国政府还实施了一系列措施，包括改善中小企业工作环境项目、为就业人员提供在职培训机会等，引导年轻人到中小企业就业，解决中小企业用工难的问题。

近年来，韩国中小企业凭借政府提供的创业扶持—税金优惠—技术研发—流通销售—人力保障的“一站式服务”，获得了快速成长。韩国总统李明博提出，中小企业与大企业间“不是扩大差距的发展，而是减少差距的发展；不是无雇佣的增长，而是增加工作岗位的增长”，让韩国经济社会共生发展。

2012 年，韩国进一步对扩大就业的企业实行了税务优惠。其中，中小企业与中小企业之外的其他企业的税务优惠率将分别增加 3% 以上、5% 以上。地方中小企业的税务优惠期限截至 2014 年年末，其余企业的税收优惠有效期截至 2013 年年末。

6.3　韩国政府扶持中小企业发展的税收政策

韩国中小企业能够持续发展，不仅得益于良好的创业环境，与韩国政府强有力的扶持政策也密不可分。韩国政府最早于 1966 年颁布了《中小企业基本法》，保护中小企业的利益。中小企业产业准入没有任何门槛，并且在资源配置上给予中小企业优先权，包括征用土地，只要项目符合产业导向，就可以获得用地指标。韩国 1993 年开始实行一系列的“新经济政策”，并先后制定了与之配套的《租税特例限制法》、《中小企业创业支援法》、《技术开发促进法》、《外国投资促进法》、《关税法》、《地方税法》等，对中小企业的租税支援制度等，形成了较为系统的税收优惠体系。1999 年 1 月 1 日制定了《特别税收待遇管理法》，合并和替代了《租税特例限制法》和《外国投资促进法》。

韩国政府对中小企业的税收优惠主要包括技术开发准备金制度、新技术推广资产投资税金减免或折旧制度、研究实验用设备投资税金减免或折旧制度、技术及人才开发费税金减免制度、实验研究用样品和新技术开发产品免征特别消费税制度、技术转让收入法人税减免制度等。

2008年，国际金融危机给全球的经济带来了一定的影响，特别是加剧了全球金融市场的动荡，大多数国家政府纷纷采取措施，出台相关政策，以抵御和应对这场国际金融危机的冲击。为了适应多变的经济环境，韩国也及时出台了一系列政策和措施，从宏观上和微观上应对危机，多次改革税收制度，稳定和发展经济。当中小企业为偿还金融机构负债而转让不动产时，实行免征让渡所得税、特别附加税，废除购买国民住宅债券等措施。韩国企划财政部自2010年3月12日起实行租税特例限制法施行令修订案，中小企业聘雇本国籍劳工1年以上时，才能成为“减免就业投资税额”制度的优惠对象，若雇佣外国籍劳工或雇佣期未满1年，以及雇佣公司股东或代表之亲戚家人，则无法减免税额。当追加聘雇1名劳工时，可减免法人税300万韩元。创业企业将对所有新雇佣人数适用减免法人税对象，而并购之企业则除外。

6.3.1 所得税优惠

为减轻中小企业负担，对新创办的中小企业，从营业日起，减免3~5年的法人税、所得税和财产税等。在大城市内的中小企业，根据其行业不同，可以享受10%和20%的个人所得税或企业所得税的减征优惠；其他地区的可以减征5%~30%。投资于规定的公司的个人投资者，可以在自投资当年起3年内的任何一年按投资额的10%从其综合所得中税前扣除，但扣除额不超过其综合所得的50%。所规定的公司包括：为中小型企业成立服务的合作协会、投资于风险企业或重组企业的证券信托。在大城市内的中小企业，根据其行业不同，可以享受10%和20%的个人所得税或企业所得税的减征优惠；其他地区的可以减征5%~30%。需注意的是，为控制税收优惠滥用，韩国实行最低税制度，即对于公司，其公司所得税负不能低于未考虑税收优惠前税基的15%（中小企业税基在1000亿韩元以下的部分为13%），否则需要选择缴纳15%的最低税以代替公司所得税；对于个人的经营所得，其税负不能低于不考虑税收优惠前应纳税额的35%，否则按其优惠前应纳税额的35%计纳最低税以代替个人所得税。对于在经营上暂时遇到困难的企业，给予其推迟缴纳期限（最长9个月）、免纳税担保（申请退还税额5000万韩元以下，一般企业3000万韩元以下）等优惠措施。国内企业投资于经政府许可的海外资源开发项目取得的股息收入免征公司所得税。

6.3.2 财产税优惠

对新建中小企业，自设立以后5年内减半征收财产税。此外，财产取得税和注册税可以免税2年。对继承已经有10年以上经营历史的中小企业或者营业额在1.5亿韩元以下的中小企业，将要从计税价格中扣除继承财产的 40%，企业继承完成后，必须在 10 年间继续维持企业用资产 80% 以上，以及 100% 的股权。

6. 3. 3　支持技术创新的税收优惠

韩国通过税收优惠来支持中小企业的技术创新和发展，一般采取直接支持和间接支持两种方式，其中以减免税收、扣除所得和扣除税额等直接支持方式为主。如《租减法》第 15 条规定，创办中小企业所得税和法人税实行免三减二，即开始三年免税，其后两年减半征收。《短减法》第 19 条规定，中小企业技术所得，在国内转移时扣除全额所得，向国外转移时扣除 50%。

6. 3. 4　鼓励投资的税收优惠

为提高生产率而进行的设备投资抵免。居民或者本国中小企业投资于提高中小企业工艺和制造自动化水平的设备、提高制造技术和技能的设备、电子商务设备、连锁管理系统、客户端管理系统等，可以按照投资额的 7% 抵免个人所得税或者企业所得税。投资防污设备、清洁设备、防止工业危害设备、采矿安全设备、提高配送业效能的设备、防止技术外流的设备以及开发海外资源的设备等可抵免 3%。居民或国内公司的节能设备投资可按投资额的 10% 抵免个人所得税和公司所得税。

6. 3. 5　区域性税收优惠

出于发展地区经济的需要，韩国注重实行区域性税收优惠以吸引投资，尤其是对经济落后地区的中小企业发展。韩国 70 年代起对农渔业及首都以外地区和首都地区的新创立的技术密集型中小企业给予分别国税部分的所得税及法人税、地方税部分的注册税、所得税、财产税、综合土地税的优惠。具体是分别减免 6 年和 4 年的国税部分的所得税及法人税，并减免 2 年内取得的事业用财产的地方税部分的注册税、所得税的 50%，同时减免 5 年的事业用财产的地方税部分的财产税、综合土地税的 50%。

6. 3. 6　促进中小企业出口的税收优惠

韩国政府对中小型出口企业早期退还增值税退还金。为了促进中小企业出口，韩国政府制定了支援中小企业出口的中长期方案，方案规定在 2002 年把中小企业在出口总额中所占的比例从上一年的 42% 提高到 50%。主管中小企业的中小企业厅在各道、市设立支援中小企业出口中心，负责向企业提供咨询服务，协助企业获得 ISO 等国际认证。政府有关部门挑选了 1 万家中小企业的 5 万多种产品，在因特网上建立“中小企业”主页，向国内外宣传，并牵头组织中小企业与贸易代理商洽谈，以扩大企业的贸易机会。

6.3.7 促进研究和人力资源开发的税收优惠

韩国鼓励企业进行企业发展与人力资源发展的研究，尤其是制造业、采矿业、工程服务业等特别产业，政府都为其进行这方面的研究提供税收优惠。韩国对于企业支付的技术和人才开发费给予一定的法人税和所得税减免，外国技术人员免税。

符合规定的中小企业可以享受的税收优惠具体如下：①研究和人力资源开发抵免。按照下列两种计算方法中数额较大者享受税收抵免：对于大企业，当年委托中小企业或研究机构从事研究和人力资源开发的支出超过前4年平均水平的部分的50%，或者当年公司自身投入的研究和人力资源开发支出超过前4年的平均水平的部分的40%；对于中小企业，纳税年度发生的研究和人力资源开发支出的15%，或者当年研究和人力资源开发支出超过前4年平均水平的部分的50%。②投资于技术和人力资源开发设施的税收抵免。公司购买设施用于研究开发和职业培训的，最多可以按照其总价款的7%抵免。③技术转让抵免。公司购买专利权，则最多可以按照总价款的3%（中小企业为7%）享受税收抵免。④风险资本利得不征税。风险投资公司投资于新建中小企业的，其出售该中小企业的股票或者权益所实现的利得，免征公司所得税。⑤外国技术人员免税。国内公司支付给在韩工作的外国技术人员的工薪所得免征个人所得税5年。对在韩国国内企业工作或在特定研究机构从事科研的外国人给予5年的所得税减免。

6.3.8 促进创业期中小企业发展的税收优惠

韩国政府对处于创业期的风险企业、技术集约型的中小企业给予特别的税收优惠。范围包括：由科技部认定的新技术和通过招标确认的国内需要的技术项目；政府研究机构、企业研究所、非营利性研究机构及大学的研究成果；中小企业创业投资公司及出资支持的创业者项目；产业资源部通过招标确认支持的项目；通过登记的实用新型项目；按照相关法律引进的国外技术等。对于符合规定的项目，对创业法人登记的资产给予75%的减免；在创业期的5年内，每年减免50%的所得税；在创业期的2年内得到的事业不动产按照75%的比例减免所得税；在创业期的5年内减免50%的财产税和综合土地税。

韩国的《租税特例限制法》和《中小企业创业支援法》对技术密集型、风险企业以及创业培育中心事业者等在创业期实施税收优惠，对创业初期的企业，减征财产登记税、财产获得税、财产税和土地税等。韩国从金大中政府开始，全力扶持中小企业特别是风险投资企业的发展。规定对技术密集型中小企业，从获得收益日算起，前3年免征50%的所得税，此后两年内再减征30%。

6.3.9 投资抵免

中小企业购置机器设备等企业资产，或者在销售点安装信息管理系统和信息安全系统的，可以按照购置额的一定比例抵免个人所得税或企业所得税。

6.3.10　区域性税收优惠

韩国规定，在农渔业区的中小企业可享受所得 50% 免税的优惠，但这只适用于制造业、矿业、有线电视广播、资料处理、电脑通讯业、货运业等；另外从事技术密集且位于市区外的中小企业，产生所得后的 4 年内，其所得的 50% 可免税，其后两年可享受 30% 免税优惠。

6.3.11　福利性税收优惠

韩国为防止因中小企业同大企业间工资和福利待遇差距拉大，而导致中小企业人才向大企业流失，使中小企业用工难问题加重，政府引入连带工资政策，即对过高增加工资或接收中小企业现职职工的大企业征收一定金额的补偿金，用于中小企业福利基金。为缓解中小企业雇佣人力的困难，正考虑制定一项鼓励用工政策，包括向雇主提供减免雇佣税收及其他相关费用等，以使中小企业克服雇佣困难，促进扩大招工。

6.4　政策性金融支持

6.4.1　政策性基金

韩国政府通过各种政策性基金为中小企业提供政策性贷款，不同的基金种类适用于不同类型的中小企业，但大多数基金是支持那些具有一定风险的高技术企业。企业获得贷款的条件由政府制定，款项由指定的金融机构发放。符合贷款资格的中小企业提出申请，金融机构依据申请贷款的企业情况按照政府制定的标准进行自主审核，确定贷与不贷。20 世纪 80 年代以来，韩国政府将中小企业的发展列入国民经济发展的重点，继续采用各种基金对中小企业进行支持。

1986 年韩国政府根据《支援中小企业创业法》设立中小企业创业基金，对具有一定风险性的高新技术和有出口潜力的产品生产企业给予特殊的支援、鼓励和支持，对其提供稳定的后续资金，保证创业基金更好的发挥作用。与此同时，韩国政府还要求中小企业银行（IBK）、国民银行（KB）和中小企业振兴公团（SBC）等机构都设立创业资金，为科技含量高、产品潜力大的中小企业提供更好的金融支持。

根据1987年《关于高新技术企业金融支持法》的要求，韩国政府设立了技术信用担保基金，旨在对开发和采用高新技术的企业提供特别的融资服务。

1989年《关于中小企业稳定经营和结构调整特别措施法》颁布后，韩国政府还成立了中小企业结构调整基金，向那些依法进行生产结构调整、从事技术开发的中小企业提供贷款支持。结构调整基金鼓励中小企业利用技术来发展企业，在一定程度上也推动了韩国产业的升级。目前，韩国有12个政府部门设立了扶持中小企业发展的政策性基金，截止到2009年，共设立了九十多种不同种类的政策性基金，每年向中小企业提供的资金支持达到5万亿韩元。其主要的支持目标是积极进行高科技研发和应用、不断进行信息化和自动化升级的中小企业。此外，地方政府也设立了各种中小企业基金。依据相关法律，中小企业成立两年后，可向地方政府的“地方中小企业培育基金”申请总额为7亿韩元，年利息为7%，期限为8年的资金，进行创业贷款，重点培养缺少资金的高技术创业型企业。

另外，为了缓解中小企业融资困难，韩国政府在促进中小企业发展中，为其提供大量的长期低息贷款，一般贷款周期为8年，利率一般在2%～8%，远低于10%左右的商业贷款。同时，设计了多种以政府为背景的风险投资基金，以补充和引导民间风险投资。1995年，韩国政府将已有的各类中小企业的基本制度综合为“中小企业创业振兴基金”和“中小企业共济事业基金”两个中小企业资金支持制度，这些法规条例对中小企业主管机构的设立和职能等做出了具体而明确的规定。以中小企业共济制度为例，该制度按照相互保证、风险分担的原则，借助成员之间互助的力量，在无须动产及不动产担保下，取得银行贷款。

为强化本国中小企业国际竞争力，改变政府单边扶植政策，韩国政府还加大了民间机构的参与力度，充分发挥它们的资源和能力，使中小企业通过市场调节功能，自主提高自身竞争力。截至2008年7月末，已有3000亿韩元来自民间金融机构的资金，以民间技术评价机构的评估报告为基础，向技术创新型企业进行了投资，大大加强了对中小企业尤其是技术能力优秀的中小企业融资支持力度。

6.4.2 政策性银行

在融资方面，韩国政府为中小企业提供大量长期低息贷款，设计了多种以政府为背景的风险投资基金，促进民间金融机构的“技术中小企业融资”，引入“共同中小企业融资”制度，通过官民合作强化对中小企业的融资支持。韩国的中小企业融资以政府出资建立的政策性金融体系为主，同时，积极培育风险资本市场和第二板市场的发展。间接融资为中小企业融资主要渠道，直接融资比重尚小，但已开始随着资本市场的完善而逐年增长。

历史上，韩国中小企业的发展经历过资金严重短缺、举步维艰的阶段。为突破融资渠道不畅的瓶颈，韩国20世纪80年代以来出台了《中小企业创业支援法》等一系列支持中小企业发展的政策法规，同时，在政策性金融方面也采取了相应的措施。

政府部门对中小企业的政策性资金支持主要通过三家政策性银行完成，即韩国中小企业银行、韩国产业银行及韩国进出口银行。其中韩国中小企业银行的成立对韩国中小企业融资起到了巨大作用，在全部韩国银行对中小企业贷款中占到20%左右的份额，该行还对大量中小企业度过1997年的亚洲金融危机及2008年的国际金融危机起到了关键性的作用。

韩国中小企业银行成立于1961年8月成立，是政府专为支持中小企业发展成立的政策性银行。该行在将全部贷款的85%用于中小企业，韩国70%以上的中小企业都与该行有融资业务往来。同时，该银行坚持商业银行运作模式，各项经营指标在韩国各大银行中处于优良水平。为了保障韩国中小企业银行将贷款专项用于扶持中小企业发展，韩国法律明文规定，中小企业在中小企业银行的贷款业务比率不能低于80%。韩国的中小企业法中明文规定："在银行扶持中得以发展壮大后不再符合中小企业标准的企业，中小企业银行不能再与其有业务往来。"通过法律手段，韩国政府保证了中小企业银行的主要作用是为真正的中小企业提供金融服务支持。同国际上所有的中小企业一样，韩国的中小企业也无法提供抵押物给银行获得贷款。为了实现对中小企业融资支持，并降低贷款风险，60年代韩国政府建立中小企业银行的同时，也为此配套建立了专为扶持中小企业的政府担保机构，如信用保证机关。欲获得贷款的中小企业可以同时向信用保证机关和银行提出申请，银行和担保机关均独立地对企业做出信用评估。即便担保机关在做出信用评估后给予了企业担保，但企业如果未能通过银行信用评估，政府也不得干预银行的决策。此外，对于通过评估但贷款风险较大的中小企业，中小企业银行有权调高其贷款利率，以抵消贷款风险。

韩国最初建立中小企业政策性银行，是属于权宜之计。韩国中小企业银行并不是纯政策性银行。韩国中小企业银行是自负盈亏的。经过40多年的发展，韩国中小企业银行由最初国家全额注资，近来发展为政府控股51%，民营资本控股20%以上，其余为韩国其他银行所有的资本结构。民营资本的介入，必使得韩中小企业银行采取商业银行的运营模式。韩国中小企业法第43条规定，在与中小企业业务经营中，若中小企业银行的资本发生损失，政府将无偿弥补其损失部分。

韩国中小企业银行及韩国产业银行对中小企业融资有更强的针对性。除了发放正常的贷款外，这些政策性银行可以帮助政府实施各种基金计划。如目前韩国企划财政部、产业资源部等12个政府部门设立了90多种政策性基金，每年可向中小企业提供约4.9万亿韩元（约合310亿元人民币）的资金，专门用于支持中小企业的发展。这些资金并不是直接发放给中小企业，而是以借款形式向指定银行提供资金，指定银行以该借款利率再加1%～1.5%的利率向中小企业提供贷款，并获取一定的利差收入。各政府部门可以根据其产业政策确定重点援助的对象和相应的条件，指定银行遵照这些指示，并根据商业贷款的发放原则对申请贷款企业进行贷前审查和贷后管理，这些贷款的信用风险由银行承担。一般来说，这种政策性资金贷款都有较低的利率和较长的周期，主要的支持领域是中小企业的技术研发、信息化和自动化，并重点培育有潜力的需要风险投资的中小企业。

1987年底，韩国政府对20世纪60年代以来建立的政策性银行进行了调整。继承中小企业银行的韩国兴业银行成立，由政府持有全部资本，主要向中小企业提供融资服务。同年，韩国政府扩大了1976年成立的韩国进出口银行的职能，赋予该行具有管理、运营经济发展合作基金的职能，并以此加强与发展中国家的经济合作。1997年亚洲金融危机后，韩国政府进一步认识到发展中小企业对稳定经济的积极作用，加强了对中小企业政策性金融体系建设的力度。1999年对韩国产业银行进行了资本重组，加大了政府投入的资本金规模。2000年韩国政府还拨款1000亿韩元建立了韩国风险投资基金。

6.4.3 韩国信用担保体系

建立中小企业信用担保体系是世界大多数国家扶持本国中小企业发展、促进国民充分就业、保障金融业健康发展的通行作法。针对中小企业资信、担保能力较弱的情况，韩国政府于1961年颁布实施《信用保证储备基金体系法》，1967年颁布实施《中小企业信用保证法案》，并建立了针对中小企业的信用担保体系。

韩国的信用保证保险发展的历史并不长，1976年成立的信用担保基金（KCGF）是韩国中小企业信用体系的主要组成部分，管理三类不同的资本基金账户，它们是信用保证资本基金、信用保险资本基金和基础设施担保资本基金。信用保证资本基金由政府和金融机构捐助，信用保险资本基金和基础设施担保资本基金则只由政府捐助，主要为有发展前途但缺乏有形抵押物的中小企业提供负债担保，并通过信用信息的有效管理和利用、促进合理健康的信用交易，从而推动国民经济的均衡发展。

目前，韩国从事中小企业信用保证业务的机构主要有信用保证基金、技术保证基金和韩国联合会三家政策性保证机构，分别接受政府有关职能部门的监管。1976年，韩国政府成立了第一家专门为中小企业融资提供信用保证的政策性机构——信用保证基金，援助对象为普通中小企业，标志着韩国信用保证行业正式起步。信用保证基金的资金来源是，中央一级全部由中央政府预算解决，地方一级则分别由地方政府和企业各出资50%。1989年，成立了以促进中小企业技术创新为目的的技术信用保证基金，援助对象为高新技术中小企业，标志着韩国的信用保证行业进入了发展新时期。此外，还成立了培育本地区中小企业为目标的“地方性信用保证财团”。其中最为重要的是“信用保证基金”，作为政府直属部门，该基金拥有独立的中小企业评级体系，为质量较好的中小企业向银行贷款提供担保。1999年，韩国颁布实施了《地域信用保证基金法案》，并于2000年成立了韩国信用担保协会联合会（以下简称“韩国联合会”），标志着覆盖全国的信用保证体系正式建立。

韩国信用保证体系较为完善、功能齐全。三家信用保证机构目标明确、覆盖广泛、体系健全。信用保证基金是目前规模最大、实力最强、覆盖范围最广的信用保证机构，主要为一般的中小企业提供各类保证；技术保证基金是第二大信用保证机构，专门为高新技术类中小企业提供融资保证和技术评估服务；韩国联合会主要职责是促进地方信用保证基金的发展，维护协会会员的共同利益，并为之提供再担保服务。前两者相当于我国的融资性担保机构，后者除此功能外，还有行业自律组织的功能。同时，韩国有16家地方性信用保证基金作为联合会成员单位，均由地方政府和金融机构出资设立，主要对当地规模小的企业或个人提供融资保证。韩国覆盖全国的机构布局以及各机构之间差异化的经营定位基本满足了各类中小企业的融资需求，扩大了社会就业，促进了韩国经济的快速发展。

韩国政府作为信用保证机构的后盾，和金融机构配合，支持中小企业发展。信用保证机构资本金来源的主渠道是政府和金融机构的出资。根据业务发展需要，政府每年在财政预算中增拨资本金，金融机构每年根据中小企业贷款余额的一定比例进行捐资，承担一定的风险补偿责任。韩国信用保证机构对项目不是全额承保，而是按照一定的比例与银行共担风险。

6.4.4　中小企业振兴公团

韩国中小企业振兴公团是韩国政府为了支持中小企业的发展，于1979年根据《中小企业振兴法》设立的非赢利性特殊法人。该机构作为对韩国中小企业的综合援助机构，公团理事长由韩国总统直接任命，预算全部由政府拨款。其主要业务有：对中小企业进行政策、资金援助，风险创业和投资咨询援助，在国际合作、人才培训、法律、信息支持，推广新技术等方面为中小企业的海内外投资贸易活动提供帮助。此外，该公团还发行中小企业债券。韩国《中小企业创业支援法》规定：中小企业成立两年后，可以通过地方政府的“地方中小企业培育基金”，申请年利息7%、期限8年的创业资金支持。韩国“中小企业振兴公团”也以同等的期限和利率条件，为中小企业提供资金支持。

6.4.5　韩国银行的相关措施

作为韩国的中央银行，韩国银行在不同类型银行对中小企业贷款所占比例方面制定了指导性的规定，如全国性商业银行为45%、地方性商业银行为60%，外国银行分行为35%。约有1/4的外国银行分行在韩国不受这一比率的限制。此外，韩国银行还将各银行对中小企业贷款力度作为再贷款优惠利率的考核指标之一。韩国政府在2008年连续两次下调利率，第一次开始下调利率，将银行基准利率从原来的5.25%下调到5%；第二次开始下调利率，将银行基准利率从原来的5%下调到4.25%，以期稳定本国金融市场并防止经济严重萎缩。

6.4.6　商业性贷款机构

商业性贷款机构也是中小企业融资的重要来源，在亚洲国家主要有两种形式：一是商业银行通过寻求担保或参与政府中小企业信贷计划提供中小企业贷款服务；二是政府通过法规规定商业银行对中小企业的资金支持。韩国政府和韩国中央银行以多种方式推动商业银行为中小企业融资。比如，韩国中央银行以窗口指导方式要求政策性银行贷款的80%应投向中小企业，全国性商业银行为45%，地方性商业银行为60%，外国银行分行为35%，同时，将这一政策与各银行的再贷款优惠利率挂钩。

6.5 直接金融

6.5.1 股权融资——KOSDAQ市场

韩国为了进一步拓宽中小企业的融资渠道，解决间接融资不足的问题，1996年韩国政府参照美国的纳斯达克市场建立了专门为高新技术行业和中小风险企业，特别是技术型中小企业融资的二板市场科斯达克市场（KOSDAQ）。该市场是KOSDAQ是亚洲主要新市场，也是全球最大的和最活跃的新市场之一，专门为知识密集型、创造高附加值的高科技新兴公司及中小企业提供了直接融资渠道。方便技术性企业，特别是中小型风险企业取得直接融资，在上市条件、标准方面都给予那些知识密集型、高附加值科技型中小企业十分优惠的政策，使得那些资金短缺但具有高技术含量、高增长潜力的中小企业能够在这个证券交易平台上获得一定的资金支持，以此来促进韩国高科技产业的发展。KOSDAQ市场现有上市公司1000余家。根据世界交易所联盟2008年的统计资料，韩国证交所创业板市场的成交量及换手率仅次于美国纳斯达克。2007年，在KOSDAQ市场上市的中小企业有1022个，成交量为50074800股，成家额为151252亿韩元，成交额为韩国主板市场的9.8%。到了2009年，在KOSDAQ市场上市的中小企业有1028个，成交量为503961000股，成家额增加到196771亿韩元。

KOSDAQ市场上市条件的设计与美国纳斯达克市场颇为相似，上市标准多样化，它把企业划分为四种类型，不同类型的企业对应不同的上市标准。KOSDAQ市场的一个显著特点是鼓励高科技风险型公司上市，对高科技创业型企业的上市标准要求很低，不但没有股份数量的限制和财务指标的硬性要求，政府为支持其上市，还给予税收方面的优惠政策，减少其纳税额。除了上市门槛较低，低成本也是照顾高科技风险企业的一个重要表现。在KOSDAQ上市的费用很低，约合人民币39000元，是美国纳斯达克的5%，上市公司向KOSDAQ上交的年费也很少，为4500元人民币，是美国纳斯达克市场的1%左右。这些优惠条件都体现其对韩国风险型中小企业的支持。

6.5.2 第三股票交易市场

韩国政府2012年推动修改资本市场相关法律，新设“第三股票交易市场”，专用于中小企业的股票交易。

如上所述，韩国目前有两个股票交易市场。一个是韩国证券市场综合股价指数（KOS-PI），即所谓的主板市场，于1956年开市，主要上市对象是大型中坚企业；另一个是科斯达克指数（KOSDAQ）市场，即所谓的二板市场，成立于1996年，主要服务对象是在技术和业绩方面已经相对成熟的中小企业。这两个股市在帮助企业融资、扶持新技术产业发展方面发挥了重要作用。但是由于上市门槛高、覆盖面受限等原因，许多中小企业，特别是处于创业阶段的中小企业难以参与其中，目前在这两个股市上市的韩国企业还不到2000家。

以科斯达克市场为例，2010年在科斯达克新上市的韩国企业只有76家，这些企业的资本总额平均为238亿韩元，平均销售额为511亿韩元。这种资本和销售规模对于许多处于发展初期的中小企业来说实在是高不可攀，因此导致二板市场新上市企业数量逐年减少。“上市难”导致的“融资难”，是多年来一直困扰韩国中小企业发展壮大的巨大障碍，韩国政府也一直在寻求解决这个问题的良策。

韩国政府成立“第三股票交易市场”的目的就是要进一步帮助中小企业解决融资难的问题。与科斯达克二板市场相比，第三股市的上市条件变得更为宽松，主要服务对象是处于发展初期、尚难以达到二板市场上市标准的中小企业。开设了第三股市之后，中小企业将可较为容易地通过股市筹募资金。但考虑到投资的风险，并非以一般散户，而是以机关投资家为主运作第三股市。韩国目前接受外部监理、经营制度比较完善的未上市中小企业约有1.3万家，另外还有1.7万家拥有独特技术的中小企业，这些企业将成为第三股市的候选。

韩国政府制订的第三股市的运营方式的基本原则是，考虑到该市场风险较高，市场参与者将以机构投资者为中心，个人投资者将被禁止进入。为了扩大市场需求，也有可能考虑允许风险投资基金参与市场的方案。在第三股市成立之后，韩国中小企业的融资环境将大为改善。作为配套措施，韩国金融委员还将推动高斯达克市场降低上市条件，积极接纳那些规模虽然不大，但技术实力已得到市场认可的中小企业。

6.5.3 资产支持证券市场

1997年亚洲金融危机后，亚洲各国引入资产证券化的初衷主要是为了解决银行危机产生的大量的不良资产，以提高银行的资本充足率。但随着韩国金融体系的重建和金融秩序的恢复，资产证券化被赋予了新的内容。韩国资产证券化经历了三个发展阶段：1999～2000年是引入资产证券化阶段，主要目标是金融重建和不良贷款的处置；2000～2001年是资产证券化的发展阶段，主要提高资产流动性，克服期限集中到期的问题；2002～2004年是不断成熟阶段，证券化的基础资产扩大到中小企业融资、信用卡应收款、学生贷款、未来收入债券等。

资产证券化用于中小企业融资后，对于拥有版权、专利权等的创新型中小企业来说，资产支持证券（ABS）产品为他们提供了高效的融资服务。自1999年以来，韩国发行了多种ABS产品，为中小企业开创了新的直接融资渠道。

6.3.3 资产支持证券市场

下 篇

扶持中小企业发展的财税金融政策中外比较与借鉴

第7章

扶持中小企业发展的财政支出政策中外比较与借鉴

- 就业创业创新等扶持支出政策比较与借鉴
- 政府采购政策比较与借鉴
- 融资扶持支出政策比较与借鉴
- 法律基础比较与借鉴
- 本章小结

7.1　就业创业创新等扶持支出政策比较与借鉴

7.1.1　国外相关政策做法

（1）美国

美国非常重视中小企业技术创新，在扶持小企业技术开发方面已经建立起了完整的技术开发体系。

第一，由小企业管理局负责对小企业技术的组织工作。按照国会的授权，小企业管理局主要从事三方面的工作：一是帮助小企业获得政府的研究与开发合同；二是帮助小企业获得根据政府合同或由政府出资完成的研究开发成果；三是向小企业提供技术援助。

第二，立法并设立政府专项基金。1982年，国会通过了《小企业技术创新开发法》，启动了永久性小企业创新研究计划，要求政府各部门如其年度研发经费超过1亿美元，每年必须从其研发经费中拨出一定比例来支持小企业的研究开发活动。近年来，每年大约有超过10亿美元的经费来支持小企业的创新，已有5万多家小企业享受到了此资助。从1983年到1990年年末，该计划的资助件数共有17767件，资助金额总计达到22亿多美元。

同时，根据此法，制定了“小企业创新研究（SBIR）计划”。其主要内容有：筹措技术开发资金，发放研究开发资金，资助研究开发项目，对研究开发类产品优先订货，开放政府的实验研究机构，推行个别小企业特殊培育制度等。SBIR规定，联邦部门研发经费须拿出2.5%作为研发项目基金，资助有市场潜力的小企业。据统计，1983～2003年，通过此项计划给予小企业的资金约有154亿美元，共资助了7.6万多个项目。

第三，1985年，根据《小企业技术创新开发法》，许多大学设立了小企业综合指导中心。政府对这一机构进行财政拨款，支持小企业综合指导中心进行研究与指导工作。1992年批准实施了小企业技术转让计划（STTR）。STTR也规定，联邦部门研发经费须拿出0.3%给小企业与非营利研究机构的技术转让项目使用。

此外，为了向中小企业推广新技术，帮助制造业实现生产能力现代化，1998年美国商务部国家标准技术研究所（NIS）与州和地方政府合作建立制造技术推广伙伴关系（MEP）。MEP主要由制造技术中心、制造技术扩散中心、州技术推广中心、联系计划和中小企业发展中心五部分组成。此外，美国政府还委托小企业管理局组织实施，或免费或由政府出资，对中小企业的投资、融资、经营管理、技术进步、进出口贸易、人才培训等进行长期的咨询与训练。

（2）德国

德国政府非常重视中小企业在科技研发方面的开拓作用。为了激励中小企业在研究开发方面多出成就，德国对于中小企业的科研发展、环保治理、能源节约及人才培训等，均给予低息贷款等方面的相应帮助。例如，对中小企业与学术界的研究合作，每年给予所需费用低息贷款的帮助和3万马克的补贴；对于研究开发新技术、新产品的中小企业每年除了补助15万马克外，还给予一定额度的低息贷款。据统计，德国每年拨款近10亿马克用于资助中小企业发展业务。与此同时，欧洲特别复兴计划基金每年也拨出数亿马克的低息贷款用于资助中小企业的发展。为了鼓励中小企业不断研究新技术和革新产品，德国对创新产品的中小企业给予50%的研究补助，协助其将科技成果尽快投入生产，加快转化为商品的进程。

两德统一后，统一后的德国政府为了加快东部地区的经济发展步伐，实现国家经济平衡发展，规定中小企业在东部地区进行经济产业和基础设施投资，可以获得投资总额的15%～23%的投资补贴。而在德国，德国政府主要采用贴息贷款的方式，对中小企业的长期低息贷款提供贴息，以帮助德国中小企业获得最宝贵的长期信贷资金。和日本一样，德国也建立了自己的专项基金，以低于市场利息向符合标准的中小企业贷放低息贷款，即“欧洲复兴计划特殊资产基金”，以此来方便中小企业获得及时有效的资金支持，从而提高中小企业的成活率。

此外，为了保证德国的中小企业能够获得及时有效的人才支持，德国政府采取了一系列的就业政策，来支持中小企业的健康发展。比如说，在德国，企业对新招收的员工进行职业培训，连续4天、每天超过6个小时的培训的，即可得到2800马克的政府补贴。在德国各地，均分布着由政府部门开办的为当地中小企业培训学徒工、对中小企业职工进行知识更新或改行培训的职业教育中心，其经费由政府拨款补贴支持，中小企业只需为自己职工支付部分培训费，从而大大减少了德国中小企业在人力资源方面的投资。

（3）日本

日本政府为了提高中小企业技术开发能力，采取了一系列的措施：第一，实施《促进中小企业技术开发临时措施法》，根据该法，对开展经过都道府县知事确认的技术开发事业的中小企业，采取补助金、融资、税制等措施。第二，为中小企业培养人才。在都道府县有中小企业技术人员研修制度。第三，对中小企业进行技术开发指导。日本政府建立了技术顾问制度，在全国各地设立了200多个公立试验机构，就提高中小企业产品的技术水平进行可行性研究和试验，对所存在的问题提出具体建议，并以“巡回技术指导事业”等形式，派遣技术顾问到现场具体指导。第四，扶持中小企业技术开发。1992年日本政府推行“确保中小企业劳动力对策的技术开发”，同时创办“国际技术创造研究”。第五，支持中小企业技术交流。为了通过不同领域经营资源的融合开拓新的领域，开办了不同行业的中小企业进行交流的“技术交流市场”。

此外，日本专门设立了专门为中小企业服务的情报机构，主要向中小企业提供海外投资、技术合作情报，有关新技术、新工艺、新产品的情报，以及经营管理与市场营销情报。该情报机构经常组织一批各行业的专家和技术人员召开情报恳谈会，中小企业可以随时或定期向专家提出咨询或交流情报信息。该情报机构为中小企业提供了大量的专利信息、技术工艺信息和经营销售信息。对于日本中小企业的技术开发和经营管理工作给予了极大的帮助。

（4）韩国

韩国中小企业技术创新政策，经过40多年的变化和发展，成为比较完善的技术创新政策。韩国现在实行的中小企业技术创新政策约有95项，其中中小企业厅实施的有41项、财政经济部实施的有14项、科学技术部和产业资源部实施的分别有11项、情报通信部实施的有8项等。从扶持类型来看，资金扶持的有47项、租税优惠扶持的有22项、技术人才扶持的有16项、提供技术信息扶持的有13项、扶持销路和其他的有24项。资金扶持的政策中，中小企业厅实施的是最多（19项），租税优惠政策中，财政经济部实施的有14项、科学技术部实施的有6项、行政自治部实施的有1项。

7.1.2　中国相关政策做法

（1）创业扶持方面

中小企业是解决就业、促进经济发展的重要力量。鼓励创业，刺激中小企业创新发展，提倡中小企业开拓市场，是我国社会主义市场经济的应有之义。在支持中小企业创业方面，《中小企业促进法》明确表示，要为中小企业建设更加适合创业的政策环境。例如，《中小企业促进法》第二十二条规定，“政府有关部门应当积极创造条件，提供必要的、相应的信息和咨询服务，在城乡建设规划中根据中小企业发展的需要，合理安排必要的场地和设施，支持创办中小企业”，为政府部门在中小企业创办过程中所承担的任务定下了基调。再例如，《中小企业促进法》第二十七条规定，“国家鼓励中小企业根据国家利用外资政策，引进国外资金、先进技术和管理经验，创办中外合资经营、中外合作经营企业”，明确了国家对于中小企业利用外资经营的支持态度，直接促进了中小企业引进外资壮大自己。

（2）技术创新方面

中小企业能否实现振兴，其中一个重要的因素就是能否实现创新发展。为了推动中小企业的创新发展，政府在《中小企业促进法》既明确了政府对于中小企业创新的鼓励态度，同时也系统规定了支持中小企业的具体方略。在第二十九、三十条中，《中小企业促进法》明确规定了政府对于支持鼓励中小企业创新发展的态度。在第二十九条中，该法规定，国家应当制定政策，鼓励中小企业按照市场需要，开发新产品，采用先进的技术、生产工艺和设备，提高产品质量，实现技术进步。并且，《中小企业法》还规定了，中小企业技术创新项目以及为大企业产品配套的技术改造项目，可以享受贷款贴息政策。在第三十条中，该法还规定，政府有关部门应当在规划、用地、财政等方面提供政策支持，推进建立各类技术服务机构，建立生产力促进中心和科技企业孵化基地，为中小企业提供技术信息、技术咨询和技术转让服务，为中小企业产品研制、技术开发提供服务，促进科技成果转化，实现企业技术、产品升级。

(3) 市场开拓方面

在市场开拓方面，《中小企业促进法》主要着眼于鼓励中小企业在符合市场规律的条件下，积极拓宽市场，鼓励中小企业在市场上通过合法竞争争取市场份额。例如，《中小企业促进法》第三十二条规定，“国家鼓励和支持大企业与中小企业建立以市场配置资源为基础的、稳定的原材料供应、生产、销售、技术开发和技术改造等方面的协作关系，带动和促进中小企业发展”，通过法律的形式阐明了在市场开拓方面，大企业与中小企业之间的互帮互助的协作关系。而在第三十四条中，则明确阐明了国家政府采购政策对中小企业的支持，“政府采购应当优先安排向中小企业购买商品或者服务”，通过政府采购上的倾斜来保证中小企业的稳定市场与发展。并且，对于中小企业开拓国外市场方面，国家也持一种鼓励的态度，即“国家有关政策性金融机构应当通过开展进出口信贷、出口信用保险等业务，支持中小企业开拓国外市场”，采用各种方式鼓励中小企业走出国门，在海外扩大自己的市场份额。

7.1.3 比较与借鉴

显然，无论美国还是日本等国，均高度重视中小企业技术创新，从多方面给予支持鼓励，并建立了一套较为完善的技术开发体系。我国在中小企业创业创新方面也出台了相关的鼓励措施，但总体还只是较为笼统地在法律中给予表述，在实践中还少有相关的计划。今后应逐步建立起完善的中小企业创业创新技术开发体系。

一是鼓励相关重点产业的中小企业进行技术创新。对于节能环保型中小企业以及有利于提高行业国际竞争力的中小企业的研发项目，政府应建立重要技术的研究开发费补助金制度，在其研究与开发、产品推广等阶段进行财政支持。通过对中小企业的自主创新进行政策扶持，尤其是要支持处于种子期和创业期的中小企业，鼓励和引导中小企业进行创业投资，不断提高中小企业的创新能力，进而实现中小企业增长方式的顺利转型。

二是提高中小企业的技术吸收能力、二次创新能力。技术创新活动的重要特征是其不确定性和风险性，需要政府从财政税收、融资、咨询、技术支持等方面予以支持。完善中小企业税收政策，利用税收政策在经济发展中的杠杆作用，支持企业的科研和创新活动。对中小企业的技术创新活动给予经费补助、分担部分研究开发成本或者对研究开发项目提供融资便利；由政府组织研究人员或者委派相应机构通过信息沟通、技术咨询等方式对中小企业研究和开发活动进行指导，政府承担部分或者全部的费用；为中小企业创新成果提供法律政策援助，为企业创新活动提供专利保护和市场保护。

三是支持中小企业人力资源开发。鼓励人才向中小企业流动，对到中小企业就业的大中专毕业生、各类专业技术人员和中高级管理人员，可以增加其个人所得税的费用扣除额或减征个人所得税；取消对中小企业专业技术人员和中高级管理人员的计税标准工资的限额，允许按照实发工资额在税前列支；对有突出贡献的人员给予的奖励也可以在税前列支中小企业可以凭借这些税收优惠政策适当提高工资水平，特别是专业技术人员和中高级管理人员的工资水平，以增加中小企业对人才的吸引力。鼓励、支持中小企业进行员工培训。一方面，允许中小企业以高于一般企业的比例提取职工教育经费，在税前列支；对企业为购置用于员工培训的设备发生的费用，作为专项费用在税前列支，鼓励中小企业对员工培训的投资。另一方面，对社会上的各类培训中心、职业技术学院和大中专学校按照国家规定的价格向中小企业提供培训服务所取得的培训收入免征营业税和所得税，鼓励社会力量积极参与中小企业的员工培训工作。这样，既可以降低中小企业进行员工培训的成本，也可以支持中小企业的人力资源开发，提升中小企业的竞争力。

7.2　政府采购政策比较与借鉴

7.2.1　美国

为了维护政府采购合同的公开、公平原则，美国在《联邦政府采购法》中对小企业如何参与政府采购作了相关规定，规定采购合同必须遵循公开规则，要求一切政府采购合同要公开、公正、透明，要求联邦政府采购合同份额的 23% 必须给予小企业，并要求大企业将政府采购合同份额的 20% 转包给小企业。1953 年，美国中小企业管理局在成立之初，即规定“……与联邦政府采购机构签订采购合同，然后转包给小企业……鼓励联邦政府主要承包商分包给小企业……”小企业管理局还通过“搁置购买”、“拆散购买”及提供“能力认证证书”等措施，努力为小企业从联邦政府的采购计划中获得合理份额的商品和劳务合同。《美国小企业法》也规定，政府应保证“在政府的商品和劳务的购置和各种合同中应为小企业预留以公平的比例”。10 万美元以下的合同应给予有能力承担的小企业；50 万美元以上的合同中标者，应在二级合同中为小企业预留份额。值得指出的是，美国作为联邦制国家，当联邦立法与地方立法发生冲突时，在本地适用的还是地方法律，比如洛杉矶郡政府的政府采购政策规定，凡涉及联邦政府采购合同的，须按照《联邦政府采购法》的规定，将合同总额的23%以上授予一般小型企业，而其余合同按照当地规定仅要求10%以上份额授予小企业。

《美国产品购买法》要求政府采购部门应优先购买本国的商品和劳务，并通过给予小企业更加优惠的价格增强其参与采购报价的竞争力。该法规定，在政府采购项目的国外报价中，如果本国供应商的报价不超过国外供应商报价的6%，则应优先向本国供应商采购，如果供应商为本国小企业，则该比例提高为12%。小企业管理局（SBA）还作为小企业的代言人参与合同竞标，为了保证小企业参加投资的几率，预先为小企业选出适合的项目。小企业管理局还可为小企业的经营能力和资信出具证明，可向招标方担保该小企业有能力完成合同内容。

持续扩张的大规模政府采购是美国中小企业得以快速发展的一个重要支柱。1990年美国政府的1900多亿美元的政府采购合同中，其中小企业取得了600多亿美元合同份额，占政府总采购额的近32%。2006～2008年度美国小企业获得政府采购合同金额分别为777亿、833亿、933亿美元。

7.2.2　中国

我国政府采购扶持中小企业发展的细化政策于2012年1月1日起正式施行，明确我国政府采购制度将结合国内实际，采取预留采购份额、降低门槛、价格扣除、鼓励联合体投标和分包等具体措施促进中小企业发展，并将通过政府采购计划管理、合同管理、报告和公开制度、信息化建设等措施保证该项政策落实。《暂行办法》提出，面向中小企业采购的预算应当占政府采购项目预算总额的30%以上。为了突出对小型和微型企业的扶持，在面向中小企业采购的政府采购项目预算中，预留给小型和微型企业的不能低于60%。

7.2.3　对比与借鉴

美国的政府采购政策是美国经济发展的重要支撑力量之一，在扶持中小企业发展时，美国政府采购也发挥了重要作用，政府采购为美国中小企业提供了稳定的市场，有助于其获得较为稳定的订单与资金。我国也出台了相关的暂行办法，这是一个不小的历史性进步，下一步是如何设计公开、公平、透明的政策框架，使“面向中小企业采购的预算应当占政府采购项目预算总额的30%以上”的目标真正落到实处。

一是完善政策体系。由于我国政府采购政策的不明朗，对中小企业的专项扶持政策尤其缺失。在政策执行方面，受到个人利益和部门利益的影响，常常致使“明制度”变成了“暗规定”。一些地方在招标采购过程中，对评标、定标的程序不够严格，特别是在一些大的项目采购过程中，掺和了一些行政首长的意志，人为影响了政府采购活动的客观公正性，普遍存在歧视中小供应商的现象。美国的中小企业政府采购政策，不仅重视立法的规范与严谨，而且非常注重执法的公正与透明，所以有利于切实保障与维护中小企业的利益。我们应当在《中华人民共和国政府采购法》的基础上，尽快制定实施细则，出台有针对性的政策，鼓励中小企业参与政府采购活动，帮助中小企业取得更多的政府采购合同。在政府采购政策执行问题上，构建良好的公平竞争环境，真正吸引那些具有商业技术能力、有诚信的中小供应商积极参与竞争。

二是规范竞争，提升档次。鼓励新兴的中小企业参与重大技术研发的重要性，在于为那些能够满足采购要求的企业提供不断的激励，促使“老”企业不敢懈怠，“新”企业得到发展空间。美国的政府采购政策，十分注重对新兴中小企业参与重大战略性技术的扶持，鼓励美国的研发采购计划更多地吸纳中小企业的参与。竞争原则是政府采购中的一条重要原则，可通过促进供应商、承包商或服务提供者之间最大程度的竞争，以实现政府采购的科技升级目标。伴随我国经济结构的进一步调整，政府采购在扶持中小企业发展方面的特殊功能正在逐步得到重视，而实现这种目标的重要途径，就是引入市场竞争机制，在政府采购中设计出较大的竞争空间。鼓励新兴中小企业参与重大战略性技术的开发，不仅促进了我国科技水平的整体提升，而且可以提高中小企业自身的科技含量。

三是体现区域倾斜政策。各级政府依据国家健全政府采购制度的指示和上级政府的要求，根据地区的产业发展方向，确立以扶持中小企业的具体政府采购政策目标，结合本地区中小企业的特点，制定适度倾斜的政府采购扶持政策。政府可以在采购价格、采购数量、采购标准等方面更多地倾向中小企业，甚至可以对一部分需要重点发展的中小企业采取定点、定向、定量的采购。在价格、质量、规格、交货方式及期限、货款交付方式的同等条件下，优先购买中小企业的产品。为了确保这些倾斜性扶持政策得到落实，政府可以通过地方性法规或类似的行政文件加以确定。

四是帮助开拓国际政府采购市场。根据国际惯例，政府采购领域的开放是双向的，所以我国的中小企业在面临众多外国企业争夺本国政府采购合同的同时，同样也可以参与外国的政府采购市场。在国际政府采购市场的竞争中，有些人认为中小企业规模小、市场力量薄弱、抵御风险能力差，因此在此领域内很难获得竞争的成功。但是大量事实说明，中小企业完全可以在国际政府采购领域占有一席之地。因此，中小企业参与世界范围内的政府采购不仅可行，而且前景十分诱人，我国的中小企业应当不失时机地抓住这个机会。从我国的情况来看，大部分中小企业因为其产品的技术含量和管理水平太低，很难在国际政府采购市场的竞争中取胜，所以政府对中小企业的扶持与帮助尤显重要。借鉴美国的经验，结合我国的实际，我们可以采取一些具体措施，例如：建立专业信息服务机构，及时、定期向中小企业提供国际政府采购市场的相关信息；制订符合国际规范的扶持中小企业面向国际政府采购市场的政策优惠制度；为维护和保障中小企业的合法利益，建立专项的相关国际法律咨询服务体系，并提供高效的政府法律援助等。

7.3 融资扶持支出政策比较与借鉴

7.3.1 国外相关政策做法

（1）美国

美国对中小企业的资金支持政策主要是通过小企业管理局来实现的，小企业管理局经国会授权，可以直接向中小企业提供各种优惠贷款。其贷款的形式主要有三种：一是直接贷款，二是协调贷款，由小企业管理局会同地方发展公司、金融机构等协商为中小企业提供贷款；三是担保贷款，由地方金融机构向中小企业发放全额贷款，小企业管理局给予90%的贷款担保。美国小企业管理局的贷款利率普遍低于市场平均利率。

①股权融资。美国中小企业的资金来源，有相当一部分是来自于股权投资。股权投资主要可以分为内部股权融资和外部股权融资两种。内部股权融资主要是指由企业主、朋友、家庭成员出资的部分，构成企业的内部股权。外部股权融资主要包括：第一，天使资本，通常由熟悉所投资行业的个人或企业来投资。第二，创投基金。创投基金在设立时即已经设立了所熟悉的一个或几个行业为投资目标，在此基础上通过调查了解研究进行投资。规劝融资构成了美国中小企业的重要资金来源。

②债权融资。债权融资是美国中小企业的又一个资金来源，主要包括以下几种。

第一，商业银行贷款。即通过中小企业管理局为中小企业提供担保，使中小企业获得商业贷款。如果目标中小企业不能按时还贷，则中小企业管理局负责偿还。因而，中小企业管理局在挑选目标企业时，会仔细筛选。

第二，金融投资公司融资。主要包括小企业投资公司和风险投资公司。美国小企业投资公司（Small Business Investment Company，SBIC），成立于1958年，是美国政府成立的、中小企业管理局审查和许可的、为中小企业提供金融服务的创业投资公司，职责是对小企业提供长期资本支持，主要对象是新型产业及其服务产业，以及有发展前景的企业。小企业投资公司可以从政府获得非常优惠的贷款支持。具体融资形式主要有低息贷款、购买和担保购买公司证券。小企业投资公司支持的企业有明确的标准。小企业投资公司在选择目标企业的时候，一般选择规模小、成立时间较短的企业，其中绝大部分为公司制企业。例如，赫赫有名的苹果公司在创立之初即受到了小企业投资公司的支持，从而实现了后来的巨大成功。而风险投资公司则是出于中小企业的创新可能会带来潜在的高收益，从而对一些拥有高科技的、勇于开拓的中小企业进行投资。这样的中小企业在创立之初，往往具有较大的成长空间和较强的创新精神，但在创业初期也经常面临资金不足的困境，自有资金的不足使得这类中小企业成长前期需要外界资金的投入支持。

第三，NASDAQ 市场融资。美国全国证券经纪商协会为帮助中小企业融资，成立了以高成长的中小企业融资上市为主要目标、第二板性质的全国证券经纪商协会自动报价系统（NASDAQ）。

第四，政府资助。主要包括：其一，由中小企业管理局向有较强技术创新能力、发展前景较好的中小企业发放直接贷款，数额有限制。中小企业管理局首先尝试为目标企业进行担保，如果有两家以上的金融机构拒绝贷款，则中小企业管理局以低于市场利率的贷款利率直接贷款；其二，中小企业管理局向受到自然灾害的中小企业提供自然灾害贷款，以帮助受灾企业得以重建；其三，根据美国《中小企业创新发展法》，提供中小企业创新研究资助。

③担保形式间接融资。为了有效解决小企业融资难的问题。美国政府通过间接支持的方式由财政出资建立小企业贷款担保基金和资助小企业投资公司。为帮助小企业融资，在《小企业法》中明确规定，小企业管理局为小企业的借贷担保人，允许其根据不同小企业的情况灵活提供各种不同形式的借贷担保。形式有三种：一是直接贷款，由小企业管理局（SBA）直接拨付，但相对来说比重较小，难易获得；二是协调贷款，主要由地方发展公司、金融机构协会来运作；三是担保贷款，由小企业管理局（SBA）作为担保人向金融机构提供担保，若逾期未收回贷款额，则由小企业管理局（SBA）承担大部分风险，负责归还所欠贷款额的 90%。小企业管理局提供的担保金额的最高上限为贷款额的 95%，流动资金的贷款期限最长为 10 年，非流动资产可达 25 年，必要时还可申请延期。美国 2000 年的财政预算中，支持小企业发展部分的金额就占到了 193.7621 亿美元，其中的 85% 主要投向了小企业贷款基金和小企业投资公司。自小企业管理局成立到 1991 年 30 多年时间里，小企业获得的贷款、信用担保等高达 60 多万件，贷款金额达 670 亿美元。

（2）德国

为了促进德国中小企业的健康发展，德国构建了完备的法律体系和政策扶持体系，其中的重要部分即是中小企业担保体系。

德国担保银行是专业化的商业银行，以自身信用作抵押物，其职能是为那些不能提供足够贷款抵押的中小企业提供担保，解决融资问题。担保重点是创业型、成长型中小企业。担保银行的资金主要由企业工商协会、商业银行及联邦、州政府发行公债筹集。担保银行只允许做贷款担保业务。根据巴塞尔协议Ⅱ的要求，《德国银行监管法》除规定银行自有资本占风险资产的比例外，对信用风险也做了相应的要求。具体而言，就是要对贷款企业的信用进行评级，并根据企业信用实施不同的贷款利率。担保银行与商业银行的信用评级方法和标准基本一致，针对不同的目标客户，采用不同的评级方法。按照客户的营业额分为 250 万 ~500 万欧元、500 万 ~2000 万欧元、2000 万欧元以上三个级别。由于担保银行承担的风险比商业银行要大，所以它必须获取拟保企业全面的信用信息，这包括企业的年终或季度结算、企业在市场中的位置及发展前景、企业业务情况、经营管理层的能力等。担保银行和商业银行的贷款利率由五种因素构成：①再融资成本，主要是银行获取信贷资金的成本；②交易成本，主要是银行评审、管理贷款发放与回收的成本；③资本成本，主要是风险资本计息，即按照巴塞尔协议Ⅱ的要求，对不同信用等级的客户，银行需要提取相应的风险准备金；④风险成本，主要是不同信用等级客户的预期损失；⑤市场升值，主要是指银行的收益期望值。上述利率构成的五个因素中，资本成本和风险成本与客户信用等级评定结果密切相关。即是说，客户的信用等级水平与贷款利率成反比。由于担保银行的政策性背景，其收费标准也较为稳定。德国担保银行还形成了较为完善的风险补偿机制。担保银行的损失率要求控制在3%以下，如果超过3%，则通常采取以下三种办法予以解决：一是增加担保费率，二是请求政府增加损失承担比率，三是请求投资人增资。目前，德国担保银行代偿率在4%以下，真正发生的损失率大约为1%。联邦政府对担保银行的补偿资金一般是5年做一规划，每年大概3000万欧元。为保护和扶持担保银行的发展，政府规定，只要担保银行的新增利润仍用于担保业务，担保银行便不需要缴纳任何税费。

（3）日本

日本中小企业成长所需要的资金，主要来自于内部资金和外部融资两大类。内部融资主要是指企业主自己的积累资金，而外部融资则主要是指日本中小企业从政府机关、金融机构、社会资本当中获得的资金支持。日本中小企业的外部融资途径主要包含以下几种。

第一，来自中小企业金融服务机构的贷款。主要有政府政策性金融机构和民间金融机构两类。前者主要是三大政策性金融机构——国民金融公库、中小企业金融公库和商工组合公库。后者主要是地方银行、互助银行、信用金库等民间金融组织。

第二，向社会直接融资。日本于1963年建立了柜台交易市场（OTC）。为扶持高新技术企业，模仿美国的NASDAQ市场，建立了“日本创业板市场”（JASDAQ），此后又建立了上市条件较为宽松的第二柜台交易市场。同时还有中小企业投资育成机构。

第三，租赁公司融资。主要是为中小企业设备更新投资，方便中小企业的设备更新换代。

在日本，为中小企业提供融资的金融机构主要有两类：一是政府政策性金融机构。主体是三大政策性金融机构——国民金融公库、中小企业金融公库、商工组合公库。这三大政策性金融机构主要以政府出资为主。国民金融公库主要面对中小企业提供短期贷款；中小企业金融公库主要提供长期固定利息贷款；商工组合中央公库主要办理存贷款业务并发行金融债券为中小企业协同组合和中小企业团体提供优质稳定的贷款。三大政策性金融机构贷款利率均低于市场利率。二是民间金融机构。主要有互助银行、地方银行、信用组合、信用金库、劳动金库等民间组织，为其会员企业或所在地企业提供贷款。同时还建立有全国信用联合会，是全国性的民间金融经营机构。

为了满足中小企业融资担保需求，日本政府还建立了非常完善的信用担保制度。日本采取中央和地方两级担保制度，在中央设立中小企业综合事业团（前身为中小企业信用保险公库），在地方按行政区设立了 52 家信用保障协会。保障协会由政府财政支持和其他金融机构的捐助，担保额度可达到 60 多倍。并且经过担保机构批准的出现融资困难的中小企业，只需要缴纳 0.1% 或 0.5% 的保证费即可得到全额担保。一旦出现无法偿还贷款的情况，保险公库将赔偿全额损失的 70% ~80%。这种制度在日本叫做“信用补完制度”，即保证协会担保中小企业，中小企业事业团担保保证协会。这种制度可以大大降低担保机构、金融机构和中小企业的风险。

此外，日本政府多次对中小企业实行政府贴息贷款政策，按相应条件划分为几个至十几个档次。而在 2011 年 3 月 11 日，日本发生了震惊世界的日本大地震，对于日本的灾后重建，日本政府为中小企业提供了涵盖基础设施建设、人才培养、海外开拓等各类专项资金，旨在振兴中小企业，以实现灾后复苏。

（4）韩国

①政府以及政府部门政策性贷款的支持。政策性贷款主要由政府部门的政策性基金提供，通过专业银行向具备获得政策性贷款支持资格的中小企业发放。1986 年韩国政府根据《支援中小企业创业法》设立中小企业创业基金，对具有新技术和出口潜力的产品生产企业给予特殊的支援、鼓励和支持。韩国政府还要求中小企业银行、国民银行和中小企业振兴公团等机构设立创业资金，在金融上支持中小企业创业。1989 年《关于中小企业稳定经营和结构调整特别政策措施法》颁布以后，韩国政府还成立了中小企业机构调整基金，向那些进行生产结构调整，从事技术开发的中小企业提供贷款支持。近年来，韩国政府扶持中小企业发展的政策性基金呈上升趋势。20 世纪 90 年代以来，韩国政府预算中用于支持中小企业发展的预算也呈上升趋势。2000 年韩国政府还拨款 1000 亿元建立了韩国风险投资基金。目前，韩国财政经济部、产业资源部等 12 个政府部门设立了约 91 种政策性基金，每年可向中小企业提供约 4.9 亿韩元（约合 310 万人民币）的资金。这些资金以借款的形式向指定银行提供资金，指定银行以该借款利率再加 1 ~1.5 个百分点的利率向中小企业提供贷款，此利差就是指定银行的收入。一般这种政策性基金的贷款利率比较低，期限都比较长，主要支持中小企业的技术研发、信息化和自动化，而且其重点培养有潜力的需要风险投资的中小企业。另外，大中小企业联合开发大企业所需的产品时，开发项目可以 6.5% 的年利率、5 年期限的条件，申请“工业发展基金”和“实验品开发支援资金”贷款。

②地方政府、官办非营利机构、民间团体的扶持。韩国《中小企业创业支援法》规定：中小企业成立两年后，可以通过地方政府的“地方中小企业培育基金”（总额 7 亿韩元），申请年利息 7%、期限 8 年的创业资金支持。1979 年韩国成立了“中小企业振兴团”，其董事长由总统任命，预算全部由政府拨款。其中一个主要的作用就是解决中小企业资金短缺的问题，还发行了中小企业债券，以购买股权的形式向中小企业提供发展所需

的资金，当中小企业发展到一定规模的时候，再将股权变现。如此一来，振兴公团又有资金可以投向其他刚刚开始发展的中小企业。

③银行等商业机构的支持。虽然银行不属于政府部门，但政府的政策以及持股情况对中小企业资金获得有重要影响。如韩国中小企业银行（政府持有77%的股份）以及韩国国民银行专门为家庭和微型企业提供融资支持。韩国中小企业银行其贷款的85%用于中小企业，对中小企业融资起到了重大促进作用，在全部韩国的银行、金融机构对中小企业贷款总额中占到了16.5%的份额，对大量中小企业度过亚洲金融危机起到了关键性的作用。中小企业银行还通过发放专项贷款鼓励中小企业进行生产设备投资和研发活动。1987年成立的韩国兴业银行，政府持有全部资产，主要向中小企业提供融资服务。另外，各商业银行也通过常规贷款业务和商业票据贴现方式为中小企业提供各种融资业务。韩国政府还通过成立相关信用担保机构的方式帮助中小企业获得银行贷款。韩国是亚洲第二个开展中小企业信用担保计划的国家。韩国风险资本市场发展也比较迅速。1996年，韩国政府参照美国纳斯达克市场，建立了KASDAQ（高斯达克）市场，专门为知识密集型、创造高附加值的高科技新兴公司以及中小企业直接融资提供了便利，对中小企业的外源性融资起到了一定的作用。

早在1976年韩国政府就建立了信用担保基金，主要任务是为向金融机构贷款缺乏担保品的中小企业提供信用担保服务。截至2007年6月，已有77个全国性的分支机构。2006年韩国中小企业通过信用担保计划获得的贷款额占中小企业总贷款的37.1%，担保余额达189.16亿美元。此外，韩国政府在信贷担保方面有一个明显的特色，即建立了中小企业共济制度，通过中小企业的相互保证、风险分担的原则，借助成员之间互助的力量，在无须动产及不动产担保下，取得金融机构的贷款。

7.3.2 中国相关措施

(1) 中小企业发展专项资金

中小企业发展专项资金是根据《中小企业促进法》所成立的，专门用于资金支持中小企业发展的专项资金。中小企业发展专项资金是由国家发改委、国家工信部、财政部联合发布成立，通过中央财政进行相关的预算安排，拨出一定的资金支持中小企业发展。中小企业发展专项资金的支持重点，主要在于固定资产建设类项目、担保（再担保）业务类补助项目、企业提高素质补助项目和中国国际中小企业博览会补助项目。中小企业发展专项基金的主要用途在于四个方面：一是促进中小企业服务体系的建设，推动建立以资金融通、信用担保、技术支持、管理咨询、信息服务、市场开拓和人才培训为主要内容的中小企业服务体系；二是开展支持中小企业的工作，如创业扶持、技术创新、市场开拓等；三是补充中小企业发展基金；四是扶持中小企业发展的其他事项。中小企业发展专项资金拥有较为严格的审批标准，通过筛选符合条件的目标中小企业，对其进行多方面的政策资金支持，大大加快了目标中小企业的成长进程。

（2）中小企业发展基金

中小企业发展基金的设立，主要目的是为了进一步改善中小企业发展的环境，有效促进作为中国经济重要组成部分的中小企业的成长。2012 年，国务院颁布文件，宣布设立 150 亿元中小企业发展基金。文件指出，小型微型企业在增进就业、加快经济发展、促进社会和谐方面，起到不可替代的作用。然而，目前小型微型企业经营压力大、成本上升、融资困难和税费偏重等问题仍很突出，中小企业的成长需要政府财政的有效支持，通过建立中小企业发展基金，在政策上对中小企业的发展进行适当的倾斜，将会对中小企业的发展贡献颇大。中小企业发展基金的资金来源由四个方面组成，即中小企业发展专项资金、基金收益、捐赠和其他资金。中小企业发展基金主要用于中小企业创业辅导和服务、支持建立中小企业信用担保体系、支持技术创新、鼓励专业化发展以及与大企业的协作配套、支持中小企业服务机构开展人员培训、信息咨询等工作、支持中小企业开拓国际市场、实施清洁生产及其他事项。

（3）科技型中小企业技术创新基金

1999 年 5 月，国务院办公厅转发了科技部、财政部《关于科技型中小企业技术创新基金的暂行规定》（国办发〔1999〕47 号），设立了用于支持科技型中小企业技术创新项目的政府专项基金。科技型中小企业技术创新基金的建立，旨在支持科技型中小企业技术创新，促进中小企业的科技发展，提高中小企业的科技水平。科技型中小企业创新基金主要采用拨款资助、贷款贴息和资本金投入等方式，对中小企业的技术创新发展活动进行扶持，并且进而促进中小企业的科技成果走向市场，实现科技成果的市场化转变。中小企业是我国经济发展的重要动力之一，而科技型中小企业因其规模小，成长潜力大，已经成为我国经济发展之中的一支新军。科技型中小企业走在科技发展、成果转化的第一线，高收益的同时也伴随着高风险，科技型中小企业技术创新基金为这些中小型科技企业带来了福音。

（4）中小企业服务体系专项补助资金

中小企业服务体系专项补助资金的设立，旨在帮助中小企业服务机构开展促进中小企业发展的相关服务业务。其资金的运用范围，主要包括培训业务、小企业信用服务业务、创业业务以及经过财政部批准的其他业务支持。中小企业的正常发展，需要一个部门完善、结构清晰、功能强大的服务体系的支撑。根据国外的相关经验，支持中小企业发展的服务体系一般需要政府部门的帮助支持，以改善其国内的中小企业的生存状况。中小企业服务体系专项补助资金，即是政府支持建设中小企业服务体系建设的重要手段。中小企业补助资金的资助标准主要有：一是培训业务中的授课费和教材费，以及参加培训人员的食宿费；二是小企业信用服务费；三是创业服务费。符合条件的中小企业可以按照有关部门的规定，向有关部门及时提交申请。

（5）中小企业国际市场开拓资金

中小企业国际市场开拓基金的设立，主要着眼于帮助中国有实力的中小企业走出国门，开拓国外市场。2000 年 10 月，财政部和外经贸部根据国办通知精神，联合制定了

《中小企业国际市场开拓资金管理（试行）办法》（财企〔2000〕467号）。《办法》中规定，该项资金由中央财政设立，主要用于支持中小企业开拓国际市场各项业务，是支持中小企业开拓国际市场的专项资金。该项资金的主要支持目标为中小企业和为中小企业服务的企业、社会团体、事业单位等，主要用于中小企业举办或是参加境外展览会；质量管理体系、环境管理体系、软件出口企业和各类产品的认证；国际市场宣传推介；开拓新兴市场；组织培训与研讨会；境外投（议）标等方面。

（6）乡镇企业发展基金

乡镇企业发展基金，是依照《乡镇企业法》规定，专门用于支持乡镇企业发展的专项资金。根据《乡镇企业法》规定，县级以上人民政府依照国家有关规定，可以设立乡镇企业发展基金。基金主要由以下部分组成：一是政府拨付的用于乡镇企业发展的周转金；二是乡镇企业每年上缴地方税金增长部分中一定比例的资金；三是基金运用产生的收益；四是农村集体经济组织、乡镇企业、农民等自愿提供的资金。乡镇企业发展资金的使用范围，主要有：少数民族地区、边远地区和贫困地区等经济欠发达地区，主要采用经济不发达地区与经济发达地区的乡镇企业之间经济合作的方式，同时支持乡镇企业根据国家的产业政策调整产业结构和产品结构，以及支持乡镇企业进行相关的技术改造等方面。乡镇企业对于减小城乡收入差距，增加农民收入具有重要意义，乡镇企业发展专项基金的建立，极大地促进了乡镇企业的发展。

从1998年起，为支持中小企业的发展，中国人民银行在5年内，先后出台了《关于进一步改善中小企业金融服务的意见》（银发〔1998〕278号）、《关于扩大对中小企业贷款利率浮动幅度的通知》（银发〔1998〕502号）、《关于加强和改进对中小企业金融服务的指导意见》（银发〔1999〕379号）和《关于进一步加强对有市场、有效益、有信用中小企业信贷支持的指导意见》（银发〔2002〕224号）四个文件，分别从改进金融服务、调整信贷结构、创新金融产品等方面，提出了一系列的政策改革意见，初步形成了扶持中小企业发展的金融支持框架，极大地改善了中小企业的成长环境。这四个基本文件对于中小企业的金融政策支持，可以从以下几点看出。

第一，《中国人民银行关于进一步改善对中小企业金融服务的意见》（银发〔1998〕278号），对于金融业支持中小企业发展提出了八条措施：完善对中小企业的金融服务体系；增加信贷投入；调整信贷投向；支持再就业工程；加强配套服务；努力提高工作效率；切实解决中小企业担保难的问题；注意防范和化解金融风险。这部文件，对于支持中小企业发展所需要的金融服务进行了较为完整的表述，为中小企业发展的金融支持体系构建了一个较为宏观的基本框架。

第二，《中国人民银行关于加强和改进对中小企业金融服务的指导意见》（银发〔1999〕379号），该文件在《中国人民银行关于进一步改善对中小企业金融服务的意见》（银发〔1998〕278号）的基础之上，为支持中小企业发展提出了10条举措，进一步强化和完善了中小企业发展的金融支持体系，极大地推动了支持中小企业发展的金融支持体系的构建。该10条举措主要如下：进一步强化和完善对小企业的金融服务体系；改进小企业信贷工作方法；完善信贷管理体制；积极支持科技性小企业的发展；支持再就业的安置工作；支持小企业为大中型企业提供配套服务与参与政府采购合同生产；支持商业、外贸及新兴领域企业的发展；支持建立小企业社会化中介服务体系；密切关注贷款投向；加强对金融机构改进小企业服务的引导和督促。

第三，《中国银行关于当前我行对中小企业信贷政策的通知》（中银险〔1999〕321号）为支持中小企业的发展，总共制定了七大政策：一是行业政策。支持通信、电子信息、生物工程、新能源、新型材料等具有高科技含量、高附加值、高成长性的朝阳行业，以及能大量吸纳就业、节能降耗、有利于环境保护、能够出口创汇的各类项目。二是地区政策。重点支持经济环境、人才基础好，地方政策、法律法规健全配套，企业还贷意识好、信用好的地区。对于已经建立"中小企业信用担保机构"、"中小企业创新基金"的地区，优先支持。三是客户政策。支持产品有市场，技术含量高，发展潜力大，经营者品德素质高，综合效益好的企业，特别是科技型中小企业。四是利率政策。信用等级为A级以上的贷款利率一般不低于法定利率；信用等级B级以上的一般不低于法定利率上浮10%；信用等级为CCC级以下的不低于法定利率上浮20%，最高可至法定利率上浮30%。五是综合服务政策。主要包括增加信贷品种，为企业提供贸易融资、进出口及国内结算等服务，开发、推广新型金融服务产品等。六是分类指导政策。对于有一定规模、未形成规模和创办初期有技术成果但不具备生产能力的企业，可以根据情况贷款支持其继续发展。七是风险控制政策。在选择目标中小企业进行贷款的时候，要仔细筛选中小企业的相关资质，切实把握支持中国小企业的贷款风险。

第四，《中国人民银行关于进一步加强对有市场、有效益、有信用中小企业信贷支持的指导意见》（银发〔2002〕224号）为支持中小企业的发展，一共给提出了10条为中小企业发展提供信贷支持的意见：一是按照国家的产业政策确定中小企业的贷款投向，优先给予符合国家产业政策要求、有一定科技含量、有良好产业发展前景、发展潜力较大的中小企业以信贷支持；二是建立健全中小企业信贷服务的组织体系；三是进一步建立和完善适合中小企业特点的评级和授信制度；四是适当下放中小企业流动资金贷款审批权限；五是对符合条件的中小企业可发放信用贷款；六是健全贷款营销的约束和激励机制；七是合理确定中小企业贷款期限和额度；八是提高信贷工作效率；九是努力开展信贷创新；十是人民银行各分支行要加强对中小企业贷款的协调和监督。

7.3.3　对比与借鉴

（1）融资渠道和融资方式比较

我国目前，中小企业普遍面临资金短缺的问题，我国中小企业的融资渠道和融资方式，较之世界上其他具有成熟中小企业支持体系的国家，我国的中小企业所具有的融资渠道和融资方式显得非常有限。我国的融资渠道和融资方式，与美国、德国等国家的主要区别如下：一是中外中小企业融资效率比较。由于美国等国具备成熟完善的支持中小企业的金融体系，外国中小企业往往能够能够获得及时有效的融资支持，从而大大提高中小企业的成活率；而中国的中小企业很难得到及时有效地融资支持，中国的中小企业不得不面临着资金短缺、资金链薄弱的致命弱点，生存率也大大降低。二是中外中小企业金融机构的比较。美国、日本、韩国、英国等中小金融机构数目在全部金融机构中比例很高。且美国、日本的金融机构层次分明、结构完善，有针对中小企业的专门的金融机构层级。美国只有37%的中小企业能够得到商业银行贷款，其余均依靠金融公司、租赁公司、其他非金融机构及创业板市场来获得资金。而日本政府不仅具备体系完备的政策性金融机构，还充分发挥了民间金融机构的巨大支持作用。中国目前金融机构层级单一，融资渠道有限，中小企业所能得到的资金支持主要来自于银行信贷，而银行往往不愿将信贷资源投向高风险的中小企业，因而中小企业难以得到及时的融资支持。三是中外中小企业上市融资制度比较。为了方便中小企业在市场上直接融资，美国建立了NASDAQ市场，而日本模仿美国，也建立了JASDAQ市场。中国目前也建立了“创业板”市场，但在制度设计、运行效率等方面仍有较大差距，目前中国的中小企业上市融资仍然较为困难。

（2）融资担保制度比较

国外情况主要是，由政府出面为中小企业担保，由金融机构向中小企业提供信贷支持。担保能够有效降低银行信贷风险，为了提高中小企业的融资效率，发达国家建立了比较成熟的中小企业信贷担保体系。中小企业信贷担保体系是指，由政府出资、参股或保证的、不以营利为目的的直接或间接为中小企业提供信贷融资或信用保证的制度或机构。该体系主要包括中小企业政策性信贷机构和信贷担保机构。

美国中小企业管理局（SBA）是联邦政府的代理机构，负责执行和管理中小企业担保贷款计划。贷款机构能够自主决定是否贷款和是否申请政府担保。对于不能满足正常贷款途径而又符合担保贷款计划的贷款申请者，贷款机构可以向SBA提出担保申请。

日本的中小企业信贷担保机构是信用保证协会和信用保险公库。在内部组织上，信用保证协会实现“理事会—本部—部—课”四层组织体系。1958年，日本修改了《中小企业信用保险法》，组建了信用保险公库，将信贷担保体系和信用保险体系合二为一。1953年，日本政府组建了信用保证协会全国联盟（NFGC），以统一各地的信贷担保服务标准，同时为信用保证协会提供政策建议。

较之美日两国成熟的融资担保制度比较，我国目前虽然已经意识到了建立中小企业融资担保制度的重要性，然而尚未建立起完善的中小企业融资担保机制。2010年，财政部颁布了《关于地方财政部门积极做好融资性担保业务相关管理工作的意见》，在文件中，明确说到了需要支持和促进融资性担保业务规范发展，以利于更好地履行财政职能，进一步推动经济社会薄弱环节的发展。由于我国眼下尚不具有完善的中小企业融资担保制度，且银行对中小企业惜贷严重，从而使得中小企业难以得到有效的信贷资金支持，从而大大降低了生存的可能。

（3）政府贷款援助比较

对中小企业进行政府贷款，是一项重要的援助手段。政府财政通过直接向目标企业发放信贷资金或借款，以实现对目标企业的援助。贷款援助的方式主要有以下几类：贷款担保、贷款贴息、政府直接的优惠贷款等。在中小企业最初创立的时候，或是进行设备更新、技术改革的时候，是中小企业急需资金的重要环节，也因此成为贷款援助的重点环节。

对于政府贷款，美国政府建立了完善的审批、发放等机制。在美国，政府贷款援助以贷款担保为主。美国管理中小企业事务的专业机构——美国中小企业局的主要任务，即是以担保方式敦促银行向中小企业提供贷款，以避免银行出现惜贷的情况。美国政府的具体做法是：一是一般担保贷款。SBA 对 75 万美元以下的贷款提供总贷款额 75% 的担保；对 10 万美元的贷款提供 80% 的担保，贷款偿还期最长可达 25 年。二是少数民族和妇女所办中小企业的贷款担保。SBA 对它们可提供 25 万美元以下的 90% 额度比重的担保。三是少量的“快速车道”贷款担保。对中小企业急需的少量“快速”贷款提供 50% 额度比重的担保。四是出口及国际贸易企业的贷款担保。这四类贷款，极大地提高了美国中小企业，尤其是初创企业的成活率，推动了中小企业的向前发展。

为了推动中小企业发展，为中小企业提供所需要的资金，日本政府建立了非常完善的政府贷款机制。日本对中小企业的贷款援助主要是政府设立的专门的金融机构。目前，这样的金融机构有“中小企业金融公库”、“国民金融公库”、“商工组合中心公库”、“环境卫生金融公库”、“冲绳振兴开发金融公库”等。它们向中小企业提供低于市场 2～3 个百分点的较长期的优惠贷款，给符合条件的日本中小企业送去了极为珍贵的长期信贷资金。对于利用民间资本，日本还设立了“信用保证协会”和“中小企业信用公库”，以方便为符合条件的中小企业提供担保，从民间资本获取贷款资金。而目前的中国中小企业，极难得到来自政府的贷款援助，由于缺乏有力担保体系，中小企业也面临着来自银行惜贷的压力，目前中国中小企业贷款难是一个不争的事实。在这一点上，美国和日本的经验具有一定的借鉴意义。

7.4　法律基础比较与借鉴

7.4.1　国外扶持中小企业的法律基础

（1）美国

为全面地扶持中小企业发展提供坚实的制度保障，以便为中小企业发展提供一个稳定的政策环境，美国政府制定了比较完善的中小企业法律体系。美国的中小企业立法最早可以追溯到1890年的《谢尔曼法》，该法的核心内容就是反垄断，随后在实践当中不断得到补充。为解决小企业资金不足、资金链脆弱的问题，1934年美国政府修改了《联邦储备法》和《复兴金融银行法》，该法律旨在促进银行向中小企业贷款，使中小企业能够更加方便得到银行信贷支持。1953年制定的《小企业法》，从国家整体经济发展的高度明确了小企业的法律地位，为中小企业的发展奠定了坚实的政策基础，构建出了对小企业扶持政策的整体框架。1958年通过的《小企业投资法》，则从风险投资的角度，鼓励建立向小企业提供风险资金的投资公司。1964年的《机会均等法》规定向小企业以及想创建小企业的个人提供资金援助，由小企业管理局管理或提供担保，从而改善中小企业融资缺乏担保机构的问题。

1980年以后，为了适应新的经济发展形式，进一步推动中小企业的发展，美国政府和国会陆续制定和完善了有关小企业的法律体系。这些法律、法规主要包含：1980年通过的《小企业经济政策法》，该法规定美国总统有义务每年要向国会递交有关小企业的竞争情况报告，以反映小企业劳动生产率、竞争、经济发展趋势、技术创新和提供新就业机会等中小企业的相关情况；1980年通过的《管理灵活法》，要求联邦政府对所有规章制度进行分析研究，对部分可能对小企业产生负面影响的条款进行修订，以此切实减轻小企业负担；1980年通过的《平等执业法》，使小企业在与联邦政府进行诉讼时，可以得到诉讼费补偿；1980年通过的《小企业出口扩张法》，在小企业拓展海外市场时对其提供帮助；1982年通过的《小企业技术创新开发法》规定，联邦政府机构在签订研究与发展项目合同时，小企业必须占有法律规定的最低百分比。此外，还有其他一系列的法律，如《小企业振兴法》、《扩大小企业商品出口法》、《小企业投资奖励法》等。美国政府所制定的一系列涉及中小企业发展的法律体系，为美国政府制定扶持中小企业发展的相关政策，确立了一个非常坚实的法律体系，使得美国政府在采取每一个政策支持措施的时候，都能有理有据，将中小企业所面临的政策风险降到最低。

（2）德国

德国为了给中小企业创造自由发展的环境，于1953年制定了《反对限制竞争法》，依法干预经济垄断现象，保障自由竞争，避免垄断对中小企业的伤害；1967年通过的《关于保持稳定和经济增长法令》，以及后来通过的《产业部门和区域经济政策原则》，规范了中小企业行为，明确了各种减税措施；1974年以后，各州又陆续出台了《中小企业促进法》。另外，在公司法方面也较多地考虑了中小企业的利益。通过完善法律为德国政府制定中小企业的企业政策确定法律依据。

（3）日本

日本是发达国家中中小企业立法最健全、最完善的国家，从1949年以来先后制定了30多个有关中小企业的法律，形成了相对独立较完善的中小企业法律体系，尤其是1963年颁布的《中小企业基本法》是中小企业发展的纲领性法规，被称为日本中小企业宪法，这部《中小企业基本法》1999年又进行了新修定。在《中小企业基本法》这一纲领性法律之后，是各类针对中小企业的不同情形的专项法律，共计约30余部。这些法律的颁布，明确了日本中小企业事务当中的很多关键性概念，使得每一个中小企业的商业活动都能做到有法可依。日本完善的中小企业法律体系，为日本中小企业的成长，创造了良好的法律环境。

（4）韩国

韩国从20世纪50年代开始就建立了适合中小企业发展的外部环境和加强中小企业间的合作，提供了法律依据。相继制定和颁布了六部国家保护和鼓励中小企业发展的法律法规。如：国家颁布的《中小企业基本法》、《支持创立中小企业法》、《中小企业合作法》、《促进中小企业发展和鼓励购买其产品的法案》、《支持中小企业结构调整和稳定管理专门措施的法案》、《保护中小经营和鼓励中小企业合作法案》。韩国这些法律法规对中小企业的经营范围目标、支持政策的主要导向和管理做了专门的规定，对创立公司的支持体系，如：商业孵化、间接减免税收、对支持购买中小企业生产的产品，购买中小企业的市场份额和改进中小企业结构和管理体系都做了专门的规定。还对防止大企业侵犯中小企业的经营和不公平贸易做了规定，并鼓励中小企业之间的相互合作。1995年，韩国政府又将已有的各类中小企业的基本制度综合为“中小企业创业振兴基金”和“中小企业共济事业基金”两个中小企业资金支持制度，这些法规条例对中小企业主管机构的设立和职能及其服务辅导的范围方式、中小企业的融资与保证、税捐减免、公共工程的配合发展等方面做出了具体而明确的规定。

7.4.2　中国扶持中小企业的法律基础

中国目前仅有一部直接涉及中小企业发展的法律——《中华人民共和国中小企业促进法》（以下简称《中小企业促进法》）。这部法律于2002年6月29日，由第九届全国人民代表大会常务委员会第二十八次会议通过，是第一部从各个方面对支持中小企业发展的各项政策进行系统阐述的专项法律。作为中国中小企业发展方面的一部纲领性的法律，《中小企业促进法》在促进中小企业发展、推动中小企业自主创新等方面，发挥着重要作用，为支持中小企业发展初步构建了一个法律上的框架。

这部法律，明确了中小企业的划分标准和原则，并分别从资金支持、创业支持、技术创新、市场开拓和社会服务五个方面提出相关政策措施。这部法律的出台，进一步完善了我国中小企业的政策环境，为我国中小企业的发展提供了一个政策框架。

然而，较之其他发达国家支持中小企业发展的法律支持体系，中国对于中小企业发展的法律制定依旧差距显著，更无法与日本这样的发达国家“每建立一个中小企业机构就有一部法律与之相配套”的水平相比，从而使得在采取中小企业相关政策的时候，缺乏有效的法律依据。我国目前的当务之急，是建立起一部较为完善、结构严密的中小企业法律体系，使得我国政府在采取相应的财政支持政策时，能够真正做到有法可依，执法必严，违法必究。

7.4.3 支持中小企业发展政策制定的法律依据比较及借鉴

中小企业的茁壮成长，需要一个良好的外部环境。而维护一个好的外部环境，成熟的法律环境将是必须的。从各国的情况可以看出，凡是中小企业发展较好的国家，其国内均具有一个较为成熟的支持中小企业发展的法律体系。日本在这一方面最为典型，最具有说服力。根据日本经济产业省中小企业厅网站的相关法律文件，可以看到一个结构鲜明的中小企业法律体系。以一部《中小企业基本法》为主要的纲领性法律，以下共有五类法律，对应着不同的立法目标：一是为顺利适应经济社会环境变化的立法；二是针对小规模企业的立法；三是针对中小企业经营革新及创业促进的立法；四是针对中小企业经营基础强化的立法；五是针对供给资金和充实自有资本的立法。共计约30余部法律，涉及日本中小企业成长过程的方方面面，真正做到了每一家中小企业的每一个经营行为都有法可依。

较之日本完善的中小企业法律体系，中国目前完全以中小企业为立法对象的法律，仅有《中华人民共和国中小企业促进法》一部，其他有关中小企业的文件均以政策性法规来发布。并且，在日本的《中小企业基本法》中，规定了严格的中小企业的量化界定，而在中国的中小企业纲领性法律《中小企业促进法》中，对于中小企业的界定却并不明确，并且采用的是由下而上的报批制度，给寻租行为留下了空间。中国需要大力推行有关中小企业发展的法律制定，将法律规定不断细化，真正做到严格审慎，为中小企业的发展创造一个良好的法律环境。

7.5 本章小结

从以上比较来看，中国对于中小企业的发展的扶持，无论是方式方法、支持力度，还是中小企业的生存环境，在国际上均落后于先进国家。从以上所选的目标国家来看，美国、日本、德国、韩国均在某一个或是几个方面，在对中小企业发展的推动上有独到的经验，值得作为发展中国家的中国仔细研究。

目前中国，正处在建设社会主义市场经济的大潮当中，中小企业已经是中国经济发动机的重要组成部分，并且随着时间的推移，其重要性必将逐渐增加，最终成为我国经济发展的一支主要的成熟力量。支持中小企业发展，不仅有利于促进经济的发展，同时也能有效地缩小社会上日益悬殊的收入差距，缓和日益紧张的社会矛盾，是符合科学发展观的重要举措，也是构建社会主义和谐社会的应有之义。通过了解比较世界各国在支持中小企业发展方面的先进经验，在清楚了解我国国情的前提下，制定符合我国国情的政策，为中小企业构建更加适宜的生存环境，将是我国未来经济发展的一个重要课题。

第 8 章

扶持中小企业发展的税收政策中外比较与借鉴

- 中小企业降低税率政策对比
- 中小企业税收减免政策对比
- 中小企业研发扣除政策对比
- 中小企业加速折旧政策对比
- 中小企业其他税收政策对比
- 本章小结

8.1 中小企业降低税率政策对比

8.1.1 国别政策对比

（1）美国

1981年的《经济复兴法》将涉及中小企业的个人所得税税率下调了25%，把小企业的资本收益税的最高税率由28%降为20%。“对创新性小型企业还将其资本收益税率减半按14%征收。”“降低小企业的所得税率，公司所得税最高税率由过去的46%降为33%，年应税收入在5万美元以下的企业，可享受15%的低税率。”到2006年年底，最低所得税率将从15%降到10%。“据估计，美国中小企业在1987~1991年间少缴纳了1167亿美元的税收，这大大增加了中小企业发展的实力。”低税率充分体现了美国政府对中小企业的扶持。

（2）日本

日本是典型的政府主导型市场经济国家，日本政府在整个经济发展当中所扮演的角色要比美国政府重要得多，政府在日本的日常经济发展当中发挥着重要的作用。为了支持中小企业的发展，日本政府建立了一整套的财税支持体系，旨在为中小企业的发展提供一个政策风险较小、功能全面的财税支持体系。在税收政策方面，日本政府也采取了较为有效的支持办法。比如，对于经济实力较弱的小企业，只按照28%的较低税率征收法人税。而对于规模较大的企业则按37.5%征收。为鼓励中小企业更新技术、设备更新，对于进行新技术和设备投资以便节约能源的中小企业，政府在税制和设备折旧方面都给予了优惠政策。并且，为了促进中小企业增加科技开发方面的投入，政府规定，对中小企业的试验费减收6%的法人税或者是所得税。对于中小企业提取的改善结构准备金，政府规定，不计入当年的应税所得，以便增加中小企业的可用财力。民主党上台以后，为了支持中小企业发展，实现民主党竞选时的振兴经济的竞选诺言，民主党政府实行了相应的促进中小企业发展的税收政策。比如说，将中小企业的法人税从18%调低至11%。

在2011年，日本爆发了大地震，为了扶持地震中受灾的中小企业，促使日本经济迅速从自然灾害的影响中恢复过来，日本政府实行了相应的税制改革。日本政府决定，将事业资产更新优惠税制延长3年，企业研发减税政策延长2年，柴油交易免税特例延长3年，并且为了支持受灾地区发展，新设福岛核电站事故受灾地区援助税。事业资产更新优惠税制主要是指出售持有10年以上的事业用土地、建筑物后购买新的土地、建筑物及机械设备时，可申请销售利益延期纳税，从2012年起该措施延长3年，但新购土地不足300平方米的情况将不在优惠范围之内。企业研究开发费用税前扣除的减税政策具体分为“增加型”（研发经费较上年增加企业，扣除增加部分）和“高水平型”（销售收入10%以上用于研发的企业，扣除10%以上部分）两种扣除方式，从2012年起将延长2年。日本通过进行税制上的改革政策，减轻了日本受灾地区的税收负担，同时增加了对受灾地区的政策倾斜，以实现日本经济从灾害当中的迅速复苏。

（3）德国

德国相关政策措施主要有：个人所得税初始税率由1998年的25.9%降为2005年的13%，最高税率由1998年的53%降为42%。同时提高个人所得税的起征点和子女的免税额。每人年收入的纳税起征点或免税额从7235欧元提高到7664欧元。公司所得税税率由30%降到统一的25%。2004年5月，德国联邦议院通过了一项政府改革方案，规定到2005年止，每年削减45亿马克的税收，以此来促进德国经济的增长。

8.1.2　中国相关政策

在2008年颁布施行的《中华人民共和国所得税法》也包含了有关中小企业发展的相关条款，延续了我国政府对中小企业所采取的税收政策上的优惠倾斜。这部法律当具体规定：符合条件的小型微利企业，减按20%的税率征收企业所得税。国家需要重点扶持的高新技术企业，减按15%的税率征收企业所得税。而根据《国务院关于进一步支持小型微型企业健康发展的意见》（国发〔2012〕14号）的相关规定，将小型微利企业减半征收企业所得税政策，延长到2015年底并扩大范围。

根据《国务院关于进一步促进中小企业发展的若干意见》（国发〔2009〕36号）的相关规定，为了有效应对金融危机的侵袭，扶持中小企业的健康发展，从2010年1月1日至2010年12月31日，对年应纳税所得额低于3万元（含3万元）的小型微利企业，其所得减按50%计入应纳税所得额，按20%的税率缴纳企业所得税。而根据《关于继续实施小型微利企业所得税优惠政策的通知》（财税〔2011〕4号）的有关规定，从2011年1月1日至2011年12月31日，对年应纳税所得额低于3万元（含3万元）的小型微利企业，其所得减按50%计入应纳税所得额，按20%的税率缴纳企业所得税。

对符合条件的中小企业，还采用较大型企业低的税收征收率。根据《中华人民共和国增值税暂行条例》的规定，小规模纳税人按照简易算法，即按照销售货物或应税劳务的销售额和规定的适用征收率，来计算应纳税额，具体征收率为6%和4%。根据财税字〔1998〕113号文件规定，从1998年7月1日开始，对年应税销售额在180万元以下的小规模商业企业，增值税征收率由6%调为4%。而在国税发〔1999〕101号文件当中，规定了对于中小型乡镇企业，还可以在应缴税款的基础上再减征10%，用于补助其社会性开支费用。对于以中小企业为主的小规模纳税人，我国政府采取了区别于一般纳税人的较为优惠的税收政策，以此减轻其税收负担，根据2009年1月1日实施的《增值税暂行条例》，将工业和商业销售额标准调整为50万元和80万元，对属于小规模纳税人的对象实行简易征收办法，将适用征收率统一调至3%。

8.2 中小企业税收减免政策对比

8.2.1 国外相关政策

(1) 美国

一是允许中小企业或公司对新设备的投资直接冲抵其应纳所得税额。凡购买新的设备，若法定使用年限在5年以上的，其购入价格的10%可直接抵扣当年的应付税款；若法定使用年限为3年，抵免额为购入价格的6%；甚至某些不动产以及某些购入的旧设备，也可以获得一定程度的税收抵免。小型企业的应纳税款如果少于2500美元，这部分应纳税款可全额用于投资抵免。此项措施的实施既有利于提高公司内部积累中未分配利润的比重，也为公司依靠自有资金扩大新设备投资创造了条件。二是对小型企业投入的股本（符合一定条件）所获资本收益实行至少5年的5%税收豁免。三是企业风险投资额的60%免除征税，其余的40%只以50%征收所得税。四是私人资本为建立科研机构而捐赠的款项一律免税，企业为建立非盈利性科研机构提供的资金也免交所得税。五是美国为南部、西部和山地各州等经济欠发达地区实行税收倾斜政策，并且各州政府还拥有比其他地区更高的税收豁免权，其税率明显低于东北部和五大湖地区，从而鼓励资本向欠发达地区流动。1993年联邦政府颁布了联邦受援区和受援社区特别法案，拨款25亿美元用于受援地区税收优惠，对中小企业投资税进行长期减免。

(2) 日本

根据2012年税制改革第二次评估结果，日本政府将扩大面向中小企业的投资减税，在要求减税的488种国税和地方税中，实施196种减税。其中，面向中小企业的投资减税规定，对于设备投资，将以法人税交付额的20%为上限进行特别返还或扣税。设备投资的税制优惠对象从以往包括的机械、软件、汽车等扩大到检测零部件强度的检测设备。并且，第2次评估决定继续延长海外投资等损失准备金制度的期限。从日本政府税制改革的一系列措施当中，可以清晰地看出日本政府对中小企业的税收政策倾斜。

(3) 德国

德国政府主要在中小企业的创建初期(一年和三年不等)和产品与服务出口(出口退税)这两个重要环节上采取税收减免政策。而在20世纪70年代的经济危机期间,为了保护中小企业的发展,联邦德国政府进一步减轻了中小企业的税收负担,从1977年起德国政府决定免去中小企业的营业税、公司所得税以及土地转移税,并降低中小企业的研制经费税,降幅达到了50%。对于占德国全国企业总数一半以上的德国中小工业企业,德国政府采取免征营业税的办法,公司出让其拥有的其他企业的股份时,德国政府规定免征所得税,通过这种方式鼓励德国中小企业之间进行兼并合作,并以此吸引外国公司收购德国企业。此外,在2000年的税改方案中,德国政府还规定对股东红利免税50%,即由征收红利全额的30%,改为征收红利半额的30%。对新建企业所消耗完的动产投资,免征50%的所得税,对中小企业使用内部留存资金进行投资的部分免交财产税。

(4) 韩国

韩国政府一向重视支持高新技术中小企业的成立与发展,并在这些中小企业的各个成长阶段进行政策扶持。韩国政府颁布的《租税特例限制法》和《中小企业创业支援法》,对技术密集型、风险企业以及创业培育中心事业者等在创业期实施税收优惠,对创业初期的企业,减征财产登记税、财产获得税、财产税和土地税等。韩国自从金大中政府起,一直全力扶持中小企业特别是风险投资企业的发展。韩国政府规定:技术密集型中小企业,从获得收益日算起,前3年免征50%的所得税,此后两年内再减征30%。而对于农渔业和技术密集型中小企业,韩国70年代起对农渔业及首都以外地区和首都地区的新创立的技术密集型中小企业分别给予国税部分的所得税及法人税、地方税部分的注册税、所得税、财产税、综合土地税的优惠。

8.2.2 中国相关政策

(1) 税收减免政策

目前,中小企业是我国高科技产业当中的一支代表性的力量,中小企业因其规模小、灵活度高,往往会走在科技发展的最前沿。为促进高科技型中小企业发展,尽可能激发其创造活力,政府出台了《中共中央、国务院关于加强技术创新,发展高科技,实现产业化的决定》(中发〔1999〕14号),切实在税收政策方面减轻了高科技型企业所承担的税收负担。该文件明确规定:对技术转让、技术开发和与之相关的技术咨询、技术服务的收入,免征营业税。对开发生产软件产品的企业,其软件产品可按6%的征收率计算缴纳增值税,软件开发生产企业的工资支出可按实际发生额在企业所得税税前扣除。对高新技术产品的出口,实行增值税零税率政策。该文件从业务活动、产品出口等有关高科技中小企业日常生活的各个方面所涉及的税收方面入手,为高科技型中小企业的发展解决了后顾之忧。而为了继续贯彻该文件的精神,使得针对高新技术中小企业的税收政策形成持续性的推动力,减轻目标企业所面临的政策风险,在1999年,出台了《财政部、国家税务总局关于贯彻落实中发〔1999〕14号文件的有关税收问题的通知》（财税字〔1999〕273号）这一后续文件。这一后续文件继续秉承前文精神，从涉及税收的各个方面深化政府税收支持，扩大现有税收支持体系对中小企业的扶持范围，增强其扶持效果。该文件规定：一般纳税人销售其自行开发的计算机软件产品，可按法定17%的税率征收后，对实际税负超过6%的部分实行即征即退。属生产企业的小规模纳税人，生产销售计算机软件按6%的征收率计算缴纳增值税；属商业企业的小规模纳税人，销售计算机软件按4%的征收率计算缴纳增值税；软件开发企业实际发放的工资总额，在计算应纳税额时准予扣除。对列入《中国高新技术商品出口目录》的产品，凡出口退税率未达到征税率的，经国家税务总局核准，产品出口后，可按征税率及现行出口退税管理规定办理退税。

1998年，面对国有企业改革，出现大批的国有企业下岗职工这一社会现状，中共中央、国务院出台了《关于切实做好国有企业下岗职工基本生活保障和再就业工作的通知》（中发〔1998〕10号），鼓励下岗职工通过创办小规模企业来解决生计、改善生活，以此减轻国有企业改革所带来的阵痛。针对下岗工人所创办的企业，该文件规定：对下岗职工从事社区居民服务业的，要简化工商登记手续，3年内可免征营业税、个人所得税和行政性收费。从而通过政策优惠，方便下岗职工创办企业，并尽可能地减轻下岗职工所创办企业面临的各项税收以及行政税费负担，以此提升下岗职工所创办的中小企业的生命力，增加其存活的可能性。并且，在1999年，为进一步支持下岗职工再就业，鼓励下岗职工从事社区居民服务业，改善下岗职工生存处境，国家继续出台了《国家税务总局关于下岗职工从事社区居民服务业享受有关税收优惠政策问题的通知》（国税发〔1999〕43号），这是又一部以下岗职工为主要政策目标的专项文件。文件规定：下岗职工从事社区居民服务业、个体工商业、个体工商户或者下岗职工人数占企业总数60%以上的企业3年内免征营业税。这部文件为下岗职工资助创业，提供了一个非常优惠的税收政策条件。

2009年，根据《国务院关于进一步促进中小企业发展的若干意见》（国发〔2009〕36号）文件的规定，中小企业投资国家鼓励类项目，除了《国内投资项目不予免税的进口商品目录》所列的商品外，所需的进口自用设备和按照合同工随设备进口的技术及配套件、备件，免征进口关税。中小企业缴纳城镇土地使用税确实存在困难的，可以按照有关规定向省级财税部门或者是省级人民政府提出减免税申请。

2012年，《国务院关于进一步支持小型微型企业健康发展的意见》（国发〔2012〕14号）规定，提高增值税和营业税起征点，自2011年11月1日至2014年10月31日，对金融机构与小型微型企业签订的借款合同免征印花税，将金融企业涉农贷款和中小企业贷款损失准备金税前扣除政策延长至2013年底，将符合条件的农村金融机构金融保险收入减按3%的税率征收营业税的政策延长至2015年底。加快推进营业税改征增值税试点，逐步解决服务业营业税重复征税问题。

（2）出口退税

眼下正值国际金融危机，而中小企业面对国际金融危机时，其抵抗力很难与大型企业相提并论，国际金融危机给我国的各类中小企业，尤其是出口型的中小企业带来了极大的生存危机。为了应对全球金融危机，国税发〔1999〕101号文件规定，对于小规模纳税人，对其销售的用于出口的货物实行退税。凡是划转为小规模纳税人的外贸企业、农产品收购单位、基层供销社，销售给出口企业或外贸企业用于出口的货物，除农产品按5%的退税率退还增值税外，其他出口产品均按6%的退税率退税。财税字〔1999〕200号文件规定，从1999年4月1日开始，对于小规模纳税人购进并出口的煤炭，按6%的退税率退税。财税字〔2003〕238号文件规定，从2004年1月1日开始，小规模纳税人自营和委托出口的货物，继续实行免税政策，其进项税额不予抵扣或退税。并且，出口企业从小规模纳税人购进货物出口予以退税的，凡财税字〔2003〕222号文件规定出口退税率为5%的货物，按照5%的退税率执行；凡财税字〔2003〕222号文件规定出口税率高于5%的货物，一律按照6%的退税率执行。为了应对金融危机所带来的不良影响，自2008年下半年起，我国政府七次提高部分劳动密集型商品、附加值和技术含量高商品的出口退税率。

（3）投资抵免

2000年，政府着眼于促进中小企业进行技术改造与设备更新，出台了《国务院办公厅转发〈国家经贸委关于鼓励和促进中小企业发展的若干政策意见〉的通知》（国办发〔2000〕59号）。该文件明确规定：各类中小企业凡在我国境内投资符合国家产业政策的技术改造项目，可按规定享受投资抵免企业所得税的政策，具体办法按国家统一规定执行。国有企业下岗职工创办中小企业的，可按国家规定享受减免税优惠。在这部文件当中，政府利用抵免、减免企业所得税的方式，支持符合国家相关产业政策的中小企业进行技术改造与设备更新，以此来支持中小企业的生产力更新与技术进步。

（4）前期税收抵免

新创办的中小企业，在其整个生长周期当中，处于非常脆弱的阶段，需要政府帮助其度过最早的危险阶段。为支持符合条件的新办企业，国家规定了相应的配套税收减免政策，为新创中小企业提供了及时的税收优惠支持。根据相关文件的规定，对于新办的交通运输业、邮电通信业的企业或经营单位，自开业之日起，第一年免征所得税，第二年减半征收所得税。对于新办的公用事业、商业、物资、外贸、旅游、仓储、居民服务、饮食、文教、卫生事业的企业或经营单位，政府规定，自开业之日起，减征或免征所得税一年。对于新办的从事咨询业、信息业、技术服务业的企业或经营单位，自开业之日起，免征所得税1~2年。对于新办的劳动就业服务企业，当年安置待业人员超过企业从业人员总数60%的，免征所得税3年；免税期满后，当年新安置待业人员占企业原从业人员总数30%以上的，可减半征收所得税两年。对于新办资源综合利用企业，为处理利用其他企业废弃的，在《资源综合利用目录》内的资源而新办的企业，可减征或免征所得税一年。对于三废利用企业，即是企业利用本企业生产过程中产生的废水、废气、废渣等废弃物为主要原料的企业，属《资源综合利用目录》内的资源而生产的产品所得，自经营之日起，免征所得税五年。而对于乡镇企业，为有力支持其发展，可按应纳税款减征10%的所得税。

除了以上所列的相关文件，我国政府还出台了其他的涉及中小企业税制优惠的相关文件，例如国家税务总局发布的《关于印发〈核定征收企业所得税暂行办法〉的通知》（国税发〔2000〕38号）、《关于加强中小企业所得税征收管理工作的意见》（国税发〔2000〕28号）等文件，这些文件当中均出现了涉及中小企业税收优惠的相关条款。

8.3 中小企业研发扣除政策对比

8.3.1 国外相关政策

（1）美国

美国中小企业在美国的科技发展方面，起到了非常重要的作用，所以为了促进企业的科研发展，美国联邦政府采取了优惠的税收政策来支持中小企业的科技进步。从20世纪50年代开始，美国政府就开始实行科研税收优惠政策，当时的法令规定，企业用于科研的支出，可以作为日常生产费用，或是从应税所得当中一次性扣除，或是在若干年内从全部所得中扣除。从1962年起，美国政府就对中小企业投资实行税收减免政策，通过这种方式方便企业利用自有资金扩大新设备投资。在1981年，美国政府颁布了《经济复兴税法》，修订了以前的税法，将小企业的个人所得税税率下调25%。1986年，美国政府税制改革，修改了科研费用的冲抵率，将之从25%降至20%，并且规定，在开发新产品、新工艺等过程中支出的科研费用可以享有冲抵优惠。在1997年，美国政府颁布了《纳税人免税法》，该法规定中小企业在之后的10年里将会得到数十亿美元的税收减免。在税制方面，美国政府实行有利于中小企业发展的累进税制，并在此基础之上专门颁布了促进中小企业发展的税务计划。在《小企业技术创新法》中，规定了每年研究开发经费超过1亿美金的政府部门，必须将财政预算的13%用于支持中小企业开展技术创新和开发项目。在20世纪90年代，克林顿政府宣布，将对企业的R&D投资，给予永久性税额减免的优惠待遇，并且，将中小企业的先进技术长期投资收益税减少50%。在1993~1994年，克林顿政府为中小企业提供120亿美元的税收减免，对于收入不足500万美元但是总共占全国劳动力40%的微型企业实行长期的投资减免税。此外，为了促进创新型中小企业的发展，美国政府为企业家提供包括实行税额减免和降低资本收益税的政策奖励。对于投资500万美元以下的小企业，实行永久性的投资税减免，并为投资新工厂和新设备的公司提供相关研发支出的税额减免。

（2）日本

中小企业是科技创新的主要生力军。日本对这项税收优惠制度制定的更加具体：主要有增加试验研究经费税额抵扣制度，促进基础研究开发税制（高技术税制），中小企业技术基础强化税制，特别试验研究费税额抵扣制度等。一是对资本性投资的税收鼓励。中小企业于2006年3月31日之前购进的指定机械和节能型设备，按其购进价的7%，从法人税额中扣除，扣除限额为法人税额的20%。根据纳税人的选择，还可按照上述价格的30%提取特别折旧。二是对研发费（R&D）的鼓励措施。根据修改后的研发费扣除规定，纳税人可以选择现行制度或新制度，按规定，允许扣除的部分相当于全部研发费限额的10%～15%。按照新规定，中小企业适用的扣除率为实际支出研发费的15%，扣除限额是法人税额的20%。按照现行规定，增额部分的研发费扣除率为15%，扣除限额为法人税额的12%，如果当年的研发费超过前两年研发费的平均数，则允许按其超出部分的15%给予税额扣除。新规定适用于2003年1月1日开始的财政年度，现行制度扩大至2006年4月1日前开始的财政年度。三是IT投资优惠措施。此项规定适用于2003年1月1日至2006年3月31日之间购进的商用IT相关设备。对上述设备按购进价的50%适用加速折旧，或者按购进价的10%给予税额扣除。IT相关设备包含硬件设备和软件设备。对于资本金达到或低于3亿日元的法人出租IT设备并符合一定条件时，也将适用税额扣除的优惠措施。

8.3.2　中国相关政策

我国于2003年1月1日正式实施《中小企业促进法》，从资金支持、创业扶持、技术创新、市场开拓、社会服务等几方面提出原则性的规定，是带有政策倾向的促进法，它的具体落实还需要相关的配套政策。2009年颁布的《国务院关于进一步促进中小企业发展的若干意见》（国发〔2009〕36号）进一步提出了促进中小企业发展的指导意见。2011年颁布的《关于印发中小企业划型标准规定的通知》划分了不同行业的中型、小型、微型企业。目前与中小企业发展创新相关的税收优惠政策主要包括：小型微利企业执行企业所得税低税率、技术转让收入可减免营业税、研究开发费加计扣除、高新技术企业所得税可减免、再就业优惠政策。

8.4　中小企业加速折旧政策对比

8.4.1　国外相关政策

（1）美国

20世纪80年代以来，相继出台政策缩短了原折旧法规定的固定资产折旧年限，实行

"特别折旧"制度，允许企业在投资后的1~2年里对新购置使用的固定资产提取高比例折旧，对某些设备在其使用年限初期实行一次性折旧。将科研设备的法定使用年限缩短为三年，使每年的折旧金额超过企业所增资本额，对于企业更新设备和采用新技术发挥了巨大的促进作用。此外美国还实行了加速折旧和鼓励小企业科技创新的税收优惠法律政策。主要包括：小企业购买的当年的新设备在规定年限内可以采用加速折旧法计提累计折旧，并享受不同程度的税收优惠；对平时的用于研究开发的费用给予20%的税收抵免。在从事基础研究时，把各税收年度研究开发费的65%排除在课税对象之外，地方政府对新创办的高新技术小企业减免地方税。

（2）德国

加速折旧这一措施，其本质是为企业增加可利用的资金。加速折旧的目的，实际上是为了使企业能够享受到延期纳税的优惠，企业可以将原本应上缴的税金留作自己的资金使用，即相当于从政府手中获得一笔无息贷款，以此达到鼓励企业增加科技开发、加快机器设备更新换代的目的。德国政府将中小企业折旧率从10%提高到20%，而对需重点发展的高科技领域或实际应用所需要的固定资产等固定资产实行有区别的折旧制度。德国为高新技术产业环保设备规定的折旧率，动产部分为50%，不动产部分为30%，以此鼓励中小企业进行固定资产方面的投资。

8.4.2 中国相关政策

我国目前尚无明确针对中小企业加速折旧的政策法规。

8.5 中小企业其他税收政策对比

8.5.1 国外相关政策

（1）美国

①合理选择纳税方式，赋予中小企业更多的自主权。为让广大中小企业投资者能充分享受税收优惠政策，一些国家赋予了中小企业投资者一定的纳税选择权。美国税法规定，如果企业符合所得税法中有关中小企业的规定，即可从两种纳税方法中任选一种：一是选择一般的公司所得税纳税方式，税率为15%~39%的超额累进税率；二是选择合伙企业纳税方式，即根据股东应得的份额并入股东的个人所得之中，按个人所得税计算缴纳，税率

为10%～35%的超额累进税率。中小企业可从中选择于己有利的纳税方法。此外，美国《经济复兴法》还规定，雇员在25人以下的小企业，所得税按个人所得税税率缴纳。这些政策都体现了政府对中小企业的照顾，赋予中小企业投资者一定的纳税选择权，使他们能选择对自己有利的纳税方式，以降低税收负担，增加税后利润，增强竞争实力。

②实施完全亏损弥补政策，降低中小企业的投资风险。由于中小企业经营项目单一，投资风险相对集中，且生命周期相对较短，当税收政策不对亏损实行完全弥补时，旨在刺激投资的一些税收政策，如低税率、投资抵免、加速折旧等就不能真正给中小企业带来实惠。对中小企业来说，亏损是否得到全面的税前弥补是其他一系列税收政策能否发挥作用的关键。全面弥补亏损的税收政策可降低中小企业收入的波动幅度，分担中小企业的投资风险，鼓励企业扩大投资规模。

美国税法规定中小企业股东遭受的损失可以用来抵减其他来源的收入，如从别的公司得到的工资收入抵减中小企业股东分摊的损失，扣除数额不能超过股东的基值，超过部分要结转到以后年份，结转的期限没有限制。对损失数额超过股东基值的部分，按比例从股东其他收入项目中进行损失扣除。

为应对金融危机的冲击，美国还专门制定了针对中小企业亏损弥补的税收政策，以帮助中小企业渡过难关。美国2009年出台的“小企业救助计划”规定，在2008年和2009年，允许年营业收入低于1500万美元的小企业发生的经营亏损向前结转5年。美国的政策表明，为帮助中小企业应对金融危机的冲击，允许中小企业的营业亏损向前弥补或退税是分担中小企业投资风险的有效手段。

③对落后地区的税收支持。对于较为落后地区的中小企业发展，美国政府也采取了相应的税收优惠政策。对于美国南部、西部和山地各州等经济欠发达地区来说，为了推动这些地区的中小企业发展，促进当地经济的快速进步，美国政府对这些地区的中小企业采取了税收政策上的倾斜，并且各州政府还拥有比其他地区更高的税收豁免权，其税率明显低于东北部和五大湖地区，通过这种方式鼓励资本向欠发达地区流动。1993年联邦政府颁布“联邦受援区和受援社区特别法案”，拨款25亿美元用于受援地区税收优惠，对中小企业投资税进行长期减免。康涅狄格州还规定对贫困地区的企业投资减免5年所得税。

(2) 日本

①对中小企业按规模大小分别规定法人税率。从1990年开始日本在所得税方面对中小企业实行特别措施，明确规定降低中小企业的法人税率：资本金在1亿日元以上的税率为37.5%，资本金在1亿日元以下的分两部分征税，即总所得在800万日元以下的部分按28%的税率征税，超过800万日元的部分按37.5%的税率征税。从2006年开始法人税的基本税率是30%。资本金不超过1亿日元的法人，年应纳税所得额低于800万日元，适用税率为22%；年应纳税所得额超过800万日元，适用税率为30%。

②在间接税方面给予中小企业免税优惠。日本税法规定：居民和非居民以及国内法人和外国法人在日本国内提供货物及劳务必须缴纳5%的消费税（属增值税性质）。但是在对

于中小企业来说政府却给予了优惠：自2004年4月1日起，对中小法人（个体经营者）采取进一步扩大税基的措施，年应纳税销售额低于1000万日元的法人（个体经营者）免缴消费税。对从事出口贸易的中小法人经申请不仅可以扣除进项消费税税额，还可以享受出口退税的优惠（申请期限为2年）。

③对中小企业的转让收入给予优惠。主要措施有：对个人投资创办十年以内的中小、风险企业股份上市所带来的转让收益的1/4征所得税；对创办十年以内的中小企业和获得认定的风险企业停止适用保留金征税的制度。改革固定资产税，对于纳税负担较重的大城市商业地区等，在今后3年内分两步减轻负担；引进固定型养老金制度，并确保公积金免税额度；延长中小企业促进投资税制、中小企业加强技术基础税制和购置信息通信设备税制。韩国采取直接支持方式给予中小企业支持，包括减免税，扣除所得和扣除税额。

④对中小企业优惠的留存利润征税制度。在日本，为防止关联公司内部过度使用节税措施，日本规定了公司内部留成比例最高限额，对年度留存利润超过规定扣除限额的部分，采用特别税率征收。考虑到内部留成是中小企业的重要资金来源，因此对其超额留存利润适用较低的三级累进税率，即对不超过3000万日元的部分，税率为10%；超过3000万日元至1亿日元的部分，税率为15%；超过1亿日元的部分，税率为20%。从2003年至2006年期间，对于自有资本比率低于50%的中小企业，停止适用留存利润征税制度。

⑤加强中小企业和大企业之间的协作。在日本，日本政府非常重视中小企业与大企业之间的协作机制，日本既拥有像索尼、松下这样的大型企业，同时也拥有数量巨大的中小企业集群，这些中小企业与大企业一同分工协作，并行不悖。日本政府非常注重培育具有高度活力的中小企业成长机制，以及重视中小企业与大企业的分工协作。日本税法规定，对资本总额在1亿日元以下的中小企业法人，所得额超过800万日元的部分征收37.5%的法人税，所得额低于800万日元的部分，按28%的优惠税率征税；对具有公益法人性质的中小企业的年度所得按27%征税。中小企业在进行设备现代化改造的时候，可以实行特别折旧，第一年可提30%，对新兴产业的设备使用期限缩短到4~5年。中小企业法人债务在次年不必全部清账，还可提取16%作为积累，用于企业的投资扩张。同时，日本政府规定，降低遗产税税率水平，以帮助中小企业克服在公司重组等情况下产生的涉及继承的问题。为了鼓励中小企业进行联合实现集团化，日本政府将降低联合体的税率。为了有效使用机械设备，日本政府对中小企业共同使用的机械设备3年内减半征收固定资产税。目前，日本有60%的中小企业加入了大企业与中小企业分工协作体系。其他国家都远远低于这一水平（一般西方国家为大企业配套的中小企业数仅占中小企业总数的30%左右，我国为20%左右）。中小企业组成各种合作组织，日本政府则规定按27%的优惠税率纳税。

（3）德国

德国税法规定，允许建立可在税前扣除的准备金，包括折旧准备金、呆账准备金、亏损准备金等。在会计计算方面，德国对中小企业实行有利于中小企业发展的盈余核算法，企业股东红利由全额计征改为半额计征，更加便于计算。在增值税方面，凡上年销售额或劳务费低于 25 万马克的中小企业，可以采用实收实缴法，以实际当期收到的销售额或劳务费计算上缴。此外，德国政府在实行税制改革的时候，大量减少面向中小企业的税收科目，以此实现对中小企业发展的支持。并且，为了支持落后地区的中小企业发展，德国联邦政府规定在经济落后地区新建中小企业，可以 5 年免交营业税；消耗的动产投资，免征 50% 所得税；对中小企业使用内部留存资金进行投资的部分免征财产税。

德国政府对中小企业的税收支持政策，主要的立足点是减轻中小企业的实际税收负担，通过出台各种税收优惠政策，来支持中小企业的发展。德国是一个在利用政策减轻企业税收负担方面做得较好的国家，这也符合欧洲国家的商业发展理念。德国政府在实行产业经济政策的时候，主要关注在保证市场机制正常运转的前提下，尽可能地保护中小企业的发展，并以此为第一要务。从德国政府的施政当中可以看出，德国政府施政的第一优先原则就是尽可能地保护中小企业的生存与发展，并通过中小企业的相关政策切实维护其稳定成长。我国目前中小企业生存环境艰难，新创企业的生存率较低，政府政策未能达到保护中小企业、扶持其发展的目的。德国政府支持中小企业，提高其成活率的手段，值得我们研究学习。

（4）韩国

①支持中小企业人才培养的税收政策。人才发展是中小企业能否健康成长的关键性因素，对于中小企业的人才培养与人才雇佣，韩国政府实行了一系列的税收扶持政策，以保证韩国中小企业能够在成本较小的情况下获得适合的人才支持，从而充分发挥中小企业提供就业岗位、吸收剩余劳动力的强大功能。例如，韩国政府鼓励企业进行企业发展与人力资源发展的研究，尤其是制造业、采矿业、工程服务业等特别产业，政府都为其进行这方面的研究提供税收优惠。并且，韩国政府对于企业支付的技术和人才开发费给予一定的法人税和所得税减免，对在韩国国内企业工作或在特定研究机构从事科研的外国人给予 5 年的所得税减免。而且，为防止因中小企业同大企业间工资和福利待遇差距拉大，而导致中小企业人才向大企业流失，从而造成中小企业用工难的问题，政府引入连带工资政策，即对过高增加工资或接收中小企业现职职工的大企业征收一定金额的补偿金，用于中小企业福利基金。为缓解中小企业雇佣人力的困难，正考虑制定一项鼓励用工政策，主要包括向雇主提供减免雇佣税收及其他相关费用等，以使中小企业克服雇佣困难，促进扩大招工。

②对特定地区的技术密集型中小企业给予税收优惠。韩国政府规定，对农渔村及首都以外地区和首都地区的新创立的技术密集型中小企业，分别减免 6 年和 4 年的国税部分的所得税及法人税的 50%，并且减免 2 年内取得事业用资产地方税部分的注册税、取得税的 50%，同时减免 5 年的事业用财产地方税部分的财产税，综合土地税的 50%。

8.5.2　中国相关政策

（1）扶持中小企业发展的流转税

在中小企业的流转税方面，我国政府也出台了许多涉及中小企业流转税优惠的文件条款，这些条款对减轻中小企业的税收负担，起到了重要的作用。中小企业的流转税，包括营业税、增值税等。我国政府为了支持中小企业发展，引导中小企业按照我国总体规划的产业结构政策发展，以涉及中小企业成长的流转税为政策目标，出台了一系列的支持中小企业发展的相关政策，这些政策，在支持中小企业发展、促进中小企业结构性转型等方面，起到了非常积极的作用。

早在1994年，我国政府即颁布了《中华人民共和国增值税暂行条例》，以发挥增值税方面的税收优惠政策对企业，尤其是对中小企业的积极意义。在这部法律当中，我国政府将增值税对应的纳税人分为两类，一类是一般纳税人，而另一类则是小规模纳税人。小规模纳税人则包括了我国目前数额巨大的中小企业集群，该《暂行条例》明确界定了小规模纳税人这一重要概念，为日后涉及中小企业的文件出台，奠定了非常坚实的概念基础。

（2）对中小企业服务机构的税收支持

目前制约我国中小企业的一个主要问题，就是中小企业缺乏信贷方面的支持。眼下，我国中小企业资金来源主要依靠银行信贷，而由于中小企业风险较高、可靠性不强，银行对中小企业惜贷严重，中小企业很难得到银行的信贷资源，造成中小企业资金融通困难，很难快速成长。而目前金融机构对中小企业惜贷的主要原因之一，就是中小企业缺乏有效的担保机构与担保体系。为了解决中小企业融资难的问题，我国政府从担保机构着手，通过对担保机构进行政策上的倾斜，切实改善中小企业融资难的问题。2001年4月，我国政府为了鼓励中小企业信用担保机构的建设，国家税务总局颁布了《关于中小企业信用担保机构、再担保机构免征营业税的通知》（国税发〔2001〕37号），对纳入全国试点范围的非营利性中小企业信用担保、再担保机构所从事的担保业务，给予享受3年内免征营业税的税收优惠政策。此后，国家发改委和国家税务总局联合发布了《关于继续做好中小企业信用担保机构免征营业税有关问题的通知》，将该项政策的适用范围扩大化，进一步促进了中小企业信用担保机构的发展。我国政府对中小企业信用担保机构的税收优惠政策，为中小企业信用担保机构提供了较为优厚的税收政策环境，以此来改善中小企业的融资环境，从而达到促进中小企业发展的最终目的。

8.6 本章小结

8.6.1 各国扶持中小企业发展的税收政策小结

对于各国政府而言，税收政策是支持中小企业发展的重要手段之一，税收政策支持中小企业发展效果较为直接，中间环节较少，政策时滞较短，是政府支持中小企业的基本政策工具之一。为了减轻中小企业的税收负担，鼓励中小企业进一步发展，各国主要通过以下几种手段对中小企业进行政策支持。

一是降低税率。很多国家都对中小企业实行区别于大型企业的优惠性税率，优惠税率一般会比普通税率5%～15%。比如说，英国的中小企业公司税税率为30%，比大企业减少了10个百分点。而日本的中小企业享受比大企业低25%的法人税税率。

二是税收减免。中小企业在其创立之初，处于较为脆弱的阶段。为了帮助中小企业顺利度过成立之初的危险期，一些国家对于创立初期的中小企业实行税收减免的政策，以提高中小企业的成活率。比如说，德国政府规定，落后地区新建中小企业可以免征5年的营业税，而对于新建中小企业的不动产投资，免征50%的所得税。此外，为了鼓励中小企业出口，扩大海外市场份额，很多国家也采取了相应的税收减免政策。

三是提高税收起征点。举例来说，德国对中小企业营业税的起征点从2.5万马克提高到3.25万马克。

四是提高固定资产折旧率。可以通过加速技术设备更新的方式，也可以通过降低当期应税额的方式，提高固定资产折旧率。例如，德国将固定资产折旧率，从10%提高到20%。

各国政府主要通过以上四类税收政策，针对各国的不同国情，采取适宜的税收支持手段，对各自国家的中小企业进行扶持，以达到扶持中小企业发展，实现中小企业集群效应的目的。

虽然各国对中小企业实行的税收优惠政策不相同，但经过比较分析可总结出其具有的共同特点。

①通过立法制定税收优惠政策。世界各国都有为数众多的中小企业，为社会提供了大量的就业岗位，创造了可观的生产总值。多数国家都通过立法来制定税收促进中小企业发展的优惠政策，将税收优惠提高到法律层次，具有相对的稳定性。

②税收优惠政策内容比较系统。多数国家制定的税收优惠政策，贯穿了中小企业创办、发展、再投资、科技开发甚至联合改组等各个环节，也涉及流转税、所得税、财产税等多个税种，内容比较系统。

③税收优惠手段灵活多样。多数国家采用定期减免、降低税率、加速折旧、增加费用扣除、投资抵免、亏损抵补等多种税收优惠措施，大力促进中小企业的发展，特别是对新创办企业，对新技术、新产品开发企业，税收优惠很多很细，使不同类型的各种企业都能得到税收政策的支持和鼓励。

8.6.2　对我国的启示

（1）调整和完善现行税收政策必须坚持的几个原则性问题

①税收政策在推动中小企业发展方面起着不可替代的重要作用，但是显然不是政府唯

一的促进中小企业发展的政策工具。税收政策手段也有局限性，不能赋予税收更多的政策目标，赋予更多的政府目标，往往使其各种目标都难实现。

②调整和完善税收政策在促进中小企业发展方面能否发挥有效作用取决于政策制定部门对纳税人的了解，包括对纳税人的行为动机、利益取向、策略选择、行为影响等因素多方面进行综合分析，只有使政策调控有的放矢，才能取得预期效果。但在现代经济条件下，影响纳税人行为选择的不仅仅是税收一个因素。

③促进中小企业的税收政策调整应方便征管。税收政策的调整需要考虑税收政策调整可能给税收征管带来的问题，避免出现税收征管不可控或难以操作的问题。

④税收政策应体现公平。政策的调整导致必要的税负差异是政府调控经济运行所必需的，但差异一旦失度，必然损害了税收公平，不利于市场经济的健康发展，因此，在税收政策的运用上既要考虑宏观调控需要的税负差异，又要避免出现微观税负不公平带来的负效应。

（2）促进中小企业的税收政策应有所侧重

正因为占据99%以上数量比例份额的中小企业面广、量大，如果对所有中小企业都实行新的税收政策，就达不到对部分行业的支持目的，同时也会在大中小型企业产生新的不公平问题。因此，在借鉴国外经验的基础上，笔者认为，我国的税收政策应定位于支持和鼓励中小企业的发展，有所侧重地为中小企业创造良好的税收环境。具体应体现在以下几个方面。

①要在切实落实到现行政策的基础上，进一步通过调整完善税收优惠政策、改革现行税制和强化税收征管与服务，引导中小企业向“小而精、小而专、小而优”的方向发展，生产出更多的“新、精、特、优”产品。

②要积极拓宽中小企业融资渠道，吸引多种资本，特别是民间风险资本对中小企业的投资，以及对中小企业内部融资等，帮助解决中小企业发展中融资难的问题。

③要促进劳动开发型和技术开发型中小企业的发展，以解决就业压力和引导中小企业进行科技创新，鼓励社会各类投资者以技术等生产要素投资创办中小企业，鼓励中小企业技术创新和科技成果转化，以实现社会经济的可持续发展。

④要注意大企业和中小企业的利益平衡，有利于按照专业化分工协作原则，构造社会化分工、大中小匹配、专业化互补的产业组织结构，以提高企业的整体素质和综合竞争力。

⑤要促进地区经济均衡发展，加大对经济欠发达地区中小企业发展的扶持力度。

⑥要促进资源综合利用和环境保护。扶持的重点应包括科技型、就业型、资源综合利用型、农副产品加工型、出口创汇型、社区服务型等中小企业，使之不断提高产品质量和技术档次、增加产品品种，满足市场需求。而对那些技术落后、质量低劣、污染环境、浪费资源，以及不符合安全生产条件的中小企业，依据国家法律法规和政策，采取有力措施，坚决予以关闭。

（3）我国促进中小企业发展的税收政策建议

每一个国家的政策制定，都是一个国家的政治、经济理念的外在反映，在制定扶持中小企业的税收政策时也不例外。美国是一个崇尚自由市场机制的国家，美国政府在制定扶持中小企业的税收支持政策的时候，所注重的即是尽可能地保证市场机制在经济运行中的基础性作用，所采取的税收支持政策也是在保证市场机制有效的前提之下采用的。日本则是一个在政府主导之下的市场经济国家，政府在日常经济当中占据重要地位，日本政府在制定相关支持中小企业政策的时候，政府参与度较高，所采取的税收政策也较为直接。德国政府的着眼点则主要停留在保证中小企业的生存，而维护市场机制则在第二位，所以德国政府会采用更为全面的保护措施来保证中小企业尽可能地生存，这也是德国政府的施政特点。韩国政府也根据自已本国所特有的国情，设计出了一整套的税收支持政策体系，并且很好地在本国推行，取得了非常好的效果。我国政府可以参考以上四个国家的经验，并结合我国政府主导、国企为主的现实情况，摸索出一套真正适合中国国情的税收支持政策来。

①完善现行增值税税制，维护中小企业的合法权益。完善现行增值税税制，改进增值税小规模纳税人的征税规定和管理办法，是维护中小企业合法权益、促进中小企业发展和健全增值税运行机制亟待采取的一项重要举措。

扩大一般纳税人征收范围的比重。从事工业生产加工和经营生产资料的中小企业，处于商品流转的中间环节，为保持增值税抵扣链条的完整性，凡生产场所比较固定、产销环节便于控制、能按会计制度和税务机关要求准确核算销项税额、进项税额和应纳税额的，都可核定为增值税一般纳税人，适用增值税进项税额抵扣的规定。中小企业从事商业经营年销售额未达到180万元标准的，如会计核算健全，能够提供准确税务资料的，经批准也可核定为增值税一般纳税人。小型企业对会计核算暂不健全的，也应积极创造条件，通过税务部门组织培训等方式，帮助提高其会计核算水平。还可借鉴国外的通常做法，小型企业在达到一定条件后，允许其自行选择纳税办法，可改按一般纳税人计算纳税。扩大增值税一般纳税人的征收比重，适当缩小小规模纳税人的征收范围，拓宽增值税抵扣链条的覆盖面，才能真正革除增值税税制对中小企业的歧视和限制。

进一步调低小规模纳税人的征收率。国家税务总局已采纳各地的调研建议，从2003年1月1日起提高了销售货物和服务业务的增值税、营业税的起征点，体现了国家对社会弱势群体的关怀照顾；但现行小规模纳税人增值税的征收率仍然显得过高。对部分确无记账能力仍需按小规模纳税人征税的小型企业，也应该进一步调低增值税征收率，贯彻公平税负的原则，减轻他们的税收负担。工业小规模纳税人的征收率，可以调低为4%；商业小规模纳税人的征收率，可以调低为3%；调低小规模纳税人的征收率，有利于缩小增值税两类纳税人之间的税负差距，促进小规模纳税人生产经营正常健康发展。

②改革现行所得税税制，减轻中小企业的税收。负担目前建立统一的企业所得税法或法人所得税法的条件已成熟，必须加快改革步伐。在建立统一的企业所得税法时，应充分体现税收对中小企业的政策扶持。

降低中小企业的优惠税率。顺应国际上多数国家相继调低所得税税负的趋势，我国企业所得税税率也应适度调低，可以降低到24%或25%，其中对困难较多、利润较少的中小企业，应继续制定优惠税率，并提高适用优惠税率的所得额限额标准。具体建议是：年应税所得额未满10万元的中小企业，可适用10%的优惠税率；年应税所得额在10万元以上未满20万元的中小企业，可适用15%的优惠税率，以扶持中小企业中积累较少、扩大生产经营困难较多企业的生存和发展。

放宽税前费用列支标准。两税统一后的企业所得税法税前费用列支标准，原则上应向现行外商投资企业和外国企业所得税法的税前费用列支标准靠拢，彻底消除对内资企业的限制，特别是对中小企业的歧视。改革的重点是：取消“计税工资”的不合理规定，改按企业实际支付的工资全额税前列支；取消对公益性、救济性捐赠的限额，准予税前列支；取消只准按国家银行贷款利率标准列支利息的限制，对不违反现行法规的融资利息支出，都应准予据实税前列支；取消技术开发费税前列支只限于国有、集体企业的限制，民营中小企业也应同样享受，以贯彻公平税负的原则，更好地促进中小企业的发展。

缩短固定资产的折旧年限。当今世界科技进步日新月异，中小企业也必须不断更新设备，不断开发新产品，才能满足市场的需要。对中小企业特别是科技型中小企业的机器设备，允许实行加速折旧，缩短折旧年限，提高折旧率，以促进中小企业加快设备更新和技术改造。

扩大中小企业税收优惠范围。税收优惠应改变现行的以地区优惠、经济性质优惠为主的税收优惠政策，改为以产业倾斜为导向的优惠；优惠形式也要多样化，由单一的直接减免税，改为直接减免、降低税率、加速折旧、放宽费用列支、设备投资抵免、再投资退税等多种优惠形式，并应扩大对中小企业的优惠范围。重点是采取以下税收优惠措施：继续保留对安置待业人员、安置下岗职工、安置残疾人和对高新技术企业的税收优惠政策；适当扩大新办企业定期减免税的适用范围，不要仅限于部分第三产业可以减免，对生产领域新办的中小企业也可给予定期减免税扶持；给予用税后利润进行再投资的中小企业按一定比例抵退税的支持；准许企业投资的净资产损失，从应税所得额中抵扣；准许个人独资和合伙经营的小企业，在企业所得税和个人所得税之间选择一个税种纳税。选择按企业所得税纳税的，对其按规定支付给股东的股息，允许税前列支；选择按个人所得税纳税的，股东应得的股息、红利，并入股东个人所得征税，避免重复征税，以体现对小企业的关怀照顾；对少数民族地区、贫困地区创办的中小企业，授权市县人民政府给予定期减免税照顾。

③改进税收管理服务体系，为中小企业营造良好的纳税环境，优化服务。主要体现在执法公平、方便纳税、节约中小企业纳税成本方面，必须做到：广泛开展税法宣传，借鉴西方国家做法，在办税大厅免费提供纳税指南，利用媒体广泛开展税法宣传，提供优质的税务咨询服务，使中小企业能及时获得税收法规变动的可靠信息，以利其依法遵章纳税；大力加强中小企业税法知识和建账建制等的辅导培训，以利扩大中小企业建账面；简化中小企业纳税申报程序和纳税申报时附送的资料，以利节省其纳税时间和纳税成本；积极推广税务代理服务，为中小企业提供税务咨询、税务代理，尽量减少因不了解税收法规而造

成的纳税差错；改进对中小企业的征收方法，积极扩大查账征收范围，尽量缩小核定征收的比重，同时对核定征收的“应税所得率”和“纳税定额”，一定要调查核定准确，以维护中小企业的合法权益；对少数中小企业纳税上的非故意差错，只要其依法补缴税款，可不予处罚或从轻处罚；适度下放地方各税的减免权，对那些税源固定、税收收入较少的地方税种，均可授权地方政府自行掌握，以利于各地有针对性地对中小企业给予必要的减免税扶持，促使其发展。

第 9 章

扶持中小企业发展的间接金融政策中外比较与借鉴

- 世界主要国家间接金融政策的基本情况
- 支持中小企业发展的银行体系比较与借鉴
- 中小企业担保体系的比较与借鉴

9.1　世界主要国家间接金融政策的基本情况

间接金融是资金盈余部门与资金短缺部门之间通过金融中介机构间接实现资金融通的金融行为。从当前的情况来看，金融中介机构的最典型也最有代表性的就是商业银行。构建扶持中小企业间接融资的关键就成为要让商业银行愿意为中小企业贷款，也让优秀的中小企业能够成为商业银行的贷款对象，即要做好两项基本工作：鼓励商业银行向中小企业贷款和提升中小企业解决自有资金缺乏的能力。

9.1.1　鼓励商业银行向中小企业贷款的措施

从世界各国面向中小企业的贷款情况看，商业银行在经营过程中，必然要将资金尽量贷给最可靠的客户，那些让银行不满意的中小企业的资金问题，需要政府帮助解决。可行的方法即采取刺激、鼓励政策，使商业银行感到贷给中小企业有利可图，大致有三种办法。

第一种是建立重新筹集资金制度，这可以让银行使用他们自己的经费，在给中小企业贷款时从中心资金中重新筹集资金。用新筹集资金制度对那些实行严格贷款控制和最高限额贷款的国家最为有效。这些制度对商业银行很有吸引力，因为这给他们提供了高出对客户放款最高限额的机会。这样，银行可以扩大其经营范围，而又不会违反贷款限制。

第二种是向贷款给中小企业的银行给予一定利率补贴，以鼓励商业银行向中小企业贷款。利率补贴是一项有争议的问题，在多个国家中，其主流金融团体认为真正的问题在于为中小企业获得资金提供机会，而不在于是否给利率以补贴，特别是在发展中国家，利率补贴可能会打乱借贷程序。在实践中，有补贴的利率甚至会带来一些政治上的压力，结果受益人并不是那些在国民经济利益中最需要帮助的人，也不是那些具有最大经济效益的项目。而且，资金利率补贴以低利率向企业提供资金和机器，常会加剧资本应用的密度，因此不利于扩大招工，有时甚至限制企业的发展。

在利率补贴问题上，各国政府又有些差别。美国通过中小企业管理局制定各种借贷方案，这些方案使小企业借款人可以得到低于市场利率的信用贷款。但美国中小企业管理局的财经援助计划，目前重点仍放在从银行系统保证商业借贷方面。加拿大则初步使用直接予以补助的贷款的方式，建立一个特别机构——联邦企业开发银行作为最后的稳定机构，但是其贷款是按市场利率发放的。法国有各种不同类型的补贴，一般利率补贴为1.5%，还有为新开业企业提供的特别计划，这种借贷的补助费更高一些。德国也逐步建立和完善了一些补助借贷计划。

第三种办法是由政府为中小企业提供信贷担保，以减少商业银行向中小企业贷款的风险程度。国家信贷担保是促进商业银行向中小企业贷款的重要措施，尤其在发达国家较为普遍。不少国家从降低银行风险入手，通过保证金制度，解决中小企业信用不足及缺少附属担保品问题。各国保证金制度形式虽有不同，但有一个共同点，即贷款的全部或部分由某种资金作担保，不会拖欠，以降低商业银行贷款风险，从而使中小企业能够更多地获得银行贷款。发达国家如美国、日本、德国等建立有完善的中小企业保证金制度。

建立初期，美国中小企业管理局（1972年）贷款总额达32亿美元，其86%是由中小企业管理局出具的担保贷款，即由中小企业管理局向放款机构担保，通常是向地方银行或其他金融机构担保，而由后者提供贷款。担保贷款占中小企业管理局资金援助的绝大部分。如果贷款逾期不还，由中小企业管理局保证支付90%的未偿还债务。1993年，该局担保的最高贷款额为75万美元，贷款期限最长达25年。担保贷款的平均额度为175000美元，平均偿还期为8年。为了鼓励中小企业积极参加出口贸易，国会还制定了《小企业出口扩张法》。中小企业管理局通过它向积极进入国际市场的小企业提供贷款担保，对低于50万美元的银行贷款提供90%的贷款担保。2009年，美国政府为了应对次贷危机和欧元区债务危机，再次提升中小企业管理局对中小企业的支持政策的力度，包括将最高贷款额临时上调30%，进一步便利担保贷款的申请要求和程序等。

日本政府建立了双重保险体系，即在建立信用保证协会之外，又成立信用保险对保证协议进行再保证。日本政府除了组建中小企业金融公库、国民金融公库等五个金融机构外，由政府直接出资成立信用保证机构——信用保证协会。为了进一步提高贷款担保能力，政府还全额出资建立了中小企业信用保险公库，对保证协议进行再保险。当中小企业在信用保证协会的保证下从金融部门取得贷款后，保证协会即在保险金库将其相当于担保贷款的金额进行再保险，并按规定支付保险费。

由于保证协会向保险金库投了再保险，当中小企业因某种原因无法偿还时，保证协会从保险公库中领取相当于金额70%～80%的保险金，代替中小企业偿还。当保证协会再从中小企业收回欠款，将其中的70%～80%归还给保险公库。信用保证协会和保险金库的建立，为中小企业取得银行贷款提供了有力支持。

英国政府从1981年开始执行小企业的贷款担保计划，当潜在的借款人不能提供足够的抵押品，或者银行认为风险超过了它们正常的贷款标准时，由该计划提供贷款担保。政府为每笔贷款担保80%，鼓励金融机构向中小企业贷款。到1983年3月，银行已根据这项计划向9000多家公司贷出了3亿英镑，此外，年度预算又拨出了3亿英镑向政府所愿意担保的小企业贷款。由于政府承担60%的贷款担保，银行的风险大大减少，所以参与此项贷款的银行共有30余家。这对中小企业解决资金困难，特别是对促进个人创办企业发挥了巨大作用。

保证金制已经推行到一些发展中国家。如菲律宾的工业借贷和保证金计划制度。比较成功的还有韩国信用保证制度，包括1976年设立的信用保证基金、1989年设立的信用保证和技术信用保证基金。从1983年起，信用保证基金只对中小企业提供保证；到2009年止，99.1%信用保证提供给中小企业。到2009年6月，利用信贷保证的中小企业超过了10家，占5人以上中小企业数（1989年基准）的51.5%。技术信用保证基金是为支持中小企业技术开发事业而成立的，到2009年6月为止利用企业数超过2万家，规模超过10万亿韩元。但总的说来，发展中国家的保证金制度的实施经验十分有限。迄今为止，作用也还不十分明显。

各国信贷担保计划尽管形式不同，但支付担保借贷金的方式只有两种，即部分地由保险费支付作为资金，大多数由借款人支付。保证金额一般少于贷款总数，即限制在总数的70%～80%以下。保证金制度的实施效果也一贯较好，而且，保证金贷款的损失率并不比没有保证金的贷款高。据统计，在加拿大损失率占0.5%，日本占2%，而德国直到20世纪末，始终明显低于2%，2010年以来，由于经济环境不利和欧债危机的影响，担保损失率有所上升，但长期来看，始终保持在2%左右。

这些制度或计划从实施情况看，差别很大，结果也大不相同。从数量上，日本最大的担保业务每年的担保借贷资金比较多，这些资金有5%是供给有保证金制的小企业的。德国保证金制度实施和发展的也比较顺利。在荷兰，中产阶级银行是专门为小企业服务、提供保证借款的主要机构，但是，这家银行仅有0.5%的长期贷款属于保证金贷款。

就借贷目的而言，也存在着很大的差别。如加拿大流动资本借贷较少，但在日本，85%的保证金都付给流动资本。尽管实施方式各异，效果不同，但总体来说，信贷保证金制度在各国还是起到激励商业银行向小企业提供更多贷款的作用。

9.1.2　提升中小企业解决自有资金缺乏的措施

中小企业所面临的资金短缺问题并不仅在于借贷资金上，另一个十分重要的问题是自有资本或是股权资本的缺乏问题，这使得中小企业应付危机的能力非常虚弱，也是银行系统不愿意向中小企业提供贷款的重要原因。21世纪以来，随着新技术革命的迅速发展，一些风险型小企业大量涌现。风险型企业是以新技术为载体，向风险很大的高新技术领域挑战的企业，一般从事新技术、高附加值产品的研究和生产。帮助中小企业筹措和提供资本，是各国中小企业扶植和援助中面临的重要课题。

在一些发达国家和发展中国家，除了私人风险资本公司，还有一些公共机构向小企业提供新企业投资。美国中小企业管理局通过小企业投资公司向中小企业提供间接性资金援助，使它们能够获得较充足的资本。在美国约有1500家小企业投资公司，拥有资金超过1000亿美元。小企业投资公司是由中小企业管理局特许和资助而由私人所有和经营的投资公司。私人金额达到100万美元，即可建立小企业投资公司。一旦中小企业管理局批准其成立，小企业投资公司即可向政府筹措高达其资产400%的款项。小企业投资公司专门向具有较高风险而难以从一般渠道得到贷款的小企业（不少属于高技术企业）提供投资和无担保或担保不充分的长期贷款，许多小企业投资公司还向其资助的小企业提供企业管理方面的帮助。小企业投资公司可以按优惠利率通过中小企业管理局向联邦政府贷款以补充自身资金的不足。实际上，这是在美国政府资助下，利用私人金融机构的资金和管理专业知识来促进小企业的发展，具有公私合作的性质。从1958～1983年，它们共向6万家小企业投资46亿美元；而进入21世纪以来，这一机制发挥的作用更加明显，面向6.54万家小企业投资112亿美元，无论是单笔投资还是年投资密度都得到了有效的加大。据美国哈佛大学的报道，受小企业投资公司资助的小企业，在就业、营业额、税前利润额、资产额和向联邦政府交纳的税额方面的平均增长速度都比其他小企业的平均增长速度快得多。此外，美国中小企业管理局还对投资效果进行了测算，认为政策投资1美元于小企业投资公司，可以增加税收收入100美元。

21世纪以来，美国社会各界积极为小企业的发展创造各种条件。进一步加强对中小企业的支持。在提供资本金方面，一些具有高技术、较大市场潜力的小企业得到风险资本的支持。20世纪80年代以来，美国风险资本有了快速增长，为小企业投资公司的壮大提供了有利条件。到2010年底，风险资本总额达到6万亿美元。风险资本公司所筹得的资金主要来源于养老基金、国外投资、保险公司、捐赠、其他公司和个人。风险资本公司现已成为美国极重要的一类金融机构。在目前一些传统的资本提供者不轻易发放贷款的情况下，风险资本对许多具有创新精神的小企业来说，是主要的资金来源。小企业发展到成熟阶段，还可通过金融市场公开出售股票以获得大量补充资本。美国证券交易委员会采取了许多措施以简化手续，使中小企业比较容易在证券市场公开出售股票。初级股票发行的年平均额从1977～1979年的3.50亿美元增至2006～2007年1万亿美元以上，对中小企业的股权资本供应有了大幅度增加。

德国政府为了充分发挥风险型中小企业在高科技和高精尖产品方面的作用，对其给予积极扶植。扶植的重要措施是为其筹措和提供风险资本。1975年，原联邦德国成立“德国风险投资公司（DWFG）”。该公司是专门为从事风险较大的新技术开发、新制造方法的研究以及将某种发明达到实用化程度的中小企业提供贷款或参与资本的金融机构，对中小企业开发高科技起到了很大作用。另外，在联邦科学技术部（BMFT）的支持下，1975年还成立了“风险资本银行（WFG）”。该银行的主要工作是对从事高风险技术革新的中小企业提供风险资本。提供风险资本的对象为总销售额1亿马克或从业人员2000人以下的企业，如果参加项目开发提供40万～200万马克，德国政府在最初的15年对风险资本银行经营上的损失给予75%的补偿。

日本则有中小企业投资扶植株式会社，它是根据《中小企业投资扶植株式会社法》组建并以购买新成立公司的股票的方式向中小企业提供技术和经营的投资；加拿大有联邦企业开发银行，是为小企业提供风险投资的主要渠道；法国有一些公私混合的产权筹资公司，叫“地区财政公司”，还开辟有第二股票市场，为某些中小企业能够在股票市场上筹集资金提供方便。

9.2　支持中小企业发展的银行体系比较与借鉴

支持中小企业发展的银行体系包括中小银行体系、政策性银行体系和特定的银企关系三个方面。其中，中小银行体系具有服务于中小企业发展的信息、产品和管理优势，而良好的银企关系则是中小企业取得大银行直接支持的重要手段。

9.2.1　支持中小企业发展的中小银行建设比较与借鉴

中小银行主要有两种界定标准：一是指规模和资本数量相对较小的银行；二是指不管规模和资本如何，专门为中小企业融资的银行。发达国家政府对中小金融机构的定义多用后者，并且不同时期的划分标准也有所不同。在国内，中小银行更多是指专门为中小企业融资的小规模银行机构，或更具体为与国有独资或控股的商业银行相对的，在资本规模、业务范围、功能设置、社会地位等方面都处于弱势地位的银行机构。从我国的具体情况看，六大国有商业银行在我国金融体系中一直处于垄断地位，服务的对象也都是国有大型企业；而其他银行的服务对象基本都是中小企业，特别是城市商业银行、城市信用社和农村信用社，他们的业务范围和对象都是所在地区的中小企业。另外，股份制商业银行虽然经营效益较好，但发展时间短，资产规模小，基本上也是以中小型企业为合作对象的，同时也支持一定数量的微型企业。因此，将中小银行界定为泛指除六大国有商业银行以外的股份制商业银行、地方城市商业银行、城市信用社和农村信用社（商业银行）是符合我国具体国情的。

（1）美国中小银行的发展情况

美国的金融体系从总体上看始终是以市场为主导的发展模式，实行的是典型的单一银行制，其特点是由独立的银行本部经营业务，不设立分支机构，银行之间没有直接的相互控制。美国储蓄机构包括储贷协会、互助储蓄银行和信用社，2008 年底共有 1976 家由联邦存款保险公司承保的储贷协会和互助储蓄银行，11000 多家由全美信用社管理局承保的信用社。美国商业银行数量很多（到 2010 年底在金融形势稳定下来之后，共有 8133 家），其中不乏花旗、大通这类世界知名的大银行，但更多的是资产只有几亿美元甚至几千万美元的中小型社区银行和乡村银行。单一银行体制具有管理层次少、对市场需求的变化反应灵敏、业务创新快等特点。

美国中小银行的发展大致经历了三个阶段。

一是1837～1929年的初始发展阶段。1837年美国通过了第一个银行法令：任何个人或集团只要有充足的资本并履行法定义务，都能获得银行执照。这个在密歇根州通过的银行法并没有严格规定获取银行执照的最低资本额，即不存在严格的银行进入壁垒。由此银行在短期内迅速增加到1492家（1862年）。1863年，联邦政府为了鼓励国民银行发展，制定了《国民银行法》，将其最低资本额度降为2.5万美元；同时规定州银行与国民银行都不得跨州设立分行，这就保护了市场环境，特别有利于小规模银行的活跃和发展。到1930年初，州银行数量达到20000多家，国民银行也有8000多家，其平均资产都在100万美元以下。正是在这段自由发展时期，美国银行形成了适应市场竞争的运作机制，为以后的高速发展奠定了基础。

二是1932～1980年的严格管制时期。在1929～1933年的经济大危机中，美国银行大范围倒闭，仅1932～1933年间就有5100家倒闭，导致金融业的混乱。为了防止银行危机再度发生，危及社会稳定，美国国会通过了《格拉斯—斯蒂格尔法》，使美国银行业进入严格分业经营与管理时期。虽然1927年实施的Mcfadden法案和经过修订的1933年银行法、1935年银行法扩大了国民银行和州银行在州内外建立分行的权利，但是在州政府有相当管制权力的前提下，各州都倾向于限制其他州的银行在本州开设分行和开展业务活动，为本州的银行提供较为宽松的经营环境。而当时中小银行资本力量有限，无力开拓其他业务，所以分业经营制度并未直接冲击它们的发展。不过大银行在利润动机驱使下，采取兼并、合并和参与持股等形式克服设立分行和开展其他业务方面的限制，使中小银行面临的压力与日俱增；特别是在经济不景气期间，中小银行因资金周转困难而不得不依附于大银行。

三是1980年至今的放松管制时期。为了绕过1933年银行法关于存款利率上限限制的Q条例，许多银行进行了多种金融创新，如大额可转让存单（CDs）等。20世纪70年代，因利率、汇率大幅波动而产生了利率互换、期权期货等衍生金融工具；在对地域或业务限制等管制方向则以银行持股公司、金融服务公司、共同基金、收购等方式加以突破，并逐渐突破分业经营模式。以1991年《联邦存款保险公司改进法》、1994年《跨州银行法》、1999年《金融服务现代化法案》为标志，美国银行业结束了分业经营时期，进入混业经营的发展时代。这些法律的颁布实施，促进了大银行向新市场的拓展，成为进军新市场的起点，但对中小银行而言则是一个严重打击，它们无法抵御拥有强大资本和技术优势的大银行的竞争。在过去的15年中，美国银行数从17000余家降至8889家，有超过8000家中小银行被兼并。

对于美国银行业的未来发展走势，美国联邦储蓄保险公司（FDIC）2004年公布的《银行业研究展望》报告认为，在未来发展过程中，将不断有新的银行成立，也必定会有小银行被合并和收购，但总体来看，美国银行业将在这二者之间取得最终的平衡发展，美国银行机构的数量也不会出现大的变化。未来美国银行业将由几千家中小型银行、上千家中型跨地区银行和为数不多的几家超大型跨国银行巨头组成。

（2）欧洲中小银行的发展情况

欧洲大陆实行的是以银行为主导的金融发展模式，商业银行和大企业之间建立了稳定的合作关系，专门为其提供全方位的金融服务，银行在金融体系中占有极其重要的地位，因而也出现了为中小企业服务的中小银行，包括储蓄银行、地区性银行、国有专业化银行等。所以在集中垄断程度远高于美国的欧洲，也仍然活跃着大量中小银行，2009 年末，经过全球金融危机和欧元区主权债务危机双重冲击后的欧元区仍有 10829 家信用机构，其中绝大多数是属于中小银行的储蓄机构。

①德国。德国的信用机构分为综合化银行和专业化银行。综合化银行包括商业银行、储蓄银行和信用合作银行；专业化银行包括不动产抵押银行、住房贷款协会按照专门法律设立的公共银行。2009 年底，德国共有 4434 家信用机构，其中商业银行 423 家（包括 4 家全国性大银行、187 家地区性银行、182 家外国银行分行和 50 家私人银行）、储蓄银行 907 家（包括 794 家地方储蓄银行、12 家州储蓄银行和 1 家中央储蓄银行）、信用合作银行 2853 家（包括 2849 家地方信用合作社、3 家地区中央合作银行和 1 家联邦清算机构）、不动产抵押银行 35 家、住房贷款协会 34 家、专门的公共银行 17 家、邮政储蓄汇划银行 1 家。德国的合作银行系统也比较发达，与中小企业的联系非常密切。在德国西部，75% 的工商业者及 60% 的手工业者是合作银行的成员，合作银行为一些偏远地区的中小企业和青年经营者提供大量的资金支持。

②法国。法国的银行和金融业的历史悠久，并有着丰富的业务运作经验。法国很重视促进国民的经济生活质量，通过发展小企业增加就业，缩小收入差距，提高社会平均生活水平。该国重要的中小金融机构——中小企业设备贷款银行，成立于 1981 年，它在对国内中小企业融资时一般按照市场利率，但对某些特别项目的信贷则使用优惠利率，此外还有诸如补贴贷款、再投资贷款等项目。同时，中小企业设备贷款银行还对中小企业提供经济信息和专家服务，从事有关调查、统计等经济研究活动，促进中小企业发展。

1997 年，法国又成立了针对中小企业的法国中小企业发展银行（BDPME）。法国中小企业发展银行注册资本金 3.2 亿欧元，国家财政拨款占 50.5%，其他股份为国有银行或机构持有，拥有全资子公司中小企业设备信贷银行（CEPME）和控股公司中小企业信贷风险担保公司（SOFARIS），商业银行通过持有 SOFARIS 的 37% 的股份也成为 BDPME 的股东。中小企业发展银行的主要任务是与银行和金融界合作，为中小企业发展提供筹资便利。该行在全国拥有营业性分支机构，并与在法国的 400 家银行、200 多家资本投资公司以及法国外贸保险公司、法国技术创新促进署、法国环境能源署、法国各地工商会等建立了密切的合作关系。

自成立以来，国家为法国中小企业发展银行提供 1.25 亿欧元作为日常经费，该机构仅向企业收取大大低于商业银行的费用。其贷款分为长期贷款和短期贷款，主要是为中小企业解决在商业贷款未到期时的资金缺口问题，使企业能够及时得到所需资金。同时，该银行还为中小企业的商业贷款提供担保。任何一家中小企业，要想获得中小企业发展银行的贷款或担保，可以通过国际互联网进行申请，只要符合申请条件，均可及时得到所需的资金与信用支持。与此同时，法国在1999年颁布了《企业创新法》，国家扶持创新研究署专门提供企业创新基金。凡具有创新能力又面临资金困难的企业，都可以向其提出申请，由此可获得无息贷款。

BDPME与法国对外贸易保险公司一样，在促进法国企业对外投资和出口方面发挥着重要作用。由于BDPME能够提供担保或参与贷款，降低了银行等出资机构的投资风险，因而它们可以更积极地满足企业的资金需求，提高为企业服务的能力；同时，由于BDPME可以提供担保，银行不再要求把企业领导的私人房产作为贷款抵押，并减少了个人交纳的保证金数额，因而也增强了企业对外投资的积极性。这一做法值得我国中小企业融资体系借鉴。

③意大利。意大利的中小企业金融机构主要包括两类：一类是1952年成立的中小工业企业中长期信贷中央金库，它主要是为中小工业企业的创建、扩建和设备更新等筹集资金；另一类是手工业金融公库，它是意大利比较有特色的中小银行，专门向本国手工业企业发放信贷和利息补贴等。

意大利专门成立了为私营中小企业提供融资服务的金融机构，如合作银行、互助银行、国民银行等。这些金融机构以较为有利的条件直接向私营中小企业贷款，大多是低息贷款，通常比市场利率低2%～3%，而且大多数是长期贷款；它们还向私营中小企业提供诸如结算、汇兑、转账、财务管理等方面的金融服务和关于政府行为、商业合同、市场需求、原材料供应、技术咨询等方面的信息服务，以及关于私营中小企业贷款制度化、专业化、商业化、规模化等方面的信用服务。到2009年末，意大利共有446家合作银行，3332家支行，2家区域性合作银行，15家区域性合作银行协会，1家全国合作银行协会，1家中央合作银行控股集团。目前，合作银行系统已经成为意大利第五大银行。

④英国。与欧洲大陆不同，在英国市场导向的金融体系中，中小银行的数量要少得多。按照英国的划分，金融机构分为特许银行和其他金融机构。英国于1945年设立了英国工商业金融公司，主要为中小企业提供长期资本。英国银行实行的总分行体制有助于银行在经营过程中获得规模经济效益，比较容易形成垄断局面。但是，在这种体制下，中小银行仍然大量存在。中小银行依靠的是特色经营，资产负债结构比较合理，分支机构费用节省，借助科技创新所带来的信息处理技术和其形成的新的需求，能够在成本管理等方面创造优势，在特定的条件下能够获得跳跃式发展的机会。

英国中小银行的发展水平并不高，政府对中小企业融资的支持主要通过贷款担保的方式进行。英国小公司贷款担保计划（UKSFLG）在小型企业中代偿率很高，还向为合格中小企业提供贷款的英国银行和其他金融机构提供政府担保。该计划的高运营成本（平均是世行贷款的13%）要求大额的政府预算补贴。一旦发生代偿，它承担出借人（银行）75%

的损失，其余风险由出借人承担。

（3）日本中小银行的发展情况

①民间中小金融机构的发展现状。日本的民间中小金融机构主要包括地方银行、第二地方银行、信用金库等。民间中小金融机构及其分支机构众多而密集，全国共有2000多家，占全部民间金融机构及其分支机构总数的40%以上。

地方银行主要是为本地企业服务的、小规模的民间性商业银行。由于除东京、大阪、名古屋等少数大城市外，多数地方的企业主要是中小企业，因此地方银行从总体上讲，其主要服务对象是中小企业。目前日本全国共有地方银行64家。

第二地方银行的前身是20世纪50年代初建立的具有合作性质的相互银行。在经济高速增长时期，相互银行的业务范围不断扩大，金融功能得到强化。1989~1990年，相互银行分批转变为普通银行，这些银行转换后被称为“第二地方银行协会加盟行”，简称第二地方银行，目前共有53家。第二地方银行的性质和地方银行并无两样，只是在规模、人员素质、贷款结构、贷款对象等方面与地方银行有差别。

信用金库是根据1951年制定的《信用金库法》在信用协同组合的基础上改组而成的合作制金融机构。它有以下三个特点：一是实行会员制，且会员限于本地的小企业、小事业单位和个体业主；二是采用合作制，表决权一人（自然人加法人）一票；三是业务范围有一定限制。全国信用金库联合会是以全国信用金库为会员的信用金库中央机关，它同时也是一家独立的金融机构。

②专为中小企业服务的政府金融机构。政府金融机构是由日本政府提供资金或由政府提供债务担保，原则上不接受存款的非赢利性金融机构，个别机构也有少量私人资本参与，但资金来源主要依靠政府。日本的政府金融机构总共有几十家，专门服务于中小企业的主要有国民金融公库、中小企业金融公库和商工组合中央金库三家。

国民金融公库是1949年根据《国民金融公库法》由政府出资设立的。它以“对从银行等其他一般金融机构融通资金较为困难的国民大众提供必要的事业资金”为宗旨，主要向中小企业发放维护生产之用的小额贷款，也发放事业资金贷款及升学资金贷款。事业资金及升学资金贷款要求以养老金和记名国债担保。国民金融公库的资金来源主要是资本金和政府借款，在它的国民金融审议会中设若干民间代表以反映民众意见，重要决议及事项要向财务大臣呈报。

中小企业金融公会是1950年根据《中小企业金融公会法》由政府出资设立的，旨在对筹措振兴事业所需长期资金有困难的中小企业提供信贷支持。除资本金外，资金主要来源于政府借款及发行中小企业债券。中小企业金融公库的资金运用包括两大类：一类是向中小企业提供购买设备、进行长期周转的一般贷款；另一类是向中小企业发放特别贷款，帮助其采用新技术以振兴出口。中小企业金融公库与国民金融公库的主要差别在于服务对象的经营规模和贷款数额不同。国民金融公库主要面向小企业，发放小额贷款。其贷款对象为资本在1000万日元以下、从业人员在100人以内的企业，贷款限额为2500万日元；

而中小企业金融公库的贷款对象则为资本在1亿日元以下、从业人员在300人以内的企业，贷款限额为2.5亿日元，此外，中小企业金融公库的服务领域也比国民金融公库要广泛。

商工组合中央金库是以中小企业协同组合及其他中小企业为融资对象的金融机构。其存、贷款对象限于出资团体和金库成员，是一种部门性金融机构，受到政府的特别关照。政府提供一部分资本金，并认购其发行的部分债券，财务经产大臣对其拥有干部任命权和业务上的认可权，并设监督官以监督业务。

（4）我国中小银行的发展情况

①我国中小银行的发展历史。

自行发展阶段（1986～1992年）。20世纪80年代中期，随着改革开放的深入和经济体制改革的不断发展，市场经济对银行业的发展产生了更高的要求。一方面，自1986年7月交通银行重新组建之后，陆续成立了中信实业银行、招商银行、深圳发展银行、中国光大银行等10余家股份制商业银行，改变了我国建国40多年来计划经济体制下形成的单一银行制，在体制结构上满足了多元化金融服务的需要。另一方面，在没有整体的政策指引的情况下，城市信用社为了适应市场需求应运而生，并随着中小企业的发展逐步壮大。至1992年底，城市信用社已覆盖全国各城市，这在很大程度上填补了某些金融服务空白。但银行业的监督管理体系仍未成熟，对银行业的管理显得十分薄弱。

跨越式发展阶段（1993年至今）。在地方经济发展的推动下，我国中小银行得到了快速发展和壮大。一方面，许多地方性股份制银行发展壮大，有的还走向全国形成了区域性的网点，如深圳发展银行、广东发展银行、福建兴业银行和上海浦东发展银行等。另一方面，从1993年到1995年，各地城市信用社联社纷纷成立。从1995年开始，一些大中城市在信用社基础上纷纷组建城市合作银行，1998年基本更名为城市商业银行。同时，中小企业的发展为中小银行的发展提供了广阔的平台。经过20年的改革，我国逐步形成了市场化的经济结构和多元化的所有制结构，中小企业数量巨大，并形成了对金融服务巨大的内在需求，这正给中小银行的发展提供了广阔的空间。

从发展历程看，自1986年至今，我国中小银行主要是在政策主导和市场需求的共同作用下发展起来的。20世纪90年代，中小银行实现了跨越式发展，无论是地方性股份制商业银行还是城乡信用合作社，其规模都有所扩大，实力增强。但是监管措施的过严过死约束了他们进行金融创新的热情，业务发展受到限制。因此，我国中小银行的发展应实行差别化的监管政策，给予经营业绩好的中小银行，特别是城市商业银行充分发展的空间和条件，让市场机制来实现优胜劣汰。

②我国中小银行的发展现状。截至2011年底，我国银行业金融机构12家股份制商业银行，144家城市商业银行，212家农村商业银行，190家农村合作银行，2265家农村信用社，4家金融资产管理公司，40家外资法人金融机构，66家信托公司，127家企业集团财务公司，18家金融租赁公司，4家货币经纪公司，14家汽车金融公司，4家消费金融公司，635家村镇银行，10家贷款公司以及46家农村资金互助社。我国中小型银行业金融机构共

有法人机构3800家，从业人员超过200万人。中小型银行占银行业总资产的31.4%，资产规模达到35.57万亿元。中小银行的改革与发展取得了重大突破。

第一，中小商业银行继续深化战略调整和经营转型，优化股权和董事会结构，加强资本约束和成本管控，通过管理体制创新提升风险管理能力，总体经营平稳有序。同时，进一步明确市场定位，以服务小微企业为重点加强产品和服务创新，差异化竞争和特色化发展迈出新步伐。

近年来，城市商业银行在全面化解历史风险的基础上，逐步树立科学的发展理念，不断提升经营管理水平，积极转变业务发展方式，大力推进产品和科技创新，取得显著的发展成效。同时，也在维护区域金融稳定、推动市场竞争、促进金融服务水平提高、缓解小微企业融资难等方面发挥了积极作用。2003年以来，约800家城市信用社先后完成城市商业银行重组改造或实现市场退出。城市商业银行一方面通过改革重组、增资扩股、资产置换等多种方式处置了超过1700亿元的历史不良资产，风险逐渐得到有效化解；另一方面通过完善公司治理、强化内控建设、创新风险管控技术与手段，提升风险管理能力，抗风险能力明显增强。截至2011年底，城市商业银行总资产9.98万亿元，是2003年末的6.8倍，在银行业金融机构中占比8.8%。同时，城市商业银行以“立足本地、服务小微、打牢基础、形成特色、与大银行错位竞争”为发展思路，深化市场细分，明确市场定位，创新产品、服务和机制流程，逐步拥有了特色化品牌和管理文化，在支持小微企业发展和消费金融方面发挥举足轻重的作用。截至2011年底，城市商业银行小企业贷款余额1.55万亿元，占其企业贷款的比重达47.8%。

第二，农村中小金融机构坚持股份制改革方向，大力推进以服务“三农”为根本目的、以做实县域为基本要求、以完善管理体制和经营机制为基础保障的结构性改革。综合采取市场化和地方政府支持等手段化解不良贷款和历年亏损挂账774亿元，增强资本实力，切实提高服务“三农”的内在能力；优化股权结构，全面实施支持优先服务“三农”的股东承诺制，夯实面向“三农”改革发展导向的产权基础。同时，立足比较优势，进一步强化“三农”市场定位，提高涉农金融服务质量。

截至2011年底，农村信用社共有机构网点7.7万个，从业人员76万，提供了全国77.4%的农户贷款，承担了76%的金融机构空白乡镇覆盖任务，以及种粮直补、农资综合补贴等面向广大农户的国家政策补助资金发放工作，是我国农村地区机构网点分布最广、支农服务功能发挥最为充分的银行业金融机构，为农业增产、农民增收和农村经济社会发展作出了历史性贡献。与此同时，农村信用社不断成长壮大，特别是在2003年深化改革试点以来，深入推进产权改革，不断完善公司治理，经营状况显著改观，整体面貌发生实质性变化，步入良性发展轨道。截至2011年底，全国共有农村合作金融机构2667家，其中农村商业银行212家、农村合作银行190家；农村信用社资产负债和存款规模达到改革前的5倍以上；资本充足率、不良贷款率等主要监管指标持续改善，风险逐步化解。

第三，民间资本进入银行业的发展。国家对包括民间资本在内的各类资本入股银行业金融机构，始终坚持依法合规、科学审慎、公平公正和同等待遇原则。在法规制定过程中，从未对民间资本入股银行业金融机构设置歧视性和限制性条款；在实际工作中，不断探索和拓宽民间资本入股银行业金融机构的渠道，并严格按照法律法规和审慎监管要求，引导、鼓励和支持符合条件的民间资本入股银行业金融机构，充实资本实力，优化股权结构，提高银行业可持续发展能力。

经过持续努力，目前民间资本主要以参与发起设立、增资扩股和在股票市场买入股份等方式入股银行业，已成为银行业股本的重要组成部分，特别是在中小商业银行和农村中小金融机构股本中占据主要份额。截至2011年底，在股份制商业银行和城市商业银行总股本中，民间资本（含境内法人股、自然人股和其他社会公众股）占比分别为42%和54%。在农村中小金融机构总股本中，民间资本占比92%。其中，民间资本分别占农村合作金融机构和已批准组建的726家村镇银行总股本的92%和74%。江苏、浙江等经济较为发达的区域，民间资本进入银行业情况相对更为明显。据不完全统计，截至2011年底，江苏4家城市商业银行和104家农村中小金融机构民间资本分别占总股本的54%和96%；浙江（不含宁波）10家城市商业银行和112家农村中小金融机构民间资本分别占总股本的76%和97%。此外，民间资本还通过新设、重组、股权受让、增资扩股等方式入股非银行金融机构，部分民间资本实现了对非银行金融机构的控股。民间资本入股银行业金融机构符合银行业改革发展方向，在完善公司治理、促进业务转型等方面发挥重要作用。

（5）借鉴经验，完善我国中小银行系统

各国高度重视中小银行在支持中小企业发展中的地位和作用，纷纷给予特殊的政策发展中小银行系统。作为中小企业占企业总数99.5%的中国，推进中小银行发展和完善具有更加突出的重要意义。

①规范中小银行的准入制度，提升中小银行的社会信誉。严把市场准入关，是进行有效监管的首要环节，是保障金融机构安全运行、促进金融业稳健发展的重要前提。设立商业银行必须经中央银行批准，任何单位和个人不得从事吸收公众存款等商业银行业务，任何单位不得在名称中使用“银行”字样。中国人民银行对商业银行进行审批时，商业银行的资本金和高级管理人员的素质是其考核的重点。根据《中华人民共和国商业银行法》（以下简称《商业银行法》）第13条规定，在我国，设立商业银行的注册资本最低限额为10亿元人民币，城市合作商业银行的注册资本最低限额为5000万元人民币，注册资本应当是实缴资本。中国人民银行根据经济发展可以调整注册资本最低限额，但不得少于前款规定的限额。而商业银行高级管理人员必须熟悉有关经济、金融法律法规，正确贯彻执行国家的经济金融方针政策，有金融业经营和管理的丰富知识，有很强的业务管理工作能力，有较高的学历和较深的资历。《商业银行法》第15条明确规定了申请时需出具任职的高级管理人员的资历证明。

在中小民营银行的组建方面，我国民间资本数量巨大，潜力有待开发。改革开放以来，我国人民生活总体上实现了由温饱到小康的历史性跨越。在20世纪80年代到90年初诞生了一批百万和千万富翁。从1999年到现在，我国的民营企业以平均每年20%的速度增长；在分配体制上，财富分配逐渐向个人倾斜，民间财富积累很快。民营中小银行的建立可以充分发挥民间资本的作用，促进我国地下金融公开化、合法化，既有利于满足我国民营中小企业的贷款需求，又有利于我国金融体系持续、健康地发展，减少金融系统的潜在风险。

民营中小银行的组建有两种方式。一是重新成立新的银行机构；二是由现有的城市信用社、农村信用社改建重组为民营中小银行。前者的优点是民营中小银行可以以规范化的面貌出现而没有任何历史遗留问题，轻装上阵，但缺乏客户和经营网点，组建成本较高。后者的缺点在于组建过程中的利益摩擦成本，但却可以避免前者的不足。由此可见，从银行的可操作性和连贯性考虑，第二种方法相对更适合民营中小银行的建立。城市信用社已经同民营经济合作了很长时间，一直为民营经济的发展提供资金支持，具有良好的经济基础和信誉基础。城市信用社和农村信用社可以通过联合、兼并或升级的方式构建民营商业银行，但无论以什么方式进行组建，都必须做到以市场化为导向，明确产权主体，彻底摆脱行政束缚，同时建立严密的内部监督制度和组织机构，满足社会和本地区经济发展的需要。

民营银行应当采取股份制形式，建立完善的治理结构和组织体系，严格限制政府参股行为，减少行政干预。同时，对银行投资股东的条件、章程内容和股权结构、经营者的信用水平和经营能力等条件要严格审查，防止形成内部人控制，把民营银行变成圈钱和腐败的温床。

②完善中小银行的退出机制和存款保险制度。在严格金融市场准入的同时，要进一步降低银行业的行政壁垒，取消对中小金融机构的各种歧视性政策和限制，向其全面开放市场。如在新网点的设立、新业务的开展以及资金的融通等方面予以支持，使中小金融机构享受国民待遇，并且为中小金融机构的经营与发展创造一个良好的外部环境和公平竞争的市场条件，使中小金融机构在金融产品的种类及其市场定价方面具有更多的自主权。与此同时，要尽快建立和完善中小金融机构的市场退出机制。对金融机构退出的监管，是依法对金融机构合并、兼并、分立、解散、行政关闭和依法破产等市场退出和机构重组进行监管。由于金融机构市场退出涉及社会稳定问题，一旦处置不当就会产生全面的经济和社会危机，因此，必须要有一套退出机制来保证整个金融体系的稳定。

一方面是建立中小金融机构的存款保险制度。存款保险制度能有效地保护中小投资者的利益，并且在一定程度上防止出现挤兑，维护金融业的稳定。国际上现行的存款保险制度有两种模式，一种是由政府出面组织存款保险代理机构，即公共模式；另一种是由私人机构来提供保险，即私人模式。存款保险从某种意义上说是一种公共产品，没有强大的政府和完善的政治制度作支持，存款保险制度的实施将后继乏力，因此私人模式由于缺乏权威性而不被公众信任。借鉴国际经验，同时考虑我国公众对政府具有良好的政治信任感，我国的存款保险制度也应采取公共模式，由人民银行领导，财政部门、中央银行、商业银行或合作金融组织共同出资组建。特别对于中小银行来说，需要组建全国性的中小金融机构存款保险公司，承担存款损失赔偿、风险监管及金融机构债权债务的回收等职能；要建立中小商业银行和其他金融机构的风险评级制度，在此基础上根据国内外金融机构总体风险的大小实行差别保险费率；为避免严重的逆向选择和道德风险问题，还要加强和完善中小金融机构的信息披露制度，减少信息的不对称，同时在保险契约及其监督上作出合理的安排。

资本金是存款保险金的重要组成部分，也是其信誉的主要标志。在存款保险机构初创时期，资本金应主要由财政拨款解决。在发展过程中，中央银行、商业银行和合作金融组织也应逐渐提供部分资本金。保险范围和加入方式应是无条件的、强制性的，同时用存款保险制度替代国有商业银行的政府信用担保，这样既有利于国有商业银行的改革和政银分离，也能为广大中小银行的发展创造公平、公正的环境，加快银行业的改革步伐。保护程度分为全额投保和部分投保，我国应采取后者，因为采取全额投保可能会鼓励被保险银行和存款人的趋险倾向，增大道德风险的可能，而采用后者则使得存款人在银行破产时也必须承担一部分损失，风险的分摊对存款人和商业银行来说都是一种外部约束，有利于降低金融系统的整体风险。保险费率应采取与风险相关的差别费率，即按照商业银行和合作金融机构的资本充足率及“三性”（流动性、收益性、安全性）指标来确定费率，形成风险约束，防止单一费率可能带来的道德风险。

另一方面，进一步完善中小金融机构市场退出的法律体系和制度安排，对中小金融机构如何退出市场、退出市场的标准、方式及其债务的清偿等制定相应的法规和详细的标准，严格按照这些法规条文和标准，对资产质量较差、亏损比较严重、无力偿还债务及管理比较混乱的金融机构，坚决实行市场退出，及时化解金融风险，树立中小金融体系良好的社会声誉和公众责任感。

③健全和完善金融法律制度，规范中小银行的发展。企业无论是准入还是退出都必须通过明确的立法，进行法律确认和法律保护，以解决所谓“一管就死、一放就乱”的问题。

组建地方性的中小商业银行和改组金融组织，涉及产权、监管以及经营管理等多方面的问题，如果不作出明确规定，最终肯定要引起混乱。我们可以从农村合作基金会的发展和取缔中得到教训。农村合作基金会是社区合作经济组织内部成员在资金上互通有无、有偿使用、自负盈亏、自愿自立、共担风险的一种专业性合作组织，既兼容了股份经济和合作经济的共性，又有管理和融通资金的特点，因而成立初期得到迅猛发展。但在后期由于发展不规范，出现了诸如产权归属不明确、未按金融业法定要求提取准备金、缺少风险防范措施等问题，引起了金融混乱，最终被全部取缔。由此可以看出，要想使中小银行规范化发展，必须制定严格的法律法规，只有在“有法可依、有法必依”的基础上，才能做到产权明晰、自主经营、自负盈亏。

由此可见，当务之急是政府应对《商业银行法》加以修订，对中小银行的市场准入、市场退出、破产清算程序以及资本充足率、发起股东数量、持股比例作出明确的规定。在中小金融机构的市场准入方面，国家一方面制订了严格的标准和要求，使不少符合市场需求但资本规模较小的中小金融机构被排斥在外。但是另一方面，在部分地方政府和有关部门的压力之下，一些不合格的中小金融机构被批准成立，使许多中小金融机构一开始就存在众多问题。在进入市场后，中小金融机构又很难退出市场。当中小金融机构由于经营不善等方面的原因而需要破产或倒闭时，却没有相应的法律和制度安排为其提供退出渠道与条件。国家为了金融体系安全和稳定的需要而不允许其破产，地方政府为了维持本地区经济发展的需要也要求其继续维持经营，这造成了许多中小金融机构的低效率运作。

④加强对中小银行的各项监管措施，防范金融风险。中小银行由于资本规模较小，对资产安全性、流动性的要求就比大银行要高。中央银行和银行监管机构对中小商业银行的监管内容主要包括以下两个方面。

资本充足率要求。在中央银行和银监会金融监管的各项指标中，应重视资本充足率的监管，即要求银行拥有充足的资本以应付可能发生的风险损失。较高的资本比率意味着银行所有者（股东）在投资项目成功时利益的增加，也意味着他们在投资项目失败时损失的增加，这样就可以在一定程度上解决银行家权利和责任不对称的问题，相对降低中小银行的风险。另外，自由资本的多少还可以作为银行吸收损失能力的一个衡量器，对于资本充足率较高的银行，即使发生一些有风险的行为而遭受损失，也可利用较高的资本比率来减少对债权人的冲击。因此，应将商业银行的资本充足率指标作为当前乃至今后金融监管的重点。

风险控制。首先是贷款集中的风险要求，严格控制大额贷款。《商业银行法》规定，我国要求商业银行对同一借款人的贷款余额与商业银行资本余额的比例不得高于10%，对最大的10家客户的贷款总额不得超过资本净额的50%，对股东贷款不得超过所缴股本的100%。其次是流动性的要求，《商业银行法》规定，商业银行贷款余额与存款余额的比例不得超过75%，流动比不得低于25%，逾期超过1年的中长期贷款与相应存款之比不得超过120%。

9.2.2　支持中小企业发展的政策性银行建设的比较与借鉴

中小企业融资困难从某种意义上说也是一种市场失灵，被称为“麦克米伦缺口”现象。由于我国还处于经济体制的转轨时期，金融改革落后、中小企业直接融资渠道不顺畅，社会信用环境差，导致我国的“麦克米伦缺口”较一般国家更为严重。中小企业政策性银行的重要作用在于它能够缓解中小企业长期资金匮乏的局面，弥补融资缺口，把分散于政府各个职能部门为中小企业服务的有限资源整合、充实起来，通过财政与金融的有效对接，在积极发挥银行作用的同时，更能起到资源引导作用。

（1）主要国家的政策性银行发展情况

政策性银行的主要发展方式大致可以划分为美英模式和日欧模式两种。所谓美英模式，是指政府直接为中小企业提供信贷安排，或向金融机构提供担保，如英国的中小企业局。所谓日欧模式，是指由政府出资组建或帮助民间组建专门为中小企业融资的金融机构，其代表性国家有日本、意大利、德国等。

世界银行在2002年对政府介入高科技中小企业融资以消除信贷配给的影响进行了研究。报告指出，政府介入型融资必须坚持以下几个原则：一是政策性金融机构应当介入私人不感兴趣的领域；二是政策性金融机构不能只提供启动资金，还要有提供追加投资的准备；三是政策性金融机构应采取弹性提供资金的策略。但报告并没有说明介入型融资是否可以提高中小企业的融资效率。

其他国家的经验也表明政策性银行的外生性决定了它不能成为解决中小企业融资问题的主力军，而只能作为中小企业长期资金的补充来源，因为政策性银行是具有特定政策目标的特殊银行机构。所谓特定的政策目标，目前在我国主要包括提高就业、加快产业结构升级和科技创新、解决“三农”问题等，因此它并不能解决所有的中小企业融资问题。如前所述，我国民营中小企业最主要的融资来源是内生于我国经济体系的民间金融。强制性地、过度地发展中小企业政策性银行无非是把中小企业的贷款风险从银行体系转嫁到政府身上，这只能产生更多的呆账坏账，不利于金融资源的合理配置。同时，由政府出资且不以赢利为目的的政策性银行存在很大的委托—代理成本，如果监管不当还会产生严重的寻租行为，扰乱正常的金融秩序。日本财务省的案例研究表明，非国有经济企业的金融支持主要来自于民间金融部门（正式的和非正式的），而不是官方的正规金融部门。

综上所述，各国中小企业政策性银行的发展应着眼于解决劳动力失业、提高企业技术水平、保证社会稳定等具有社会福利效应的目标，从战略性高度审视中小企业政策性银行的构建与发展。

（2）我国对中小企业政策性银行建设的借鉴

第一，中小企业政策性银行的资本金既可以来源于中央银行和政府，也可以由新构建的银行以金融债券或特种国债的方式筹建。人民银行可以积极探索邮储银行的改革和优化问题，研究是否可以将部分邮政储蓄银行的存款资金转变为中小企业政策性银行债或其他证券的购买对象。

第二，为提高资金使用效率，防止寻租行为和呆、坏账产生，政策性银行在组织架构和人员使用上必须严格把关，建立简单明晰的考核体系和激励约束制度。

第三，银行应对客户目标群进行细分，本着为中小企业提供金融服务的原则，将贷款能力较高的中型和大型企业剔除，使中小企业政策性银行成为真正的中小企业“孵化器”，为其他商业银行创造更多的优质中小企业客户。同时，还应注重中小企业的地区性差异。在东部沿海发达地区，中小企业大多具有较好的赢利能力和市场前景，这一地区的政策性银行应以提供信用担保、缓解信息不对称为主要支持手段，更多地发挥市场选择作用，减少政府直接干预和政策性银行对财政资金的占用，提高运行效率。而在西部落后地区，中小企业的成长性虽然不如东部地区，但这些企业多处于劳动密集型行业，具有缓解就业压力、转移农村剩余劳动力、提高社会收入水平等诸多社会宏观经济效果，因此这一地区的政策性银行应以直接资金支持为主，本着扶持、保护中小企业的目的，直接对民营中小企业发放政策性贷款。

9.2.3 支持中小企业融资的银企关系发展

（1）世界主要国家的中小企业与银行间的关系

①松散型（保持距离型）和紧密型（杠杆型）银企关系。

保持距离型融资是指银行和企业保持一定的距离，银行不介入企业的经营控制与监督，不干涉企业的内部治理。英、美银企关系是典型的保持距离型融资关系，在该类型下的企业只能在一定的资产保证下，从银行获得周转性资金，而中长期资金只能靠其他方式来解决。

银行与中小企业保持距离，相当于切断了银行直接从企业获取信息的渠道，如果没有其他的信息渠道可资利用，信息不对称问题无法解决，企业将无法得到银行稳定的金融支持。英美保持距离型融资模式的适用背景是具备发达的资本市场。随着科技的进步和通信的发达，信息的传递变得十分迅速，极大地降低了企业直接融资的成本，这一点在发达国家尤为突出。除此之外，培育完善的信用征信和评估机构也能为银行提供足够的企业信息，如美国的标准普尔和穆迪公司。这导致了企业的外部资金来源主要依靠直接融资，企业对银行的依赖程度相对比较低，同样银行对企业的外部监控作用自然也比较弱，企业的约束主要来自市场。

杠杆型融资是指银行不仅提供资本，而且以一定的形式和程度介入企业的监督与控制，银行通过选择介入的广度与深度，对企业进行全面监控，把握监控企业的发展趋势，发现监控企业的潜在问题，保证银行与企业之间信息流通的顺畅，解决可能出现的道德风险，从而确保银行资金的安全性和收益性，并能在企业经营陷入困境时提供资金援助。杠杆型融资模式一般产生于资本市场并不发达的国家，市场容量与接纳能力有限，不同规模的企业获得资本市场融资的能力差异极大。只有少数大企业可以进入证券市场成为上市公司，而对绝大多数中小企业来说，公开上市进入证券市场是十分困难的，因而也不可能借助于资本市场来传递企业的相关信息，只能求助于银行信贷等间接融资渠道。日本的主办银行制和德国的全能银行制是杠杆型融资的典型代表。

杠杆型融资与保持距离型融资各有其存在的背景和优势。保持距离型银企关系建立在资本市场高度发达的环境下，企业外源性直接融资成本不高，银行贷款不是企业最主要的融资来源，银企之间几乎没有产权制约，主要依靠短期债权关系和严格的法制来解决纠纷，这样银行对企业的外部监控作用自然比较弱，企业的外在约束主要来自资本市场。而日、德等国的银企关系则正好相反。这些国家的资本市场不够发达，企业对银行的依赖性较强，因此企业的外部约束主要来自与其相关的主银行。在这种模式下，银行和企业相互持股，各自利益联系变得非常紧密，相互之间的信息有效公开，银行也更加注重企业的长期发展。

随着经济全球化和经济一体化，这两类融资关系也逐渐呈现出融合趋势。1999年美国《金融现代化法案》出台，结束了美国银行业长达60多年分业经营的历史，而席卷东南亚及东亚的金融危机也使银行对企业的介入变得谨慎。银企融资关系虽没有一个统一的模式，但是合理的银企融资关系必定是在特定的经济背景下，能够将信息不对称的成本降到最小，同时使双方的收益最大化。客观而言，两种银企关系各有利弊。杠杆型银企关系有利于企业的长期发展，容易形成技术和资本密集型的大公司；但银行与企业之间的相互持股排斥了竞争，容易掩盖财务危机和矛盾，累积风险形成泡沫。而保持距离型银企关系虽然限制过多，削弱了对企业发展的推动作用，但由于其充分发挥了市场和法律的监督作用，有利于发现银行和企业存在的问题，将风险和损失控制在最小范围之内，不会引起整个社会经济的动荡。

②杠杆型（关系型贷款）与中小企业融资。

世界银行把银行解决金融交易过程中信息不对称的技术归结为四类：一是财务报表型贷款，该类贷款的发放决策和贷款条件主要基于贷款申请者所提供的财务报表所反映的财务信息。二是抵押担保型贷款，这类贷款的决策主要取决于借款者所有提供的抵押品的数量和质量，而非其财务信息。即抵押和担保成为信用分析的某种替代品。三是信用评级技术，这是一项运用现代数量统计模型和信息技术对客户的信用记录进行计量分析从而作出决策的新技术。四是关系型贷款（即杠杆型贷款），指银行的贷款决策主要基于通过长期和多种渠道的接触所积累的关于借款企业及其业主的相关信息而作出。这些信息除了通过办理企业的存贷款、结算和咨询业务而直接获得以外，还可以从企业的利益相关者（股东、债权人、员工、供应商和顾客等）以及企业所在的社区获得；它们不仅涉及企业的财务和经营状况，还包含了许多有关企业行为、信誉和业主个人品行的信息。

从以上四个方面看，前三种贷款类型都是采用的可以标准化的“硬信息”，不适合中小企业的发展特点。因为中小企业一般处于创立阶段，没有足够的历史记录可供参考，加上中小企业的经营具有不稳定性以及公开财务报表可能导致的损失，企业的财务信息不透明，无法采取第一种方式。而中小企业固定资产相对缺乏，可用于抵押担保的资产数量有限，第二种方式显然也不适合于中小企业融资。信用评级具有成本低、效率高等特点，可以在较大程度上缓解信息问题，20世纪80年代以来被美国金融机构运用于小额贷款发放上。但由于该项技术较复杂，对信息系统和数据积累的要求较高，其应用范围受到限制。特别对于我国来说，信用评级机构发展很不完善，信用评级缺乏一定的合理性，这更抑制了中小企业进行信用评级的主动性。而关系型贷款利用的是企业和银行之间的“软信息”，在很大程度上可以替代财务数据等硬信息，部分弥补中小企业因无力提供合格财务信息和抵押品所产生的信贷缺口，并有助于改善其不利的信贷条件。因此，关系型贷款作为解决中小企业融资问题的一种重要手段，无论在发展中国家还是在发达国家均相当盛行。在西方，中小企业基本都很注重保持这种和银行的长期关系，并且中小企业一般只与少数几家银行保持长期关系。此外，大部分中小企业是由一家“基础”金融机构——被企业确定为提供诸如贷款、业务结算和其他金融服务的金融机构——为其提供基本的金融服务。

国外中小企业多倾向于同一两家银行建立长期关系，这样企业的采购、销售、应收应付款等经营信息都会在银行得到积累，从而消除银行与中小企业之间的信息不对称问题。如果一个企业在多家银行都开设账户，则每一家银行得到的信息都是不全面的。在这种情况下，如果中小企业又无法提供经审计的财务报表，银行通常会拒绝其贷款申请。通过表9.1可以看出美国中小企业如果和多家银行或金融机构保持联系，那它获得金融机构贷款的概率相对较低；而把一家商业银行作为基础银行的中小企业，获得贷款的机会就相对较多。

表9.1　美国中小企业贷款来源分布

	商业银行	财务公司	其他金融机构
企业获得一家金融机构贷款的概率分布	40.57%	12.96%	15.3%
企业获得多于一家金融机构贷款的概率分布	7%	2.4%	2.6%
企业从基础机构获得贷款的概率分布	86.95%	1.62%	11.43%

德国从Creditreform信用评级公司的数据资料中选取了1399个规模低于500人的中小企业样本，对企业使用信用额度的贷款利率、抵押品要求等级方面的数据进行了实证研究，发现银行对企业的抵押要求会随着贷款数量的增加而提高，同时根据公司的规模和生命期的增长而降低；另外，长期的银企借贷关系和较高的借款集中度均有利于降低抵押要求。日本银行也认为，当金融市场无法充分地以公开信息的形式提供融资项目的足够信息时，关系型融资通过与企业保持长期关系获得企业专有信息就具有重要意义。而当金融市场发育成熟后，企业专有信息的价值降低，关系型融资就会受到保持距离型融资的挑战。

③银行市场力量与中小企业融资。

从国际一般经验看，在银行市场力量与企业融资的关系方面，市场力量使银行能够加强它与中小企业的隐性长期合约关系。一方面银行在与小企业建立合作关系时会提供低于市场利率水平的贷款；另一方面，当银行与企业保持较长时间的关系后，银行会要求企业支付高于完全竞争市场水平的利率，从而补偿银行为吸引中小企业造成的利益损失。这一利率升水来源于中小企业转换基础银行所必须付出的高额成本。市场力量使银行具有跨期调整信贷价格的能力，这两方面的调整都可能会有利于中小企业获得信贷。

2007年次贷危机爆发以来，美国银行业出现了并购浪潮，商业银行数量减少了近3000家，这对美国中小企业融资产生了巨大影响。美国货币当局认为银行合并增加了中小企业获取信贷的搜索成本，改变了原有的银企关系，中小企业必须更频繁地向合并后的新银行报告信息，提出新的贷款申请等。同时，新银行业使中小企业贷款的非价格成本大大提高，手续更加复杂，导致信贷成本上升，服务质量下降等。对于信息不透明的初创型中小企业更是如此。

（2）我国建立中小企业杠杆型融资（主办银行制度）的借鉴

中国人民银行于1996年7月1日颁布实施了《主办银行管理暂行办法》并在全国300家国有大中型企业和7个城市进行试点，但实践证明主办银行制度并不适合在国有企业与国有银行之间建立。究其原因，仍旧是由于“国有”所导致的产权边界不明晰、所有者主体缺位等因素。在产权界线不明晰的条件下，国有商业银行没有防范风险的动机，国有企业的投资出现预算软约束的情况，这样不仅不能强化银企之间的债权债务关系，反而给宏观经济造成很多负面影响。同样地，在国有经济效率普遍不高而民营经济效益相对较好的情况下，这种建立在国有银行与企业之间的制度无疑要付出昂贵的机会成本。

我国应积极借鉴国际上典型国家的做法，推进中小企业杠杆型融资的发展。首先，民营中小企业与商业银行之间具有清晰的产权边界，不存在所有者主体缺失的问题。他们之间的交易完全按照市场规则进行，因此可以加强相互之间的债权债务约束。银行在贷款时会考虑企业的风险和贷款收益，中小企业在利用信贷资金时也不会同国有企业一样不考虑资金效率。其次，主办银行制度有助于解决中小企业融资过程中的信息不对称问题。2008年第4季度以来，银行普遍加强了信贷风险管理，惜贷现象出现，银行存差扩大。这一方面反映了我国银行业对信贷资产安全性的重视，另一方面也反映出银行缺乏保障信贷安全的信息和技术条件。但是通过主办银行制度，企业同银行之间可以建立长期的联系，银行对企业的财务状况和经营能力都有相当的了解，信息不对称程度低，大大减少了企业的违约风险。最后，长期银企关系的建立有利于解决企业长期资金匮乏的问题，促进中小企业生产结构改造和升级。随着我国经济发展和产业结构升级，以劳动密集型行业为主的中小企业逐步向新技术和高科技行业转移，因而对长期资本的需求会不断增大。这一方面需要由权益资本融资加以解决，另一方面银行的长期债务也是其主要来源之一。如果没有主办银行制度，中小企业很难获得长期资金支持。

9.3 中小企业担保体系的比较与借鉴

建立中小企业信用担保体系是世界各国扶持中小企业发展的通行做法。截至目前，全世界已有48%的国家和地区建立了中小企业信用担保体系。从实施主体和运作方式上看，一般中小企业信用担保具有三种模式，一是政府参与的信用担保，二是政府直接操作的信用担保，三是中小企业之间的互助担保。

9.3.1 政府参与的信用担保：日本中小企业信用担保体系

日本早在1937年就成立了地方性的东京中小企业信用保证协会以促进当地中小企业的发展，成为最早建立中小企业信用担保的国家。为了促进信用担保计划的发展，日本政府于1950年颁布了《小企业信用保险法》，奠定了中小企业信用担保计划的法律基础。1958年，日本对《小企业信用保险法》进行了修改，使中小企业信用担保体系有了完备的法律基础。

（1）日本信用担保体系的结构

日本信用担保体系从结构上看包括两个部分：信用保证协会和信用保险公库。

信用保证协会。中小企业信用保证协会是由中小企业金融公库、地方政府和地方金融机构、社团等出资组建的，协会在中小企业向金融机构申请贷款时，对其所借债务提供信用担保，使中小企业得以顺利融资，它是日本信用保证制度的执行机构。

信用保险公库。中小企业信用保险公库是由中央政府直接出资成立的，它是为了减少信用保证协会的损失而进行的再保险。当信用协会的担保发生代偿时，信用保险公库将会代替保证协会支付70%~80%的代偿费。因此，在实际发生代偿时，信用保险公库承担了大部分损失，分散了保证协会的担保风险。信用保险公库的第二个职能是为信用协会提供无息贷款或低息贷款，使信用保证制度得以正常运行。由此可见，由政府出资的信用保险公库为信用保证协会提供了强大的资金支持，是信用保证协会正常运转的强力支撑。

（2）日本信用担保体系的具体运作

具体运作的内容包括：一是信用保证申请。中小企业首先向金融机构提出申请，金融机构对其进行初步审查后，提交给信用保证协会。二是资信调查。信用保证协会对提出贷款的中小企业进行资信调查。三是保证承诺。信用保证协会同意提供担保时，向金融机构发出《信用保证书》为中小企业提供信用担保。同时，保证协会与信用保证公库签订《信用保险协议》并向公库交纳40%的保险费用。四是代位补偿。当中小企业不能按时归还贷款时，金融机构向协会发出《事故报告书》、《代位补偿书》要求协会还贷。协会代位补偿后向保险公库通报，保险公库则按协议书向协会支付保险金。六是代位求偿。信用保证协会代位补偿后，代替金融机构成为中小企业的债权人，有权对所欠债款进行求偿。

日本中小企业信用担保体系的结构和运行机制可由图9.1来概括。

目前，日本中小企业信用保证协会已经遍及全国47个都道府县及5个主要城市，全国信用保证协会的资产查勘达到14000亿日元，日本35%的中小企业通过信用协会的担保取得资金，日本中小企业信用担保体系为促进日本中小企业的发展作出了巨大的贡献。事实上，日本信用担保计划之所以成功，其经验就在于：成功地确立了政府在中小企业信用担保计划中的作用——政府对中小企业信用担保计划的扶持应该体现在立法上和资金支持上，而不是过多地干涉信用担保计划的运作。

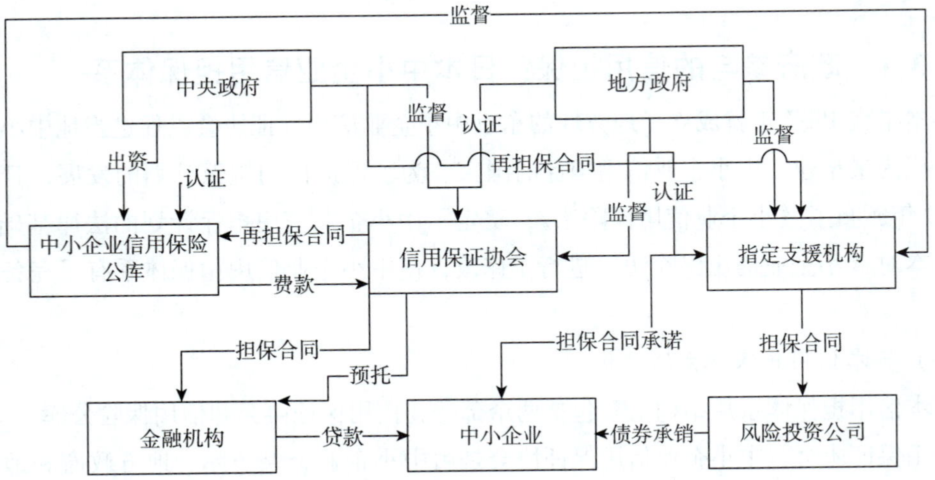

图 9.1 日本中小企业信用担保体系的结构和运行机制

当然，在日本的信用担保计划中也存在局限性，主要体现在商业银行的作用仅局限于向中小企业提供贷款，提供的贷款由信用担保公司担保，因此不承担信用风险。由于缺乏足够的激励机制，容易造成商业银行的道德风险，降低中小企业申请标准，从而给信用担保公司造成损失。在日本20世纪80年代经济繁荣时期，一些商业银行降低中小企业的信用担保申请标准，盲目扩大信贷，以扩大经营规模。随着90年代经济走入低谷，信用担保公司陷入大量坏账之中，1990年信用担保公司的代偿支付为900亿日元，2000年则猛增至1.26万亿日元，增加了14倍，信用担保公司从1992年开始出现赤字，到2002年一年的赤字就将近6000亿日元，这就是商业银行80年盲目信用扩张所造成的后果。

9.3.2 政府直接操作的信用担保：美国中小企业信用担保体系

美国中小企业信用担保体系最初建立于1953年，在美国中小企业融资过程中发挥了巨大的作用，较之其他发达国家，美国的中小企业信用担保体系有其与众不同的特点。

（1）由政府创建并控制专门执行中小企业信用担保政策的机构

1953年，美国成立了专门为中小企业服务的美国小企业管理局（简称SBA）。1958年，美国国会通过了《小企业法》，明确规定了SBA为永久性的联邦机构，其宗旨是通过为中小企业的发展提供贷款担保、管理咨询等服务，促进中小企业的发展，通过小企业局的担保，把在资金上孤立无援的小企业与庞大的金融市场联系起来。根据美国《小企业法》的规定，由联邦政府制定中小企业贷款担保计划，SBA负责计划的管理与执行。但SBA很少直接提供贷款，只是为中小企业提供贷款担保，帮助中小企业获得贷款。小企业担保贷款计划的贷款主要由金融机构提供，SBA负责对贷款机构的部分贷款进行担保，其余部分由贷款机构自己承担风险，SBA每年要向国会听证会报告年度计划的执行情况，提出下一年度的预算申请，国会批准年度顶算后，计划方可执行。

SBA运作程序：一是受理申请担保。主要是审查要求担保的项目是否符合本机构选择项目的基本标准。二是项目评审。这一阶段主要是审查项目的可行性，SBA认为，严格保守的评审对担保业务的安全运作至关重要，需要有由专业人员组成的评审小组对项目提出报告，经评审委员会讨论后得出结论。三是确定收费。根据不同项目的风险度，通过谈判确定担保收费的具体数额，一般按年承保额的2%收取。四是签订合同。完成担保的法律文书工作、签订合同、开出承诺保函。

（2）担保基金主要来自政府财政

SBA的基金主要由联邦和州财政分担，此外，小企业局的经费也由联邦和州财政分担，小企业局委托大学和研究机构所做课题的经费也由政府承担。这一点和日本不同，日本信用担保资金是由财政和金融机构共同承担的。

（3）有一套完整的SBA与金融贷款机构共同分散和规避风险的机制

中小企业自身的特点和缺陷使得向其融资和提供担保具有很大的风险性，为了防范此种风险的发生，美国信用担保体系经过几十年的发展形成了一套较为完善的规避和分散风险的机制。事实上，美国小企业局贷款担保计划的运作之所以能够成功，正是因为它设计了一种银行和小企业局都可以从中受益的“双赢”机制，即担保机构与银行之间建立了良好的协作关系。从银行的角度分析，由于SBA提供了75%～80%的担保，极大地降低了银行的贷款风险，提高了贷款的安全性。SBA还利用资产证券化手段，让银行把其持有的小企业局担保贷款证券化，即银行以小企业局担保的小企业贷款组合为抵押，通过在证券市场上出售债券而加快资金回收，提高了银行资产的流动性。因此，许多银行纷纷加强与SBA合作，由小企业提供贷款。同时，尽管将小企业局提供担保，银行毕竟要承担20%～25%的贷款风险，因此银行在选择贷款对象时仍然十分小心，风险过大的小企业会被排除在外。而且当借款企业发生经营困难时，SBA又会和银行合作，帮助小企业渡过难关，如帮助改善经营管理、注入流动资金、允许推迟还贷等。这就降低了贷款失败率，使SBA可以用少量的担保资金吸引大型银行以贷款支持小企业发展。

9.3.3　中小企业互助担保：台湾地区中小企业信用担保体系

台湾除了建立政策扶持型中小企业信用担保机构之外，同时开展社会互助型中小企业担保业务，即“中小企业信用保证基金”。台湾“中小企业信用保证基金”设立于1974年，是为协助中小企业融资而设立的专责机构，旨在配合政府政策，对担保品不足的中小企业提供信用保证，使其顺利自金融机构取得所需资金。

信用保证基金的赏金主要来源于各级政策和金融机构共同的捐助，其中，政府出资约占基金的80%左右。信用保证基金在性质上属于非营利财团法人，组织机构设有董事会、监事会。其主要功能包括：执行政府扶持中小企业的政策；排除中小企业申请融资时担保品欠缺的障碍，提高金融机构办理中小企业融资的意愿；配合有辅导机构扩大辅导效果。凡符合保证对象条件的中小企业均可通过其往来银行直接利用信用保证基金的保证服务，但必须支付融资保证手续费，担保资率为0.75%，担保额度一般不超过贷款金额的80%～

90%。基金与49家金融机构签订委托契约办理信用保证业务，总计约有2000多个营业单位，中小企业可直接到任何一家银行的营业单位办理。

中小企业申请信用保证的途径：一是向金融机构申请；二是向基金申请，主要是针对中小企业与金融机构尚无往来或向金融机构申请有疑难的情况；三是向中小企业辅导机构申请，主要是针对综合性辅导案件中需要融资者，由“经济部”中小企业处等中小企业辅导机构会同金融机构办理诊断调查后，再移送基金。

截至2010年末，台湾“中小企业信用保证基金”共为超35000家企业提供了信用担保，受理担保申请超过300万件，提供承保金额逾6万亿元新台币，在中小企业融资中发挥了重要作用（见表9.2）。

表9.2　　台湾地区“中小企业信用保证基金”运行规模

期间	承保件数	承保金额（百万新台币）	融资金额（百万新台币）
1974~2002年	1950480	2400000	3300000
2003~2010年	1104337	3780000	4923000
合计	3055817	6180000	8223000

三种模式的共性主要是：

第一，健全的法律制度。中小企业信用担保制度受到法律的保障和规范。如美国的《中小企业法》和《中小企业投资法》对信贷担保计划的对象、用途、担保金额和保费标准等都有明确的规定；日本有《中小企业信用保证协会法》和《中小企业信用保险公库法》，明确了中小企业信用保险公库和担保协会的职能和作用，以及担保的规则等等。

第二，资金主要来源于政府。如美国联邦政府的小企业贷款担保计划是联邦政府全额拨款，由联邦政府代理机构——中小企业管理局直接负责执行和管理。而日本和我国台湾地区则是政府出资，由协会和基金等专门机构进行具体运作，并由政府管理部门加以监控。

第三，担保机构自身具有“造血”功能。虽然各国的中小企业信用担保机构得到了政府的支持，但其自身大都具有一定的“造血”功能，这样，信用担保机构才能成长壮大。信用担保机构除从事传统的信用保证业务以外，还从事风险投资、基金管理、信贷租赁等业务，从事这些业务的收入对信用保证业提供了财力，积累了资金。

第四，完善的风险分散和规避机制。各类中小企业信用担保机构都设计了一套分散和规避风险的机制，在担保机构、银行和企业之间分散风险。信用担保机构一般通过规定担保比例分散风险。担保机构不是进行全额担保，而是根据贷款规模和期限进行一定比例的担保，在担保机构和银行之间分散风险。如美国的小企业信贷保证计划的担保金额一般不超过贷款额的75%~80%。日本中小企业担保协会的担保金额不超过贷款额的70%~80%，台湾“中小企业信用担保基金”的担保额也不超过贷款额的80%~90%。这对于我国信用担保体系的建设具有一定的启示。我国地域广阔，中小企业数量巨大，因此必须建立多层次的信用担保制度，可以按照行政区划，建立国家、省市和地区政府三级担保机构，由地方担保机构利用信息优势对中小企业实行一定比例的贷款担保，而省及国家担保机构则依据各地区担保业务的数额、性质对担保数额进行一定比例的再担保，再担保的比例可以依据担保机构的实际贡献率进行浮动。这样，既可以将贷款风险在银行、地方性担保机构和国家担保机构间进行合理分配，又具有一定的约束和激励机制，减少担保机构和商业银行的道德风险。

第五，政府在建设中小企业信用担保体系中定位准确。

9.3.4　我国中小企业信用担保体系建设的情况与问题

（1）我国中小企业信用担保体系建设的基本情况

我国的中小企业信用担保实践起步于1992年，代表者是重庆的私营中小企业互助担保基金会、上海的工商联企业互助担保基金会和广东的地方性商业担保公司。在十多年的发展过程中，大致经历了三个阶段。

起步探索阶段（1992～1998年）。1992年，重庆的私营中小企业互助担保基金会以及上海的工商联企业互助担保基金会的建立标志着我国中小企业信用担保实践的开始。1993年首家全国性、非银行性质的担保机构中国经济技术投资担保公司成立；1994年，广东、四川等地开始出现以中小企业为主要对象的地方性商业担保公司。这一阶段总的特点是以企业互助为担保的主要形式，地方政府给予一定的财政资金支持。

试点探索阶段（1998年10月～1999年5月）。1998年12月，全国经贸工作会议决定开展中小企业信用担保试点。全国第一家为中小企业贷款提供制度化、专业化信用服务的机构——镇江市中小企业信用担保中心的正式运行，标志着我国信用担保制度正式实施，为全国各地建立担保机构起到良好的示范作用。此外，陕西、广东等地也出现了科技、建筑等专业性担保机构。该阶段担保试点模式呈现多样化发展趋势。

规范发展阶段（1999年6月至今）。从1999年6月国家经济贸易委员会印发了《关于建立中小企业信用担保体系试点的指导意见》以后，我国政府于2000年陆续推出了《国家经贸委关于鼓励和促进中小企业发展的若干政策意见》、《关于加强中小企业信用管理工作的若干意见》，2001年又推出了《关于建立全国中小企业信用担保体系有关问题的通知》和《中小企业融资担保机构风险管理暂行办法》，及至2002年第九届全国人民代表大会常务委员会第二十八次会议通过《中华人民共和国中小企业促进法》，这些法律或规范分别从建立和完善担保机构的准入制度、资金资助制度、信用评估和风险控制制度、行业协调与自律制度等方面，为促进中小企业融资创造条件。

2009年9月，国务院公布了《国务院关于进一步促进中小企业发展的若干意见》，对中小企业信用担保体系提出了明确的要求，要设立包括中央、地方财政出资和企业联合组建的多层次中小企业融资担保基金和担保机构。各级财政要加大支持力度，综合运用资本注入、风险补偿和奖励补助等多种方式，提高担保机构对中小企业的融资担保能力。落实好对符合条件的中小企业信用担保机构免征营业税、准备金提取和代偿损失税前扣除的政策。国土资源、住房城乡建设、金融、工商等部门要为中小企业和担保机构开展抵押物和出质的登记、确权、转让等提供优质服务。加强对融资性担保机构的监管，引导其规范发展。鼓励保险机构积极开发为中小企业服务的保险产品。

从动态的数据看，全国信用担保机构的户数不断增加：2000年底为203家，2001年底582家，2002年底848家，而至2005年8月末，全国中小企业信用担保机构已达2188家，共筹集担保资金总额657.2亿元，累计担保企业18.8万户，担保贷款36.6万笔，3237亿元。这2188家信用担保机构中包括政策性担保机构、商业性担保机构和互助担保机构，业务范围涵盖信用担保、票据担保、交易担保、农业担保和为下岗失业人员的小额信用担保。目前，我国信用担保机构正在成长壮大，不断扩大业务范围，提高业务能力，改善经营管理。

经过20多年的实践，目前我国的信用担保机构主要有以下三种模式。

第一，政策性担保机构。中小企业政策性担保机构为政府支持中小企业发展的政策性扶持机构，属于不以赢利为目的的非银行金融机构。担保资金主要来源于地方政府预算拨款，其功能也是政府相关职能的延伸，主要是为了实现各级政府的政策目标，如促进中小企业发展以带动就业、增加税收、鼓励高科技行业发展等。政策性担保机构是目前我国中小企业信用担保体系的主要组成部分。

第二，互助担保机构。互助担保机构是自我出资、自我服务、独立法人、自担风险、不以赢利为目的的为缓解中小企业自身贷款困难而自发组建的担保机构。

第三，商业担保机构。商业担保公司多以民间资本为主要来源，它是以赢利为目的和以商业化运作为特征的独立法人，也是同时兼有投资等其他商业业务的有限责任公司。

截至2005年8月底，全国2188家中小企业信用担保机构中，政府完全出资的有460家，占总数的21.02%，政府参与出资的有477家，占21.8%，也就是说，目前我国的政府性担保机构高达937家，占担保机构总数的42.82%。

（2）我国中小企业信用担保体系建设中存在的问题

我国中小企业信用担保体系在建设中主要存在以下问题。

①模式单一。政府主导的中小企业信用担保体系导致政府财政负担过重。由于中小企业的发展十分迅速，对资金的需求将越来越大，而目前我国财政收入远远不能满足政府进行宏观调控的需要，政府拿出大量资金用于建立和维持中小企业信用担保体系将成为一个沉重的负担。

②风险补偿机制仍然缺位，担保公司缺乏规范的担保保证金制度、再担保制度，增加了担保公司的风险。信用担保高风险低收益的特征决定了担保机构只要开展担保，就要承担必然的风险。作为政策性担保机构，在假设不发生一笔代偿的情况下，仅靠担保费收入，也很难维持机构自身的最低开支。日本、加拿大和我国台湾地区等担保业发展成熟的地方，其风险补偿都是以政府财力作为坚强后盾。从长远看，要使信用担保机构持续发展，真正发挥担保的作用，建立以政府资金为后盾的风险补偿机制是必需的、必要的。

③提供信息的权威性及可靠性仍然受到怀疑。由于受现有的税收、银行、工商管理等

制度的制约，信用服务中心难以及时获得有关企业与个人信用的足够的记录档案，信息库比较小，难以保证信息的可靠性和权威性。

④目前很多地方的中小企业信用担保机构和协作银行的配合还有障碍。银行在贷款担保的放大倍数、风险分担比例以及共同对贷款项目监督的问题上，与担保机构分歧较大，真的商业银行不愿承担任何风险，甚至要求担保公司本、息和费用全额担保。在对贷款项目的共同监管上，银行只设定义务，而没有实质性的配合。这种风险承担的不对称性增加了担保机构的风险，严重制约着担保机构的发展和担保业务的开展。

⑤获得担保的企业数量仍然太少，融资瓶颈并未真正打开。目前，资金紧张仍困扰着中小企业的发展，50%以上的民营企业仍然认为资金紧张状况未得到解决，其原因除国家信贷政策对私营企业和国企不平等外，很大程度上在于难以获得第三方担保。

可见，建立并完善以信用担保体系为中心的中小企业信用服务体系是十分必要的，也是十分紧迫的。

9.3.5　借鉴先进经验，完善我国中小企业信用担保体系

(1) 建立以财政为主体，以企业法人、社团法人、自然人共同组建的股份制信用担保基金为主的信用担保体系

通过以上分析，已经基本可以勾勒出我国中小企业信用担保体系的框架：不仅包括中小企业信用担保机构本身，还应包括再担保机构、相关金融机构、中小企业、政府部门和同业协会等，是一个比较复杂的系统。它同样可以分为中心系统和辅助系统。中心系统可以分为政府扶持的中小担保机构和中小企业互助担保体系；辅助系统为风险监管和风险分散系统，包括再担保机构、有关金融机构、中小企业和政府部门、同业协会等。

其中，中小企业信用担保机构是按照规范化股份公司的模式成立的，其资金一般来源于财政注入和民间资本。中小企业互助担保体系既包括由政府出资发起、以中小型企业自愿认购基金单位的方式建立的互助担保基金，也包括中小企业以会员身份共同出资实现自我服务、自担风险的互助组织，不以赢利为主要目的。再担保机构是为了化解、缓解信用担保行业的系统性风险，应当由各级政府和商业性保险机构共同出资设立。相关金融机构包括地方性的中小商业银行、国有大型商业银行以及国家组建的政策性的中小企业发展银行。政府部门对担保机构进行监督管理；同业协会属于行业自律组织。

就我国目前的现状而言，宜建立以财政为主体，以企业法人、社团法人、自然人共同组建的股份制信用担保基金为主的信用担保体系。因为规模化的信用担保体系要求信用担保基金形成一定的规模，如果信用担保基金规模过小，不仅难以通过放大贷款倍数为中小企业获取较大数额的信用贷款提供有力的保障，而且担保公司的信誉和实力还会因规模过小而受到怀疑。如果只由政府财政设立政府担保基金，虽然比较容易形成规模，但基金产权完全归国家所有，一方面，缺乏非国有产权基金所有者的监督与约束，政府强化行政干预有充分的理论依据，担保基金委托人将付出较高的代理成本来监督代理人的机会主义行

为；另一方面，如果只由政府财政设立政府担保基金，时间一长，被担保者同样会产生“吃大锅饭”的想法，甚至赖账不还，这样必然导致信用担保基金的低效率运作。而由各自然人出资并承担有限责任的合作担保基金，其优势在于基金出资人产权明晰、利益独立，且完全按市场化方式运作，相关交易成本较低，但由作为自然人的出资人组成的合作基金，要为私营企业提供担保基金，其最低规模要求相对自然人而言较大，这样难以达到担保基金的规模要求。当然，互助型担保体系也是重要的担保方式，它是中小企业为缓解自身贷款难问题，根据自愿原则，自发组建的担保机构，可以实行会员制，自我出资、自我服务、风险自担，中小企业按规定缴纳一定的会费就可以获得数倍于会费的担保贷款额度。而以财政为主体，以企业法人、社团法人、自然人共同组建的股份制信用担保基金为主的信用担保体系，一方面可以迅速扩张基金规模，另一方面也可以运用股份制的运作理念在公司内形成相对完善的公司治理结构，避免单一政府财政出资导致的行政干预以及民间社会资金所形成的金融风险。

同时应建立分层次的中小企业信用担保体系。根据我国的财政收入特点和地域分布情况，可以建立中央和地方分层次的中小企业担保体系。该体系由市、省、国家三级组成。其业务由担保与再担保两部分构成，担保以地市为基础，再担保由省和中央来构建。为了缓解我国政府资金担保占中小企业信用担保比例过高的现象，应该大力发展商业性和互助性担保机构。

(2) 规范中小企业信用担保基金的运作

中小企业信用担保基金是指为中小企业向银行贷款提供担保，一旦被担保企业无法按时返还贷款和利息，就负责代替企业弥补银行损失的基金。中小企业信用担保机构的建立，为中小企业借款设立了一个合法的“保证人”，解决了中小企业抵押物不足和缺乏保证人的问题。在信用担保机构中，担保基金的运作发挥着重要的作用。根据国外经验，应着重处理好以下问题。

第一，完善担保机构的内部治理结构，规范其经营行为。担保机构应采取公司制的形式，建立法人治理结构，规范领导体制与决策程序，注意控制担保决策中可能出现的潜在风险，合理设置内部机构，建立科学的规章和管理制度，规范业务操作程序，简化手续，强化服务，提高效率。对于各级政府出资的中小企业担保机构，要实行政企分开和市场化运作，自主经营，自担风险，实行企业化管理，各级政府不得指令具体的担保行为，不能干预具体项目的决策。

第二，健全中小企业担保基金的风险监控制度，完善风险分散和规避机制。一是健全担保机构的内控制度，最大限度地控制风险；二是优化中小企业信用担保机构的外部风险防范机制，分散和规避风险。

第三，加强创新。一方面，要加快担保业务创新，增加担保范围，扩大担保业务的外延。担保公司可在为中小企业提供流动资金贷款担保的基础上，开办固定资产贷款、技术改造贷款、融资租赁等的担保服务，同时开发出更多的低风险、高收益的非银行融资担保产品，如工程担保、诉讼保全担保、证券期货保证金担保、售后服务担保等，以拓宽收入渠道，分散、降低风险。另一方面，要加强资金运用创新。中小企业信用担保机构要进一步加强与其他相关行业的运作，如担保与投资的结合，目标投资企业贷款，担保公司提供担保并付息，而贷款则作为担保公司对目标企业的投资，实现信用担保机构和贷款企业的双赢。

第四，强化中小企业信用建设。信用担保基金运行的基础就是信用，中小企业融资难，也难在缺乏信用信息体系。企业信用信息的缺乏，使担保机构很难对中小企业信用进行评估，并在此基础上进行担保，从而大大影响了中小企业与担保基金的运作。为了解决这一问题，必须加强中小企业信用评价体系建设，改善企业信用环境。担保机构要建立企业信用档案，将企业的财务状况、经营状况、还款意愿均纳入信用档案，定期发布，并对信用记录良好的企业的再次申请，采取优先、优惠原则，拒绝对不良记录的企业提供担保和提高费率，以强化中小企业的信用观念，使其养成良好的还款习惯。

第五，提高担保机构人员的专业素质。由于担保行业本身具有特殊性，涉及面广、专业性强，要求执业人员熟练掌握金融、担保、法律、产业政策动态等多项知识，同时还要求执业人员具有高度的道德水平，规范业务行为、防止道德风险和诚信风险。因此各担保机构应切实加强业务学习，不断提高人员素质，加强业务交流和指导，帮助担保机构人员掌握更多的专业知识，培养一支具有高度责任心，具备财务、管理、法律、投资等专业知识与从业经验的执业人员，保证担保机构规范运行。

（3）完善风险分散和规避机制

建立一套行之有效的风险管理系统，为担保业务的正常运作提供制度保障。

第一，严格风险控制。主要包括：①提取风险准备金。根据财政部2011年提出的新的中小企业担保机构促进政策，担保机构设立后应当按其注册资本的10%提取保证金，存入主管财政部门指定的银行，除担保机构清算时用于清偿债务外，任何机构一律不得动用。担保机构提取的风险准备金必须存入银行专户，担保机构应按当年担保费的50%提取未到期责任准备金；按不超过当年年末担保资金余额1%的比例以及所得税后利润的一定比例提取风险准备金，用于担保赔付。风险准备金累计达到担保责任金额的10%后，实行差额提取。②实行比例管理。担保贷款的放大倍数（指担保资金与担保贷款的放大比例），一般在10倍以内，再担保放大倍数可大于担保倍数，具体倍数由担保机构和协作银行协商，并报省市商务主管部门和有关部门审定。担保机构对单个企业提供的担保责任金额最高不得超过担保机构自身实收资本的10%；担保机构担保责任余额一般不超过担保机构自身实收资本的5倍，最高不得超过10倍。③进行风险识别。风险识别包括企业资信评估和贷款项目审核两方面。资信评估是运用系统学、运筹学和数列统计的基本原理，实行定员分析与定性分析相结合的方法，设计申请企业资信风险等级的评估系统，并且根据担保申请人的风险等级来确定费率，高风险高费率、低风险低费率，降低担保公司的损失。定量指标体系由基本指标和辅助指标构成：基本指标反映评价内容的基本情况，可以形成对企业资信的初步评估结论；辅助指标是对形成资信初步结论的基本指标进行补充和修正，以此形成对企业资信的定量评估结论。贷款项目审查是为了客观公正地评估担保项目风险评级，有效地控制担保项目风险，在企业资信评估的基础上，重点对担保项目资金的“流动性、安全性、赢利性”和偿债能力进行审查和综合分析。同样采取定量分析与定性分析相结合的方法，设计担保项目风险等级的评估体系。做好风险决策。④建立科学民主的决策程序和决策方法。根据企业资信风险等级、担保项目风险等级和授信额度的不同，分别由不同层次的负责人行使决策权，各自承担决策责任。

第二，推进担保责任分担。一是债权人与担保机构之间的责任分担。按照分散风险的原则，担保机构可以对银行的贷款进行部分担保，担保责任分担比例由担保机构和协作银行协商。国内外现行的中小企业担保机构普遍对中小企业贷款实行不足额担保模式。如美国的小企业信贷保证计划的担保金额一般不超过贷款的75%～80%，日本中小企业担保协会的担保金额不超过贷款的70%～80%，中国台湾中小企业信用担保基金的担保额也不超过80%～90%。而有关资料证明，凡是担保机构与协作银行达成风险比例分担协议的，担保机构与银行的合作就较密切，担保机构的运行也就更稳健，更有信心；而承担100%信用风险的担保公司，由于银行的不合作而难以有效监督和控制借款企业，风险和损失较大。因此，建议担保公司要争取与银行达成风险分担的协议，采用利益共享、风险共担的担保模式。二是担保机构与再担保机构之间的责任分担。以担保机构承担主要风险，再担保机构分担部分风险为原则，确保担保和再担保机构稳健运营。如同再保险一样，再担保也具有分散风险、控制担保责任、扩大经营能力、提高担保机构偿付能力以及形成巨额联合担保基金等功能。应尽快由各级政府和商业性保险机构共同出资设立省级再担保机构，为辖区内中小企业信用担保机构提供再担保服务。担保机构与再担保机构之间应按照约定风险（收益）分担比例承担相应的风险责任。具体责任比例由省、市中小企业信用担保机构和再担保机构商议提出，并报省级商务主管机关审定。三是担保机构与债务人之间的责任分组。以扶持发展与防范风险相结合为原则，防止被担保人随意逃废债务和转嫁风险。担保合同可以以抵押、质押设置反担保措施，并明确反担保条款。

第三，加强担保机构的内外部监督。主要包括：一是加强政府对中小企业信用担保的监督管理。为加强对中小企业信用担保行为的监督管理，防范担保风险，省市设立由商务主管机关会同财政、人民银行、工商行政管理及商业银行等部门共同组成的中小企业信用担保监管委员会，负责对辖区内中小企业担保、可担保业务和机构的监督管理，并由财政、审计和其他出资者组成担保机构的监事会进行内部监督。二是建立行业自律组织对中小企业信用担保进行监督管理。从事中小企业担保业务的各类担保机构必须加入一个本地区的同业公会，以促进担保机构间的信息交流与合作，在各担保公司建立自己信息库的基础上，建立担保行业信息库，同时协调组织担保机构采用多机构联合担保等方式分散风险。

第四，开拓担保业务，扩大担保规模。随着担保规模的扩大，担保机构不仅可以通过集合众多同质的被担保企业，正确估计损失概率，降低财务不确定性，分散担保风险，同时也能增加保费收入，增强自我积累能力。因此，担保机构应在审慎承担风险和合理规避风险的前提下，积极拓展保付代理、资产运作与高新技术企业注册资本金担保、电子商务履约信用担保和其他融资担保以外的信用担保品种。担保机构除了经营贷款担保这项主营业务外，还要积极利用自身的信息、人才和技术优势，面向企业开展各种中介服务，包括提供经济科技信息、资产评估、项目评估、风险管理咨询、投资咨询与顾问、财务以及法律咨询与顾问、企业策划、资产重组、制订改制方案等方面的服务。此举不仅可为担保机构增加收入，扩大其自身的社会影响，而且可以帮助中小企业提高经营管理水平，降低违约风险。

第五，既要加强政府作用，又要防止其行为越位。由于目前我国中小企业效益较低，担保风险高，所以应该由政府牵头，提供资金支持，采取必要的财政支持、税收优惠等政策措施，扶持中小企业信用担保机构的发展。同时，努力为中小企业信用担保机构的发展营造良好的法制环境，对担保机构进行监管，使其健康发展。政府甚至可以出面协调企业和银行的关系，但是政府部门绝对不可直接操作具体担保业务。政府的作用应该主要体现在以下几个方面：一是建立以政府为主，金融和担保机构共同参与的全省中小企业信用状况信息披露制度，制定相应的管理办法和制裁措施，对恶意逃废担保债务的企业视同于恶意逃废金融债务，纳入信息披露的“黑名单”，定期向社会公布。二是政府有关部门和金融监管部门应制定信用担保机构、金融机构、企业三方分担担保贷款风险的政策和法规，从源头上遏制转移风险的趋势，从制度上堵塞转嫁风险的漏洞。三是应建立以政府财力为坚强后盾的政策性担保风险补偿机制。政府应将担保资金列入每年的财政预算，逐年补充。同时，将担保机构上一年度缴纳的所得税列入下一年度补充资本金预算。四是与有关部门协调，切实落实好国家税务总局的《中小企业信用担保、再担保机构免征营业税的通知》，对于纳入全国试点范围的非营利性中小企业信用担保、再担保机构，对其从事担保业务收入，继续免征营业税。

总之，我国中小企业信用担保体系的建设是一项艰巨而复杂但意义重大的工程，它必将随着我国经济的发展而逐步成熟。

第 10 章

扶持中小企业发展直接金融政策中外比较与借鉴

- 中小企业发展与企业债券市场的比较与借鉴
- 多层次股票市场与中小企业发展
- 多层次产权交易市场与中小企业发展

直接金融政策是以资本市场为依托的政策措施。资本市场的基本功能是促进资本的形成，有效地将居民储蓄转化为投资并由市场这只“看不见的手”合理分配于经济的各个部门。资本市场的完善程度，直接影响一国的投资水平和资源的合理配置程度，进而影响社会经济的协调发展。对于一个企业来说，在资本市场利用权益资本进行融资是补充长期建设资金和筹集发展资本金的重要手段，因此资本市场的完善和发达程度直接影响企业未来的发展，对于中小企业更是如此。

我国需要一个多层次的资本市场，而不仅仅是一个全国性的大市场。资本市场的发展不充分是制约中国金融体制最大的瓶颈，这一制约严重地束缚了中国经济的发展，严重地束缚了储蓄转化为投资的过程。可见，多层次资本市场的构建不仅是解决中小企业融资问题的关键因素之一，也是我国金融市场改革的趋势。

10.1　中小企业发展与企业债券市场的比较与借鉴

10.1.1　多层次债券市场与中小企业发展

从企业顺序融资理论的角度看，企业发展的资金来源首先是依靠内源融资，其次是采取债权融资，最后才利用股权融资。债券作为一种直接债务融资工具，在企业融资中具有十分重要的作用。但是能够利用债券进行融资的中小企业数量相对较少。因为发行债券首先要有一定的信用等级，有稳定的经营业绩和现金流量；其次要有一定的融资规模，否则会导致融资成本过高。这两个条件决定了只有具备一定实力、处于发展期的中小企业才有可能利用发行债券融资。

（1）国际中小企业发行债券融资的情况

虽然中小企业发行的债券风险较大，但并不代表中小企业不能通过债券市场筹集资金。任何国家的任何一个证券市场都存在风险，这是不可回避的事实。不能因为中小企业债券的风险而全盘否定它存在的可行性。关键的问题在于市场能否正确反映这一风险，并将信息有效地在市场上传递，同时提供和风险相匹配的收益率。在美国、日本等发达国家，也存在相当数量信用评级在 BBB 级以下的企业债券，也就是所谓的“垃圾债券”，但这并没有影响这些国家债券市场的繁荣和稳定，因为他们建立了一套完善而明确的债券信用管理机制和保障机制。投资者可以根据自己对风险的偏好以及对企业信息的了解程度选择对应的债券进行交易。这种多层次债券市场的发展，也为信用等级较低但有赢利能力的中小企业提供了融资机会。因此，资本市场的投资者并不惧怕风险，而是惧怕虚假的和不完全的风险信息；只要强化债券市场的信息透明度，市场本身就可以消化风险并达到均衡。反观我国资本市场，正是由于发展落后和信息披露机制不健全，导致企业债券市场目前还是一个发行主体和债券品种都十分单一的市场，债券发行利率的严格管制导致其无法反映债券的风险状况。在信用评估机构发展很不健全的情况下，政府对市场的过度干预虽然控制了风险但也制约了债券市场的多样性和多层次性，尤其对于广大民营中小企业来说，使他们不能按照市场化方式参与融资。2011年我国企业债券市场的发展出现了一些值得关注的积极变化，这主要表现在企业债券市场的发行规模明显扩大，企业债券筹集资金的用途限制有所放松。

日本行业主管当局认为，政府在企业债券市场的作用在于规范市场发展和完善市场制度，而不应当对企业债券的发行和定价进行直接控制。企业债券市场的规范首先是信用评估机构的完善，应建立一批能够同国际接轨的非国有股份制信用评估机构，提高债券评级的可信度，使债券的信息相对透明公开，同时，应避免国家参股信用评估机构，否则仍旧无法解决评估机构的政府化行为。其次是企业债券发行主体的规范，要破除政府对违约国有企业的隐性担保，制定严格的债券偿付保障制度；企业债券的发行和审批应主要以信用评估机构的评级为依据，合理确定企业债券的利率水平，扩大债券利率浮动范围，构建多层次的债券发行交易市场。最后，对违约企业加大惩罚力度，完善破产清算的法律法规，强化企业信用风险意识。

在这种市场化运作方式下，信息不对称问题相对较少，债券承销商和投资者能根据债券的风险和收益合理选择投资品种，因而能够发现那些具有一定风险但收益前景乐观、信用条件好的债券进行投资。而那些风险高且没有良好收益的“垃圾债券”则会无人问津，逐渐从市场上被淘汰掉。“看不见的手”能够使市场达到均衡，市场本身形成优胜劣汰的机制，就可以出现高风险、高收益债券和低风险、低收益债券并存的局面。

因此，我国政府在监管过程中，应注重对债券信息的披露和监督，同时放宽企业债券的发行限制，构建多层次的企业债券市场，使广大中小企业只要具备赢利能力和发展前景，就能在市场上找到相应的融资机会。

美国证监会认为企业债券市场为中小企业融资发挥了重要作用。主要意见包括：第一，企业债券市场为中小企业提供了可供选择的长期融资方式，发展企业债券市场有利于中小企业融资来源的多元化，优化资本结构，减轻中小企业对银行的依赖程度。第二，中小企业债券的发行为市场投资者提供了更多的投资渠道和理财条件。企业债券的期限多种多样，收益率变化范围相对较大，对于改变投资渠道过于单一、投资者难以进行有效的资产组合的局面有重要意义。第三，发展中小企业债券市场有利于缓解发展中国家股票市场的扩容压力，促进股票市场的健康发展，既避免形成不必要的资产泡沫，也为股权融资扩大后避免再次依赖间接金融市场建立了新渠道。第四，中小企业债券市场的发展有利于宏观经济的稳定，中小企业债券市场可以分散银行体系的风险，使中小企业的融资风险暴露化，降低了金融危机爆发的可能性。同时有利于提高市场资金向资本转化的效率，缓解后危机时期资本短缺的局面，对提高社会诚信水平和形成良好的社会秩序也有积极的作用。

从实践中看，发达国家企业债券融资一般达到股票融资的3倍以上，多者甚至可达近10倍。2011年，美国在刚刚自金融危机中复苏后，共实现1952家上市公司发行债券进行融资，仅299家上市公司发行股票。

（2）我国中小企业发展的企业债券市场状况

主要市场状况包括以下几个方面。

①企业债券规模过小。目前，我国企业债券还仅仅是企业融资一种补充手段，发行债券还不是企业融资的主要渠道，只有少数企业经过批准后才可发行企业债券。因此，现阶段我国企业债券的发行规模较小。虽然与20世纪90年代相比，我国的企业债券发行量已经有相当程度的发展，但总的来看，我国企业债券的发行数量相对国债发行额和GDP来说，比重还很低。2011年底，未偿还银行贷款总额为国内生产总值的123%，而企业债券仅为GDP的11%。

②企业债券的发行主体单一。一般在发达的市场经济国家，对发行企业债券的主体限制条件很少。只要是资信条件符合要求，即由净资产水平、赢利能力、经营的违规纪录等指标决定的信用能力符合要求，就可以发行企业债券。而我国《公司法》对债券发行主体却有严格的规定，导致了非股份制中小企业与国有企业实质上的不平等，也限制了中小企业的融资渠道。从2011年公布的企业债券发行主体来看，集中在原材料、能源、交通、通信等领域的大型国有企业集团和重点企业，没有一家民营中小企业。这说明现实中我国企业债券的发行主体单一，并且有些发行债券的企业尚未按现代企业制度运作，给企业债券市场带来了较大的风险，这严重限制了我国企业债券市场的发展。

③企业债券市场品种单一。目前，美国市场上共发行了25种不同种类的企业债券，但在我国发行的企业债券中主要是普通企业债券以及少量的可转换债券，企业债券的种类十分有限，这严重限制了不同偏好的投资主体进入我国企业债券市场。此外，在我国发行上市的企业债券中，以短期债券为主，中期债券次之，长期债券几乎没有，还款期大多集中在2~5年，债券期限结构不合理。

10.1.2 借鉴国际经验，发展中小企业债券市场

（1）推动债券发行市场化，提高发行效率

央行监管的中期票据与短期融资已经完成了由审批制到注册制的转型，基本实现了发行市场化。但发改委与证监会监管的企业债、公司债仍保留了发行审批制，程序繁琐，发行周期长，发行成本高。目前短期融资与中期票据的注册制管理已经运行超过3年的时间，积累了丰富的经验，其筹资规模由最初的旗鼓相当发展到远远超过企业债与公司债市场，

充分证明了注册制的优越性。而自律组织的行业管理能力与市场参与主体的风险控管水平近年来已有长足进步，取消发行审批的条件逐渐成熟了。

债券发行的市场化有利于提高集合债券的发行效率，但对中小企业而言，其间接影响更甚于直接影响。债券发行市场化将令大型企业进行债券融资更加方便，使其逐步摆脱对银行贷款的依赖，加速金融脱媒的进程。而大型企业客户的逐渐流失，必须推动商业银行的客户下沉，使其将业务重心调整到中小企业。这样不仅中小企业在间接融资中的地位大大提升，其进行债券融资能力也会因外部流动性改善而显著提高。

（2）以产品创新打开市场需求

产品创新的目标是创造出符合投资者需要的风险收益特征的中小企业债务融资工具。目前的中小企业债务融资工具在产品设计方面过于中庸，与其他信用产品没有明显差异，完全没有体现中小企业的特点，也没有充分考虑潜在投资主体的需求，因而难以获得市场认可。

从中小企业的特点看，与大企业相比，中小企业既有弱点也有优势：其弱点在于规模小，经营稳定性差；其优点在于成长性高，拥有无限可能。中小企业债务融资工具的设计应该扬长避短，充分发挥其成长性高的优势，而不是事倍功半地掩饰其安全性低的弱点。

从潜在投资者的需求看，中小企业债务融资工具的投资者一般多为追求高收益的交易型投资者。因而，中小企业债务融资工具的设计应该在投资者的信用风险承受能力之内为其提供尽可能的高收益。

按照以上分析，中小企业债务融资工具不必过度增信。债券评级只需达到A+或AA-即可，以免增加发债企业负担。产品设计的重心应该放到如何提高其收益吸引力上，具体可参考日本的一些成熟做法：一是按照分级债券基金的做法，将中小企业债务融资工具分为优先级和高收益级，优先级先于高收益级获得本息偿付。以2001年8月的中债中短期票据收益率曲线（一年期）为例，A+为7.4%，AA-为6.64%。假设债项评级为A+，企业按照7.4%支付利息。若优先级占比80%，按照7%付息，则占比20%的高收益级可获得9%的利息。风险偏好比较高的投资者可以选择高收益级，比相同信用等级产品的收益高出了1.6个百分点。相对谨慎的投资者可以选择优先级，仍可获得7%的高收益，且有20%的高收益份额作为安全垫，信用风险大为降低。二是让投资者分享企业的成长以提高潜在收益。分享的方式可以参考美国模式，既可以是附送转股选择权，也可以是随企业收益增长而上浮利率。附送转股选择权适合已经进入上市辅导期或已有明确上市意愿的中小企业，而利息收入随收入向上浮动则适用于所有成长期中小企业。

（3）优化产品设计，继续推进中小企业短期融资发行

中小企业债券融资可分为单体融资和集合融资两种模式。单体融资发行周期短，有利于树立良好的公司形象，但对发行主体要求较高，适用于少数有一定知名度、资产规模较大的中型企业。以中小企业短期融资为代表的单体融资模式实施不顺，并不代表这种方式不适合中小企业。经过产品重新设计提高收益吸引力后，中小企业短期融资应该能够获得

潜在投资群体的认可。

（4）改善政府支持方式，促进中小企业集合发债健康发展

囿于规模与实力限制，大多数中小企业仍只能把集合融资作为债券融资的主要方式。集合融资的关键环节是企业遴选和担保安排。目前企业遴选由政府或主承销商操作，而担保安排基本由政府包办。为降低企业发债成本，地方政府还给予评级补贴和担保补贴。长期来看，这种方式不具有可持续性。未来在中小企业融资方面，地方政府应逐步由台前退到幕后，更多承担支持、协调和宏观管理功能，而不是主导作用。在公共资源分配方面，也应更加注重其使用效率和可回收性。

在企业遴选方面，政府应主要发挥协调支援作用，不宜承担决策的责任。政府在判断企业成长性及偿债能力方面并没有优势，而且因其目标函数多元化，由政府进行企业遴选可能偏离经济原则，不利于风险控制。合格发债企业的遴选最好由实际承担代偿风险的担保公司和主承销商共同操作。政府相关机构可以承担发债需求征询、企业信息搜集与传递等职能，发挥协调支援作用，协助主承销商与担保机构控制信用风险。

在担保安排方面，政府应创造条件按市场化原则选定担保主体，而非大包大揽。因担保费用不足以覆盖代偿风险，担保机构对承担中小企业集合发债的担保业务没有积极性，在这种情况下由政府指定担保机构是无奈的选择。但长此以往，不利于担保行业的健康发展，也不具有可持续性。政府应创造条件使担保机构能够按市场化原则承担担保之责，具体可考虑以下几个方面的措施：一是让担保公司参与遴选发债企业，以减少信息不对称，降低代偿风险；二是鼓励担保公司投资高收益级债券，以较高的利息收入弥补担保费用的不足；三是政府出资购买部分优先级债券，提高投资者信心，同时通过利息收入返还鼓励发债企业按时还本付息，降低违约风险。可考虑由政府出资购买集合债券（集合票据）5%或10%的份额，以其利息收入对按时还本付息的发债企业进行贴息，鼓励其守信履约。

（5）培育多元化投资者队伍，建设多层次债券市场

集合票据与中小企业短期融资均在银行间市场交易，集合债券主要在银行间市场交易，个别品种同时在交易所市场交易。银行间市场投资者以金融机构为主，大部分风险偏好比较低，不利于高收益品种的发展。而交易所市场投资者种类多样，部分投资者风险偏好较高，适合高收益品种推广。应大力推进两个市场的互联互通，尤其是推动中期票据和短期融资进入交易所市场交易。

在不断完善集中市场的同时，应积极推进柜台债券市场和区域性债券市场建设，以期形成多层次的债券市场架构。在中小企业债务融资方面，柜台市场和区域性债券市场的地缘优势和非正式信息优势有利于消除信息不对称，降低融资成本。

（6）降低中小企业集合发债成本

投资者对集合债券或集合票据的信用分析主要针对其担保方，对发行主体的评级并不看重，可考虑豁免主体评级，以降低发债成本。

10.2 多层次股票市场与中小企业发展

10.2.1 多层次股票市场对中小企业发展的作用

资本市场是需要层次的。这不仅是经济发展对资本市场的要求，也是资本市场自身发展的客观需要。与经济的多层次性和多样性相对应，一个健全的股票市场不但要有专门为大型企业提供融资服务的主板市场，也需要有为中型企业和小型企业股权流通提供服务的市场。如在前文述及的美国资本市场，就分为纽约证交所市场（全国性市场）、地方证交所市场（区域性市场）、纳斯达克全国市场、纳斯达克小额资本市场、OTCBB市场、粉红单市场等多个层次。法国股票市场的层级结构为：传统股票市场、第二市场（主要为中小型传统企业提供融资服务）、新市场（高科技、创新板块）和自由市场。每个层次的市场对应不同的融资者和投资者，在不同层次市场交易的证券有着不同的上市标准和监管要求。

各国资本市场划分出层次的作用主要体现在：

第一，扩大股票市场的作用范围。对于任何一个资本交易市场来说，其交易和管理能力都是有限的，因此不可避免地会排斥一部分融资者和投资者。建立多层次的资本交易市场，就可以大大改变目前“千军万马争主板”的状况，使下一层次的市场吸纳被上一层次市场排斥在外的市场主体，从而使资本市场的作用范围得以扩大。

第二，提高股票市场的集中度。虚拟市场最重要的活力源泉是流动性，而集中交易也有助于充分发挥市场的价格决定作用，保持市场的稳定性和透明度。将交易市场分出层次以后，个性差异很大的不同证券可以按照类别进行交易，同类证券的交易集中度便得以提高。

第三，降低股票市场的整体风险。对于风险、收益性差异很大的证券，其上市交易规则、管理规则也应有所有同。如果将差别很大的证券都纳入一个交易系统，不仅会带来监管困难，造成监管执行上的畸轻或畸重，还会影响竞争的公平性，并因高风险证券的剧烈动荡影响整个市场的稳定，加大资本市场的整体风险。

第四，保持投资者的长期信心。由于大规模和高流动性的市场便于统一和规范交易规则，便于交易商品的标准化，便于保持市场的稳定性和公开性，因而对于保持投资者的长期信心是有利的。

从世界中小企业的发展历史看，股权融资所占的比重还不是很大，由于其获取资金的成本太高，因而不是中小企业的首选融资渠道，只有高成长性的科技型中小企业才会涉及股权融资方式。但是，我国高成长性的科技型中小企业严重缺乏股权融资渠道，从公开市场上取得的资金极其有限。证券交易市场结构单一、法律法规不完善是我国高成长性的科技型中小企业股权融资的最大障碍。

企业生命周期理论对企业的发展过程进行了详细的划分，一般将其概括为五个不同的发展阶段：种子阶段、初创阶段、幼稚阶段、产业化阶段和市场化阶段。这个发展过程是一个投资风险逐渐降低、成长速度逐渐稳定、预期收益逐渐减少的过程。在种子阶段，企业的资金来源主要是依靠内源融资，对于高科技中小企业还有部分天使投资和风险投资基金的投资。从初创阶段开始，企业逐渐发展，规模扩大，个人投资已经不能满足企业的资金需求，企业逐步从内源融资转向外源融资，并且所需要的融资工具和融资市场随企业的发展而不断变化。

场外交易市场（三板市场）主要解决处于初创阶段和幼稚阶段初期的中小企业的融资问题。创业板市场（二板市场）主要解决发展过程中处于幼稚阶段后期和产业化阶段初期的中小企业的融资；而主板市场则是服务于成熟的大型企业（市场化阶段的企业）。从国际经验看，一个成熟的资本市场应是可以为不同阶段的企业提供合适的金融工具和融资市场，保持企业发展连续性的多层次资本市场。

构建多层次股权交易市场可以在一定程度上拓宽中小企业的融资渠道，为天使投资者和风险投资家提供便捷的退出机制，有利于民间直接投资和风险投资基金的发展。作为全球中小企业股权融资解决最好的国家，我们分析美国支持中小企业发展股票市场的基本原则和方案，并与此相对照，分析德国类似市场的发展情况。

10.2.2　美国支持中小企业发展的股票市场

美国金融市场监管当局一直认为，鼓励中小企业到资本市场直接融资，积极拓展中小企业直接融资渠道以促进筹资来源的多元化，是解决中小企业融资的重要手段。美国支持中小企业发展的股票市场主要包括世界上最有效的创业板市场和 IPO“累计订单询价机制”。

（1）创业板为中小企业提供直接融资

建立“资本市场”或成立“证券交易所”，就美国的历史而言，并没有什么不同于建立其他商品市场的特殊性。最初美国几乎每一个大城市都有一家证券交易所，主要交易当地公司的股票。由于通讯手段落后，买卖其他地方公司的股票既不可能也不现实。进入 20 世纪以后，随着通讯技术水平的提高，地方性交易所日益萎缩，大公司股票的交易逐渐集中到纽约证券交易所与美国证券交易所等少数几个全国性交易所。不符合纽约证券交易所与美国证券交易所上市条件的小公司则选择柜台交易市场和少数几个幸存下来的地方性交易所上市交易。

NASDAQ 这样的交易中小企业股票的市场出现，是美国柜台证券交易市场发展中自然形成的。原先，柜台证券交易市场上的交易行情主要通过美国全国报价局，于每日出版物的“粉页”（因使用粉红色纸张印刷而得名）公布。由于每天只印刷一次，投资者不能随时掌握不断变动的市场行情，因而极不利于证券的交易。为了解决证券交易的即时报价问题，提高交易价格形成的透明度，美国全国证券交易商协会开发了自动报价系统，开始为柜台交易市场中部分较优质的股票提供适时自动报价及辅助交易服务。要想进入自动报价系统，公司必须提出申请，达到类似传统证券交易所的上市标准，并满足其他一系列条件。

NASDAQ支持高成长性中小企业。2000年3月，以美国NASDAQ为代表的创业板市场进入调整期以后，各主要创业板市场纷纷重新定位其职能，从片面支持高科技企业转向支持更多具有高成长性的中小企业。到2002年底，全球主要创业板市场有36家，其中，美洲4家，欧洲、中东地区19家，亚太地区13家。进入2003年以来，全球创业板市场的数量又开始呈现增长态势。2001年，美国NASDAQ率先严格上市条件，将上市标准中对净资产的要求改为对权益资本的要求，并剔除了少数股东权益。首次公开招股的上市标准1和2分别由净资产600万美元和1800万美元调整为权益资本1500万美元和3000万美元；持续上市标准1由净资产400万美元改为1000万美元。继2001年细化对公司治理的相关要求后，NASDAQ按照《萨班斯—奥克斯莱法案》通过了一项多达25条的公司治理改革规则，要求增加董事会的独立性、强化审计委员会的权力、增加独立董事的权力等。

（2）IPO“累计订单询价机制”

自20世纪90年代以来，在全球IPO市场上出现了一个显著变化，那就是以美国的包销方式为典型的“累计订单询价发售机制”被愈来愈多的国家所采用，并逐渐占据了主导地位，而曾经被广为使用的“固定价格机制和拍卖机制”则逐步退出IPO舞台；另一个显著变化就是以“累计订单询价/固定价格混合机制”为代表的“混合发售机制”变得日益普及，甚至在某种程度上超过了纯粹的“累计订单询价机制”。

“累计订单询价机制”的主要特点包括：定价过程中的路演和征求订单机制；承销商自由分配股票的权力；发售对象主要为机构投资者；正式发售前最终确定发行价格。

在20世纪90年代以前，“累计订单询价机制”在全球范围内的采用比例比较低，但随着自英国撒切尔夫人开始的私有化浪潮的兴起，许多国家都相继出现了一些大型的成熟公司需要迈向资本市场，而本国资本市场则由于容量有限难以容纳，这时，美国资本市场便以其容量巨大、效率高、自由开放等优点而受到全球青睐，在美国资本市场上市成为一种潮流。与此同时，对这种大型成熟公司的IPO，原有的发售机制存在一些固有的缺陷。在这一背景下，美国投资银行依靠其强大的实力和在全球资本市场的影响力，不断把它们所熟悉的“累计订单询价机制”向全球推广，从而使得“累计订单询价机制”日益在全球范围被广为熟悉和采用，其总的趋势是采用国家不断增多，在全球影响力不断加大。

“分配机制”是发行价格、发行数量决定机制能否高效运行的基础。“固定价格机制”下股票的分配一般要受到所谓“公平规则”的约束，承销商不得任意分配，投资者通过摇号或抽签的方法决定所获份额。“拍卖机制”中分配则取决于事先确定的拍卖规则和投标人所出的价格，而不能考虑某一投标人和拍卖人过去的关系。“累计订单询价机制”同其他发售机制的关键区别之处就在于该机制赋予承销商自由分配股票的权力。正是由于承销商拥有自由分配股票的权力，才使得承销商可以通过选择合适的规则，将不同的报价和购买意向同股票分配数量相联系，以诱使投资者揭示自己真实的认购意向和所获信息，从而更有效地进行价格发现，降低股票折价程度，提高 IPO 的效率。

由于 IPO 发售和定价过程的高度不确定性和复杂性，如果不考虑承销商的道德风险，这种可以进行个案安排的制度效率必然要高于只能对所有情况执行同样规则的制度安排。由于这一发售机制赋予承销商较大的权力，如果没有完善的管制手段和监管措施，自然易于产生承销商与机构投资者、发行公司管理层之间的勾结。近期美国证券交易委员会（SEC）对各大投资银行的调查和处罚都与这一原因有关。但是这一道德风险的出现，并没有根本否定“累计订单询价机制”。针对不断产生的问题，SEC 和相关机构也在不断寻求更为有效的管制手段和监管措施。

虽然目前“累计订单询价机制”在新兴市场国家并不普及，但其中的先进机理仍值得有效借鉴。上市直接实现企业价值也是创业者和风险投资家的退出机制之一，他们的退出不光是实现了个人的收益，使这个阶层能够更加放心大胆地继续专注于其最擅长的领域，另一个结果也带来了企业管理者在不同技能管理者中的平滑过渡。

10.2.3　其他国家支持中小企业发展的股票市场

（1）德国支持中小企业发展的股票市场

德国模式即建立交易所内部的“二板”市场。欧洲大陆国家在 20 世纪 80 年代设立了针对成长型中小企业或科技企业的股票市场，但这些市场的上市企业数量少，交易极其不活跃，其原因主要有二。其一，这些市场都是在已有的交易所内部另外开辟一个上市标准较低的板块，这可以称作是相对于主板市场的“二板”市场。由于二板同主板之间在上市资源和市场份额上存在着竞争关系，交易所一般不愿意看到二板的过分发展。其二，这些市场的交易机制都采用的是集中撮合的指令驱动方式，完全不能适应中小企业股票上市交易的要求。

90 年代后期，欧洲大陆国家开始接受教训，一方面在二板市场中引入了做市商制度，另一方面则利用电子网络将各国的二板市场连接起来，成立了由各国二板市场组成的欧洲新市场。鉴于欧洲各国股票交易所之间本身就存在着竞争关系，这种由二板演化过来的欧洲新市场实际上也在经历一个分散发展、逐步统一的过程。

（2）法国、比利时支持中小企业发展的股票市场

法国模式的特点是独立于交易所、迅速统一的柜台市场。1996 年，在美国纳斯达克成功模式的感召下，欧洲证券交易商协会成立了一个泛欧的自动报价系统，称作“易斯达克”。乍看起来，易斯达克完全是纳斯达克的翻版。然而，尽管这个市场独立于交易所之外，也实行竞争性做市商制度，但是，它的发展远没有想象中的那样顺利。其中的关键原因就在于，迅速建立一个在上市标准、监管以及交易方面完全统一的市场，没有顾及到欧

洲各国在法律、投资者群体，尤其是中小企业融资需求方面存在的巨大差异。

（3）韩国支持中小企业发展的股票市场

韩国模式的特点是独立于现有交易所的“二板”市场。韩国在1996年由证券交易商协会成立了一个独立于现有交易所的市场，即科斯达克市场。这个市场除了在上市标准方面低于交易所以外，其交易制度同交易所完全一样，也是实行集中撮合的指令驱动模式。它既不同于柜台市场，也不同于交易所内部的二板市场，实则为另一个上市标准较低的交易所市场。

虽然科斯达克的交易量曾经在全球股市火爆之时跃居仅次于纳斯达克的第二位，但是，2002年后迅速衰败，未来难有起色。其主要原因在于：首先，在上市和监管标准较松的情况下，缺乏作为利益和责任主体的做市商来为上市企业把关，因此，上市企业质量普遍不高；其次，集中撮合的指令驱动模式使得市场中的投资者群体主要是普通的居民，大部分人都从事着投机性的交易，市场波动剧烈，风险极高；最后，在上市企业规模普遍较小的情况下，由于缺乏做市商稳定市场、抑制投机的功能，团伙操纵股价的现象非常严重。

10.2.4 借鉴国际经验，推进我国支持中小企业发展的股票市场

我国支持中小企业发展的股票市场的方向是：稳步发展券商主导的柜台市场，逐步实现全国统一联网。我国的股票市场只有交易所一个层次的市场，为了推动多层次股票市场体系的建设，根据其他国家的经验和实践，理论界和实务界提出了三种发展模式：第一，依托各地的产权交易中心，逐步发展，成熟后形成全国统一的报价和交易系统；第二，依托代办股份转让系统，直接建立全国统一互联的报价和交易系统；第三，将深圳交易所改造为“二板”市场。然而，从各国中小企业股票市场发展的实践经验看，这些模式都存在着一些有待解决的问题，主要表现为：第一，市场定位不准确；第二，不是真正的柜台市场；第三，急于求成，试图迅速建立一个全国市场。

就产权交易中心而言，它在目前的主要定位是通过国有产权的交易来为国有企业改制服务。其中交易的是不能细分的“产权”，而非标准化的股票，而且，由于国有产权交易具有一定的特殊性，难以引入具有盈利取向的做市商。

就代办股份转让系统而言，它的主要定位是交易所市场的“垃圾桶”，是为完善交易所市场的退市机制服务的。利用这个市场来为成长型中小企业服务显然与其市场定位不符。即使这个市场可以改造，但是，试图利用这个市场来迅速形成一个全国统一的柜台市场也不符合市场发展的客观规律，欧洲的易斯达克就是明证。

就深交所的“二板”市场而言，在集中撮合的指令驱动交易制度下，依然面临着两难选择：如果降低企业上市标准，则有可能导致类似于韩国科斯达克的后果；如果要降低风险，就必须对上市企业严格把关。从目前的情况看，深交所比较理智地选择了后者。当然，尽管深交所的“二板”离中小企业股票市场的要求还有相当大的差距，但是，从加强交易所这个层次市场的竞争、防止独家垄断的角度看，从确保深圳作为金融中心城市的角

度看，它的设立也是具有非常大的积极意义的。所以，与其将之称作“二板”，毋宁说成“恢复上市”，或许更为妥当。

同美国和正在进行经济和政治一体化的欧洲一样，我国也是一个幅员辽阔的国家，各地的经济、金融和市场化条件都存在着极大的差异，贸然建立一个全国统一的市场并不能满足各地中小企业融资的需求，而且，这样的市场可能会使本来局限于地方的风险发展成为全国性的风险。为此，可考虑引入合格券商作为做市商，在中小企业发达的长江三角洲、珠江三角洲以及山东、四川等地先行试点，成熟后再逐步推广，并最终实现全国统一的报价信息联网和交易系统的联网。

大体来说，可以分为这么几个步骤：第一，相关部门出台试点办法，选择若干中小企业较为发达的省份先行试点；第二，选择若干治理结构完善、资本充足的券商作为做市商，各券商建立自己的柜台交易系统，券商之间按照统一标准实现报价信息的互相联通；第三，企业股票在此挂牌交易须由多家券商保荐，保荐之券商须同时成为该股票的做市商；第四，在运行过程中不断发现问题，改进市场运行机制，逐步完善对上市交易标准和券商做市规则的制订；第五，少数省份和券商试点成功后，逐步向其他省份推广，最终利用电子通讯网络沟通全国的柜台市场，形成全国统一互联的电子报价和交易平台。

这种由券商主导，先分散、再逐步统一的发展步骤具有几个优点：第一，可以适应不同地区中小企业股权融资的需求；第二，有助于监管当局、券商和投资者逐步熟悉市场运作，并逐步改进市场运行规则；第三，可以分散风险，券商违规可以中止其做市的资格，并对之实行罚款，地方中小企业披露的信息不真实可以暂停该地的融资资格；第四，可以充分利用券商拥有的众多证券营业部，发展券商的新功能，使券商在投行业务上的经验与做市相辅相成。

总之，这种发展策略在结合国际成熟经验的基础上，充分考虑了我国幅员辽阔、各地经济和金融条件差异极大的特点，符合社会主义市场经济的客观规律，应该成为建设多层次股票市场、完善中小企业融资体系的选择。

10.3　多层次产权交易市场与中小企业发展

产权交易从20世纪80年代开始，逐渐进入我国社会经济生活。从实物资产的买卖发展到股份的转让，从单纯的有形资产转让发展到包括无形资产在内的多元产权交易。在性质上，产权交易市场与风险投资的发展具有紧密的联系，既是风险投资机构分散风险的重要场所，也是有效的风险投资退出机制。我们对多层次产权交易市场的讨论主要包括三个方面：一是国际上风险投资的主要模式比较，二是中国产权交易市场的发展情况，三是借鉴国外风险投资经验，促进我国支持中小企业发展的多层次产权交易市场。

10.3.1 国际上风险投资模式的比较：以美、德为例

风险投资是指向具有高增长潜力的创新企业提供股权资本，并期望通过企业价值增值来获取回报的一种长期投资。美国是现代风险投资的发源地，也是目前世界上风险投资业最发达和最成功的国家，风险投资已成为推动美国高新技术产业发展的重要力量，为确立美国高新技术产业在国际上的主导地位发挥了重要作用。与美国相比，由于惧怕风险和一贯稳健保守的经营理念，德国的风险投资起步较晚，而且发展一直很不顺畅，远不如美国发达。20世纪90年代后期，由于德国政府的重视和创业环境的显著变化，德国的风险投资开始快速发展起来。对美、德风险投资进行比较，可以为完善我国多层次产权交易市场和促进中小企业的发展提供一些借鉴和启示。

（1）风险资本来源的比较

美国风险投资资金来源广泛且呈多元化的特点，其资金来源主要有政府出资、大公司的风险基金、银行及各类金融机构贷款、民间资金等。其中民间资金包括养老基金、保险基金、富有的个人资本、捐赠及外国投资者的投资等。20世纪60年代以前，资金来源以富有的个人和家庭为主，60年代以后有限合伙制出现，机构资金开始进入。20世纪70年代末，美国政府许可养老金的5%进入风险投资，从而使法人机构成为风险投资的主要资金来源，其中养老基金是最主要的来源。而风险资本对银行、保险公司资本的依赖程度较弱，尽管传统的投资银行目前在风险总营运资金中所占比重尚小，但随着美国产业结构的变化，投资银行的风险资本投资必将逐步扩大。此外，富有的家庭和个人的资金在美国风险投资的资金总量中也占一部分比例。这就是美国独具特色的投资方式——天使投资。在美国有将近25万天使投资人，通常是公司高管、退休的企业家、富有的高收入者。与其他正规化、专业化、系统化的大手笔风险投资相比，天使投资则是一种投资额度有限的个体或者小型商业行为。

德国金融体制的典型特征是“全能银行”占统治地位。这种体制抑制了非银行金融机构和资本市场的成长，影响了风险资金的来源及其适用范围。因此德国的风险资本来源中，银行是最重要的资金提供者，银行等金融机构的投资额约占风险资本总额的一半左右，风险投资参与者比较单一，缺乏多层次的风险投资体系，发展不够全面，难以满足不同风险企业多层次、多元化的资金需求和服务需求。由于税收制度因素，德国的养老基金大都掌握在企业家手中，而且企业和政府的养老基金契约一般为短期型，因此养老基金基本上不涉足风险投资领域。而德国银行的投资条件较为苛刻，资金投资的长期性和稳定性不及养老基金，其作用实际上相当于风险贷款，远不及权益性的风险投资。

（2）风险投资组织模式的比较

风险投资采用何种组织形式，很大程度上影响着风险投资的效益和发展速度。美国目

前最主要的风险企业投资的组织模式为有限合伙制，是与其法律体系和税收政策相关的。合伙制的风险投资公司管理的风险资金已约占美国风险投资规模的 80%。在这种体制下，合伙人只需缴纳个人所得税，而不承担企业所得税。有限合伙制还可以通过出资及债务责任制度、合同期限与有限合伙人的违约规定、报告制度等来控制代理成本，通过分配制度与独立经营制度来实现利益共享与激励。

德国是银行主导型的金融体制，绝大多数风险投资公司是由国有银行、私人银行、储蓄银行、保险公司成立的附属机构或由它们参股组建而成。由于德国政府长期推行银行信贷等优惠政策而形成企业对银行的依赖性，加之德国人的保守谨慎态度，使有限合伙制和私人投资方式在德国缺乏生存环境，因此金融机构附属的风险投资公司成为主要的组织形式。这种类型的组织形式在促进非自有资本投资市场发展的同时，也影响了个人投资市场的发育，抑制了企业对真正意义上自有资本的需求。这就导致了美国与德国的风险投资业的运行机制有显著的不同。

（3）风险投资退出机制的比较

退出机制是指风险投资机构在其所投资的企业发展相对成熟之后，将所投资的资金由股权形式转化为资金形态的渠道或方式。良好的退出机制是实现投入—退出—再投入的风险资本有效循环的中心环节。只有建立了通畅的退出机制，资本循环才能完成，资本增值才能得到实现。美国风险投资的两种主要退出途径分别是首次公开发行上市 IPO 和购并 M&A。对风险投资者来说，IPO 通常是最佳的投资方式，因为股票的公开发行是金融市场对该公司生产业绩的一种确认，并且保持了风险企业的独立性而使企业管理层乐于接受，同时风险投资回报所得远远高于其他退出方式。再者，美国的资本市场体系相当发达，拥有主板市场、二板市场、纳斯达克市场和地方性证券市场四个层次，特别是专为高科技企业和风险投资服务的二板市场——纳斯达克市场，为美国的风险投资提供了良好的退出通道。自 1971 年纳斯达克市场建立后，美国的风险资本大部分都是通过 IPO 方式退出的。但受 20 世纪末互联网泡沫、股市大跌的影响，美国在纳斯达克通过 IPO 方式退出的风险企业大为减少，以 M&A 方式退出的比例逐渐上升。这表明 M&A 退出方式本身具有不可替代的优势，可以使风险投资机构在最短时间内收回资本，不仅有利于提高投资回报率，并且对新一轮投资的开始具有极为重要的意义。

德国的资本市场远不如美国发达，德国的二板市场是在效仿美国纳斯达克市场的基础上于 1979 年设立的，称之为新市场。在设立之初，新市场对上市公司条件、交易规则和信息披露等方面做出了适宜风险投资发展的规定，这一金融制度变革给德国风险资本的退出创造了一个有效的渠道。在 2000 年以前，德国的风险投资也较倾向于股票市场尤其是新市场来实现退出。同样地，受到网络经济泡沫的影响后，IPO 近年来在德国逐渐成了不可接受的选择。其次，在德国的全能银行体系下，银行可以持有工商企业的股票。因此银行和企业的关系密切而稳定，对于公司控股权的转让较少通过证券市场进行。由于缺乏这种通常的股权转让渠道，清算成了近年来德国风险资本退出的主流，而且清算方式所占的比例大，说明德国风险投资的质量不高，这影响了德国风险投资的发展。

（4）风险投资政策环境的比较

风险投资作为一种新型的金融工具，对政策环境具有很高的要求。完善的政策环境是美国风险投资快速发展的重要因素。美国政府主动为风险投资创造良好的外部环境，采取直接和间接支持措施促进和推动风险投资业在各个阶段的发展。主要体现在以下几个方面：①多次降低资本收益税，支持知识型小型企业（多数为风险企业）的成长和发展。②拓宽风险资本的筹资渠道。允许退休基金、银行、保险公司、证券公司的部分进出余额及赢利用于风险投资；允许国外风险投资机构进入国内市场；降低资本赢利所得税，以利于风险投资机构吸纳大量的风险基金。③开辟和完善二板市场，放宽高新技术企业上市的条件，拓宽风险资本的退出渠道。④加大对知识产权保护，规定科技人员的发明享有明确的技术权益，受政府的严格保护。

德国风险投资的法律框架和体系还远不如美国成熟和完善，但与美国一样，德国政府十分重视对中小企业创新和风险投资的支持，通过“小型高新技术企业风险投资计划”中的股权投资方式，以及通过“欧洲振兴创新计划”中的政府贷款形式为中小企业提供资金支持。与美国相比，德国在政策环境改善方面，政府对风险投资的干预更加直接，多是采用银行管理政府科技贷款的模式，由政府和银行共同承担风险以低息贷款等方式来改善风险投资的政策环境。但总体上看，德国推出的扶持创业企业和中小企业的政策始终以扩大银行信贷额度、改善信贷条件和提高信贷发放率为着眼点，形成了企业对银行信贷的依赖心理。再者，德国风险投资市场还没有建立起通常的股权转让渠道，导致风险投资家回收投资困难，而且德国法律对股本投资没有税收优惠待遇，资本得利要缴财富税，这影响了投资者参与风险投资的兴趣。

10.3.2 我国产权交易市场的发展情况

中国产权交易市场具有中国特色，它创新并开启了全球产权交易“有形市场”的先河。目前，中国产权交易市场已涉及企业产权、房地产、知识产权、行政事业单位产权、金融业产权等众多领域。并且，已发展并形成了大城市产权交易市场和区域性产权交易市场并举的市场格局。在推动国企改革和助推经济增长的同时，产权交易市场也有望成为我国多层次资本市场的重要组成部分之一。如今，遍布于全国各地的产权交易所，为非上市公司的股权转让提供了交易平台。

20世纪90年代初，国有资产战略重组“抓大放小”的改革原则确定下来以后，国有企业的改革进入了产权改革阶段，这是真正开启中国产权交易市场发展的原动力。当这一改革逐步推进时，中国企业的国有资产存量超过了30万亿元人民币，如何进行资产交易进行，也成了人们议论的焦点之一。当时，人们把国企改革概括为“国退民进”。但在国企改革中，各地政府因地制宜、方法多样，出现过较为严重的失误，国有资产监管不足，导致较严重的侵吞国有资产现象。

为防止国资交易过程中出现的黑幕和腐败，考虑到当时国内中介机构（尤其是服务于产权交易的中介机构）很不发达，如何在市场原则下有序进行国有资产交易和防止国有资产人为流失，发展产权交易所成了一种现实选择。

1988年，武汉和乐山等地率先建立了产权交易所，尝试法人股转让的市场交易。保定、成都、郑州等地随后纷纷效仿，相继建起了产权交易所。1989年底，全国共有25家产权市场挂牌。1992年7月和1993年4月期间，中国证券研究中心和中国证券交易系统有限公司在北京先后成立了主要用以法人股流通和交易的STAQ系统和NET系统。在各地产权交易市场自发出现后，曾经历整顿并陷于停止状态的产权交易市场，也进入了改革设计者的视线中。在1994年后，为防治国有资产在改制中流失，各地政府不得不将国有资产从场外交易引入场内交易，将自行转让转变为审批转让。1995年，国有资产管理局先后颁布了《关于加强企业国有产权转让监督管理工作的通知》和《企业国有资产产权登记管理办法》，对国有资产转让建规立制。由此，中国产权交易市场进入快速发展时期。1996年底，全国已有210多个产权交易市场，产权市场成了推动国企改制的企业股权交易的重要支撑平台之一。各类产权交易所承担着为全国近300万户国有企业改制、为近4万亿元经营性国有资产保值增值、为国有经济结构调整和战略性退出的资源配置工作服务等重要使命等，以及承担科技体制改革、知识产权转化和推进和完善社会主义市场经济体制建设等重任。

中国产权交易市场的特殊性和发展是源自于中国国有资产结构的战略调整，这是中国经济改革的产物之一，其设计的初衷是通过“公开”与“竞争”，来防止国有资产流失，促进资源流动和优化配置，大力发展股份制经济，提高企业的运营效率和竞争力，提高国民经济的总体水平。另外，也是为了抑制地方政府对于国有企业改革的过度干预，企业卖出不再和政府官员的政绩挂钩，以寻求国企改革的逐步市场化发展思路。之后，中国产权交易所基本上是按照这一目标发展的。

总之，中国产权交易市场发展“从无到有”，涉及企业产权、房地产、知识产权、行政事业单位产权、金融业产权等众多领域。并且，已形成了大城市产权交易市场和区域性产权交易市场并举的市场格局。截至目前，全国性产权交易市场包括北京、上海、天津和重庆四大产权交易市场，四家区域性产权交易市场包括长江流域产权交易共同市场、北方产权交易共同市场、黄河流域产权交易共同市场和西部产权交易共同市场。中国的产权交易市场发展已趋于多层次化和网络化，并成为我国资本市场的重要组成部分之一，是助推我国经济发展的新生力量之一。

10.3.3 借鉴国际风险投资管理经验，全面提升我国多层次产权交易市场

（1）国际风险投资发展对我国的借鉴

总体来看，我国的风险投资业仍处于起步和探索阶段，与美德等发达国家存在巨大的

差距。通过比较美、德两国发展风险投资业的实践经验，我们可以从中得到一些有益的启示。

①拓展资金来源，实现投资主体多元化。风险投资业要真正成为科技成果转化和高技术产业化的资金支持体系，必须有雄厚的资本。目前我国风险投资资金主要来源于财政科技拨款、银行科技开发贷款和国有企业，养老基金进入风险投资行业受限，民营资本的参与度也很低。可见我国的风险资金来源主要依赖于政府，投资主体单一，这限制了我国风险资本的规模。

美德两国的风险投资业的发展实践证明，通过降低进入壁垒才能吸引大量的资金流入。在美国民间资本是风险资金的主要来源，尤其养老金在风险投资基金总额中占相当高的比例。目前中国对保险公司、养老基金以及外资进入风险投资业还有许多法规限制，导致风险投资业进入壁垒过高。因此，我国风险投资要真正发展、壮大，必须建立风险投资民间资本的发动机制，鼓励非国有企业、个人、外商及其他机构投资入股，实现投资多元化，使民间资本扮演重要角色。如借鉴美国经验，放开对养老基金的限制，允许养老金进入风险投资市场，但需要确定一个合适的投入比例，既不影响养老基金的安全，又能在资金上对风险投资业给予足够的支持。此外，建议对现行的《商业银行法》及《保险法》等法律做合理的修订，适当放宽对这些机构投资者的投资限制，允许它们适度参与创业投资。这样，不仅满足养老基金、保险基金长期保值增值的需要，而且也解决了我国目前风险资本有效供给不足和规模偏小的现实难题。同时，还要引导企业资金参与创业投资。

②完善风险投资组织模式。有限合伙制的广泛流行是美国风险投资业高度发展的标志，它突出了人才资本与货币资本的统一性，具有科学决策、分散风险、规模经营的优势，适应了高新技术产业发展和新经济形态的需求。而金融机构附属风险投资公司是德国风险投资的重要形式，但金融机构的过度参与，使得基金方式的风险资本相当缺乏，也无法像美国那样积极参与企业的经营管理，加之其他因素，使德国风险投资的发展规模和效益明显滞后于美国。目前，我国风险投资机构的主要形式是公司制，而有限合伙制并未被广泛认可和采用。与有限合伙制相比，公司制形式存在激励机制有限、运营成本高、信息不对称、决策效率低等缺陷，降低了风险投资业的吸引力。2007年施行的《合伙企业法》确定了有限合伙制的合法地位，有限合伙人开始参与风险投资事业，风险投资机构的组织形式也在进行着调整。

由于各国国情不同，被一个国家验证的最优模式在另一个国家并非完全适用。美国的有限合伙制被公认为最有利于风险投资运作的有效组织形式，这是与其特定的制度、法律和经济背景密切相关，因而探索和设计我国风险投资机构的最佳组合模式要结合现实经济现状和文化背景。现阶段我国普遍引入有限合伙制时机尚未成熟，受制于当前社会信用和法律环境，公司制应是现阶段及今后一定时期内我国风险投资机构组织形式的主要选择。但在具体操作过程中，可以借鉴有限合伙制的某些做法，引入有限合伙制的激励与约束机制，如风险投资机构的主要经营者实行专家聘任制、建立与公司资产增值直接相关的经理人员的回报制度等。其次，克服现有公司制风险投资机构的不足。如我们可以进行税制改革，将风险投资公司所得税与投资者个人所得税两税合一，避免双重征税；对公司制风险投资机构给予税收减免鼓励，减少风险投资公司的税负。

③开辟多层次的风险资本退出渠道。目前我国尚缺乏活跃的产权交易市场和定位于中小型企业的证券市场，主板市场对上市公司要求较严格，风险投资企业想通过主板市场退出非常困难；选择海外资本退出，成本过大，这都导致退出壁垒较高。2004年5月在深圳证券交易所启动中小企业板块，为我国中小企业开辟了多层次的资本市场。但由于目前在中小企业板块上市的公司数量很有限，因此中小企业板块在资本市场中的作用还很微弱。美国风险投资的退出机制非常健全，无论是企业上市还是购并都为风险投资的成功退出提供了便利的条件，尤其是它的纳斯达克市场。而德国风险投资发展相对缓慢的一个重要原因是，缺少像美国那样成熟健全和高度发达的二板市场，而且风险企业上市基准过高。因此，吸取两国的经验教训，我国风险投资退出机制的构架应该是在建立健全二板市场、场外市场、主板市场等多层次股权、产权交易市场的基础上，形成以上市、并购为主，以回购、境外上市为辅的多元化退出机制，努力降低退出壁垒。其中，通过二板市场实现退出是一个最理想的方式。在深圳证券交易所已开设中小企业板的基础上及全球创业板市场回暖的背景下，应尽快研究和创造条件，逐步降低上市门槛，建立真正的二板市场。二板市场能给以风险投资为背景、规模较小、创设时间较短的高新技术企业创造良好的上市环境，使这些企业以较低的成本迅速上市。

④合理发挥政府作用，营造有利的政策法规环境。目前我国尚处在市场经济发展的初期，市场机制还不健全，风险投资事业才刚刚起步，政府的作用尤其是其引导、支持、辅助、规范的作用必不可少，这一点从美、德两国风险投资的发展历程中都可得到印证，问题是如何恰当把握政府在风险投资中的定位。我国风险投资业发展初期，政府直接扶持风险投资的发展，主要表现为政府资本作为风险投资主体。我国现有300多家风险投资机构，其资本绝大部分来自于财政拨款。

美、德两国政府尽管在促进风险投资发展中发挥的作用不尽相同，但都注意把政府的作用定位在为风险投资提供良好的发展环境上，即政府支持不应当仅仅局限在资金投入上，更重要的还应体现在促进风险投资发展政策环境的改善上。因此，我国要实现风险投资业规模的发展和壮大，离不开政府不断调整和完善法律框架，适时改变有阻碍发展风险投资的政策法规，并制定新的鼓励风险投资发展的优惠措施，主动为风险投资发展创造一个良好的外部环境。如美国政府在风险投资中扮演着立法和制度设计者的角色，通过税收优惠、法律建设、知识产权保护、建立多层次资本市场为风险投资发展培育良好的外部环境。德国在发展风险投资过程中，过度强调银行信贷的杠杆作用而忽视其他配套环境建设的做法带来了许多不利影响，这一教训也值得我们重视。

（2）与风险投资相协同，发展我国多层次产权交易市场

与国外场外交易市场相比较，我国产权交易市场的发展目前还存在很多问题。从功能

上看，产权交易市场是为了实现企业股权的流动性，只有具备充分的流动性，才能使投资者方便地退出，降低投资风险，也才能够吸引更多的风险投资和天使投资者投资中小企业。在股票交易市场结构单一、新三板市场正处于初创期的条件下，大力发展多层次产权交易市场对中小企业有更为重要的意义。

①产权交易市场是场外交易市场的初级阶段。我国目前的产权交易市场和技术产权交易中心还属于非证券资本市场。因为交易的企业资本还没有实现单元化和标准化，所以采用协议转让、竞价招标等方式进行交易。从本质上说，我国产权交易所和交易中心是一种有形的产权集中竞价场所，这种市场是我国特殊经济条件下的产物。在发达国家并不存在类似的有形市场，因为其产权交易都是标准化的，产权清晰、制度完善、信息传递迅速，因而交易都在无形市场中自发完成。

我国产权交易市场的发展还很不完善，将其发展目标定位于证券场外交易市场更加合理。首先，场外交易市场的服务对象主要是中小企业，表明我国产权交易市场应当重视中小企业的融资需求，在主板市场无法满足中小企业上市条件的情况下，积极拓展中小企业的融资渠道。当前，中小企业尤其是高科技中小企业，是一个国家经济快速发展的原动力；而场外交易市场的发展不仅是资本市场健康成长的基础，而且也是一国经济稳定发展的基础。特别是像中国这样在计划经济体制下发展起来的资本市场，资源配置效率较低，市场发育不完善，因此，要想加快我国经济技术进步，建立多层次资本市场，就必须培养相当数量的、具有发展潜力的优秀中小企业，广泛发展场外交易市场，在合理竞争、优胜劣汰的市场机制作用下形成完善的多层次资本市场结构。这是解决我国高技术中小企业融资的根本出路，也是我国产权交易市场发展的未来趋势。

其次，我国产权交易市场目前还不是真正意义上的场外交易市场。场外交易市场是实现了股权标准化分割的市场，单位化的股票是产权流动转让的载体和条件。但我国的产权交易还停留在比较低的水平，通过逐个协商交易的方式来实现整体或者部分产权的转让、购并、参股等交易活动。这一点也与我国民营企业公司治理模式的落后存在一定关系。我国民营中小企业接近90%还处于家族式管理阶段，企业股权并不明晰，标准化也难以谈起。

在今后的发展中，产权交易市场应指定明确的股权交易规则和制度，充分利用进场融资的条件，辅助我国中小企业的股份制改造，规范其经营活动，提高企业财务管理的能力和水平。这一方面有利于产权交易市场标准化、规范化，另一方面也有利于为产权交易市场提供更多的合格中小企业。

②加强政府的调控监督作用，规范产权交易市场的发展。一直以来，我国资本市场发展的弊端就在于政府过度干预。政府部门过于相信自身的识别能力，建立了一系列的审批部门，结果却产生了“政府失灵”比“市场失灵”更加严重的状况。归根结底，我国的资本市场还是处于计划经济体制下的产物，我们并不否认政府对资本市场的宏观调控和监督作用，但政府在资本市场上的重要作用不是审批，而是监管。

在任何国家，政府对于资本市场，特别是对于中小企业融资市场的支持作用都是不可替代的。原则上，政府应当主要负责创造投资环境、制定制度和政策、实施适当的监管等。任何一个市场的发展都必须建立在一定的法律法规和制度的前提之下，只有建立合理公平的制度，才能调动和保护创业者的积极性，同时要加强对产权交易市场的宏观指导，使之与当地的经济发展目标相一致。企业产权的流动和重组应该与各地国有资产布局的战略性调整、产业结构的调整升级以及区域经济的发展规划等诸多经济政策相配合。因此，政府应制定相应的整体性战略规划，以指导各地产权交易活动健康有序地进行。政府还要做好职能转变，尽量减少行政干预。各级政府要适应市场经济发展的要求，遵循市场规律，对参与产权市场的企业多用经济杠杆给予政策指导，既不揠苗助长，也不放任自流。同时要主动做好产权交易的政策法规，加强中介服务机构建设，培养和引进市场发展亟需的专业人才等。

③发挥市场竞争机制，促进多层次市场的建立。产权市场体系从区域布局来说，应该是建立全国产权交易市场、区域（经济区）产权交易市场和地方（省、市、区）产权交易市场的三级架构。全国产权交易市场作为“中心”与各区域产权交易市场（分中心）联网，当区域或其他产权主体需要购买或出卖产权时，将有关信息或资料输入地方交易所，再通过分中心转输给全国中心，全国中心将信息传递到各分中心或地方交易所，然后通过中介组织或电脑配对联系，从而实现产权让渡。柜台交易非常重要，没有柜台交易，创业企业、风险投资的退出问题很难解决。纳斯达克市场是券商协会，实际上是从柜台市场发展到集中于一个场所交易。

要坚持面向全国服务，积极推进跨地区的产权流动。产权交易市场的最终发展目标是成为为全国中小企业服务的市场平台，因此地方政府必须要克服狭隘的地域观念，着眼于在全国范围内实现资源的优化，积极鼓励本地优质企业兼并外省市的企业，同时支持外地企业参与本地经济发展。各地方通过优势互补，积极扶持和培育各自的优势行业，以提高整个国民经济的集约化水平。同时，加强信息网络建设，以便在更大范围内实现信息共享，从而能准确及时地为参与产权交易的各方提供各种信息，把社会上分散的需求和投资聚合在一起，为跨行业、跨地区甚至跨国界企业产权交易提供基础条件。三板市场应坚持场外交易的特征，坚持服务于中小企业，在发展模式上应考虑条块结合，将多层次产权市场与中小企业的股权市场打通、联结。

2011年中国中小企业大事记

1月

6~9日　中国中小企业协会组织深圳汇佳数码通信有限公司、江苏南方通信科技有限公司、上海汽车汽配商厦等会员企业赴美国拉斯维加斯参加美国国际消费类电子产品展。通过组团参展，会员代表获取了最前沿的技术及产品信息，并与参展商建立起联系。

12~13日　工业和信息化部中小企业司副司长王建翔一行赴陕调研中小企业的发展情况。

14日　为了解国发〔2009〕36号文件的贯彻落实情况，听取重庆企业家的困难和诉求，为国家出台新的政策和措施提供决策参考，工业和信息化部中小企业司副司长王建翔赴重庆调研。

16~18日　工业和信息化部中小企业司副司长王建翔赴广东省调研。调研组召开了广东省省直机构、部分地市中小企业局参加的部门座谈会和10户中小企业代表参加的企业座谈会，了解了广东省中小企业发展情况，研讨当前中小企业发展面临的新情况和突出问题，听取对国家扶持中小企业发展的意见和建议。

16日　中国中小企业协会在京召开2011年顾问委员会联谊会。李子彬会长介绍了协会2010年的工作情况，并分析了当前经济形势。工业和信息化部朱宏任总工程师出席并作了讲话。

20日　中国中小企业协会召开各部门负责人会议，总结2010年各部门绩效考评结果及优秀员工奖励，布置2011年协会与各部门签订目标责任书有关事项。

20日　中国中小企业协会发布2010年第四季度中国中小企业发展指数，并报国家发改委、工业和信息化部、国家统计局。指数工作得到工业和信息化部苗圩部长的批示和肯定。

21日　工业和信息化部中小企业司、中国中小企业信息网、中国中小企业发展促进中心在北京国宏宾馆共同举办了2011年新春联谊会。工业和信息化部党组成员、总工程师朱宏任出席了新春联谊会并致辞。

21日　中国中小企业协会2011年新春联欢会暨2010优秀员工表彰大会在中国科技会堂一层多功能厅举行。李子彬会长、孙秀春秘书长及协会全体员工参加了此次联欢会。参加联欢会的嘉宾还有工业和信息化部产业政策司的同志。

24日　按照国务院有关领导同志批示要求，工业和信息化部中小企业司王建翔副司长带队，赴浙江省调研中小企业发展情况。

26~28日　中国中小企业协会李子彬会长前往广东省清远市调研，了解当地中小企业发展情况。

2月

21日　工业和信息化部党组成员、总工程师朱宏任一行到山东省调研中小企业发展情况。

22日　工业和信息化部中小企业司许科敏副司长、国务院政研室工交司张军立副司长一行3人到淄博市考察调研。调研组主持召开座谈会，听取了淄博市有关部门和企业的情况汇报，座谈交流当前中小企业发展遇到的新情况、新问题，听取意见和建议。

21~25日　国务院研究室张泰副司长与工业和信息化部中小企业司王建翔副司长、创新服务处刘怡调研员组成调研组，赴湖南省、广东省和深圳市对中小企业发展情况进行调研。

3月

3月1日~6月8日　为贯彻落实国务院有关高校毕业生就业政策，搭建中小企业和高校毕业生双向选择平台，促进中小企业改善人才结构，2011年3月1日至6月8日，工业和信息化部、教育部联合举办“2011年全国中小企业网上百日招聘高校毕业生”活动。这是2003年以来，两部门连续第九年举办全国中小企业网上招聘高校毕业生活动。

1日　经发改委安办推荐，中国中小企业协会被中央国家机关综合治理领导小组评为2010年度中央国家机关“平安单位”。

6~11日　国务院发展研究中心与工业和信息化部组成联合调研组，就当前中小企业发展情况、存在问题和改革建议赴江苏、浙江调研。国务院发展研究中心副主任侯云春，国务院发展研究中心企业所、社会部、金融所、技经部等部门领导，工业和信息化部副司长许科敏等参加了调研。

8日　中国中小企业协会李子彬会长在协会会见了台湾中小企业协会林秉彬理事长一行。双方分别介绍了大陆和台湾中小企业发展情况，就举办两岸中小企业论坛交换了意见，并展望进一步加强交流和合作的前景。孙秀春秘书长以及协会相关部门负责人参加了会见。

8~11日　国务院发展研究中心企业所陈小洪所长、研究员带队的调研组赴广州市、成都市、武汉市，对中小企业发展情况以及促进中小企业发展政策措施落实情况进行调研。工业和信息化部中小企业司王建翔副司长、韦向群处长陪同前往。

11日　湖北省中小企业电子商务平台（鄂企网）揭牌仪式在武汉隆重举行。工业和信息化部中小企业司副司长王建翔、湖北省经济和信息化委员会副主任卜江戎共同为湖北中小企业电子商务平台（鄂企网）揭牌。

11~12日　工业和信息化部中小企业司在武汉召开中小企业“十二五”规划座谈会，就《中小企业转型成长“十二五”规划（讨论稿）》和《中小企业服务体系建设“十二五”规划（讨论稿）》征求意见，中小企业司王建翔副司长出席会议并讲话。

14~15日　国务院发展研究中心与工业和信息化部组成联合调研组，就当前中小企业发展情况、存在问题和促进中小企业发展政策规划到辽宁省调研。

21日　工业和信息化部中小企业司王建翔副司长和中国中小企业协会孙秀春秘书长在协会会见了专程前来拜会的加拿大发展银行总裁及CEO Jean－Rene Halde先生一行4人。各方就全面开展合作进行了深入交流。

20~26日　中国中小企业协会李子彬会长前往浙江嘉兴、绍兴、义乌、台州等地考察，深入调研当地中小企业发展现状和存在问题，并于3月25日出席了在台州举办的“中小企业大巡诊”活动。

22日　工业和信息化部中小企业司副司长许科敏带领调研组一行到淄博市调研中小企业发展情况。

27日　中国中小企业协会李子彬会长出席《中国优秀民营企业家大典·国家卷》首发式暨“十二五”规划与民营企业可持续发展战略论坛。

28日　由全国中小企业服务联盟主办，江西省中小企业服务中心承办的全国中小企业服务机构工作交流会暨服务联盟工作会议在江西南昌召开。工业和信息化部中小企业司副司长许科敏、中小企业司创新服务处处长韦向群出席会议。

29日　工业和信息化部党组成员、总工程师朱宏任出席在上海召开的“十二五”中小企业规划座谈会，听取部分省市对《“十二五”中小企业转型成长规划（征求意见稿）》和《“十二五”中小企业服务体系建设规划（征求意见稿）》的意见，同时听取对当前中小企业发展形势的判断，以及对中小企业工作的意见。

31日　第五届全国中小企业协会联席会议在春城昆明召开。中国中小企业协会会长李子彬、云南省政府副秘书长赵慧侠、云南省工业和信息化委员会巡视员许坚、云南省中小企业发展协会会长韦长林出席了会议，工业和信息化部中小企业司陈萌处长亲临会议指导，参加会议的还有来自全国部分省市中小企业局和中小企业协会的代表。会议由中国中小企业协会秘书长孙秀春主持。

4月

1日　工业和信息化部党组成员、总工程师朱宏任主持召开国务院促进中小企业发展工作领导小组办公室第四次会议。会上，朱宏任同志介绍了工业和信息化部促进中小企业发展工作开展情况，以及应对当前中小企业发展新情况、新问题的对策建议，对做好下一步工作提出了要求。各部门围绕贯彻落实国发36号文件，介绍了近期工作情况，提出了进一步贯彻落实的工作重点和政策建议。

7日　中国中小企业协会李子彬会长出席武汉市中小企业协会第三次会员代表大会，并作《“十二五”规划与中小企业发展》专题演讲。来自武汉及城市圈各行业的中小企业会员代表及企业家300多人参加了会议。

10日　由工业和信息化部中小企业司召集的“中小企业发展专项资金项目管理系统”应用培训班在京举行，中小企业司许科敏副司长出席了开班仪式并讲话，王海林处长、叶定达调研员分别对各省有关负责部门提出了要求和对有关政策进行了解读，各省、区、市中小企业主管部门的相关负责人和具体工作人员共80余人出席了培训会。

12日　中国中小企业协会李子彬会长出席在人民大会堂举行的中华思源工程扶贫基金会人才成长公益基金启动及捐赠仪式。人才成长公益基金的设立将对加强职业能力建设，加快培养一大批掌握熟练技能、高超技艺和具有较强创新能力的技能型人才发挥积极的促进作用。

14日　第七届中博会总结会和第八届中博会全国动员会在浙江省杭州市召开。中博会组委会秘书长、广东省政府副秘书长林英，中博会组委会秘书处主任、广东省经济和信息化委员会主任杨建初，中博会组委会秘书处副主任、工业和信息化部中小企业司司长郑昕出席会议并讲话。会议由工业和信息化部中小企业司副司长王建翔主持。

15～16日　为了解中小企业发展新情况和研究中博会改革创新工作，工业和信息化部中小企业司王建翔副司长、廉莉副调研员等一行4人赴浙江省义乌市调研。

18日　中国中小企业协会李子彬会长会见中国出入境检验检疫协会葛志荣会长一行。双方会谈决定结成战略合作伙伴，充分发挥各自优势，面向中小企业开展进出口检验检疫政策法规培训、企业信用评价标准制定及评价等方面的合作，促进中国中小进出口企业发展。

22日　中国中小企业协会李子彬会长针对中小企业生存发展的状况和实际困难，向温家宝总理写了专题报告，并提出6项建议，一是调整优化信贷结构，多种途径缓解中小企业融资困难。二是进一步减轻小微企业税费负担，加大财政支持力度。三是狠抓自2002年6月以来颁布的各项法律和政策措施的落实，优化中小企业发展环境。四是加快建立和完善社会化服务体系，促进中小企业自主创新、产业升级和发展转型。五是加强理论研究，进一步扫清发展私营经济的思想障碍。六是进一步加强各级政府对中小企业的组织领导。温家宝总理对报告非常重视，批转给了李克强、张德江、王岐山三位副总理和国务院秘书长马凯同志，三位副总理和马凯同志又分别将报告批转给了分管的相关部委，要求这些部门认真研究，提出相关措施。

25日　中国中小企业协会李子彬会长会见东盟协会冯佐库副会长一行，双方本着“互利互惠、实现共赢”原则，达成了开展战略合作意向。孙秀春秘书长以及协会相关部门负责人参加了会见。

27日　中国中小企业协会通过中央电视台财经频道、中国网络电视台、新华社、人民网等国内16家媒体发布2011年第一季度中国中小企业发展指数。

28日　中国中小企业协会李子彬会长会见由区宗杰理事长带队来访的澳门中小企业协进会考察交流团，双方就国家“十二五”规划与中小企业的发展，以及加强两岸四地中小企业合作进行了广泛的交流和探讨。孙秀春秘书长及协会相关部门负责人参加了会见。

29日　工业和信息化部在京召开2011年中小企业服务体系发展专项资金项目申报工作座谈会，部署2011年专项资金项目申报工作。工业和信息化部党组成员、总工程师朱宏任出席会议并讲话。会议由中小企业司郑昕司长主持，许科敏副司长解读了项目申报指南。

5月

3日　经民政部民间组织管理局批复，中国中小企业协会分支机构——金融服务工作委员会和企业文化建设工作委员会正式成立。

6日　中国中小企业协会组织召开《中国中小企业职业经理人资质认证标准（评审稿）》专家评审会，邀请人社部人才交流中心、中国人力资源研究会、辽宁省经济管理干部学院、湖北省经济管理干部学院、山西省太原市职业经理人协会和国际管理学会等相关机构的专家出席了会议。李子彬会长出席并作重要讲话。

5～6日　全国产业集群两化融合经验交流会在河北省安平县隆重召开。工业和信息化部信息化推进司董宝青副司长和中小企业司许科敏副司长出席会议。全国各地工业和信息化主管部门、有关专家学者和企业代表200余人就推进产业集群两化融合工作经验进行了工作总结和经验交流。

8日　中国中小企业协会李子彬会长在北京万豪酒店会见美国奥克兰市市长关丽珍（Jean Quan）女士等一行人，双方通过会谈增进了彼此之间的了解，初步建立了联系机制，并对美国亚洲贸易促进协会提出拟在奥克兰港口建立中国商业精品城的合作意向表示支持。

10日　中博会组委会秘书处在广州召开中泰合办第八届中国国际中小企业博览会新闻发布会，宣布泰国作为主宾国与中方联合举办第八届中博会。

12日　中国中小企业协会副会长单位颁发证书仪式在协会会议室举行，李子彬会长为北京润发投资集团等五家副会长单位颁发了证书，并详细了解副会长单位的情况和需求，介绍了协会建设情况及为会员单位服务措施。

13～14日　由中国中小企业协会组织的全体员工春游拓展活动在北京市郊区展开，期间举行了建会五周年主题征文评比、团队拓展训练等丰富多彩的系列活动。

21日　中国中小企业协会李子彬会长出席在上海举办的“长三角地区企业家俱乐部”成立揭牌仪式

并作重要讲话，上海市政协副主席周太彤、该俱乐部会员企业家以及中国中小企业协会长三角服务中心相关人员共100多人参加了揭牌仪式。

25日 《经济日报》专版重点刊载2001年第一季度中国中小企业发展指数和中国中小企业协会政策研究部撰写的《适应新形势、争取新发展》专稿，并被工业和信息化部网站转载。

26日 中央电视台综合频道《朝闻天下》栏目播出了"李子彬会长解读当前中小企业融资困境及记者调查"系列专题节目。

26日 天津市中小企业发展促进局联合环渤海区域合作市长联席会办公室、天津股权交易所共同举办"环渤海区域中小企业发展联盟成立大会暨天津股权交易所企业挂牌仪式"。联盟将通过对区域中小企业提供金融、技术交流、市场开拓等多元化服务，整合区域资源，营造发展环境，提升企业合作水平，实现经济效益和社会效益的共同增长。在联盟成立大会上，审议表决了《环渤海区域中小企业发展联盟章程》和环渤海区域中小企业发展联盟组织机构人选。工业和信息化部中小企业司王建翔副司长出席会议并讲话。

27日 由中国风险投资研究院和中国中小企业协会共同主办的2011（第二届）中国（温州）民间资本发展高峰会在温州举办，孙秀春秘书长出席开幕式并致辞。

5月29日~6月10日 中国中小企业协会李子彬会长一行赴美国和古巴考察访问。期间，李子彬会长一行还拜访了奥克兰市政府，奥克兰市长关丽珍女士对代表团进行了热情接待，双方对促进中小企业交流做了深入的探讨，并对在奥克兰建设中国中小企业精品城的项目进行了对接。

6月

2日 中国中小企业协会孙秀春秘书长在协会会见了来访的印度工业联盟副总干事Gurpal Singh（古巴·辛格）先生，双方分别介绍了两国中小企业的发展情况，并就中印两国中小企业的发展前景及开展交流合作进行了深入探讨。协会相关部门负责人参加了会见。

3~5日 工业和信息化部党组成员、总工程师朱宏任就中小企业生产经营情况在浙江省温州市进行了专题调研。

3日 工业和信息化部中小企业司郑昕司长会见了前来访问的德国经济和技术部中小企业政策司副司长舒尔茨女士。中小企业司王建翔副司长、国际合作司欧非处处长和中小企业司交流合作处的同志参加了会见。

7日 中华全国手工业合作总社第七次代表大会在北京召开。中共中央政治局委员、国务院副总理张德江出席会议并讲话。

10日 工业和信息化部中小企业司副司长许科敏在山东省中小企业办公室副主任曲荣先陪同下一行四人来日照市考察指导工作。

14日 中国中小企业协会李子彬会长会见了埃塞俄比亚总理顾问阿布先生一行，双方就中国中小企业发展情况、埃塞俄比亚中小企业发展情况等问题进行了深入交流和探讨。

16日 中国中小企业协会李子彬会长出席了在北京举行的《中国中小企业职业经理人资质认证标准（试行）》新闻发布会，并作了重要讲话。《中国中小企业职业经理人资质认证标准》由中国中小企业协会发起，联合辽宁省经济管理干部学院、中国人力资源开发研究会、国际管理学院等五家机构共同研发。

15~16日 中国中小企业协会李鲁阳副秘书长出席由中国中小企业协会、中央财经大学、中国银行业协会、《银行家》杂志社、金融时报和包商银行共同在北京举办的"服务·管理·创新——后危机时期中小商业银行管理创新与中小企业金融服务论坛”，并在论坛上做主题发言。

16～18 日　中国中小企业协会李子彬会长赴成都分别会见了成都市李春城书记、葛红林市长，并与白刚副市长及相关部门研究确定了第五届中国中小企业节总体工作方案。

19～20 日　中国中小企业协会李子彬会长出席中国新疆 2011 产业转移系列对接活动，代表中国中小企业协会与新疆维吾尔自治区人民政府签署了战略合作协议。孙秀春秘书长、协会相关部门负责人及协会部分会员单位随行赴疆参加了对接活动。

22 日　工业和信息化部党组成员、总工程师朱宏任主持召开了国务院促进中小企业发展工作领导小组办公室第五次会议，发展改革委等 16 个成员单位及有关部门派员参加。会议通报了国发〔2009〕36 号文件的主要任务落实进展情况，听取了各部门近期工作的情况汇报及下半年的工作设想。

24 日　部分地方中小企业主管部门座谈会在京召开，中小企业司郑昕同志主持，部党组成员、总工程师朱宏任到会并讲话。会上各地分别就中小企业发展现状，面临的主要困难及应对措施进行充分交流座谈。

27～28 日　中国中小企业协会李子彬会长率大陆中小企业代表、地方有关政府主管以及各地中小企业协会人员逾 130 人，赴台北出席由两岸中小企业协会与台北世贸中心共同主办的“首届海峡两岸中小企业论坛”，并在论坛上发表了致辞。此次论坛得到了国家发改委、国台办的高度重视和大力支持，国台办召开新闻发布会专门介绍了此次论坛成功举办的情况。

29～30 日　根据中德两国政府部门签署的《关于继续开展中国中小企业经营管理人员培训合作备忘录》，今年工业和信息化部将与德国联邦经济技术部合作继续在德国举办中小企业经营管理人员培训班（以下称“中德项目”）。来自北京、湖北、青海、吉林等省市的 57 名候选人参加了面试选拔，经过初选之后，最终确定 44 名人员分两批赴德参加培训。

7 月

4 日　李克强副总理专程考察安庆市中小企业创业辅导中心，实地考察中心为中小企业提供信息、技术、融资等方面的服务情况。

7 日　《中国中小企业年鉴》工作会议在乌鲁木齐市召开，工业和信息化部中小企业司、中小企业发展促进中心、国家统计局工交司、新疆维吾尔自治区经信委的领导和来自 24 个省市中小企业管理部门的年鉴编委、联络员 40 多人参加了会议。

14 日　中国中小企业李子彬会长出席在铁岭市举办的“企业家讲企业大讲堂”——走进铁岭专场活动并作了主旨演讲。本次活动得到了铁岭市人民政府及市经信委的大力支持，组织当地中小企业主管部门负责人和企业家代表 900 人参加了活动。

14～15 日　为进一步贯彻落实国务院关于促进中小企业发展和中小企业信息化的部署安排，7 月，工业和信息化部信息化推进司和中小企业司在浙江省杭州市组织召开全国中小企业信息化推进工作会议，交流总结中小企业信息化推进工作经验。

15～16 日　中国中小企业协会第一届常务理事会第五次会议在铁岭市召开，副会长单位、常务理事单位的代表共计 98 人参加了会议。李子彬会长在会上作了工作报告。

17～21 日　经国务院批准，应欧盟企业和工业总司邀请，工业和信息化部苏波副部长率团于 2011 年 7 月 17 日至 21 日访问了比利时。苏波副部长与欧盟企业和工业总司海因茨·佐利克司长共同主持了中欧工业对话磋商机制（以下简称中欧工业对话）第一次全体会议。

19日　中国中小企业协会与中央电视台财经频道《中国政策论坛》栏目组共同策划录制“聚焦钱流——详解促进中小企业融资新政”专题节目，邀请银监会、银行机构、专家学者及部分中小企业的代表参加节目录制。李子彬会长作为主嘉宾出席并对当前中小企业形势及相关政策发表了深刻论解。

21日　中国中小企业协会召开2011年上半年工作总结暨述职会，各部门负责人认真进行了工作总结和述职报告，李子彬会长逐一点评并布置了下半年协会工作重点。

25日　中国中小企业协会通过媒体发布2011年二季度中国中小企业发展指数。

8月

3日　中央电视台综合频道在《新闻联播》中小企业专题新闻节目中，播出了中国中小企业协会李子彬会长对中小企业现状及创新转型举措的解读内容。

7日　中央电视台财经频道播出《中国政策论坛》第五期“聚焦钱流——详解促进中小企业融资新政”专题节目，中国中小企业协会李子彬会长应邀解读中小企业融资现状及新政建议。

8~11日　中国中小企业协会政策研究部协助国家发展改革委价格司赴南京和杭州调研“商业银行对中小企业收费问题”。

9日　工业和信息化部党组成员、朱宏任总工程师到江苏省太仓市调研中小企业发展情况，部中小企业司田川副司长、中小企业发展促进中心秦志辉主任和中小企业司交流合作处同志陪同调研。

10日　中国中小企业协会主办、中关村在线承办的“云时代2011中小企业信息化创新高峰论坛”在北京丽亭华苑酒店举办，孙秀春秘书长出席峰会并发表致辞。本次峰会主题为“开启中小企业信息化创新直通车”，工业和信息化部相关司局领导、国内外的软件厂商、各界媒体代表，以及部分中小企业代表出席了论坛。

11日　工业和信息化部党组成员、总工程师朱宏任一行到北京市中关村调研。期间，听取了北京市促进中小企业发展工作情况、中关村国家自主创新示范区发展情况汇报，并对百度公司、金和软件、北京集成电路设计园公共服务平台和中关村科技担保有限公司进行了实地调研。

15日　中德政府培训合作项目大会在连云港市举行。工业和信息化部党组成员、总工程师朱宏任，全国人大外事委员会副主任、中国中小企业国际合作协会会长郑斯林，德国联邦经济和技术部代表埃姆里希等出席开幕式并致辞。

15~21日　中国中小企业协会李子彬会长应邀参加由全国政协副主席李金华为团长的全国政协委员赴浙江视察团，视察团先后深入温州、台州、义乌和杭州等地，通过考察企业、开座谈会，了解贯彻落实《鼓励和引导民间投资健康发展的若干意见》的实际情况，以及中小企业生存发展现状。

18日　中国中小企业信息网和机械工业信息中心在工业和信息化部中小企业司的指导下，在北京唐拉雅秀酒店举行了“精彩创新中国行，服务机构在行动”系列活动的启动大会，从而拉开了“中小企业信息化服务计划”系列服务活动的帷幕。

19日　工业和信息化部中小企业司邱东副司长一行在天津就全国政协十一届四次会议提案第1272号《关于推动中小企业可持续发展的对策的提案》与第一提案人孙太利及在津联名提案人欧成中、董维忠等委员进行了座谈。

23日　由全国工商联、吉林省人民政府主办的中国民营经济发展研讨会，在吉林省长白山举行。工业和信息化部党组成员、总工程师朱宏任出席了会议并致辞。

25日　工业和信息化部党组成员、总工程师朱宏任听取了江苏省中小企业局和太仓市委、市政府一行关于中小企业发展和中德中小企业合作工作的专题汇报。

27日　中国中小企业协会李子彬会长出席中国中小企业协会与美国亚洲贸易促进会等机构在美国加州奥克兰市合作建设“中国精品城”的项目签约仪式，美国亚洲贸易促进会、美国full－house Mart公司、北京富豪仕投资管理有限公司的代表，以及协会金德本常务副秘书长及相关部门负责人出席了签约仪式。

30日 第八届中国国际中小企业博览会暨中泰中小企业博览会新闻发布会（简称“第八届中博会”）在北京举行。第八届中博会组委会副主任、工业和信息化部党组成员、总工程师、新闻发言人朱宏任介绍了中博会筹备情况，泰国中小企业促进署外事局局长瓦赤拉·交科介绍了主宾国泰国参加中博会的筹备情况。

9月

2日　工业和信息化部党组成员、总工程师朱宏任在运行监测协调局局长肖春泉、中小企业司副司长王建翔、信息化推进司副司长董宝青等的陪同下参观了2011第19届中国国际金融展。

3日　中国中小企业协会李子彬会长出席“企业家讲企业大讲堂走进邹城”暨“企业总裁创新经营高级研修班”开班仪式，以及中国中小企业协会培训基地揭牌仪式，做了《“十二五”规划与民营及中小企业发展》主题演讲。

9日　李子彬会长出席“企业家讲企业大讲堂走进鄂尔多斯暨第七届鄂尔多斯经济论坛”，发表了“后金融危机时代的宏观经济走势与中小企业发展”的主旨演讲，并为鄂尔多斯中小企业联合会成立揭牌。

10日　工业和信息化部党组成员、总工程师朱宏任出席全国中小企业管理部门负责人座谈会并讲话。会上，朱宏任同志传达了温家宝总理在浙江视察中小企业时的重要讲话精神。

10～15日　工业和信息化部中小企业司巡视员狄娜率调研组一行，专程到浙江调研中小企业发展情况。先后到温州、杭州，与浙江省和温州市、绍兴县政府有关部门以及银行业金融机构、融资性担保公司、典当公司、小额贷款公司等融资服务机构进行座谈，同时又到部分中小企业和融资服务机构实地调研，广泛听取意见，对浙江中小企业工作给予了积极指导。

15日　《中小企业经营管理人才教育培训规划纲要（2011～2020年）》论证会在中国中小企业协会召开，邀请工业和信息化部、人力资源保障部和人力资源开发研究会等单位及专家出席，李子彬会长到会并作了重要讲话。

16日　中国中小企业协会李子彬会长与中共义乌市市委书记黄志平在协会签署了《中国中小企业协会与义乌市战略合作框架协议》，双方在申请国家电子商务示范城市、建立和运营全球网络商品认证中心、开展“信用义乌”活动、建立“中国小商品信用之都”以及在义乌市举办第六届中国中小企业节等方面达成合作意向，孙秀春秘书长、金德本常务副秘书长及相关部门负责人参加。

22日　中国中小企业协会李子彬会长会见了比利时使馆法兰德斯经贸局商务参赞Mr. Hubert Cooleman，双方就两国中小企业发展状况及交流合作等方面进行了探讨，初步达成了合作意向。

22日　中国中小企业协会孙秀春秘书长会见韩国中小企业贸易活性化协会会长林镐承先生，双方就两国中小企业发展状况及交流合作等方面进行了探讨，协会相关部门负责人参加。

22日　第八届中国国际中小企业博览会暨中泰中小企业博览会，于9月22日上午在广州国际会议展览中心隆重开幕。中共中央政治局委员、国务院副总理张德江出席开幕式，宣布中博会开幕，并参观了中外展馆。

23日　由中国国际博览会组委会主办，工业和信息化部中小企业司、中国银行业监督管理委员会完善中小企业金融服务领导小组办公室、广东省中小企业局、中国银行监督管理委员会广东监管局共同承办的中小企业金融服务创新——银企对话活动正在进行。工业和信息化部党组成员、总工程师朱宏任就小企业金融创新的必要性和重要性进行了主题演讲。

26日　中国中小企业协会李子彬会长出席成都2011第六届中国女鞋之都国际采购节暨文化旅游节开幕式，并在"2011鞋革企业发展高峰论坛"上发表讲话。

27日　中国中小企业协会李子彬会长出席由中国中小企业协会与成都市人民政府在成都共同举办了第五届中国中小企业节新闻发布会。

10月

9日　工业和信息化部党组成员、总工程师、国务院促进中小企业发展工作领导小组办公室主任朱宏任主持召开领导小组办公室会议并讲话。朱宏任通报了近期国务院领导同志对中小企业工作的重要指示精神，并对领导小组办公室下一步工作进行了安排部署。

11日　工业和信息化部党组成员、总工程师朱宏任就中小企业成长问题接受新华社记者采访。

11日　工业和信息化部中小企业司在北京国谊宾馆召开了十省市中小企业公共服务平台网络建设协调会。中小企业司副司长王建翔出席会议并作了重要讲话，会议由中小企业司韦向群处长主持。

12日　西部地区中小企业发展专项资金项目工作座谈会在青海省西宁市召开。工业和信息化部中小企业司副司长许科敏、中国中小企业发展促进中心副主任郑红及来自内蒙古、广西、海南、重庆、四川、云南、贵州、陕西、甘肃、宁夏、新疆、西藏、青海等西部十三个省、市、自治区及新疆生产建设兵团中小企业主管部门负责专项资金项目工作和服务体系建设工作的负责人等参加了会议。

12日　中国中小企业协会张竞强常务副会长出席上海"城市光网"用户突破100万户暨"商务翼云"中小企业公共云服务平台开通仪式，并发表了重要讲话。在活动仪式上，张竞强副会长代表中国中小企业协会与中国电信上海公司就"商务翼云"中小企业云计算平台签署合作协议。

17日　为进一步了解中小企业发展情况，提出促进中小企业发展切实可行的具体措施，工业和信息化部运行监测协调局副局长黄利斌等一行7人到河北省调研中小企业发展情况，并召开有省直有关部门参加的座谈会。

16~18日　为贯彻落实国务院领导同志有关指示精神，调查了解当前中小企业生产经营实际情况、面临的突出困难和问题，研究提出政策措施。工业和信息化部党组成员、总工程师朱宏任率消费品司、中小企业司、运行局、科技司、产业政策司，人社部就业促进司、全总财贸轻纺烟草工会组成的联合调研组一行，专程到江苏、安徽调研中小企业发展情况。

17~19日　工业和信息化部中小企业司王建翔副司长率领国家发改委、人民银行等有关部门的负责同志对广东省中小企业生产经营情况进行调研。调研组一行深入深圳、东莞等地，实地考察当地中小企业生产经营的实际情况，并与相关企业负责人、协会负责人座谈。

19~21日　为贯彻落实国务院九大财金政策支持小微企业发展情况和国务院有关领导指示精神，工业和信息化部中小企业司王建翔副司长率国家发改委、人民银行等有关部门负责同志对福建省中小企业生产经营情况进行调研。

20日　国家工业和信息化部中小企业司郑昕司长一行赴河北省中小企业局指导工作。

20日　由中国民主建国会中央委员会、工业和信息化部、河北省人民政府共同主办的2011′中国（河北）非公有制经济发展论坛在石家庄隆重开幕。全国人大常委会副委员长、民建中央主席陈昌智出席并作主旨演讲。工业和信息化部副部长苏波出席开幕式并就中小企业和非公有制经济工作发表重要演讲。

20 日　宁东能源化工基地第二届专家咨询委员会委员聘任仪式暨第一次会议在银川召开，包括中国中小企业协会李子彬会长在内的 29 位专家受聘组成专家咨询委员会。第二届宁东能源化工基地专家咨询委员会成员包括煤炭、电力、煤化工、水利、塑料、环境等行业的资深专家，其中 3 人为中国工程院院士。

20 ~21 日　中瑞中小企业政策会谈在瑞典举行。双方就《中瑞中小企业合作谅解备忘录》的落实情况进行了沟通，同时互相介绍了两国中小企业发展情况，交流中小企业在金融服务、技术创新、国际化发展等方面的政策措施，并进一步探索中瑞未来合作领域。出席本次会谈的有工业和信息化部党组成员、总工程师朱宏任，中小企业司副司长邱东，中小企业司和国际合作司相关负责人员等。

21 日　中国中小企业协会金德本常务副秘书长会见了来访的比利时 UNIZO 总经理 Karel Van Eetvelt 先生。双方分别介绍了两国中小企业的发展情况，就双方感兴趣的领域展开了探讨，并就全面开展合作进行了深入交流，初步达成合作意向。

23 日　第三届中国中小企业金融服务战略合作联盟年会在杭州成功召开，中国中小企业协会李子彬会长、张竞强常务副会长出席。李子彬会长在年会上作了重要讲话，分析了我国宏观经济运行态势及中小企业发展遇到的困难问题，呼吁政府、银行、企业共同努力，破解中小企业融资难题。近 200 家国内外知名的银行、证券、基金、风投（VC）、私募（PE）、专业投资公司和金融中介服务机构高管，以及浙江近百家优质中小企业代表参会。

24 日　中国中小企业协会发布 2011 年第三季度中国中小企业发展指数。

25 日　工业和信息化部副部长刘利华主持召开国务院促进中小企业发展工作领导小组办公室会议。会议分析了当前中小企业面临的新情况和新问题，强调要贯彻落实好国务院第 175 次常务会议精神和国务院领导批示要求，抓紧制定出进一步促进中小企业发展的政策措施。发展改革委员会、科技部、财政部、人力资源和社会保障部、农业部、商务部、人民银行等 17 个办公室成员单位的 35 位同志参加了会议。

26 日　第三次中欧中小企业政策对话在比利时布鲁塞尔举行。会议由工业和信息化部党组成员、总工程师朱宏任与欧盟企业和工业总司副总司长丹尼尔・卡拉加・克雷斯波共同主持。会上，双方介绍了两国中小企业发展基本情况，交流了减轻中小企业负担以及在金融服务、国际化发展等方面的措施和经验，进一步探索了中欧贸易项目框架下的合作领域。

28 日　工业和信息化部直属机关党委副书记楼宇光、工业和信息化部直属机关党委组织宣传部处长顾建萍、工业和信息化部科技司质量管理处调研员马民、福建省经贸委直属机关党委专职副书记陈躬仙、福建省通信管理局副局长林法祥一行到厦门市中小企业服务中心、厦门中小在线开展专题调研。

11 月

4 日　中国中小企业协会第二次会员代表大会暨第二届理事会第一次会议在四川省成都市召开，会议听取并审议通过了李子彬会长代表协会所做的协会第一届理事会工作报告，审议通过了协会第一届理事会财务报告，表决通过了修改后的《中国中小企业协会章程》。会议选举产生协会第二届理事会，选举产生协会第二届常务理事会，选举产生协会第二届副会长。会议选举李子彬同志为协会第二届会长，选举张竞强同志为协会第二届专职副会长，选举金德本同志为协会第二届秘书长。

5日 由中国中小企业协会、成都市人民政府主办的第五届中国中小企业节在成都市隆重开幕。原全国人大副委员长顾秀莲、原全国政协副主席李蒙，中国中小企业协会会长李子彬和工业和信息化部总工程师朱宏任等领导出席开幕式。本届中小企业节由成都市经济和信息化委员会、成都市中小企业局、成都市投资促进委员会、成都市博览局联合承办。

9日 李子彬会长出席在北京市朝阳区威斯汀大酒店举办的中国中小企业协会与加拿大皇家大学的签约仪式，李子彬会长和加拿大皇家大学校长 Dr. Allan R. Cahoon 出席了签约仪式。该协议旨在双方本着友好合作、互惠互利、优势互补、按照市场化方式运作的原则，共同促进中国与加拿大企业家、经理人的学习、交流、考察与合作。

11日 工业和信息化部中小企业司副司长王建翔和交流合作处的同志会见了美国全球中小企业联盟名誉主席卡洛斯·马格里诺斯、执行副主席王家卓以及美国弗吉尼亚州中小企业局局长罗纳尔多·布等一行。双方就加强中小企业合作开展了深入的交流和探讨。

12日 中国中小企业协会金德本秘书长出席了第二届郑州产业转移系统对接活动，并与河南省工信厅、河南省中小企业局相关负责人就中小企业发展情况进行了座谈。

18日 张竞强常务副会长代表协会与昆山市人民政府签订了战略合作协议。国家发改委、科技部、财政部、中国人民银行、中国证监会领导，中国中小企业协会，以及来自境内外银行、证券、风险投资、私募股权投资、母基金公司等金融机构的200余位嘉宾出席了此次活动。

22日 中共中央政治局委员、国务院副总理张德江在江苏南通主持召开部分地区中小企业工作座谈会。他强调，要深入贯彻落实科学发展观，全面贯彻落实党中央、国务院关于促进中小企业发展的一系列政策措施，不断完善政策法规体系，大力构建公共服务体系，积极改善企业发展环境，鼓励、支持、引导中小企业提高自身素质和水平，在促进发展中解决困难和问题，在解决困难和问题中促进发展，扎实推进中小企业再上新水平、再上新台阶。

22日 李子彬会长出席了由中国中小企业协会与杭州市人民政府主办，杭州市经济和信息化委员会和杭州市中小企业服务中心承办，以“转型、升级、融资、成长”为主题的“企业家讲企业大讲堂”杭州站活动。

25日 中国中小企业协会金德本秘书长应邀出席了广东省清远市首届中小企业创新成果博览会暨第四届中小企业服务周活动，并在开幕式上致辞。

25日 2011中国职业经理人大会在宁波香格里拉大酒店开幕，中国中小企业协会李子彬会长出席开幕式并致辞。

26日 工业和信息化部、财政部和中国企业联合会今天在北京召开全国企业技术创新大会。中共中央政治局委员、国务院副总理张德江出席会议并讲话。他强调，要深入贯彻落实科学发展观，发挥企业技术创新的主体作用，加大技术创新投入，加强技术创新能力建设，加快技术创新人才培养，更加自觉、更加主动、更加积极地推进企业技术创新活动，为加快工业转型升级、实现工业科学发展作出新的更大贡献。

27日 百度发布“百万中小企业助力计划——翔计划”，百度将在“十二五”期间，共计投入30亿元帮助200万家中小企业实现持续快速发展。工业和信息化部总工程师朱宏任，中小企业司司长郑昕、副司长王建翔以及来自北京市、山西省、河南省、内蒙古自治区、新疆自治区等省市的经信委主管领导、百度首席财务官李昕晢、百度副总裁朱光等人出席本次发布会，并签署合作意向书。

28日 李子彬会长出席由工业和信息化部组织召开的全国中小企业工作座谈会，学习贯彻国务院领导同志在 11 月 22 日部分地区中小企业工作座谈会的重要讲话精神，分析当前中小企业发展面临的新情况、新形势，总结交流经验，研究部署进一步促进中小企业发展有关工作。工业和信息化部部长苗圩出席并作重要讲话，工业和信息化部党组成员、总工程师朱宏任主持会议并传达了张德江副总理重要讲话精神。李子彬会长就中小企业发展面临的新情况、新形势作精彩报告，赢得全场热烈掌声。

12 月

1 日　工业和信息化部中小企业司郑昕司长会见了日本商工组合中央金库杉山秀工副社长一行。双方就促进中小企业和政府职能、服务机构和政策措施进行了沟通和交流。

2 日　工业和信息化部中小企业司司长郑昕在武汉主持召开了工业和信息化部（湖北）中小企业发展调研座谈会。

7 日　“第 3 次中德中小企业政策磋商”会议在江苏省太仓市召开。朱宏任总工程师与德国经济和技术部布格尔巴赫国务秘书共同主持会议。期间，双方就商签《中德中小企业合作谅解备忘录》交换了意见，围绕中德中小企业培训合作、技术人才发掘与挽留、政策性金融机构支持发展、扶持新创企业政策措施等议题，以及拟建中德中小企业合作示范园设想等务实合作进行了深入探讨和交流。

11 日　张竞强常务副会长出席在广州举办的第四届成长型企业投融资高峰论坛并致辞。

13 日　由工业和信息化部中小企业司指导，中国通信学会主办的“2011 年通信业推进我国中小企业信息化调研报告会暨中小企业信息化经验座谈会”在北京召开。来自政府主管部门、电信运营企业、中小微型企业、专家学者等 150 余位代表出席会议。

14 日　中国中小企业协会国际交流与合作座谈会召开。李子彬会长出席会议并讲话，国家发改委外事司李海岩巡视员、工业和信息化部中小企业司田川副司长等嘉宾出席，会议由金德本秘书长主持。美国、德国、法国、日本、意大利、泰国、荷兰、香港、台湾等国家和地区的驻华使领馆及商协会代表，以及世界银行、亚洲开发银行驻中国代表等共 26 人参加了会议。

16 日　由全国中小企业服务联盟主办，湖南省中小企业服务中心承办的全国中小企业服务工作交流暨联盟能力竞赛表彰会在长沙隆重召开，工业和信息化部中小企业司副司长王建翔、工业和信息化部中小企业司创新服务处叶定达处长，工业和信息化部中小企业发展促进中心主任秦志辉、副主任郑红等领导出席了本次会议。会议由工业和信息化部中小企业发展促进中心主任秦志辉主持。

21 日　中国中小企业协会深圳地区副会长联谊会在深圳大中华国际投资大厦举行。李子彬会长、深圳市政府副秘书长吴德林、深圳市中小企业服务中心主任顾宏伟等领导出席会议。中国中小企业协会深圳地区副会长、常务理事等 10 多位企业家到会。

23 日　以“创业、创新、转型、发展”为主题的天津市圆梦津城全民创业大会在天津天士力集团有限公司国际交流中心召开，工业和信息化部党组成员、总工程师朱宏任出席开幕式并作重要讲话。

26 日　张竞强常务副会长出席在石家庄举办的河北省中小企业协会第六次会员代表大会并致辞。

26 日　在北京召开 2012 年全国工业和信息化工作会议。工业和信息化部党组书记、部长苗圩在会上作了“稳增长　促转型　努力实现工业通信业平稳较快发展”的工作报告。工业和信息化部党组副书记、副部长，国家国防科工局局长陈求发主持会议。会议主要任务是，贯彻中央经济工作会议精神，总结 2011 年工作，分析面临的形势，部署 2012 年任务，进一步统一认识，明确要求，动员全系统干部职工坚定信心，振奋精神，全力以赴做好各项工作，努力保持工业通信业良好发展势头，为经济社会平稳较快发展作出积极贡献。

30日 为进一步加大对中小企业信贷支持力度，促进中小企业主管部门与商业银行合作，工业和信息化部与交通银行共同签署了《中小企业金融服务战略合作协议》。工业和信息化部部长苗圩，党组成员、总工程师朱宏任，交通银行董事长胡怀邦等出席了签字仪式。苗圩部长在签字仪式上讲话。朱宏任代表工业和信息化部与交通银行签订协议。

参考文献

[1] 鲍静海．我国中小企业金融制度．北京：人民出版社，2008

[2] 刘曼红．中国中小企业融资问题研究．北京：中国人民大学出版，2007

[3] 温家宝．政府工作报告．北京：人民出版社，2012

[4] 工业和信息化部中小企业司．中小企业简报，2012（1）－（23）

[5] 国家工商总局．统计资料，2012

[6] 蒋珩．浅谈我国中小企业融资难．金融与保险，2010（3）

[7] 张涛．中小企业信贷融资的基本特点和我国的现状．中国金融，2009（21）

[8] 中国融资担保门户．世界各国中小企业信用担保体系发展比较，2010－7－5

[9] 中国中小企业协会网站，http：//www. ca－sme. org/

[10] Advocacy：the voice of small business in government. The Small Business Economy 2011：A Report to the President. www. sba. gov/advocacy

[11] Advocacy：the voice of small business in government. The Small Business Economy 2010：A Report to the President. www. sba. gov/advocacy

[12] Advocacy：the voice of small business in government. The Small Business Economy 2009：A Report to the President. www. sba. gov/advocacy

[13] Advocacy：the voice of small business in government. The Small Business Economy 2008：A Report to the President. www. sba. gov/advocacy

[14] Advocacy：the voice of small business in government. Frequently Asked Questions about Small Business Finance. September 2011. www. sba. gov/advocacy

[15] Advocacy：the voice of small business in government. Credit card financing and small businesses. www. sba. gov/advocacy

[16] Advocacy：the voice of small business in government. What is the level of availability and coverage of health insurance in small firms. www. sba. gov/advocacy

[17] Advocacy：the voice of small business in government. Small business and micro business lending in the United States，for data years 2007－2008. www. sba. gov/ advocacy

[18] Advocacy：the voice of small business in government. The Small Business Share of GDP，1998－2004. www. sba. gov/ advocacy

[19] Eric Toder. Does the federal income tax favor small business? Proceedings of the 100th Annual Conference，2007

[20] U. S. Small Business Administration：www. sba. gov

[21] Office of Management and Budget：www. omb. gov

[22] 贾康．中国政策性金融向何处去．北京：中国经济出版社，2010

[23] 阮铮．美国中小企业金融支持研究．北京：中国金融出版社，2008

[24] 黄小莎．公司银行业务：美国中小企业贷款管理．北京：经济科学出版社，2010.
[25] 庄佳林．支持我国中小企业发展的财政政策研究．财政部财政科学研究所博士论文，2011
[26] 阙紫康．中小企业金融支持体系：理论、证据与公共政策．深证证券交易所综合研究所，2009
[27] 李庆云，杨志银．发达国家中小企业税收政策对我国的启示．生产力研究，2009（17）
[28] 成蓉．美国、日本中小企业融资支持政策的演进——兼论对浙江省建设中小企业金融中心的启示．生产力研究，2011（7）
[29] 美国JOBS法案对中国金融改革的启示．证券时报，2012-04-26
[30] 苏杭．金融危机后日本中小企业政策的新发展及启示．经济社会体制比较（双月刊），2009（6）
[31] 鳳佳世子．金融危機下における中小企業金融．調查と情報 ISSUE RRIEF NUMBER. 655. 国立国会図書館，2009-10-29
[32] 日本中小企业厅.2011中小企业白皮书．行政篇
[33] 日本中小企业厅.2011年实施的中小企业政策
[34] 日本中小企业厅网站：www. chusho. meti. go. jp
[35] 日本总务省统计局：www. stat. go. jp
[36] 李志博．韩国中小企业融资体系研究，吉林大学，2011
[37] 王浩．中小企业是保持韩国经济活力的“大动脉”．中国政府采购，2012（02）
[38] 韩国中小企业厅网站
[39] 韩国采购厅网站：www. g2b. go. kr
[40] 德国财政部网站

后　记

目前，中国中小企业协会逐步形成了一些品牌性的工作，每年主持编写一本中国中小企业蓝皮书就是其中的一项。每年的蓝皮书都有一个主题，今年蓝皮书的主题是“扶持中小企业发展财税金融政策的中外比较和借鉴”，将不同类型的国家和地区支持中小企业发展的政策措施，尽可能有重点地介绍给广大读者，并进行中外比较和借鉴，具有很强的针对性、资料性和参考性。希望广大中小企业、中小企业管理机构及相关研究人员开卷有益。

本书由财政部财政科学研究所副所长白景明研究员负责总纂工作。具体参加本书编写人员有：第1、2章：全国人大财经委经济室李命志、张雪松、石宝峰；第3～10章：财政部财政科学研究所白景明、龙小燕、张东明、景婉博、费太安、张鹏；附录：中国中小企业协会董涛。董涛负责全书的协调和编校工作，并协助参与了具体组织工作，张少苹校阅了部分书稿。李鲁阳副秘书长在潘江的协助下，主持了全书的策划和组织工作。李子彬会长审定了最后的书稿。

本书引用了来自各方面的参考资料，尽管我们希望不要有遗漏，但也在所难免，在此向被忽略的著作权人表示谢意和歉意。

在编写过程中，编写组得到了各有关方面和人士特别是中国中小企业协会及其李子彬会长的大力支持，在此致以衷心感谢！

由于编写时间仓促，编著水平有限，本书错漏难免，恳请读者指正。

编写组

2011年9月

国家开发银行
China Development Bank

发挥开发性金融作用 积极支持中小企业发展
——国家开发银行中小企业融资业务简介

一、国家开发银行概况

作为我国中长期投融资领域的主力银行，国家开发银行以“增强国力、改善民生”为使命，在积极贯彻国家宏观经济政策，重点支持基础设施、基础产业、支柱产业以及高新技术等重大领域建设的同时，不断加大力度支持中小企业、新农村建设、低收入家庭住房、节能环保、医疗卫生、微贷款、助学贷款、应急贷款等与百姓生活息息相关的领域，促进社会主义和谐社会建设，在经济社会发展中发挥了重要而独特的作用。

二、中小企业贷款业务工作进展

国开行认真贯彻国务院关于促进中小企业发展的战略方针，形成了以“国开行融资推动、政府组织协调、企业主体承贷和协助管理、担保公司担保、信用协会等群众组织民主评议与监督、中小金融机构代理结算”为主要特色的批发融资模式。截至2012年6月末，累计发放中小企业贷款1.71万亿元，支持中小企业、个体经营户186万户，创造就业岗位484万个。通过批发融资机制累计发放单户额度3000万元以下贷款3664亿元，批发融资机制优势凸显。融资支持了制造业、农林牧渔业等近20个行业，惠及中小型企业、微型企业、个体工商户、创业青年、城市下岗职工及农村劳动妇女等各类社会群体。

三、中小企业贷款业务特色模式与服务创新

国开行积极开展金融创新，完善业务模式，推出了“抱团增信”、乡村妇女联保贷款等业务模式，探索以批发方式解决零售问题，满足不同类型、不同发展阶段的客户融资需求，致力建立多元化、个性化的金融产品体系。

在浙江，国开行把分散的小担保公司组织起来，形成了共同评审、联合担保的信用共同体，发挥了“1＋1＞2”的作用，支持了数百家中小企业，被形象地称为“抱团取暖”。

在河北滦平，国开行与国务院扶贫办合作，采取“龙头企业＋合作机构＋农民信用促进会＋养殖农户”的运行模式，初步解决了农业产业链过长且信用缺失的问题。

在天津蓟县，国开行创新实践了农户小额贷款运行模式，将小额贷款直接发放给农户和农民专业合作社。该模式以“政府组织推动＋农民组织化＋融资推动”为主要特征，全面、系统地解决了县域和农村地区经济发展所需的技术、市场和管理等问题。

在内蒙古扎赉特旗和广西柳州，国开行充分发挥各级政府的组织优势和妇联统领优势，向当地妇女发放“巾帼致富星火工程”小额贷款，用于支持农业种植、牲畜养殖、商贸经营等微小生产经营活动，增加了农户的家庭收入。

在青海，国开行与共青团组织合作，向有一技之长、有创业梦想的撒拉族有志青年发放青年创业小额贷款。其中一批青年还将拉面馆开到了省外，被社会各界称为“拉面经济”。

在河南，国开行与劳动保障部门合作构建小额担保贷款服务网络，与省市各级小额贷款担保中心合作，为下岗再就业人员提供“小额担保贷款”，有效推动了以创业带动就业的多层次融资服务体系建设。

以诚相贷
建设未来

您身边的银行 可信赖的银行

ICBC

小企业金融服务

助力千行百业 共创无限未来

工 商 银 行 小 企 业 金 融 服 务

中国工商银行拥有遍布全国的小企业金融服务专营机构；

已为数百万小企业客户提供丰富的融资产品，全面的解决方案，专业的金融服务；

今天，工行小企业贷款总余额正从数千亿向万亿迈进，

这，只是一个开始……

网站 www.icbc.com.cn 服务热线 95588

ICBC 中国工商银行

优秀服务机构展示

华财会计在线

www.kjzx.com.cn

成长源于创新　信任源于专业

财专会注16年

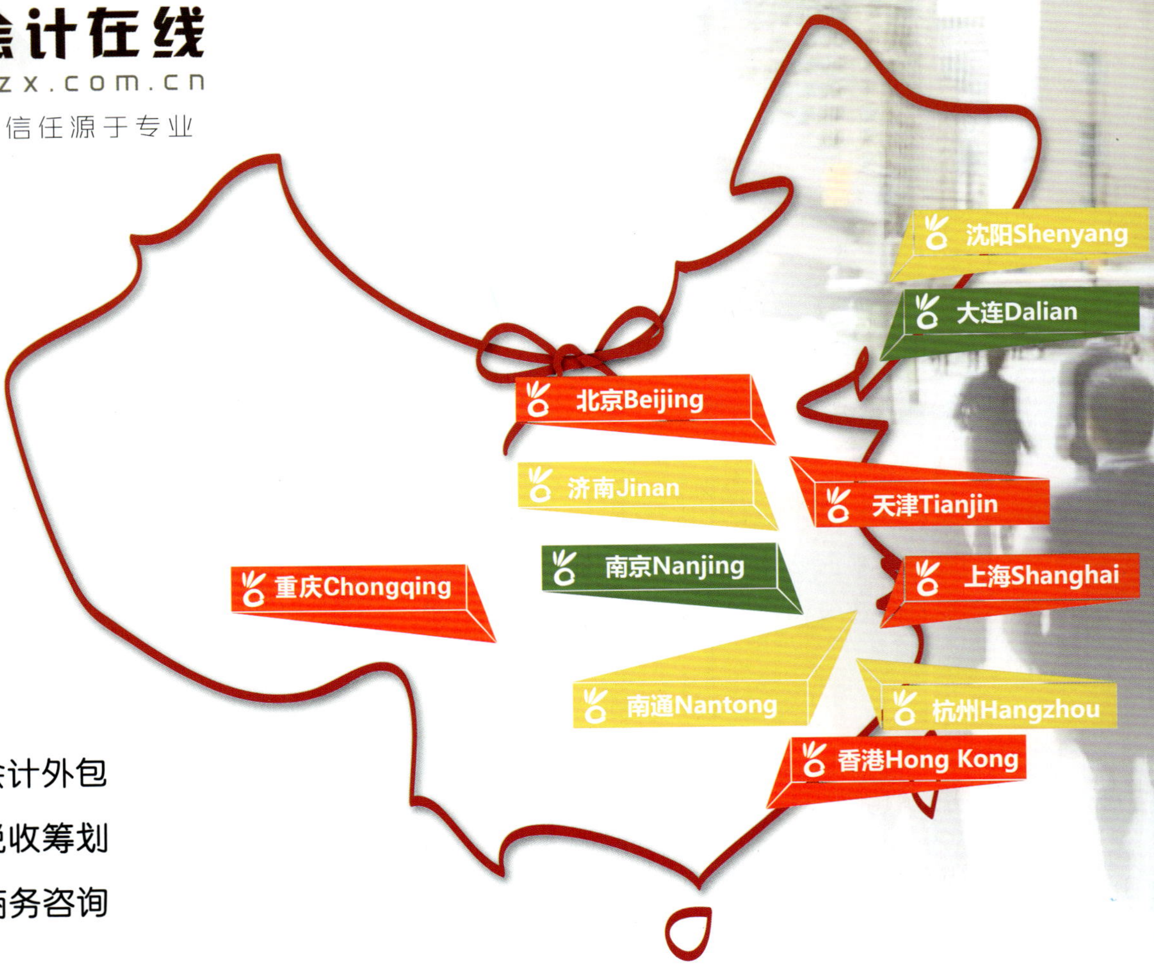

◎ 审计评估　◎ 会计外包

◎ 财务顾问　◎ 税收筹划

◎ 记账报税　◎ 商务咨询

· 2010-2011年度优秀中小企业服务机构　· 2012诚信中国-服务行业诚信标杆

· 国内首家同时通过ISO9001质量管理体系国际认证和ISO27001信息安全管理体系国际认证的财税服务机构

北京华财理账顾问有限公司

北京总部

地址：北京市西长安街闹市口大街1号长安兴融中心B座4D
邮编：100031 电话：(010)59802958 / 400-605-1919
传真：(010)66573020
网址：www.kjzx.com.cn
邮箱：BeiJing@fabpo.com

上海分公司

地址：上海市东方路738号裕安大厦2206室
邮编：200122 电话：(021)61637316 传真：(021)61637319
邮箱：ShangHai@fabpo.com

天津分公司

地址：天津市和平区南京路129号万科世贸大厦B座1303
邮编：300051 电话：(022)83712563/58298607 传真：(022)58298608
邮箱：TianJin@fabpo.com

重庆分公司

地址：重庆市江北观音桥朗晴广场A座26-18
邮编：400020 电话：(023)67728522 传真：(023)67729280
邮箱：ChongQing@fabpo.com

沈阳分公司

地址：辽宁省沈阳市沈河区团结路7-1号华府天地1号楼1811室
邮编：110013 电话：(024)22598460
邮箱：ShenYang@fabpo.com

大连分公司

地址：辽宁省大连市中山区同兴街25号世界贸易大厦 5011室
邮编：116001 电话：(0411)39869205/06/09 (0411)39869208
传真：(0411)39869207 邮箱：DaLian@fabpo.com

南京分公司

地址：江苏省南京市玄武区珠江路88号新世界中心A座3416室
邮编：210018 电话：(025)84530561/62/63/65 传真：(025)84530562-15
邮箱：NanJing@fabpo.com

杭州分公司

地址：浙江省杭州市庆春路182号金融大厦7楼西座A2
邮编：310000 电话：(0571)87799976 传真：(0571)87799982
邮箱：HangZhou@fabpo.com

南通分公司

地址：江苏省如皋市万寿南路999号软件园1号楼5层
邮编：226500 电话：(0513)87530329 传真：(0513)87530329
邮箱：NanTong@fabpo.com

济南分公司

地址：济南市中区万达广场B座2016室
邮编：250022 电话：(0531)81761930 传真：(0531)81761930
邮箱：JiNan@fabpo.com

香港公司

地址：香港湾仔告士打道151号安盛中心11楼
电话：400-605-1919

优秀服务机构展示
中国中小企业服务平台
www.eme2000.com
用心服务 关爱企业
让家给您力量
——全国中小企业之家
服务热线：400-610-5959 网址：www.eme2000.com